西夏研究论丛（第一辑）

西夏研究论文集（增订版）

宁夏社会科学院西夏研究院 编

凤凰出版社

图书在版编目（CIP）数据

西夏研究论文集 / 宁夏社会科学院西夏研究院编.
-- 增订版. -- 南京 : 凤凰出版社, 2017.11
ISBN 978-7-5506-2693-5

Ⅰ. ①西… Ⅱ. ①宁… Ⅲ. ①中国历史－西夏－文集
Ⅳ. ①K246.307-53

中国版本图书馆CIP数据核字(2017)第284194号

书　　名	西夏研究论文集(增订版)
编　　者	宁夏社会科学院西夏研究院
责任编辑	陈晓清
出版发行	凤凰出版社(原江苏古籍出版社)
	发行部电话025-83223462
出版社地址	南京市中央路165号,邮编:210009
出版社网址	http://www.fhcbs.com
照　　排	南京凯建图文制作有限公司
印　　刷	江苏凤凰通达印刷有限公司
	南京市六合区冶山镇,邮编:211523
开　　本	718×1005毫米　1/16
印　　张	21.75
字　　数	425千字
版　　次	2017年11月第1版　2017年11月第1次印刷
标准书号	ISBN 978-7-5506-2693-5
定　　价	98.00元
	(本书凡印装错误可向承印厂调换,电话:025-57572508)

目　　录

摘　　要

试论唐初唐蕃战争对党项羌的影响

唐初在西南边疆广设羁縻府州，当地党项羌开始主动内附唐朝。高宗时期爆发的“唐蕃战争”使党项羌与唐朝的关系出现分化，一部分党项羌受到吐蕃的控制与驱使，另一部分不甘吐蕃统治的党项羌被迫向唐朝地域内徙。这一过程为后来唐朝组织党项羌定点内徙奠定了基础，从而改变了当时乃至以后党项羌的分布格局与历史进程。

从晚唐墓志中的党项史料看唐朝与党项的关系

关于党项的史料散见于隋唐宋元诸朝正史、文集奏章和部分碑刻题记之中，墓志材料并不多见。尤其是处于党项兴起阶段的晚唐墓志中的党项史料，不但弥足珍贵，而且更具研究价值。本文通过对八方晚唐墓志中党项材料的考证与分析，试图从另一个侧面审视这一时期唐朝与党项关系。

熙宁变法与宋夏战争

宋夏之间战事频多，战争的胜负对双方的经济、政治等都产生了重要的影响，影响战争胜负的因素众多，本文试图通过对宋夏之间几次大的战争的叙述、战争脉络的梳理和熙宁变法军事成效的分析，来说明北宋熙宁变法对宋夏战争轨迹产生的重要影响。

从西夏年号看西夏文化的阶段性

西夏年号的出现与使用在一定程度上反映了党项在立足民族文化基础上接

受、学习并改造汉文化的过程,折射出西夏文化的阶段性。随着汉文化的持续传入与统治者对其态度的转变,西夏文化呈现出彰显民族特色—蕃汉杂糅—大兴汉礼的发展态势。依据西夏年号的特点可将西夏文化分为前、后两段,按照其内容和性质分为强调君权神授、希望天佑维稳、祈求国泰民安三种类型。

辽宋夏金时期鄂尔多斯高原的行政区划建制

宋辽夏金鼎立时期,北宋长期控制鄂尔多斯高原南缘地区,辽和金先后对鄂尔多斯高原东部拥有主权。西夏不但稳固地据有鄂尔多斯高原西部地区,还时常根据形势变化与北宋在南部展开争夺。地处交界地带的鄂尔多斯高原被分割占据,北宋、辽、西夏和金先后依据形势在当地设置了各自的行政建制。

西夏在鄂尔多斯高原的疆界变迁

西夏为拓展生存空间和争取战略主动,先后与北宋、辽和金在鄂尔多斯高原展开激烈争夺,产生了频繁的疆界变更与复杂的边界划分。在此过程中,宋夏疆界随各自实力消长在横山沿线堡寨进行拉锯,辽夏疆界东段基本以黄河为界,西段为双方都能接受的“模糊边界”,夏金疆界几乎沿袭了辽夏疆界,只在金肃州、河清军和定边军等地稍有出入。

西夏官吏酬劳
——封爵、俸禄及致仕

封爵、俸禄、致仕是官吏酬劳制度的重要组成部分,西夏作为少数民族政权,其酬劳制度虽有承袭中原传统职官制度的成分,但在具体的规定和运作中又呈现出独特的一面。本文在现有的汉文献、碑刻、黑水城出土文书、律令等史料记载的基础上,结合前人的研究成果,从职官制度、文化视角入手,对西夏官吏的封爵、俸禄、致仕等进行了探讨,从侧面反映了西夏职官制度的运行状况。

从《天盛律令》看西夏榷禁制度

榷禁制是中国古代国家的一项基本经济制度。从《天盛律令》相关条文分析,可以得知，西夏通过对畜牧业、盐铁酒等的禁榷，构成其榷禁制度的基本内容。西夏榷禁制承袭了唐宋榷禁制度的基本原则和主要内容，并根据西夏社会经济发展的实际情况与历史传统，对禁榷的基本内容和各个环节进行了大幅度的修改与充实。伴随其封建化过程逐步发展完善，至夏仁宗天盛年间已基本形成一个较为完备的体系。同唐宋相比，西夏榷禁制特色突出，集中体现了西夏社会经济的发展水平和组织化程度，为西夏与宋辽金对峙提供了物质保障。

西夏的军事立法与军事制度

军事制度是国家政治制度的一项重要内容，军事斗争是政治斗争的延续。一个国家要生存和发展，必须有足以保卫国家安全的军事力量。党项民族从一建国就非常重视军事制度建设。要建设、统率一支强大的军队，必须要有完备的法律和制度。西夏既承袭唐宋的法律制度，又有自己的军事立法，如崇宗年间的《贞观玉镜将》和仁宗年间修订的《天盛律令》，是西夏比较完备的军事立法。根据这两部法典我们得知西夏的兵役制度、军事体制和治军方略。西夏实行普遍的兵役制度；改革了军事体制，在全国建立军事与行政性质的地方监军司制度；建立了西夏的军兵种和军事后勤制度。

论西夏的起诉制度

西夏的起诉制度既是西夏诉讼制度的必经过程，也是西夏司法具体实施的体现。本文通过分析西夏诉讼机关对于案件的处理、存在的起诉形式、起诉制度的原则和特点，说明西夏确实形成了一种体系比较完整、大而举要、小而具体、大小相统、彼此互补、浑然一体、首尾相衔、彼此照应的起诉制度。

论西夏的审判制度

西夏的审判制度是西夏重要的司法制度，它直接体现了西夏法制化的程度。本文将西夏制定的审判制度、这一程序的两个步骤——审讯和判决分别加以分析后再统合研究。西夏的审讯制度突出的是严格的规范性，对审判期限、证据认定等严加规范。在对案件的判决上，确立了司法官吏的秉公判断成为核心，其目的就在于彰显法律的公正性。西夏审判制度之所以体现出层次分明而又环环紧扣，处罚严厉而又不失灵活的特色,是与其对中国传统法律制度中不断总结和积累的审判经验的承袭与运用分不开的。

西夏的婚姻立法与婚姻制度

婚姻制度是人类社会发展到一定阶段的产物。不同类型社会的不同发展阶段有着不同类型的婚姻制度。刚刚封建化的西夏王朝在学习、借鉴唐宋王朝先进政治文化制度的同时,也承袭了唐宋王朝的封建婚姻制度。本文根据西夏《天盛律令》的有关律条研究了西夏婚姻立法的基本指导思想,并论述了西夏婚姻制度中婚姻缔结的条件、程序,解除的条件、程序和禁止结婚的规定以及保留的党项民族固有的婚姻习俗。

黑水城出土元代文书押印制度初探

黑水城出土文书中保存有大量的印文,有官、私之分,官印有官印、戳印等,私印有押印、画押等。押印、画押的基本形态是上部一横,下部为更粗一横,两划中间为变化的图案,印文的位置,常见在文书末尾和文书中,末尾的是日期印和签署印,文书中多为骑缝印及钤盖在重要数字上以防篡改的印。这些印文不仅是珍贵的实物资料,而且对研究黑水城以及元代押印制度具有重要意义。

日本藏西夏文刊本《大方广佛华严经》考略

20世纪初在宁夏灵武出土了一批西夏文佛经,其中包括西夏文刊本《大方广佛华严经》。这批珍贵的佛经文献当年散失严重,出土后一部分文献被掠至海外,劫馀之物被收藏在北京图书馆,即今天的中国国家图书馆。日本藏西夏文《大方广佛华严经》就是当年流失到海外的灵武出土西夏文佛经中的精品,该文献保存完整,属于元代的善本,距今七八百年之久,具有很高的学术价值。由于日本藏西夏文献一直没有完整公开刊布,国内学者对日本藏西夏文佛经的研究还很少,笔者在对日本藏西夏文佛经文献实地考察的基础上,对比西夏文《大方广佛华严经》在海内外收藏的不同版本,试就日本藏西夏文《大方广佛华严经》作初步的探讨。

英藏黑水城出土军粮文书初探

英藏黑水城出土元朝军政文书全部是汉文文书、写本。本文涉及的四件文书保存大致完整或基本能够辨认，现收藏在英国国家图书馆东方部。本文结合宋夏元时期的西北历史，比对俄藏黑水城文献的相关文书，对黑水城军粮供给、运输等内容进行了研究。

《打剌赤碑记》考释

本文结合《宋史》、《宋会要辑稿》、《续资治通鉴长编》等相关史料对《嘉靖万历固原州志》所录《打剌赤碑记》进行了考释，指出《打剌赤碑记》真实反映了1098年至1102年宋与西夏、青唐之间在熙河地区的复杂关系及其宋沿边政策的变化与边防形势，为我们研究这一时期宋、夏、青唐之间复杂多变的关系提供了弥足珍贵的第一手资料。

论党项西夏家族关系

党项西夏的社会变革与社会转型，对党项人的家庭、家族生活习惯产生了巨大的影响，包括：在经济上表现为从先前完全的游牧经济形式变为半农半牧农牧结合的经济形式；在政治上表现为吸收中原唐宋成功的政治经验即强化中央集权；在文化上逐步确立儒家思想的正统地位。这些影响最终会反映到社会最基本的关系——家庭、家族与宗族关系上：家庭的独立性逐渐加强，家族在国家政治生活中的地位上升，宗族的社会联系功能减弱，法律逐步成为约束社会行为的基本要素。

宋元理学与西夏遗民的《龙祠乡约》

理学盛极于南宋与元、明时代，西夏遗民杨氏先祖唐兀氏家族学习并践行“新儒家文化”，形成了独特的“家族文化”，也是杨氏家族彻底实现汉化的另一条重要途径，河南濮阳西夏遗民唐兀氏于元明鼎革之际，改姓杨姓。《龙祠乡约》的出现，不能不说是我国民族文化深度融合的一段精彩插曲。《龙祠乡约》的制定者唐兀盅显、唐兀崇喜等堪称理学杰出的追随者,乡约的制定本身就是理学理想在社会中的一种实践。

略谈河南濮阳西夏遗民的族属

有关河南濮阳西夏遗民的族属问题,学者在理解上还有歧异,本文在已有史料的基础上使有关河南濮阳西夏遗民族属论断和印证的线索更加切近、明晰。

宁夏旧志辑录西夏遗民史料汇考

宁夏现存旧志共30部,其中《宣德宁夏志》、《弘治宁夏新志》、《嘉靖宁夏新志》、《乾隆宁夏府志》四部志书直接或间接记载了诸多西夏遗民信息,有些信息和正史有差异,有些相同,有些信息正史无记载,可以补正史之缺。本文对这四部志书中西夏遗民史料进行整理和研究,以供学界参考。

西夏王陵对唐宋陵寝制度的继承与嬗变
——以西夏王陵三号陵园为切入点

文章以西夏王陵三号陵园为范式,从西夏王陵命名法则、陵区制、风水堪舆、陵园朝向、陵园格局基调、陵园建筑布局、献殿位置、陪葬制度、土葬习俗、墓幢、陵园工程做法十一个方面论述了西夏王陵对唐宋陵寝制度的继承;从西夏王陵不置下宫、陵园两进院落形式、陵园平面结构、石像生列置方位、鹊台形制、石像碑座特点、陵台形制、陵台寓意、陵园建筑功用、墓道、祭台、葬俗、陵园规格十三个方面论述了西夏王陵对唐宋陵寝制度的嬗变。

西夏王陵在唐宋陵寝制度深厚背景的影响下,采纳取舍、兼收并蓄而有所创建衍化。西夏陵寝制度借鉴、融入了秦汉以来特别是北魏、唐宋陵园之规制、因素,既有唐风宋行,又有佛教样式,还颇具自身特色。西夏陵园形制以唐宋帝陵陵园建筑平面布局为蓝本,但其陵园建制却非帝王皇陵陵寝规格,实为王侯陵墓级别;以北魏方山永固陵把佛寺、祠庙共建在陵园的建置理念为依托,输入传统祠庙建筑的祭祀功能,引进佛教寺塔建筑的纪念碑性,西夏陵园创造性地将“陵、庙、寺”建筑功用契合在一起,形式和内容蕴涵着丰富的佛教意境,与之相适应的丧葬仪轨,就是使汉族儒家文化和佛教文化与党项民族文化三者有机地结合,集汉俗、佛俗及党项游牧民族习俗于一体，反映了笼罩在佛教信仰浓厚氛围的帷幕下，中原传统文化与西夏民族文化在陵寝制度上的叠加和交融。在中国古代陵寝制度发展史中，西夏王陵有创新独到之处。

西夏六号陵陵主再考

本文就学界对西夏六号陵的研究作了回顾，对《西夏六号陵陵主考》一文提出了商榷意见，并就六号陵的修建时间、去宋化背景、始祖选位、碑亭复原、碑文梳理作了进一步的考述，最后得出结论：六号陵陵主是西夏第四代皇帝崇宗嵬名乾顺。

西夏文“马”字比较的若干历史文化意涵

“龙”、“马”具有图腾的象征意义，代表着中华民族自古以来“进取向上”的民族精神，已经融汇为历史上不同民族的共同文化遗产。西夏文“马”字是值得重视的分析线索，本文没有选择孤立的就字论字，尽量利用第一手文献资料，通过西夏文“马”字这一多棱镜面展开从西夏主体民族党项羌文化到西夏文化，再从西夏文化到周边民族的文化对比，涉及西夏文产生的政治诉求和社会背景等众多因素。

黑水城汉文文献研究叙录

本文对2012年以前（含2012年）出版的10部黑水城汉文文献研究著作和公开发表的240馀篇论文进行梳理并予以简要叙录。尽管研究水平参差不齐，研究广度和深度尚需拓展，但客观反映了黑水城汉文文献研究目前所取得的巨大进展。

西夏与河西回鹘关系论考研究综述

历史上河西回鹘与西夏地域相连，在西夏政权正式成立之前，回鹘与西夏便已有接触。攀爬梳理河西回鹘与西夏二者间的战和关系、贸易往来和文化交流等方面的研究，以期对西夏与回鹘关系史的研究提供基础文献资料。

《宁夏社会科学》西夏栏目述评

《宁夏社会科学》“西夏栏目”是被公认的西夏学术期刊栏目之一。本文通过对《宁夏社会科学》及近3年发表的西夏学方面60多篇文章的梳理,使读者对该刊及“西夏栏目”有一个系统的了解,也为今后更好地办好该栏目有所借鉴。

试论唐初唐蕃战争对党项羌的影响

保宏彪

吐蕃是唐初崛起于青藏高原的少数民族政权，在其立国的二百馀年中对周边民族产生了重大影响。党项羌作为隋唐时期西南民族的重要组成部分，吐蕃的对外扩张对其产生了持久而深远的影响。关于吐蕃与党项羌的关系及其影响问题，学术界已有不少研究成果[①]。这些研究在论述吐蕃的崛起与对外战争的过程中，虽涉及了吐蕃对党项羌的影响，但是多侧重安史之乱以后的情况，对唐初吐蕃扩张对党项羌的影响论述不够具体。目前对于高宗年间"唐蕃战争"的研究，主要集中在双方对青海和川西地区的争夺，侧重吐谷浑方面，对党项羌虽也有论述[②]，但仍有未尽之处。相关研究普遍对"唐蕃战争"对党项羌与唐朝关系的分化重视不足，未能全面反映唐代党项羌从主动内附、被迫内徙到定点迁徙的过程。因此本文将从这一方面试论唐初"唐蕃战争"对党项羌的影响。

一、唐蕃战争前的党项羌

随着唐朝疆域的扩大与政治势力的逐步深入，唐朝继承并发展了羁縻府州制度。在边疆民族居地广设羁縻都督府、州和县，任命当地民族首领为世袭都督和刺史管理具体事务，不缴纳赋税和申报户口，接受都护府的监领。这是唐朝在少数民族地区设置的一种带有自治性质的地方行政机构，体现了唐代对少数民族的笼络政策和松散管理的方针，客观上有利于民族间的和平共处与自然融合。唐初在西南边疆广设羁縻府州，当地党项羌揭开了主动内附唐朝的序幕。

---

① 周伟洲：《中国中世西北民族关系研究》，广西师范大学出版社，2007年；林冠群：《唐代吐蕃史论集》，中国藏学出版社，2006年；薛宗正：《吐蕃王国的兴衰》，民族出版社，1997年；才让：《吐蕃史稿》，甘肃人民出版社，2007年；王海兵：《唐蕃西川战争及相关路线考释》，《江汉论坛》2008年第1期。

② 汤开建：《隋唐时期党项部落的迁徙》，《西夏文史论丛》第1辑，宁夏人民出版社，1992年；汤开建：《隋唐时期党项部落迁徙考》，《暨南学报》（哲学社会科学版），1994年第1期；史卫民：《党项族拓跋部的迁移及其与唐、五代诸王朝的关系》，《内蒙古大学学报》（历史学专集），1981年增刊；杨浣：《试析唐代党项羁縻府州制》，《宁夏大学学报》（人文社会科学版），2000年第4期；李吉和：《唐朝时期党项族的迁徙与社会文化变迁》，《青海民族研究》，2006年第3期；陆宁：《论7—10世纪党项崛起的地缘条件》，河北大学2005年硕士学位论文。周伟洲：《中国中世西北民族关系研究》，广西师范大学出版社，2007年；周伟洲：《唐代党项》，广西师范大学出版社，2006年。

党项羌是汉代西羌的别种,魏晋南北朝时期还不为人所重,自北周时期灭亡宕昌和邓至后才逐渐强大。隋朝时党项羌游牧于青海陇右地区,“东接临洮、西平,西拒叶护,南北数千里,处山谷间。每姓别为部落,大者五千馀骑,小者数千骑”[①]。随着自身力量的不断壮大与政治环境的有利变化,唐代党项羌的居地范围与实力都有所扩大。“其界东至松州,西接叶护,南杂舂桑、迷桑等羌,北连吐谷浑,处山谷间,亘三千里。其种每姓别自为部落,一姓之中复分为小部落,大者万馀骑,小者数千骑,不相统一。有细封氏、费听氏、往利氏、颇超氏、野辞氏[②]、房当氏、米擒氏、拓跋氏,而拓跋最为强族”[③]。唐代党项羌的居地已扩大到青藏高原东缘广大区域,但其内部仍包含众多羌人部落。因此客观地说,七至九世纪的党项始终处于部落或部落集团状态,是一个多种族的部落集合体[④]。他们自北周末兴起后就与青海的吐谷浑关系最为密切,很大一部分为其所役属[⑤]。因自身力量较弱而游离于各政治势力之间,利用其矛盾与对立谋取自身利益。当时西南边疆尚未出现足够强大的民族国家,所以割据青海的吐谷浑与蒸蒸日上的唐朝就成为其左右权衡的政治目标。随着唐朝对该地的影响与日俱增,其对吐谷浑的征服迫使党项羌不得不徘徊在维持与吐谷浑的联盟或归降内附唐朝之间。随着唐朝势力的不断深入,这一问题不止存在于青海地区的党项羌之间,还有川北和陇南等党项羌聚居区的党项羌部落。

在唐太宗的积极招抚与羁縻府州的广泛设置下,唐朝对西部边疆的统治不断巩固,政治势力的持续深入带动了当地诸族相继主动归附。在此背景下,唐朝于贞观中后期展开了对嶲州和松州地区的征服与开拓[⑥]。嶲州和松州等川北诸州是党项羌的聚居区,此举既巩固了当地羁縻府州的统治基础,又加强了唐朝与当地党项羌的联系。贞观年间唐朝在四川西北部相继设置了彸州、向州、冉州、穹州和笮州等羁縻州[⑦],这些地区是党项羌居住最为集中的区域。同时,还在陇南地区设置了相当数量的党项羁縻府州[⑧]。统而言之,党项羁縻府州的控制力随着唐朝实力的盛衰变化呈现相对的强弱反应。该制度是唐朝与党项利益认同的产物,它有力地加强了华夷民族团结,对后世王朝的党项政策产生了深远影响[⑨]。随着该地党项羌被纳入中原王朝体系,汉族势力与影响逐步渗入,为其内徙奠定了基础。

唐高宗初年,唐朝对西南地区的征服与开拓仍在继续,对该地党项羌的影响逐

---

① (唐)魏徵:《隋书》,中华书局,1975年,第1845页。

② 《通典》记作“野律氏”,疑即“野利氏”,律、利一音之转。参周伟洲《唐代党项》,第4页。

③ (后晋)刘昫:《旧唐书》,中华书局,1975年,第5290页。

④ 黄兆宏:《七至九世纪吐蕃与党项关系述论》,《青海民族学院学报》,2004年第2期。

⑤ 周伟洲:《吐谷浑史》,广西师范大学出版社,2006年。

⑥ 郭声波:《唐代嶲属羁縻州及其部族研究》,《历史地理》第20辑。

⑦ (后晋)刘昫:《旧唐书》,中华书局,1975年,第1691-1692页。

⑧⑨ 杨浣:《试析唐代党项羁縻府州制》,《宁夏大学学报》(人文社会科学版),2000年第4期。

渐加强。永徽六年(655),“巂州道行军总管曹继叔破胡丛、显养、东鲁等蛮于斜山[①],克一十馀城,斩首七百馀级,获马四百馀匹,牦牛一万五千头”[②]。曹继叔所占十馀城的范围包括大渡河北岸五部落蛮地区,以每城设置一个羁縻州计算,共有十馀州。它们就是巂属的第二批羁縻州,即开元四年割属黎州都督府的那十一个州[③]。龙朔初年因为“邛蛮”作乱,唐朝任命姚懿为巂州都督前往安抚经营[④]。“邛部川蛮”是龙朔年间所设的第三批巂属羁縻州,即开元四年割属黎州都督府的那三个州,与其同时设立的还有巂州北部大渡河南岸地区的众多羁縻州[⑤]。麟德二年为了加强对西南诸州的管理,唐朝将管辖三十二州的姚州的治所迁至昆明弄栋川[⑥],治姚州姚城县(今云南省姚安县北)。咸亨三年设立翼州都督府,将其治所移至悉州城内[⑦],加强了对大凉山地区的控制与管理。

唐初积极经营与开拓西南地区,招抚了不少当地土著部落并设置了大批羁縻府州,加强了对该地的控制与管理,促进了汉族与当地诸族的交流与联系。在这一浪潮推动下,广泛分布于青、甘、川三省交界地区的党项羌相继要求内附。有些部落还内徙北上进入唐朝西北边境,接受朝廷招抚并定居于唐朝为其设置的羁縻府州内[⑧]。这是党项羌主动内附的阶段,是唐朝政治决策与党项自身需要相结合的产物。“唐蕃战争”的爆发使这一进程出现分化,党项羌与唐朝的关系复杂化。吐蕃的崛起与扩张使党项羌大部为其所役属,一部分不甘吐蕃统治而远走他方。顽强不屈的拓跋部为求自保被迫归降内徙唐朝,为唐朝政府组织的党项定点内徙奠定了基础,改变了当时乃至以后党项羌的分布格局与历史进程。

二、“唐蕃战争”的爆发

从公元七世纪前半期开始,吐蕃逐步兴起并统一了青藏高原诸部,建立了国家后开始对西部地区产生政治影响。贞观十五年,唐太宗出于维护西部边疆稳定与巩固大一统局面的考虑,促成了文成公主与吐蕃松赞干布和亲。在得到唐朝的政治认可与物质文化支持后,吐蕃的社会经济得到了迅速发展,军事力量日益强盛,对周边诸小邦和部族展开了大规模兼并[⑨]。“大唐初,已有胜兵数十万,

---

① 郭声波先生认为,据《新唐书·南蛮传》,剑山当吐蕃大道,有五部落居之,其中之一就是胡丛,故可以判断曹继叔攻克“斜山”,当是“剑山”之误。《唐代黎属羁縻州研究》,《历史地理》第18辑。

② (北宋)王钦若:《册府元龟》,中华书局,1989年,第11576页。

③ 郭声波:《唐代巂属羁縻州及其部族研究》,《历史地理》第20辑。

④ (清)董诰:《全唐文》,中华书局,1983年,第3326页。

⑤ 郭声波:《唐代黎属羁縻州研究》,《历史地理》第18辑。

⑥ (后晋)刘昫:《旧唐书》,中华书局,1975年,第1697页。

⑦ (后晋)刘昫:《旧唐书》,中华书局,1975年,第1689页。

⑧ 周伟洲:《唐代党项》,广西师范大学出版社,2006年,第20-27页。

⑨ 参林冠群:《唐代吐蕃史论集》,中国藏学出版社,2006年,第264-295页。

号为强国……党项、白兰诸部及吐谷浑、西域诸国咸畏惧之”①。高宗嗣位后,吐蕃赞普致书司徒长孙无忌,宣称“天子初即位,若臣下有不忠之心者,当勒兵以赴国讨除”②,觊觎唐朝的野心表露无遗。

吐蕃崛起后迅速向周边地区扩张,锋芒分别指向了青海、西域和川西地区。青海地区连接河西陇右,与漠北和西域唇齿相依,是拱卫关中政治中心的西部屏障。西域地区横跨“丝绸之路”中段,多条交通要道在此分合汇聚,是唐朝对外交往的生命线与西部边防的重要组成部分,战略意义重大。川西地区北邻陇右,南接云南,大致位于被学术界命名为“藏彝走廊”线性通道的东缘位置③,与青海地区都是唐初西部边疆地缘政治的敏感区域。该区域众多山脉与河流南北向切割所形成的很多天然通道,历来为南北民族交流迁徙之所④。唐朝控制这三大战略要地与联系渠道,可将西域、青海、关陇和巴蜀四大战区连成一片,实现西北、西南乃至整个西部边疆的配合,提高对蕃作战的联动性与有效性,扭转西部战局的不利形势与被动局面,实现西部边疆的稳定与边防的巩固。吐蕃控制或占领这一边疆要地,不但在地理方面占据优势,而且会迫使该地众多原本归附唐朝的民族或部落为己所驱使,在不断壮大自身实力的同时破坏唐朝的边疆稳定与边防格局,夺取与唐西部对峙的优势。

但是唐高宗统治前期因为集中精力经略西域和东北,尚未注意到西部边疆潜藏的危机。永徽年间禄东赞诸子相继秉持吐蕃国政,开始不断向唐朝周边发动进攻,逐步蚕食边境地区与民族⑤。吐蕃对外扩张的目标首先锁定在青海地区,对处于唐与吐蕃缓冲区的吐谷浑展开进攻。吐谷浑和吐蕃“龙朔、麟德中递相表奏,各论曲直,国家依违,未为定夺”⑥。唐朝当时正忙于征讨经略朝鲜半岛,对西北边地的潜在威胁采取了模棱两可的态度。唐朝对吐谷浑的漠不关心,助长了吐蕃的扩张野心。“吐蕃怨怒,遂率兵以击吐谷浑,吐谷浑大败,河源王慕容诺曷钵及弘化公主脱身走投凉州,遣使告急。咸亨元年四月,诏以右威卫大将军薛仁贵为逻娑道行军大总管,左卫员外大将军阿史那道真、右卫将军郭待封为副,率众十馀万以讨之。军至大非川,为吐蕃大将论钦陵所败,仁贵等并坐除名。吐谷浑全国尽没,慕容诺曷钵及其亲信数千帐来内属,仍徙于灵州。自是吐蕃连岁寇边,

---

① (唐)杜佑:《通典》,中华书局,1984年,第1023页。

② (后晋)刘昫:《旧唐书》,中华书局,1975年,第5222页。

③ 关于“藏彝走廊”,参石硕主编:《藏彝走廊:历史与文化》,四川人民出版社,2005年;袁晓文主编,李星星著:《李星星论藏彝走廊》,民族出版社,2008年;袁晓文主编,李绍明著:《藏彝走廊民族历史文化》,民族出版社,2008年。

④ 王海兵:《唐蕃西川战争及相关路线考释》,《江汉论坛》,2008年第1期。

⑤ 关于唐代吐蕃对外扩张的原因、条件、过程和策略,参林冠群著:《唐代吐蕃史论集》,中国藏学出版社,2006年,第220-263页。

⑥ (后晋)刘昫:《旧唐书》,中华书局,1975年,第5223页。

当、悉等州诸羌尽降之"①。咸亨元年(670),经过大非川之战,吐蕃逐渐在西北和西南边境占据上风。

咸亨元年四月,在取得大非川之战胜利后,吐蕃为将唐朝势力挤出西北又展开了对西域的进攻。"陷西域十八州,又与于阗袭龟兹拔换城,陷之。罢龟兹、于阗、焉耆、疏勒四镇"②。吐蕃占据龟兹、于阗、焉耆和疏勒四镇后,不但在西域取得了军事优势,而且为其在西北扩张势力解除了后顾之忧。通过入侵并占据青海和西域两大战略要地,吐蕃打破了唐朝西部边防体系,对河西陇右乃至关中地区形成了重大威胁。

上元三年(674)三月,吐蕃侵入青海地区鄯、廓、河、芳四州。为阻止吐蕃势力继续向河陇地区渗透,高祖特命尚书左仆射刘仁轨前往洮河军负责镇守防御。但这一措施并未奏效,仪凤年间吐蕃连续寇扰鄯、廓、河、芳、叠、扶等州,势力进入河湟和陇右地区,兵锋抵达陇南与川北一带。仪凤三年(676),益州长史李孝逸和嶲州都督李利奉受命征调剑南和山南地区兵力增援驻防③。同年高宗又命中书令李敬玄兼任鄯州都督,代替刘仁轨镇守洮河军。"仍召募关内、河东及诸州骁勇,以为猛士,不简色役。亦有尝任文武官者召入殿庭赐宴,遣往击之。又命益州长史李孝逸、嶲州都督拓王奉等发剑南、山南兵募以防御之。其年秋,敬玄与工部尚书刘审礼率兵与吐蕃战于青海,官军败绩,审礼没于阵,敬玄按军不敢救"④。唐朝组织动员关陇、河东、剑南和山南等地兵力对吐蕃展开的大规模征战,由于出征将领的决策失误均宣告失败。吐蕃乘机扩张势力,扩大了与唐朝西部对峙中的优势。

为阻止吐蕃势力侵入川西地区,唐朝在茂州西部修筑了安戎城。从唐朝筑安戎城的目的可以得知,至少在大非川战后到仪凤三年的短短几年时间,吐蕃军队已从川西高原南下,经过唐朝川西边境抵达大渡河以南地区。但是安戎城未能阻断吐蕃通蛮之路⑤,"俄为生羌道虏取之以收,因并西洱河诸蛮,尽臣羊同、党项诸羌"⑥。安戎城在当地生羌引道下陷于吐蕃,唐朝借此阻止吐蕃入侵的希望落空了。此后吐蕃从安戎城频繁进攻川西和陇右,南下雅、黎、嶲等州和云南西洱地区⑦。永淳元年(682),"论钦陵寇柘、松、翼等州"⑧。同年冬,芒碾细赞和芒向达仁布两位吐蕃高层人物在道孚城堡集会议盟⑨,谋划入侵唐朝的军事行动。

经过唐初"唐蕃战争",到永隆元年(680)时,吐蕃已"尽羊同、党项及诸羌之地,东接凉、松、茂、嶲等州,南邻天竺,西陷龟兹、疏勒等四镇,北抵突厥,地方万馀里,

---

①③ (后晋)刘昫:《旧唐书》,中华书局,1975年,第5223页。

② (北宋)司马光:《资治通鉴》,中华书局,1956年,第6363页。

④ (后晋)刘昫:《旧唐书》,中华书局,1975年,第5223-5224页。

⑤⑨ 王海兵:《唐蕃西川战争及相关路线考释》,《江汉论坛》,2008年第1期。

⑥ (北宋)欧阳修、宋祁:《新唐书》,中华书局,1975年,第6077-6078页。

⑦ 方铁:《南沼、吐蕃与唐朝之间的关系》,《中国藏学》,2003年第2期。

⑧ (北宋)司马光:《资治通鉴》,中华书局,1956年,第6411页。

诸胡之盛,莫与为比"[①]。吐蕃占领青海、西域和川西大片地区后,控制了当地众多民族和部落,在与唐朝西部边疆争夺中取得了胜利。"唐蕃战争"使党项羌与唐朝的关系出现分化,居于该地的诸党项羌部落大部分沦为吐蕃役属对象,被其控制和驱使,另一部分不甘被吐蕃统治而被迫远徙他方,顽强不屈的拓跋部为求自保归降内徙唐朝。

三、"唐蕃战争"对党项羌的影响

周伟洲先生指出,吐蕃政权的建立和强大,以及其向唐西北地区的扩展,对中国西北民族关系有巨大的、深远的影响。它不仅改变了唐代以后西北民族分布的格局,而且在唐代及其以后的西北民族关系史上占有重要地位。吐蕃兴起后,与西北的党项、吐谷浑、西突厥、西域诸族均有着密切的关系,特别是与当时已逐渐统一了西北地区的唐朝之间,关系更为密切。唐朝与吐蕃这两个当时在东亚举足轻重的强国之间的关系,往往影响着他们与西部各族的关系[②]。

早期党项羌居地周围存在着吐谷浑、吐蕃和唐朝三大势力,它们在政治、经济和文化上都处于优势地位。唐朝与吐谷浑、唐朝与吐蕃之间的关系给党项的发展带来了巨大影响[③]。唐蕃战争的爆发使党项羌与唐朝的关系产生了分化,出现了吐蕃统治下的党项羌与归降内徙唐朝的党项羌。这一局面的出现为唐朝组织的党项定点内徙奠定了基础,改变了当时乃至以后党项羌的分布格局与历史进程。

吐谷浑政权崩溃后,生活于青海地区原本受其控制的党项羌开始受到吐蕃节制,为其所驱使。唐军大败于青海,吐谷浑和陇右诸羌相继被吐蕃征服,川西北的当州和悉州等羁縻州也陆续叛投吐蕃[④]。川西地区的陷落与当地诸羌的相继叛变,使广泛分布于青藏高原东缘的党项羌处境更加艰难,大多被吐蕃控制与驱使[⑤]。"其故地陷于吐蕃,其处者为其役属,吐蕃谓之'弥药'"[⑥]。据藏文史籍《贤者喜宴》记载,"东方之咱米兴米,南方之洛与门,西方之香雄及突厥,北方之霍尔及回鹘等均被收为属民"。据黄颢先生研究,文中的"咱米"即为"弭药"(党项)的别称[⑦]。而文中的"霍尔",则是吐蕃人对吐谷浑的别称[⑧]。与此同时,有一些党项羌部落因不满吐蕃压榨奴役而归降内徙唐朝,这可通过此时西北地区大量党项羁縻

---

① (北宋)司马光:《资治通鉴》,中华书局,1956年,第6396页。
② 周伟洲:《中国中世西北民族关系研究》,广西师范大学出版社,2007年,第257页。
③ 陆宁:《论7—10世纪党项崛起的地缘条件》,河北大学,2005年硕士学位论文。
④ (后晋)刘昫:《旧唐书》,中华书局,1975年,第1702-1703页。
⑤ 参张云:《吐蕃与党项政治关系试探》,《甘肃民族研究》,1988年第3-4期。
⑥ (后晋)刘昫:《旧唐书》,中华书局,1975年,第5292页。
⑦ 黄颢:《藏文史书中的弭药》,《青海民族学院学报》,1985年第4期。
⑧ 胡小鹏:《西北民族文献与历史研究》,甘肃人民出版社,2004年,第37页。

府州的设立得到证明[①]。这是党项羌被迫归降内徙唐朝的阶段，与前期主动内附有所不同。前期是党项羌归顺唐朝并就地接受唐朝官职管理族内事务的阶段，后期则是党项羌归降并内徙至唐朝境内定居的阶段，二者的区别在于对唐朝的效忠程度和是否仍留在原来聚居地。这是唐朝与吐蕃两大政治势力在西部边疆激烈争夺与党项羌自身发展道路选择的产物。原来役属于吐谷浑的党项诸部落，除顽强不屈的拓跋部在唐朝帮助下内迁外，大多归于吐蕃统治之下。

党项拓跋部的内附，是当时历史条件的产物。党项羌自唐朝建国后就不断有部落内附于唐，到贞观初年已形成“诸羌内附，而赤辞不至”的局面[②]。陈寅恪先生指出，李唐承袭“关中本位政策”，全国重心本在西北一隅。吐蕃强盛将近二百年，唐代极盛之时不得不在东北方面采取维持现状之消极策略[③]，竭尽全国武力与财力积极进取以开拓西方边境，统治西域和中亚，借此保护关陇地区的安全[④]。因此唐朝必然要加强对青海地区的控制，不可避免地将青海地区的吐谷浑与党项羌作为打击对象。为了在青海地区谋求自保与发展，拓跋部与吐谷浑相互支持配合，以期共同对付唐军[⑤]。贞观年间唐军的持续打击使吐谷浑国力日削，极大地削弱了两者的联盟力量，拓跋部失去了外在屏障和支援。随着吐蕃的崛起与吐谷浑王国的灭亡，党项羌受到了更大的压力。从吐蕃攻破党项和白兰诸羌开始，党项羌大多数部落都被吐蕃征服，只有拓跋部仍顽强抵抗，与唐朝政府一直保持着“职贡不绝”的状态[⑥]。在吐蕃势力日益强大、唐军屡屡失利的情况下，处在吐蕃和唐朝夹缝中的党项羌发生了严重的生存危机，面临艰难抉择。唐朝丧失西域和西部边防优势后，他们被迫做出归降内徙决定，向唐朝西北边境迁徙。“其后吐蕃强盛，拓跋氏渐为所逼，遂请内徙。始移其部落于庆州，置静边等州予以处之”[⑦]。永隆元年吐蕃攻占安戎城后，尽占川西党项之地，在此前后曾有一些不甘吐蕃统治的党项羌部落迁入内地。据《旧唐书·崔知温传》记载，永隆年间曾有三万馀党项羌寇扰兰州，被击退后降附于唐朝。周伟洲先生认为，这批党项人很可能是“陇右北部诸州的内徙党项部众”[⑧]。

正是在唐朝与吐蕃的持续战争中，党项羌大部沦为吐蕃役属，不甘吐蕃压迫的党项羌拓跋部越过边界归降内徙唐朝，从而改变了当时乃至以后党项羌的分布格局与历史进程。“历史上常常有这样的战争，他们虽然像一切战争一样不可避免地

---

① 周伟洲：《唐代党项》，广西师范大学出版社，2006 年，第 28 - 38 页。
② 陆宁：《论 7—10 世纪党项崛起的地缘条件》，河北大学，2005 年硕士学位论文。
③ 参黄约瑟：《武则天与朝鲜半岛政局》，《黄约瑟隋唐史论文集》，中华书局，1997 年，第 61 - 79 页。
④ 陈寅恪：《唐代政治史述论稿》，上海古籍出版社，1997 年，第 130 页。
⑤ 周伟洲：《中国中世西北民族关系研究》，广西师范大学出版社，2007 年，第 83 - 88 页。
⑥ 陆宁：《论 7—10 世纪党项崛起的地缘条件》，河北大学，2005 年硕士学位论文。
⑦ (后晋)刘昫：《旧唐书》，中华书局，1975 年，第 5292 页。
⑧ 周伟洲：《唐代党项》，广西师范大学出版社，2006 年，第 39 页。

带来种种残祸、暴行、灾害和痛苦,但是它们仍然是进步的战争,也就是说,它们有利于人类的发展”[①]。吐蕃向唐朝西部边疆的扩张为党项羌内徙创造了外部条件,其压榨与迫害是党项羌摆脱其控制归降内徙唐朝的外在动力,势单力薄与桀骜不驯的民族特性是党项羌被迫内徙的内在原因。归结来讲,正是以上诸种内外因素共同促成了党项羌拓跋部的归降内徙。

综上所述,党项羌早在唐初就接受羁縻府州制度归附唐朝,唐朝与吐蕃在西部边疆的争夺使这一局面产生分化,出现了吐蕃控制下的党项羌与摆脱吐蕃控制内徙唐朝的党项羌。党项羌的内徙既是历史上的重大事件,也是其发展历程的一个重要转折点,它给党项社会带来了深远的影响[②]。党项羌内徙后和中央政府一直保持着紧密联系,作为唐帝国内一支政治力量活跃于当时的政治舞台。正是吐蕃的崛起与扩张为党项羌的内徙与定居创造了条件,安史之乱后党项羌在吐蕃势力侵逼下被迫大规模东迁是这一进程的延续与高潮,是唐蕃战争后续影响的持续发展。随着唐朝边疆形势的变化,党项羌从被迫归降内徙走向唐朝政府组织的定点迁徙,逐步迁徙至陇东、陕北和内蒙古南部地区。经过安史之乱后大规模迁徙,通过积极壮大自身势力逐步在夏、银、绥、宥等陕北地区站稳脚跟。在立足自身实际的基础上,通过帮助唐朝镇压黄巢起义和利用藩镇混战壮大自己,努力发展地方势力,这些都为党项羌的长远发展做了充分准备。正是这一局面揭开了党项羌在西北地区发展壮大的历史进程,既为宋初西夏的自立建国与民族文化的形成和发展铺平了道路,更为中华民族“多元一体格局”的最终形成奠定了基础[③]。

原刊于《宁夏社会科学》2011年第3期

---

① 列宁:《列宁全集》,人民出版社,1956年,第279页。

② 黄颢:《藏文史书中的弭药》,《青海民族学院学报》,1985年第4期。

③ 在中华民族形成过程中,费孝通先生特别强调羌人的地位。他指出汉人以“接纳”(他族)为主而日益强大,而羌人却以“供应”为主而壮大别的民族,因而今日许多包括汉、藏之民族都曾得到过羌人血液。参费孝通著:《中华民族的多元一体格局》,中央民族大学出版社,2003年,第43页。同时可参考王明珂的两本相关著作,《羌在汉藏之间》,中华书局,2008年;《华夏边缘:历史记忆与族群认同》,社会科学文献出版社,2006年。

从晚唐墓志中的党项史料看唐朝与党项的关系

保宏彪

关于党项的史料散见于隋唐宋元诸朝正史、文集奏章和部分碑刻题记之中，目前对这一方面材料进行全面收集与整理者首推韩荫晟先生主编的《党项与西夏资料汇编》一书。相较于传统文献材料，地下出土材料较少，尤其是墓志材料更不多见。近年出土于陕北和内蒙古等地的党项拓跋氏与折氏家族墓志逐步拓宽了这一领域的研究，出现了一批利用墓志材料对党项的族源与发展历程进行研究的文章和专著①。处于党项壮大阶段的晚唐墓志中的党项史料，不但弥足珍贵，而且更具史料价值。它们将增加一些被正史所湮没的材料，提供一种全新视角，结合纸质文献与金石材料来认识晚唐时期唐朝与党项的关系。

关于晚唐的界定，至今尚无定论②。目前普遍接受的是文学界关于唐诗的时代划分，这种划分方法虽然依据唐诗的发展与特点进行定位，但也适用于对唐代历史的划分。本文所指的"晚唐"自文宗太和元年至昭宗天祐四年（827—907），墓志内容主要集中在宣宗大中年间。此时唐朝虽然收复了河西走廊和原州诸关，稳定了代北局势，但是地方割据势力的持续发展造成中央对边疆地区控制力减弱，周边各族开始摆脱唐朝控制并逐渐对国家安全构成重大威胁③。在这一背景下，内徙定居于陕北和河东地区的党项逐步壮大，反抗唐朝的斗争日益激烈，频繁对关中和河东地区发动侵扰，唐朝采取武力打击与和平招抚相结合的方式进行应对。本文

---

① 周伟洲：《早期党项拓跋氏实习考辨》，《西夏研究》创刊号；牛达生：《夏州政权建立者拓跋思恭卒年考——唐代〈白立敬墓志铭〉考释之一》，收入其《西夏考古论稿》；牛达生：《夏州政权建立者拓跋思恭的新资料——唐代〈白立敬墓志铭〉考释之二》，《兰州学刊》2009 年第 1 期；周伟洲：《陕北出土三方唐五代党项拓跋氏墓志考释——兼论党项拓跋氏之族源问题》，《民族研究》2004 年第 6 期；杜建录，《党项夏州政权建立前后的重要记录——唐故安塞军防御使白敬立墓志铭考释》，《宁夏师范学院学报》2007 年第 2 期；王富春：《唐党项族首领拓跋守寂墓志考释》，《考古与文物》2004 年第 3 期；周伟洲：《唐代党项》，广西师范大学出版社，2006 年。

② 元人杨士宏在唐诗选《唐音》中提出四分法：初唐（高祖至睿宗）、盛唐（玄宗至肃宗）、中唐（代宗至文宗）、晚唐（武宗至哀帝）。明人胡震亨在唐诗集《唐音癸鉴》中继承了这一说法并广为流传。《辞海》"四唐"条作如下解释：一说依据明人高棅的《唐诗品汇》将文宗大和到唐末作为晚唐；一说依据明人徐师曾的《文体明辨》将文宗开成初至五代作为晚唐。《辞海》，第 1734 页。辞海编辑委员会编，上海辞书出版社，1979 年。

③ 参李鸿宾：《唐末的形势与党项势力的崛起》，《宁夏社会科学》，2009 年第 2 期。

通过对八方晚唐墓志中党项史料的考证与分析,试图从另一个侧面审视晚唐时期唐朝与党项的关系。

一、晚唐墓志中的党项史料

八方晚唐墓志中所见党项史料

墓志名称	撰者	出处	编号 页码	内容
唐故朝请大夫尚书刑部郎中上柱国范阳卢府君墓志铭并序	翰林学士朝散大夫中书舍人上柱国毕諴	唐代墓志汇编·下卷	大中064 2299	会昌初,刑部侍郎弘宣出为东川节度使,即君之高祖兄也,奏假殿中侍御史,充支使。卢公移镇易、定,改侍御史,充观察判官,又转检校户部员外郎,充节度判官。未周岁,入为御史,推吴湘冤事甚直,迁比部员外,由比部为度支外郎。会天子赫怒党项,未暇调食,卒征天下兵屯于□上,君佐大计,理出入。
唐故河东节度押衙银青光禄大夫前朗州司马检校国子祭酒兼监察御史上柱国冯府君墓志铭并序	李胤	唐代墓志汇编·下卷	大中069 2302	故年十二,授兴宁陵丞,寻迁朗州司马,俄授河东武幕,因驲骑献讨党项捷书,恩加监察御史。
唐故朝散大夫使持节丹州诸军事守丹州刺史充本州防御使上柱国弘农杨公(干光)墓志铭并序	前防御判官登仕郎前守太原府祁县尉旭	唐代墓志汇编·下卷	大中097 2326	大中六年五月授丹州防使。七年冬,蕃寇侵掠,伤害居人,公累表奏请兵士,讨伐奸党,人户却复,乡里城邑,获保无虞,实公之全才智也。
唐故天平军节度郓曹濮等州观察处置等使朝请大夫检校礼部尚书使持节郓州诸军事兼郓州刺史御史大夫上柱国赐紫金鱼袋赠兵部尚书孙府君墓志铭并序	翰林学士承旨通议大夫户部侍郎知制诰上护军赐紫金鱼袋蒋伸	唐代墓志汇编·下卷	大中120 2345	大中五年,今两川白丞相为京西北招讨,都统诸军以讨叛羌,奏公为行军司马,授左庶子兼御史中丞,赐紫金鱼袋,并授徐(蒋伸)招讨副使。时党项仍岁扰边,上怒,命宰相出征。当时议者以兵羸食窘,遽难收功,然其势峻严,不可争止。公佐理之外,与徐从容讲划,掇取精理,恳贡其说。白丞相纳其言,奏罢讨,以恩信抚驭,不日宁格,征拜给事中。

续 表

墓志名称	撰　者	出　处	编　号 页　码	内　　容
故义昌军监军使正议大夫行内侍省掖廷局令上柱国赐绯鱼袋渤海高公(克从)墓志铭并序	故吏文林郎前守夏州都督府参军陈毅	唐代墓志汇编·续集·下卷	大中 006 973	洎开成初,边军难抚,蕃部易摇,推择良能,护临藩镇。二年正月九日,公当盛选,监守夏室。公韬蕴智谋,乐得其往,果塞众望,大惬蕃情。自党项三百年来,互相劫杀,寇雠不息,劳扰边军。公与元戎敷法道诱,而威以典刑。特表上闻,悉与和断。遂得各舍雠隙,逐性便安,牧野不收,不扃户外。诏书褒饰,尤加依赖。抚绥五年,两任留务。利人除弊,边境晏安。
唐故襄州节度押衙充左厢马步都虞侯银青光禄大夫检校太子宾客兼殿中侍御史上柱国扶风鲁公墓志铭并序	不详	唐代墓志汇编·续集·下卷	大中 060 1012	始主柳城,洎司战马……大中戊辰岁,统兵防边,党项充斥,计谋筹画,保全城垒,为郡帅甄奖,录功上闻,授殿中侍御史兼本城教练使。
唐故丹州刺史兼防御使杨府君张掖郡乌氏夫人封张掖县君墓志	长子杨坦	唐代墓志汇编·下卷	咸通 088 2448	大中初,相国白公嘉先考为官政有奇能云:"上求瘼甚切,不得蔽贤,须有甄赏。遂剖符文州,更任戎州。属当州草贼蚁聚云屯,奔突境内,莫能制止。先考下车未期,秘密潜施,以兵一千斩虏枭擒五千馀级,两川宿患,此时一清。及政成归于京辇,不日又除丹州。亦缘羌戎为寇,侵掠关辅。
唐故银青光禄大夫使持节资州诸军事守资州刺史兼安夷军使殿中侍御史柱国平原师府君墓志铭并序	前原州军事判官将仕郎试太常寺协律郎刘象述	唐代墓志汇编·下卷	广明 001 2499	时遇司空陇西公之节制鄜畤也,知公而特请行焉。到郡,补节度押衙。公勤恪小心,夙夜无怠,复奏授监察御史,寻迁鄜、坊、丹、延四州都游奕使。且此州羌汉错居,山川夐阔,苟失控御,即为寇攘。公为是郡也,部落畏威,将卒知惧,秋毫无犯,边界获安。

二、史料考证与分析

编号"大中 064"的墓主为卢就[①],是晚唐大臣卢弘宣之侄。卢弘宣在《新唐书》

① 周一良、赵超:《唐代墓志汇编》,上海古籍出版社,1992 年,第 2299 页。

有传,会昌二年至三年出任东川节度使①,此后不久卢就担任殿中侍御史、节度支使和观察判官等职。卢弘宣会昌五年正月以义武军节度使身份节制易定二州②,卢就检校户部员外郎、充节度判官也在此年。当年发生了震惊朝野的"扬州吴湘案"③,此案由崔元藻和李稠调查审理④,墓志说明卢就也参与了这一案件的审理,可补史阙。会昌五年十二月党项攻陷了邠、宁、盐州交界处的城堡,屯于叱利寨。宰相李德裕次年正月十一日上书,主张以招抚为主⑤,但是武宗皇帝震怒于党项的不羁与侵扰,决定对其发动大规模征讨。结合墓志与史书记载,可以确定武宗征讨党项在会昌六年。"未暇调食,征天下兵屯于□上",说明当时征讨规模盛大,因尚未作好准备而十分仓促。"上"前所缺字疑为"塞"字,即征兵屯于塞上以图征讨。关于这次对征讨党项的行动,相关史料只载会昌六年因党项侵扰而出兵还击,其他情况付之阙如。周伟洲先生认为这可能与同年三月武宗之死、各镇使未出兵或小有战斗、未能改变党项屯集叱利寨局面有关⑥。通过这方墓志可知,会昌六年唐朝为征讨党项进行了广泛调兵与周密安排。"兵部侍郎、判度支卢商奏:'诸道兵讨伐党项,今差度支郎官一人往所在有粮料州郡,先计度支给。'从之"⑦。卢就在征讨行动中"佐大计、理出入",就是那名负责征集粮草的度支郎官。这方墓志提供了会昌六年征讨党项的相关史料,反映了晚唐时期唐朝通过武力打击遏制党项侵扰的史实。

编号"大中069"的墓主为冯审中⑧,卒于大中六年(864),享年43岁。据此推算其生于长庆元年(821),12岁时为太和七年(833)。冯审中于太和七年担任河东节度使府武职,因呈送征讨党项捷报有功,获得恩赏加封监察御史。太和七年前后虽未见党项入侵河东地区的记载,但可以从相关史料中获得一些信息。"太和中,河西党项扰边,文宗召石雄于白州,隶振武军为裨将,屡立战功"⑨。太和年间石雄以振武军裨将身份多次击退河西党项对河东地区的侵扰,其太和三年四月被流配

---

① 《唐仆尚丞郎表》卷四《兵刑工尚侍》"刑侍"条:"卢弘宣会昌初由京尹换刑侍,出为剑南东川节度使,时约二三年。"第293页。同参该书卷二十《辑考七·下》"刑侍"条,第1034页。严耕望撰:《唐仆尚丞郎表》,上海世纪出版股份有限公司、上海古籍出版社,2007年。另据《唐方镇年表》卷六《剑南东川》,吴廷燮将卢弘宣出任剑南东川节度的时间定为会昌三年,与严耕望所推相近,第1006页。吴廷燮撰:《唐方镇年表》,中华书局,1980年。

② (北宋)司马光:《资治通鉴》,中华书局,1956年,第8013页。

③ 扬州江都县尉吴湘因贪污公款、强娶民女激起民愤,被淮南节度使李绅逮捕下狱,准备处死。此案上奏时谏官怀疑有冤情,朝廷派遣御史崔元藻和李稠前往扬州勘察。崔元藻的推审结论与扬州所奏基本相同,李绅将吴湘就地正法。此案是晚唐"牛李党争"中的重要事件,影响深远。

④ (北宋)司马光:《资治通鉴》,中华书局,1956年,第8014页。

⑤ 傅璇琮、周建国:《李德裕文集校笺》,河北教育出版社,2000年,第316页。

⑥ 周伟洲:《唐代党项》,广西师范大学出版社,2006年,第70页。

⑦ (后晋)刘昫:《旧唐书》,中华书局,1975年,第609页。

⑧ 周一良、赵超:《唐代墓志汇编》,上海古籍出版社,1992年,第2302页。

⑨ (北宋)司马光:《资治通鉴》,中华书局,1956年,第7961页。

白州[①],被召回担任振武军裨将肯定在太和三年以后,平定河西党项入侵可能就在太和六年或七年。结合墓志可知,河西党项太和六年左右寇扰河东地区被守军击退,河东节度使派遣幕府武职冯审中赴京献捷,文宗皇帝提拔其为御史。这方墓志提供了太和年间河西党项寇扰河东地区的史料,反映了晚唐时期河西党项与唐朝的关系。

编号“大中097”的墓主为杨干光[②],大中六年五月担任丹州防御使。丹州东距同州350里,西至鄜州180里,南距坊州260里,北至延州250里[③],这一区域都是唐朝为党项划定的定居区。“宣宗大中四年,内掠邠、宁,诏凤翔李业、河东李拭合节度兵讨之,宰相白敏中为都统。……不阅月,羌果破殄,馀种窜南山”[④]。丹州毗邻邠宁地区,不排除入寇党项来自此地的可能。此次征讨党项调动了凤翔与河东两个节度使的兵力,时间不足一个月,溃败的党项逃往南山。此次侵扰邠宁地区的可能是南山党项,他们因居于鄜、延二州之北山地而得名[⑤]。丹州不但正处于河东节度使兵马东进道路之上,而且周边地区都有内徙党项分布,所以此次征讨行动对这一区域内的党项造成了一定影响。大中七年冬(865),党项入侵丹州,劫掠当地百姓,杨干光请求增派兵马还击。因为唐军及时到达,该地人众财产和乡里城邑得到保护。这方墓志提供了大中年间内徙党项寇扰丹州并被击溃的史料,侧面反映了内徙党项侵扰关中地区的情况。

编号“大中120”的墓主为孙景商[⑥],宣宗大中年间参与谋划征讨党项行动,和平化解了党项入寇危机。大中四年党项侵扰邠宁地区,宣宗命凤翔节度与河东节度合兵反击,很快击退了党项的进攻。但是党项的入侵势头并未就此止住,他们不断掀起反抗唐朝的斗争浪潮。大中五年(863),“三月,以白敏中为司空、同平章事,充招讨党项行营都统、制置等使,南北两路供军使兼邠宁节度使。敏中请用裴度故事,择廷臣为将佐,许之。夏,四月,以左谏议大夫孙景商为左庶子,充邠宁行军司马;知制诰蒋伸为右庶子,充节度副使”[⑦]。宣宗命宰相白敏中都统诸军讨伐党项,白敏中奏请孙景商为行军司马,蒋伸为招讨副使。蒋伸为晚唐大臣,曾任宰相与河中节度使等职。据《新唐书·蒋伸传》载,“白敏中领邠宁节度,表伸自副,加右庶子。入知户部侍郎”[⑧]。白敏中任邠宁节度使在大中五年至六年[⑨],此墓志为蒋伸

① (北宋)司马光:《资治通鉴》,中华书局,1956年,第7863页。
② 周一良、赵超:《唐代墓志汇编》,上海古籍出版社,1992年,第2326页。
③ (唐)李吉甫:《元和郡县图志》,中华书局,1983年,第74页。
④ (北宋)欧阳修、宋祁:《新唐书》,中华书局,1975年,第6218页。
⑤ 周伟洲:《唐代党项》,广西师范大学出版社,2006年,第60页。
⑥ 周一良、赵超:《唐代墓志汇编》,上海古籍出版社,1992年,第2345页。
⑦ (北宋)司马光:《资治通鉴》,中华书局,1956年,第8045-8046页。
⑧ (北宋)欧阳修、宋祁:《新唐书》,中华书局,1975年,第4534-4535页。
⑨ (清)吴廷燮:《唐方镇年表》,中华书局,1998年,第44页。

自撰,其所载大中五年征讨党项一事与史相合。从蒋伸后来出任户部侍郎可知其一定具备相当的筹划能力,所以白敏中才奏请其担任节度副使。当时党项频繁扰边,宣宗大怒,命宰相白敏中率军出征。朝野之中都认为兵弱食乏,短期之内难以收效,反对贸然出征。孙景商与蒋伸经过谋划,认为时机尚不成熟,主张对党项进行招抚。白敏中采纳了其意见,奏请停止了对党项的大规模征讨,在恩信抚驭已降服的平夏党项的同时,坚决打击桀骜不驯的南山党项①。“敏中军于宁州,壬子,定远城使史元破党项九千馀帐于三交谷,敏中奏党项平”②。在避免大规模征讨后恩威并施,党项停止了对唐朝的侵扰。孙景商因成功地避免了大规模征讨党项可能给唐朝带来的不利影响而被授予给事中之职。“宣宗初虽欲以兵力平定党项,而终不得不遣白敏中施招抚之策,含混了之”③。虽然吐蕃和回鹘已陷于内乱和崩溃,但是打击其残馀势力既会削弱唐朝的国力,又会加剧国内藩镇割据局面,危及统治基础与政治稳定。在严峻的国内外形势面前,对党项进行大规模征讨力不从心,“兵羸食窘,遽难收功”正是这一实情的反映。这方墓志材料既佐证了《资治通鉴》,又提供了大中年间唐朝对党项由武力征讨到和平招抚这一过程的史料。

编号“大中006”的墓主为高克从④,大中二年任职于夏州节度使府。夏州不但是安史之乱后唐朝为内徙党项划定的主要定居点,而且临近漠北的地理位置又使其很容易成为民族冲突的爆发点。自开成初年以来,由于唐朝边疆局势变化与所用边将不当,出现了“边军难抚,蕃部易摇”的不利局面。内徙定居于陕北地区的党项部落因不满唐朝的压迫与边将的贪婪,不断掀起反抗唐朝统治的斗争。会昌六年二月(846),武宗任命夏州节度使米暨为东北道招讨党项使,邠宁节度使高克恭为西南面招讨党项使⑤,联合讨伐劫掠京西北地区的东山党项。大中二年正月九日,出于“推择良能,护临藩镇”的目的,高克从被选入夏州节度使府。“公韬蕴智谋,乐得其往,果塞众望,大惬蕃情。自党项三百年来,互相劫杀,寇雠不息,劳扰边军。公与元戎敷法道诱,而威以典刑。特表上闻,悉与和断。遂得各舍雠隙,逐性便安,牧野不收,不扃户外。诏书褒饰,尤加依赖”。高克从立足党项实际,恩威并施,妥善处置了夏州地区的党项事务。“抚绥五年,两任留务。利人除弊,边境晏安”。因为高克从招抚有功,任职五年后又获得两次连任,有力维护与促进了夏州地区的安定和内徙党项的发展。这方墓志提供了大中年间唐朝处理与夏州地区党项关系的史料,说明唐朝在这一过程中并不以武力征讨为主要手段,而是适时地将武力征讨与和平招抚相结合。

---

① 周伟洲:《唐代党项》,广西师范大学出版社,2006年,第71-75页。

② (北宋)司马光:《资治通鉴》,中华书局,1956年,第8046-8047页。

③ 陈寅恪:《唐代政治史述论稿》,上海古籍出版社,1982年,第134-135页。

④ 周一良、赵超:《唐代墓志汇编续集》,上海古籍出版社,2001年,第973页。

⑤ (后晋)刘昫:《旧唐书》,中华书局,1975年,第609-610页。

编号“大中060”的墓主为鲁美[①]，大中年间击溃了入侵营州地区的党项。从“始主柳城，洎司战马……大中戊辰岁，统兵防边，党项充斥”等句可知，柳城在辽东营州(今辽宁省朝阳市)，为幽州(卢龙)节度巡属[②]，“大中戊辰岁”为大中二年(848)[③]。内徙党项主要聚居在陕北与内蒙古南部广大地区，虽有党项越过黄河进攻河东地区，却很少有党项侵扰营州地区的记载。“统兵防边，党项充斥，计谋筹画，保全城垒，为郡帅甄奖，录功上闻，授殿中侍御史兼本城教练使”。大中二年党项入寇营州，鲁美积极组织防御阻击，因保全城垒获得上司嘉奖。此次入侵营州地区的可能是河西党项，因为其在太和年间曾频繁寇扰河东地区[④]，不排除继续东进入侵营州的可能。这方墓志记载了大中二年党项侵扰营州地区的史料，既可补史之阙，又为晚唐党项的活动提供了新材料。

编号“大中088”的墓主为乌氏[⑤]，大中初年因处置西南地区羌戎叛乱有功而被调往丹州阻击党项入侵。文州位于四川北部，是隋唐之际党项羌的主要聚居区。戎州位于川西北，是西南少数民族杂居之地[⑥]。该州土著“蚁聚云屯，奔突境内，莫能制止”，形势十分严峻。“先考下车未期，秘密潜施，以兵一千斩虏枭擒五千馀级，两川宿患，此时一清”。乌氏到任后即刻组织平乱，经过周密筹划一举肃清了叛乱。“政成归于京辇，不日又除丹州。亦缘羌戎为寇，侵掠关辅”。平定戎州叛乱后，乌氏因富有平叛处置经验而被调往内徙党项聚居的丹州。此举在阻击频繁入侵京畿地区党项的同时，还有震慑压制的目的。这方墓志提供了大中年间唐朝处理丹州地区内徙党项关系的史料。

编号“大中088”的墓主为师弘礼[⑦]，咸通年间任职于鄜坊节度使府并出任鄜、坊、丹、延四州都游奕使。“时遇司空陇西公之节制鄜畤也，知公而特请行焉。到郡，补节度押衙”。所谓“陇西公”指沙陀族首领李国昌，“司空”为“司徒”之误[⑧]。李国昌于咸通十年至乾符元年任鄜坊节度使，历时五年(869—874)[⑨]。“公勤恪小心，夙夜无怠，复奏授监察御史，寻迁鄜、坊、丹、延四州都游奕使”。师弘礼任职于鄜坊节度使府，因工作出色被李国昌奏为监察御史，不久又被任命为鄜、坊、丹、延四州都游奕使。“游奕”亦作“游弋”，通过无目标的巡游以监视可疑之事和潜在威胁，既进行巡逻又展开间谍活动。唐代中期以后，凡兵多地广之处都设“游奕使”一

① 周一良、赵超:《唐代墓志汇编续集》,上海古籍出版社,2001年,第1012页。

② (后晋)刘昫:《旧唐书》,中华书局,1975年,第1521页。

③ 陈垣:《二十史朔闰表》,中华书局,1962年,第106页。

④ (北宋)司马光:《资治通鉴》,中华书局,1956年,第7961页。

⑤ 周一良、赵超:《唐代墓志汇编续集》,上海古籍出版社,2001年,第2448页。

⑥ (唐)李吉甫:《元和郡县图志》,中华书局,1983年,第790页。

⑦ 周一良、赵超:《唐代墓志汇编续集》,上海古籍出版社,2001年,第2499页。

⑧ (北宋)欧阳修、宋祁:《新唐书》,中华书局,1975年,第6156页。

⑨ (清)吴廷燮:《唐方镇年表》,中华书局,1998年,第98-99页。

职,负责巡营和防遏事宜[①]。鄜、坊、丹、延四州是内徙党项的主要聚居区,师弘礼以都游奕使身份对该地党项进行监视和防遏。"且此州羌汉错居,山川夐阔,苟失控御,即为寇攘"。该地党项与汉人交错杂居,如有不慎就会酿成祸端与寇扰。"公为是郡也,部落畏威,将卒知惧,秋毫无犯,边界获安"。师弘礼任职后通过恩威并施制服了当地的内徙党项与不法边将,维护了民族团结与地方安宁,稳定了边疆局势。这方墓志提供了大中年间唐朝处理陕北地区内徙党项关系的史料。

三、晚唐时期唐与党项的关系

这八方晚唐墓志中的党项史料跨越文宗至懿宗时期,历时近五十年(827—874),分别涉及会昌六年征讨党项、太和年间党项入侵河东、大中七年党项入侵丹州、大中五年对党项的讨伐与招抚、大中年间绥抚夏州、党项入侵营州、镇遏丹州和咸通年间绥抚陕北地区八个方面的史实。它们从不同方面反映了文宗至懿宗时期唐朝采取征讨与招抚相结合的方式应对党项侵扰与反抗的史实。通过对其的考证与分析,可以从另一个侧面重新审视晚唐时期唐朝与党项的关系。

安史之乱后大规模内徙的党项虽然接受了唐朝羁縻府州制度臣服中央,但是党项羁縻府州的控制力会随唐朝实力的盛衰变化呈现相应的强弱反应[②]。唐朝在沿边设置党项羁縻州县,任命其首领为世袭都督和刺史管理部落事务,接受都护府监领,不缴纳赋税和申报户口。羁縻都督府、州和县是唐朝在少数民族地区设置的一种带有自治性质的地方行政机构,体现了唐代对少数民族的笼络政策和松散管理的方针,客观上有利于民族间的和平共处与自然融合。因为唐朝短期内对其没有充分的统辖能力,只能通过间接安抚控制来应对[③]。党项在朝廷势力强盛之时接受羁縻州县制度,当朝廷势力受到吐蕃进逼出现衰弱之时,党项就逐步摆脱羁縻式的松散状态,夹在唐、蕃之间的党项的活动常表现出游移不定的倾向[④]。

安史之乱后,党项在吐蕃侵逼下时常进攻唐朝西部边疆。为了扭转这一局面,唐朝决定对其进行定点内徙,主要目的地为陕北地区。"子仪以党项、吐谷浑部落散处盐庆等州,其地与吐蕃滨近,易相胁,即表徙静边州都督、夏州、乐容等六府党项于银州之北、夏州之东,宁朔州吐谷浑住夏西,以离沮之。召静边州大首领左羽林大将军拓跋朝光等五刺史入朝,厚赐赉,使还绥其部"[⑤]。郭子仪组织的大规模定点内徙逐步将党项迁至黄河东西两岸,不但使陕北地区成为党项的主要活动区

---

① 吕宗力:《中国历代官制大辞典》,北京出版社,1994年,第843页。

② 杨浣:《试析唐代党项羁縻府州制》,《宁夏大学学报》(人文社会科学版),2000年第4期。

③ 李鸿宾:《唐朝朔方军研究——兼论唐廷与西北诸族的关系及其演变》,吉林人民出版社,2000年,第32-37页。

④ 李鸿宾:《唐末的形势与党项势力的崛起》,《宁夏社会科学》,2009年第2期。

⑤ (北宋)欧阳修、宋祁:《新唐书》,中华书局,1975年,第6216-6217页。

域，而且使原无党项居住的河东地区也逐步成为党项的游牧地与聚居区。“永泰、大历以后，居石州，依水草”①。石州即今山西离石（吕梁），位于黄河和吕梁山之间，有适宜畜牧的山间草场。贞元十五年二月，当地党项因不堪永安城镇将阿史那思昧的贪婪与压迫而举族渡河向西迁徙②。为了加强对内徙党项的控制与管理，元和九年五月重新设置宥州以护党项，十五年十一月任命太子中允李寮为宣抚党项使③。虽然党项暂时得到安抚，但是唐朝因国力衰落而控制力下降的不利局面与党项谋求自身发展的诉求为党项的发展壮大创造了条件。

党项自安史之乱后开始大规模内徙，唐朝虽然采取了“安抚”为主的总方针，但是唐代对党项经济活动的限制与边将的暴虐和横征暴敛使内徙党项的反抗与寇掠此起彼伏④。为了加强对党项的控制、遏制其势力的壮大，唐朝对党项贸易进行了严格限制。“贞元三年十二月，初禁商贾以牛、马、器械于党项部落贸易”⑤。随着唐朝对边疆部族控制力的削弱与党项自身力量的不断壮大，其反抗唐朝的斗争愈加激烈。“至大和中浸强，数寇掠，然器械钝苦，畏唐兵精，则以善马购铠，善羊贸弓矢。鄜坊道军粮使李石表禁商人不得以旗帜、甲胄、五兵入部落，告者，举罪人财畀之”⑥。在党项发展社会经济的要求遭到压制的同时，唐朝边将的横征暴敛与贪婪无度更激化了这一矛盾。“至大和、开成之际，其藩镇统领无绪，恣其贪婪，不顾危亡，或强市其羊马，不酬其直，以是部落苦之，遂相率为盗，灵、盐之路小梗”⑦。编号“大中 069”的墓志反映的文宗太和年间平定河西党项寇扰河东地区的史实也从一个侧面说明了这一危急局面。

会昌元年唐朝出兵征讨回鹘乌介可汗的军事行动对内徙党项产生了重要影响。会昌二年任命李思忠为河西党项都将，回纥南面招讨使⑧，率领党项诸部从南面进攻回鹘，三年正月任命何清朝率领沙陀、吐谷浑和党项赶赴振武接受刘沔调遣⑨。唐朝多次征调党项诸部与回鹘作战加重了其负担，率领党项诸部边将的暴虐更增加了党项诸部的不满⑩，内徙党项不断掀起反抗浪潮。为了缓和唐朝与党项的关系，武宗决定加强对边将的管理与监察。“会昌初，上频命使安抚之，兼命宪臣为使，分三印以统之。在邠、宁、延者，以侍御史、内供奉崔君会主之⑪；在延、夏、长、泽者，以侍御史、内供奉李鄠主之；在灵、武、麟、胜者，以侍御史、内供奉郑贺主

---

①②③⑤⑦ （北宋）司马光：《资治通鉴》，中华书局，1956 年，第 5293 页。

④ 参周伟洲：《唐代党项》，第 53－75 页。

⑥ （北宋）司马光：《资治通鉴》，中华书局，1956 年，第 6217 页。

⑧ （后晋）刘昫：《旧唐书》，中华书局，1975 年，第 591－592 页。

⑨ （后晋）刘昫：《旧唐书》，中华书局，1975 年，第 592 页。

⑩ 周伟洲：《唐代党项》，广西师范大学出版社，2006 年，第 68 页。

⑪ 《旧唐书·党项传》作“崔君会”，《新唐书·党项传》作“崔彦曾”，《唐会要·党项羌》作“崔君会”，《资治通鉴》卷二四八“会昌五年”胡注亦作“崔君会”，本文以此为准。因“会”与“曾”形近，“彦曾”恐为“君会”所讹。

之,仍各赐绯鱼以重其事。久而无状,寻皆罢之”[①]。但是此举并未奏效,党项的反抗活动仍此起彼伏。会昌四年九月,“制以皇子愕为开府仪同三司、夏州刺史、朔方军节度大使,时党项叛,命亲王以制之”[②]。会昌五年党项侵扰盐州,十一月入寇邠宁。“李德裕奏:‘党项愈炽,不可不为区处。闻党项分隶诸镇,剽掠于此则亡逃归彼。节度使各利其羊马,不为擒送,以此无由禁戢。臣屡奏不若使一镇统之,陛下以为一镇专领党项权太重。臣今请以皇子兼统诸道,择中朝廉干之臣为之副,居于夏州,理其词讼,庶为得宜。’乃以兖王岐为灵、夏等六道元帅,兼安抚党项大使,又以御史中丞李回为安抚党项副使,史官修撰郑亚为元帅判官,令齎诏往安抚党项及六镇百姓”[③]。唐朝虽为党项置使进行安抚,但入侵寇扰之事仍屡禁不止。会昌六年党项攻陷邠州、宁州和盐州交界的城堡,屯于叱利寨。宰相李德裕建议遣使宣慰,武宗决意对党项进行讨伐[④]。编号“大中064”的墓志真实反映了会昌六年这次征讨的一些详情,为研究武宗时期唐朝与党项关系提供了新材料。

面对党项此起彼伏的反抗浪潮,宣宗开始反思其缘由并总结经验教训,做出了慎选边将与照顾党项社会经济发展要求的决定。“上颇知党项之反由边帅利其羊马,数欺夺之,或妄诛杀,党项不胜愤怨,故反,乃以右谏议大夫李福为夏绥节度使。自是继选儒臣以代边帅之贪暴者,行日复面加戒励,党项由是遂安。上以南山、平夏党项久未平,颇厌用兵”[⑤]。在平定党项侵扰后,宣宗下诏颁布了一系列旨在遏制党项寇扰、防范边将贪婪横行、改善党项生活状况的措施。“辛未,诏[⑥]:‘平夏党项,已就安帖。南山党项,闻出山者迫于饥寒,犹行钞掠,平夏不容,穷无所归;宜委李福存谕,于银、夏境内授以闲田。如能革心相化,则抚如赤子,从前为恶,一切不问,或有抑屈,听于本镇投牒自诉。若再犯疆埸,或复入山林,不受教令,则诛讨无赦。将吏有功者甄奖,死伤者优恤,灵、夏、邠、鄜四道百姓,给复三年,邻道量免租税。曏由边将贪鄙,致其怨叛,自今当更择廉良抚之。若复致侵叛,当先罪边将,后讨寇虏。’”[⑦]由于宣宗对御边将领人选的慎重选择与适宜党项生存与发展政策的实施,党项对夏州和邠宁等地区的侵扰逐步减少,出现了暂时的安定局面。编号“大中006”的墓志就是这一情况的真实反映,说明了宣宗时期唐朝对其与党项关系的深刻反思与慎重考虑。周伟洲先生指出,自大中五年后,党项诸部虽仍有一些反抗,但由于宣宗选任的边镇节度使处置得当,并未酿成大的动乱。这种环境为党

---

① (后晋)刘昫:《旧唐书》,中华书局,1975年,第5293页。
② (后晋)刘昫:《旧唐书》,中华书局,1975年,第602页。
③ (北宋)司马光:《资治通鉴》,中华书局,1956年,第7993页。
④ (北宋)司马光:《资治通鉴》,中华书局,1956年,第8021页。
⑤ (北宋)司马光:《资治通鉴》,中华书局,1956年,第8045－8046页。
⑥ 参《唐大诏令集》卷一三〇《蕃夷·平乱·平党项德音》,第709－711页。
⑦ (北宋)司马光:《资治通鉴》,中华书局,1956年,第8046－8047页。

项诸部的发展和勃兴提供了有利的条件[①]。

这八方墓志从不同方面反映了晚唐时期因实力下降而采取武力打击与和平招抚相结合的方式处理与党项关系的史实，这一局面逐步为党项的崛起奠定了基础。李鸿宾先生认为，党项势力崛兴的根本原因是中央与地方关系出现了新的变化[②]。安史之乱后中央权威的衰落与地方藩镇割据的加强，造成唐朝国力的削弱与控制力的下降。这就为党项力量的壮大创造了有利的外在条件，使其对唐朝的反抗斗争与边境侵扰日益频繁，而边将的贪婪与唐朝处置措施不当更加助长了这一局面，从而对边疆局势的稳定造成重大威胁。“作为与汉人有别的边缘势力，党项崛起除了借助上述机遇之外，其民族认同观念也起着重要的作用，逐步形成以自身族属为主的势力并朝政权建设发展。然而这种思想在唐朝解体之前并不占主要位置，此前党项的活动属于政治性支配下的地方性活动，其族性张扬在王朝解体之后”[③]。在唐朝的衰落进程中，党项逐步壮大并奠定了北宋初期建国自立的基础。这一过程开始于安史之乱后的中唐时期，发展于文宗以后的晚唐时期，最终完成于北宋时期，以自立西夏国的形式宣告了党项这一新兴政治势力的彻底崛起。

原刊于《西夏研究》2011 年第 2 期

---

① 周伟洲：《唐代党项》，广西师范大学出版社，2006 年，第 52 页。

②③ 李鸿宾：《唐末的形势与党项势力的崛起》，《宁夏社会科学》，2009 年第 2 期。

熙宁变法与宋夏战争

魏淑霞

宋夏战争是宋军与西夏军在今天陕西、宁夏一带所进行的战争。若从李继迁反宋自立算起，它始于太平兴国七年(982)，若从李元昊正式立国算起，它始于宝元元年(1038)，期间战争有大有小，直到北宋灭亡，战事才算结束，其中有影响的战争有：李继迁攻灵州，李元昊时期的三川口、好水川、定川寨战役，元丰四年宋五路军攻西夏，永乐城之战，平夏城之战等。这些战争给宋和西夏政权的政治和经济都带来了深刻的影响。有关宋夏之间的战争，学界已有论述①，但未从熙宁变法的角度对宋夏之间的战争进行梳理。实际上，熙宁变法对宋夏战争产生的影响是深远的，梳理宋夏战争的脉络，可以发现，熙宁变法之前宋夏战争中宋军连连受挫，之后宋军在战争中逐渐从消极防守转入主动反攻，使西夏陷于被动。究其原因，主要是熙宁变法后宋朝西北军事实力的增强。本文拟就这一问题进行探讨，以求教于方家，不足之处，敬请指正。

一、前期宋夏战争

1. 李继迁攻取灵州

灵州历来是中原王朝的西北门户，是关中之屏蔽，河陇之噤喉，对李继迁而言，若占领灵州，则可“西掠吐蕃健马，北收回鹘锐兵，然后长驱南牧”②。统一整个西北，与宋、辽抗衡。对宋朝而言，占有灵州则“犹足以张大国之威声，为中原之扞蔽”。如果失去灵州，则边缘诸郡都不可保。咸平四年(1001)，李继迁率 5 万人马攻打灵州，面对李继迁的进攻，宋朝内部出现了弃灵州与保灵州两种不同的意见。宋真宗力主保灵州，派王超为西面行营都部署，率兵 6 万援助灵州。当时，灵州的

---

① 王天顺：《西夏战史》，宁夏人民出版社，1993 年；杜建录：《西夏与周边民放关系史》，甘肃文化出版社，1995 年；李范文主编：《西夏通史》；钟侃、吴峰云、李范文：《西夏简史》；曾瑞龙：《拓边西北——北宋中后期对夏战争研究》，香港中华书局有限公司，2006 年；米寿祺：《绍圣开边与章粢经营天都》，载《固原师专学报》1991 年第 4 期；王立新：《试析宋夏战争初期北宋军事失利的原因》，载《陇东学院学报》(社会科学版)，2007－18－1；金勇强：《宋夏战争有明显的季节性》，载《宁夏大学学报》2009 年第 5 期；钱俊岭：《从浅攻到蚕食：论章粢的军事构想与实施》，载《西夏研究》2010 年第 3 期；籍勇：《论北宋攻城战——以元丰五路攻夏战役为中心》，载《西夏研究》2010 年第 3 期等。

② (清)吴广成：《西夏书事》，龚世俊等校，甘肃文化出版社，1995 年，第 79 页。

知州为裴济，在整个灵州之战中，裴济全力固守城池，在灵州战事吃紧之时，他曾以血书求救于宋廷，但始终不见宋朝援军的踪影，最后，灵州城中弹尽粮绝，李继迁集重兵攻陷灵州，裴济被杀。

事实上，李继迁攻取灵州战事开始后，为了抗敌，宋朝任命张齐贤为邠宁环庆泾原仪渭镇戎军经略使，把长安到灵州的全部军事指挥权都交给了张齐贤，这本是一个正确的决策，但宋真宗又怕张齐贤军权过重难以节制，所以不到一个月又把他给免职了。而王超所率6万大军行至瀚海时，被李继迁遣兵阻拦，不得前进。别将张煦出兵镇戎军，入夏州界内，由白豹镇抵柔远川，与李继迁军队相战，煦获胜，日夜兼程地赶往灵州救援，但军未至而城已陷。从这层意义上讲，灵州的失守，与其说是李继迁攻占，不如说是宋朝拱手相让。

2. 李元昊立国后对宋战争

西夏建国后的第二年，李元昊为了显示实力、提高国威、迫使宋承认西夏国家的合法地位，就开始了对宋朝边境的三次大规模战争。即：三川口战役、好水川之战和定川寨战役。

三川口战役：延州（今陕西定边县）是宋朝西北边境的军事要地，也是西夏出入的要冲。所以李元昊对宋战争第一个要解决的就是延州。宋知延州兼鄜延环庆路经略安抚使范雍闻李元昊要攻延州，惊恐万分，请求朝廷支援。李元昊以假和谈麻痹范雍，范雍信以为真，不再备战防范。就在宋军懈怠之时，李元昊进攻金明寨，他用突袭的方式出兵包围了金明寨，猛烈地进攻，由于有诈降的西夏兵作内应，金明寨守将李士彬仓促应战，无法冲出重围，被西夏军活捉，李元昊顺利占据了金明寨。随后，快速进攻延州。延州又称赫连城，其城墙依山而建，地势严峻，易守难攻，此时延州守军较少，势力单薄。李元昊选择了三川口为咽喉地带，先歼灭宋朝的援军，后集兵于延州城下，延州被围七天，危在旦夕，延州守将范雍等全无退敌的良策。若非天公做美突降大雪，气温骤降；西夏士兵露宿野外，缺少御寒的衣物而无心恋战，李元昊主动退兵，则延州之围难以被解。三川口之战暴露了宋朝西北边防的空虚和边将的无能。战后，宋仁宗下令将临阵脱逃者斩首，撤销范雍边帅之职，提拔韩琦、范仲淹为陕西经略安抚副使，让他们共同管理军事防务。

好水川之战：李元昊于夏天授礼法延祚四年（1041）二月，亲自率大军10万，从天都山（今宁夏海原县南）出发，进军到怀远镇（今宁夏西吉县偏城乡），韩琦急忙派大将任福领兵应战，但任福骄傲轻敌，不按韩琦制定的路线前进，擅自率兵数千人，与西夏军战于孙家堡南部。任福指挥守军参战，斩敌数百，西夏军佯装败退，以此引诱宋军到好水川（今宁夏隆德县北）。任福不知道这是西夏所用的计谋，便紧追西夏军。晚上正好屯兵于好水川，此时，宋军只有3万馀人。而李元昊早已将自己的10万兵力隐藏于好水川口，等待宋军的到来。第二天，任福发现中了李元昊的诱兵之计，就率兵沿好水川向西奔逃，出了六盘山后，宋朝士兵发现了路边摆放了许多密封的泥盒,宋兵非常好奇,便打开了泥盒,只见数百只系哨子的鸽子直冲云霄,这实际上是李元昊的又一计。李元昊看到天空中的鸽子,知道宋军入进到了埋伏圈,就用分割包围的战术歼灭了宋军。任福见兵败,自扼咽喉而死。好水川一战,宋朝军队几十员大将除朱观一人外,其馀的全部阵亡,泾原路的18000人马损失殆尽,西夏在这次战争中大获全胜,这是宋朝边将趋利而违节度的后果。清吴广成在《西夏书事》中称:"福素以未抚循之众,临敌受命,法制不立,既又分出趋利,以至于败。"①

定川寨战役:夏天授礼法延祚五年(1042)闰九月,李元昊采纳了宰相张元的建议,从天都山出发向南行进,准备攻下镇戎军后,经过渭州深入关中。决战地点选在镇戎军(今宁夏固原市)西北面的定川寨(今宁夏固原市西北)。李元昊集合10万兵马,分两路进军。一路到刘璠堡(今宁夏海原西南),另一路到彭阳城(今宁夏固原东北),最后汇合于镇戎军。此时,宋渭州的知州为王沿,泾源路总管为葛怀敏。泾源平坦辽阔,无险可守,是宋朝延、环庆、泾源、秦凤四路中最为薄弱的地域。渭州知州王沿得知西夏军从天都山大举出动,就忙派葛怀敏率兵在瓦亭寨阻击西夏军。而葛怀敏率兵到瓦亭寨没有遇到西夏军,便自作主张,率军进入养马城,其他各路军队也都前往葛怀敏所在的养马城与其会合。正在此时,李元昊率军进入镇戎军境内。有部将建议葛怀敏速战速决,应依靠马栏城布置栅栏,切断敌人右路,固守镇戎城,来保障粮饷的畅通,拖垮敌人,等敌人锐气减弱后,再进攻,才能取胜。不然必定吃败仗。但葛怀敏刚愎自用,置大将建议于不顾,下令各路军分四路会师于定川寨。葛怀敏的这种布置正合善于用兵的李元昊之意。李元昊早在定川寨设下埋伏,只待葛怀敏主力军的到来。李元昊烧毁了定川寨后边定川河上的木桥,断绝宋军退路,又派人切断了流经定川寨的水道,断了宋军的水源。葛怀敏军刚到定川寨,就陷入西夏军的埋伏,李元昊率精锐部队将葛怀敏军重重包围,并分割围剿,加之天气突变,狂风肆虐,飞沙走石,宋军乱成一团。李元昊乘乱而上,宋军自相践踏,死伤无数,葛怀敏因得泾源路都监赵询的救助才得以逃脱。葛怀敏率部引退到长城边,而夏军早已将近路截断,宋军再次陷入夏军包围,葛怀敏等十馀人全部战死。定川寨之战,又是以西夏的胜利而告终。西夏军趁势直奔渭州,大肆掠夺,最后满载而归。

前期的宋夏战争中宋军之所以节节失利,主要是由于宋朝多年来上下安于无事,武备废而不修;将愚不识干戈,兵骄不知战阵;器械朽腐,城郭隳颓,在统军体制和一些军事制度上存在明显的缺陷。宋朝在军事统御体制上,首先是建立枢密院——三衙体制,其次是实行以文制武。枢密院三衙统兵体制的建立,巧妙地把兵权一分为三。枢密院有调兵之权,却不掌管军队;三衙掌管军队,却无调兵之权;遇

① (清)吴广成:《西夏书事》,龚世俊等校,甘肃文化出版社,1995年,第174页。

有战事，由皇帝任命将帅领兵出征，从而实现了发兵权与握兵权的分离。这种体制造成了主兵机构与将帅之间、将帅与将帅之间、主将与偏裨之间权限不明，缺乏相互协调，结果必然是互相牵制，动辄掣肘。正如贾昌朝所言："今陕西四路总管而下钤辖、都监、巡检之属，悉参军政，谋之未成，事已先漏，甲可乙否，上行下戾，主将不专号令，故动则必败。"[①]在李继迁攻灵州之战、定川寨之战中都暴露了宋朝统军体制上的这种弊端。而宋朝实行以文制武，文人大多未经战事，缺乏统兵作战的实际能力，让他们领兵作战，其后果不言自明。

募兵制是宋代主要的兵役制度，但是随着历史的发展，募兵制弊端丛生。主要是战斗力低下，由于拣选不实，训练缺乏，严重影响了宋军的战斗力，兵虽多而无用。关于北宋中叶雇佣兵的骄惰腐朽、不堪征战的情况，欧阳修在《原弊》一文中曾加以描述："国家自景德罢兵(澶渊之盟)三十三岁矣，兵尝经用者老死今尽，而后来者未尝闻金鼓、识战阵也，生于无事而饱于衣食也，其势不得骄惰。"[②]田况在其所上的《兵策十四事》中，则对于当时骑兵不堪征战的情况加以描述："沿边屯戍骑兵，军额高者无如龙卫，闻其间有不能披甲上马者；况骁胜、云武二骑(均是北宋军中骑兵的一种番号)之类，驰走挽弓不过五六斗，每教射，皆望空发箭，马前一二十步即已堕地。以贼甲之坚，纵使能中，亦不能入，况未能中之!"[③]宋朝陷入了"不任人无以安边，不安边无以惜费，不惜费无以宽民，不宽民无以致治"[④]的境地。而西夏军的战斗力极强，羌戎上下山阪，出入溪涧，中国之马不如；隘险倾侧，且驰且射，中国之技不如；风雨罢劳，饿渴不困，中国之人不如。二者之间形成鲜明的对比。

二、熙宁变法与北宋西北军事实力的增强

宋神宗赵顼继位后，决意改弦更张，力图摆脱边患困境。就是在这种情况下，王安石于熙宁元年(1068)，被召入政府，由翰林学士升任参知政事，熙宁二年(1069)，除参知政事，初任宰相，随即开始主持中国封建历史上著名的变法革新运动。史家对于王安石变法颇多争议，然而有一点却是不容否认的，王安石变法的最大成就不在经济和政治，却在军事上。从王安石变法开始，宋朝军事改革特别是西北地区的军事改革就成为了变法的重点，变法之后，西北军队拥有了独立的指挥权与统兵权，士兵的作战素质和将领素质也随着变法的深入而日益提高，终于渐渐扭转了宋朝在宋夏战争中的被动局面。

王安石变法运动中的强兵措施有：裁汰冗兵，整编禁军，缩减军队；推行将兵

---

① 《宋史》(卷二八五)，中华书局，1985年。

② 《欧阳修集》，李之亮注译，中州古籍出版社，2010年。

③ (宋)李焘：《续资治通鉴长编》，中华书局，1985年，第3135页。

④ 陈均：《皇朝编年纲目备要》，中华书局，2006年，第119页。

法,加强军事训练;实行保甲法,恢复寓兵于农的征兵制,废除弊端丛生的募兵制;推行保甲马,改变军马供应缺乏的状况;设立军器监,改进武器制作。其变法具体的内容不再赘述,主要述其军事变法的成效。

1. 针对军队中存在的冗兵、老弱、空额等问题,全国共裁减了247营,军队总额不到80万人。以前养募兵节省的军费专门存在各路的提点刑狱司所管的金库中,以备边防非常之用。

2. 将兵法推行后,将已非一种官职,而变成军队的一级编制。各将的兵力,从3000人至1万人不等,每将设正将和副将各1人作为统兵官。正将、副将之下,又各以所将兵多寡,置部将、队将、押队使臣各有差,又置训练官,次诸将佐①,他们的职责是管理、训练和指挥所部军队。到元丰四年(1081),全国各地无不设将之处了。《宋史·兵志二》对此概括说:"总天下为九十二将,而鄜延五路又有汉蕃弓箭手,亦各附诸将而分隶焉。"②一改将不知兵、兵不识将的局面。

3.王安石认为,经过训练的保甲,使与募兵相参,则可以消募兵骄志,省养兵财费,事渐可以复古,此宗庙长久计,非小事也。为达此目的,对保甲采取了"上番"和"教阅"两项措施。司马光在元祐初(1086)所上《乞罢保甲状》中,说保甲法实施之后,使得"畎亩之民皆戎服执兵奔驱满野"③。司马光上书的目的是为了反对王安石变法,但我们从司马光的言论中可以看出王安石实施保甲法收到的实效,即大量的农村壮丁已接受了军事训练。二十四年后,即绍圣二年(1095),变法派章惇向宋哲宗赵煦陈述保甲法成效时说:"熙宁中,先帝始行保甲法,府界、三路得七十馀万丁。设官教阅始于府界,众议沸腾。教艺既成,更胜正兵。元丰中,始遣使遍教三路。……而一时赏赉,率取诸封桩或禁军缺额,未尝费户部一钱。元祐弛废,深可惜也。"④元符二年(1099),变法派的曾布也向赵煦说:"熙宁中教保甲,臣在司农。是时诸县引见保甲,事艺精熟。……仕宦及有力之家子弟,皆欣然趋赴。及引对,所乘皆良马,鞍鞯华楚,马上事艺往往胜诸军。"⑤

4. 战马的多少是古代衡量军事力量强弱的重要标志,宋朝的军马供应,除贸易得来外,主要依靠政府牧监饲养,但是宋朝旧有的牧监根本解决不了战马的缺失问题。熙宁二年至五年,河南北十二监,只出马1600匹,而其中可供骑兵者264匹而已,平均每年出战马66匹,战马缺失严重影响了宋与辽夏的军事力量对比。为了改变这种状况,熙宁六年(1073)八月颁布保马法。此后,北宋元丰年间,又实行了户马法、元丰保马法,都是熙宁年间保马政策的延续,即增加宋朝军马的供应。元丰七年时,宋廷征得的战马总数达6000匹,其中河东、鄜延、环庆、永兴、秦凤几路

① 邓广铭:《宋史研究论文集》,上海古籍出版社,1982年。
② 《宋史》,中华书局,1985年,第4628页。
③ 《宋史》,中华书局,1985年,第4779页。
④⑤ 《宋史》,中华书局,1985年,第4786页。

的户马为 2700 匹[①]。与西夏东南部相邻的河东、鄜延、环庆三环路的禁军一次增加战马 6000 匹,这对于增强与西夏抗衡的力量,是十分有益的。

5.宋朝的兵器制造原归三司胄案管理。三司是主管财政的机构,事务繁杂,无暇顾及胄案,加上胄案主管人员不重视也不懂得这项工作,仅能记簿账而已,武器制造的质量如何根本无人过问,因而兵器大多粗制滥造,质量低劣,不堪战用。为改变这种状况,熙宁六年(1073)六月,宋廷设置军器监,专门负责管理兵器制造。自此,兵器制造得以大大改善,"国家自罢兵以来,武库百备,废坏几尽。神宗皇帝,以常德立武事,震耀威灵,治兵制器,宪度详谨,内置军器监,外创都作院,日程其功,月阅其课,戈矛、弧矢、甲胄、刀剑之具,皆极完具,等数之积,殆不胜计。苟有灵旗之伐,可足数十年之用"[②]。

可见,宋神宗支持的熙宁变法虽没有达到全面振兴宋朝的目的,但却使宋朝的军事实力发生了变化。其一是军事指挥体制的变化。将兵法实行之后,将和副将有了对所部军队进行统驭、训练和指挥的权力,将得专其兵,初步改变了以文制武的旧制,武将的地位有了一定的提高,这是宋兵制上的一大变革。其二军队战斗力增强。司马光也认为:"今独缘边州军城隍完固,士卒众多,可以守御。"[③]不仅可以守御,而且有力量进攻,王韶收复河、洮等五州之地,就是北宋空前的一次大捷。

三、后期的宋夏战争

虽然,王安石已于熙宁九年(1076)罢相,但宋神宗还是维持新法近十年之久,永乐城之战宋大败,1085 年宋神宗含恨而殁。年仅 10 岁的哲宗继位,朝政由高太后把持,熙宁变法被废止。但到元祐八年(1093),哲宗亲政后,有复熙宁、元丰之意,改元绍圣,意为"遵照先贤之道","专以'绍述'为国是,凡元祐所革一切复之"[④]。重新起用革新派,恢复了熙宁变法的多项内容,尤其是在对西夏的军事策略上与王安石的策略一脉相承。可以说王安石军事改革的影响是深远的。宋朝始终将整顿西北军务当作了国策的重点。之后的几十年内,宋朝与西夏在西北连年征战,互有胜负,却渐渐扭转了仁宗时代被动挨打的局面,甚至能够主动出击,不断蚕食西夏的战略要地。

1. 元丰五路军攻夏

元丰四年(1081),西夏发生了政变,年幼的西夏国主秉常(1060—1086)被囚。宋朝决定趁此难得之机发动五路进攻,对战争进行了全面布署:李宪部出熙河路,种谔部出鄜延路,高遵裕部出环庆路,刘昌祚部出泾原路(刘昌祚受高遵裕的节

---

① (宋)李焘:《续资治通鉴长编》,中华书局,2004 年,卷 346、347,元丰七年六月丁丑、七月癸卯。

② 转引自:《宋史论集》,中州书画社,1983 年,第 104 页。

③ 《司马温公文集》,商务印书馆,1936 年,卷三三《乞罢将官状》。

④ 《宋史》,中华书局,1985 年,第 13711 页。

制),王正中部出河东路。按作战计划,泾原、环庆两路合取灵州,河东、鄜延两路先会师夏州,再攻怀州,最后四路合攻兴州。宋朝廷还请吐蕃出兵渡黄河攻取凉州,以牵制西夏右厢兵力。战争的核心目标是西夏的兴、灵二州。

泾原路刘昌祚部进至堪哥平磨哆隘口(在灵州南百馀里),与据险守隘的 3 万西夏兵遭遇。刘昌祚以牌手在前,布神臂弓和劲弩于后,身先士卒,挟两盾牌登隘激战。待西夏兵稍稍退却,以大军猛冲,将其击败,乘胜直抵灵州城下。但高遵裕缺乏对战局的整体把握,在缺乏攻城器械、后勤补给不足的情况下盲目命刘昌祚直接攻城。宋军顿兵坚城之下,围攻十八昼夜而不克。而西夏军放黄河渠水灌淹宋军营地,又断绝其粮饷之道,宋军士兵因冻溺饥饿而死者极多。宋朝廷见其不能取胜,下令班师。

出兵鄜延的种谔作战积极,率所部沿无定河西进,起初势如破竹,通过一系列间接攻城战略的运用,先后攻取了西夏的米脂寨、石州、夏州、银州等处。但很快就因为军粮供应不继,又逢大雪,部队非战斗减员达三分之二以上。

河东路王正中所部沿无定河北行,选择了消极的方式参战,没有遭遇西夏军。

此次战争,宋军虽失败,但是宋军的战斗力却有了一定的提高,协调作战的意识和能力增加,占领了银、石、夏、宥诸州和横山北侧的一些军事要点,使西夏在横山沿边地带不敢耕者至二百馀里,边境贸易断绝,物价奇高,其馀老弱转徙,牛羊堕坏,所失不可胜数,陷入不利境地。

2. 宋夏平夏城之战

绍圣年间(1094—1098),宋朝命泾原路经略安抚使章楶合泾原、环庆、熙河、秦凤路兵马修筑了平夏城、灵平寨。在修筑堡寨的军事行动中,各路军队体现出良好的协作精神,西北诸路形成了以泾原路为核心的局部战区。章楶可按照自己的战略部署节制诸路人马,使得宋军更有效、更灵活地打击来犯敌军。元符元年(1097),西夏梁氏亲率 40 万众,自没烟峡直趋平夏城。章楶任命宋将郭成充为泾原路第十一将、知平夏城,他守城有方,成功地抵御了西夏军 14 日的进攻,另外,西夏围攻平夏城之际,鄜延、河东、熙河、环庆、秦凤路或“领兵出界讨荡”,斩获甚多,或“屯据要害,张耀兵势,使不能深入作过致贼无利”[①]。都不同程度地支援了这场战争。

宋夏平夏城决战是“一场组织完善的战役”[②],在各路人马的策应下,泾原路成功击退了西夏军的进攻。十一月,宋军又以轻骑兵“六道分进”夜袭西夏军事重地——天都山,一战而胜,生擒了西夏统军嵬名阿埋、监军妹勒都逋[③],“夏人自平

① (宋)李焘:《续资治通鉴长编》,中华书局,2004 年,第 12000 页。

② 曾瑞龙:《拓边西北——北宋中后期对夏战争研究》,中华书局,2006 年,第 125 - 164 页。

③ (宋)李焘:《续资治通鉴长编》,中华书局,2004 年,第 2017 页。

夏之败，不复能军”[①]。在这次战争中，宋朝西北军队凸显了其强悍的战斗力，协同作战的能力大大提高，尤其是骑兵发挥了巨大的优势，这与北宋的西北军事政策分不开，可以说王安石的军事改革使宋朝西北边军的战斗力提升了一级。平夏城之战使宋夏之间的攻守形势彻底改变，拉开了此后宋朝步步为营、逐步蚕食西夏国土的序幕。至宣和元年(1119)，宋朝已经彻底夺取了西夏的横山地区，使西夏失去了防御北宋的最后屏障。

原刊于《西夏研究》2010 年第 4 期

① (宋)王称:《东都事略》，中华书局，1957 年，卷九六。

从西夏年号看西夏文化的阶段性

保宏彪

年号是古代帝王为记录在位的年数而设立的名号①,是宣示帝王正统性的重要标志。一个政权使用另一个政权的年号被认为是臣服和成为藩属的重要标志,称为“奉正朔”。自汉武帝公元前 140 年创立“建元”年号后就一直沿用②,直至 1911 年为止,共计 2051 年。年号的使用因政治局面的不同而出现差异,统一时期不但每年都对应着固定年号,还会因新皇登基、除旧布新、政局变动等原因而出现一年之中数次改元、年号重叠的情况。此外,分裂时期的各支割据势力、少数民族政权和农民起义过程中建立的政权通常也会自立年号以示合法。由于年号深具中国传统文化意味和象征意义,所以目前的研究主要集中在对其来源、意义的探讨及其与当时政治、经济、社会等因素之间的关系上。李华瑞先生在《宋代建元与政治》一文中指出,“统览历朝历代年号的发展变化,可以说两宋时期的改元建号与政治发展最为密切,透过改元建号可以从一个侧面折射出两宋政治发展的运行轨迹”③。在中国古代众多少数民族政权的年号中,西夏年号虽因党项兼容并蓄的开明态度与蕃汉并用的文化政策而独具特色,但相关研究成果却凤毛麟角。本文试对西夏年号的特点、使用情况、出现背景、象征意味及其与汉文化的相互关系进行探讨,以期揭示西夏文化发展过程的阶段性,为进一步深入、全面认识西夏文化提供一些有益参考。

一、西夏年号的特点与使用情况

西夏自 1038 年李元昊建国开始,至 1227 年末主李睍被蒙古大军杀害灭国为止,共传 10 代帝王,历时 189 年。根据相关史籍与考古发现可知,西夏年号始于 1032 年,195 年间共用年号 32 个,其中崇宗李乾顺 8 个,景宗李元昊和毅宗李谅祚各 5 个,惠宗李秉常和仁宗李仁孝各 4 个,襄宗李安全 2 个,桓宗李纯祐、神宗李安全、献宗李

---

① 大辞典编纂委员会:《大辞典》,三民书局,1985 年,第 1444 页。

② 其实,汉文帝在公元前 163 年所创立的“前元”、汉景帝在公元前 149 年创立的“中元”和公元前 143 年的“后元”已经具有了年号的性质。汉武帝的“建元”年号只是承袭并发展了这一传统,将其进一步具体化和丰富化。

③ 李华瑞:《宋代建元与政治》,《中国史研究》,1996 年第 4 期。

德旺和末主李晛各1个。党项在魏晋南北朝以来民族大融合的基础上糅合了民族文化与中原文化，以兼容并蓄的开明态度与蕃汉并用的文化政策创造了独具特色的西夏文化，年号正是这一文化融合过程的智慧结晶，体现出浓郁的中国传统文化色彩和强烈的民族意识与自我认同。通过与中原王朝年号的对比分析，西夏年号的特点十分鲜明，在杂糅蕃汉文化、彰显民族个性的基础上有两点创新。

首先，西夏年号在中原年号的基础上实现了字数的突破。“年号的命名多取吉利祥瑞的意思，一般用两个字，也有用四字”[①]，北魏太武帝时期的太平真君、武周时期的天册万岁、万岁登封、万岁通天、北宋时期的太平兴国、大中祥符与建中靖国是中国年号史上仅有的几个四字年号。但是，西夏年号在吸收并融合中原王朝年号集神圣性、权威性、深刻政治寓意和美好政治理想于一体的特点基础上，逐步摆脱了两字年号的思维范式，标新立异地将四字甚至六字年号作为其重要特色，达总量的四分之一，既实现了殊途同归又迥然不同。这一时期主要集中在李元昊建国至崇宗李乾顺执政时期(1038—1139)，历时101年。

其次，西夏年号折射出中原文化与党项文化、政局变动和社会诉求之间的互动关系，文化意味和象征意义较中原王朝年号更为深厚。西夏前期曾有“开运”这样沿袭自后晋的年号，在一定程度上反映了其对中原昌盛文化的积极向往、谋求民族振兴的各种努力和渴望国家强盛的强烈意愿。“天授礼法延祚”之后的年号则更加强调君权神授、祈求国泰民安和体现敬天保民色彩，经历了由神圣威严向仁政亲民的转变。在经历弑君、夺位、政变、篡权等一系列政治事件后出现了“延嗣宁国”、“天祐垂圣”、“应天”、“乾定”等体现维护稳定、祈求上天护佑意愿的年号，在面对重大灾害、不祥之兆和民众疾苦之时则有“人庆”这种悲天悯人意味的年号。为直观反映西夏年号使用情况，现依据相关史籍将其汇总如下：

西夏诸帝年号汉蕃对译表[②]

帝　王	年　号	起始时间	终止时间	政　局
景宗 李元昊	显(明)道	1032	1034	北宋明道元年即位。1038年称帝，国号大夏，定都兴庆府。
	开　运	1034	1034	
	广　运	1034	1036	
	大　庆	1036	1038	
	天授礼法延祚	1038	1048	

① 大辞典编纂委员会：《大辞典》，三民书局，1985年，第1444页。

② 参史金波先生主编《西夏文教程》第十三讲“专有名称和亲属称谓”之二“帝号和年号”，社会科学文献出版社，2013年，第353-354页。同时，此表汉文部分参照了杜建民编著的《中国历代帝王世系年表》，齐鲁书社，1995年，第178-183页。

续 表

帝王	年号	起始时间	终止时间	政局
毅宗 李谅祚	延嗣宁国	1049	1049	太子宁令哥刺伤元昊,被没藏讹庞所诛。元昊死后,讹庞力主拥立元昊一岁的私生子谅祚。没藏家族由此长期把持西夏国政。
	天祐垂圣	1050	1052	
	福圣承道	1053	1056	
	䄇都	1057	1062	
	拱化	1063	1067	
惠宗 李秉常	乾道	1067	1068	八岁以皇太子身份嗣位,太后梁氏摄政。因崇尚汉礼被梁太后废黜幽禁,外戚专权现象日趋严重。
	天赐礼盛国庆	1069	1074	
	大安	1075	1085	
	天安礼定	1086	1086	
崇宗 李乾顺	天仪治平	1086	1089	四岁以皇太子身份嗣位,母后梁氏摄政。梁太后永安二年被辽国鸩杀后,帝始亲政。力主汉礼,推行汉文化,大力发展文教。
	天祐民安	1090	1097	
	永安	1098	1100	
	贞观	1101	1113	
	雍宁	1114	1118	
	元德	1119	1127	
	正德	1127	1134	
	大德	1135	1139	
仁宗 李仁孝	大庆	1140	1143	以皇太子身份嗣位,在位期间积极推行汉文化,大力发展文教,修订法律。在辽的干预下挫败任得敬裂国阴谋,国势转衰。
	人庆	1144	1148	
	天盛	1149	1169	
	乾祐	1170	1193	
桓宗 李纯祐	天庆	1194	1206	以皇太子身份嗣位。天安十三年正月为李安全和罗太后所废,三月暴崩。
襄宗 李安全	应天	1206	1209	与罗太后共废桓宗,自立为帝。皇建二年七月被废。
	皇建	1210	1211	
神宗 李遵顼	光定	1211	1223	即位前嗣齐王爵。皇建二年废襄宗自立,传位于子德旺,自称太上皇。

续 表

帝 王	年 号	起始时间	终止时间	政 局
献宗 李德旺	乾 定	1223	1226	受父禅即位。蒙古进攻兴庆府，忧惧而死。
末主 李晛	宝 义	1226	1227	国人拥立。蒙古围困兴庆府，出降被杀，国灭。

二、西夏年号所反映的文化阶段性

党项贵族拓跋思恭利用唐朝内乱与助剿黄巢起义之机迅速崛起，不但获赐唐朝国姓“李”，而且被授予定难军节度使之职，取得了夏、绥、银、宥四州之地，巩固并扩大了自己的势力范围。此后，夏州李氏政权相继接受了唐朝、五代诸朝、辽和北宋所授予的官职、爵位与封号，通过在表奏中使用这些朝代年号的方式体现政治上的藩属地位。李继迁与李德明通过巧妙利用宋、辽矛盾和适时的战争与妥协手段实现了政治、经济与文化利益最大化，客观上促进了党项与汉族的交往和汉化进程。宋夏和平相处为两国经贸发展、文化交流的持续开展创造了有利条件，不但开启了西夏封建化进程，而且引入了大量汉文典籍和佛经等中原文化因素，促进了中原文化在党项社会的广为传播，为西夏年号的形成与发展创造了条件。“在中国古代少数民族政权封建化的初期阶段，中原封建文明的影响非常积极有效，极大地推动了这些民族政权封建制度的确立和巩固，为其统一和发展打下了良好基础”①。在此背景下，中原文化对党项社会与文化产生了深远影响，“逮德明礼文仪节、律度声音，无不遵依宋制”②。

随着自身实力的增强与民族自觉意识的抬头，以李元昊为代表的党项上层贵族越来越不能容忍政治上的藩属地位，要求建立民族国家的愿望和呼声日益强烈。于是，李元昊依靠祖父李继迁和父亲李德明所积累的大量政治、经济与文化资本，在1038年建立了以党项为主体的西夏王国。作为一个新兴的边疆少数民族政权，西夏自建国后就在诸多方面表现出浓烈的民族色彩与蕃汉杂糅痕迹。李元昊在先辈创业基础上立官制、定服饰、造文字、制礼乐、办学校、建宫苑，确立了封建统治制度。以党项为主体的西夏之所以能够快步跨入先进民族行列，形成与宋、辽、金长期对峙的局面，关键在于党项上层贵族非常重视中原文明在建立和巩固民族政权过程中的积极作用。但是建国之后，党项统治集团内部在是否继续推行汉化政策的问题上却产生了尖锐分歧。许多党项贵族主张进一步推行汉化措施，大力巩固

① 强文学:《西夏政权的汉化进程对宋夏战略形势转化的影响》,《重庆工学院学报(社会科学版)》,2008年第11期。

② (清)吴广成撰，龚世俊等校证:《西夏书事校证》,甘肃文化出版社,1995年,第146页。

封建化成果。而元昊和一部分党项贵族则主张恢复和保留"蕃性",在大力张扬党项文化的同时,只吸收中原封建制度中合理有益的因素为其所用。开国重臣野利仁荣曾向元昊建议:"一王之兴,必有一代之制,议者咸谓化民成俗,道在用夏变夷,说殆非也。昔商鞅峻法而国霸,赵武胡服而兵强,国家表里山河,番汉杂处,好勇喜猎;日以兵马为务,非有礼乐诗书之气也,惟顺其性而教之功利,因其俗而严以刑赏,则民乐征战,习尚刚劲,可以制中国,驭戎夷,岂斤斤言礼言义可敌哉。"①因此在体现法统的正朔问题上,李元昊没有遵从沿用北宋年号的传统,而是标新立异地建立了独具特色的西夏年号,创立了新的规范与象征意义,从法理与文化上与中原王朝分庭抗礼。纵观西夏所使用的32个年号,其出现与使用具有明显的时代性与阶段性,在一定程度上反映了党项在立足民族文化基础上接受、学习并改造汉文化的过程,为进一步研究党项汉化进程提供了有益参考与丰富信息。结合西夏历史及西夏文化发展脉络来看,西夏年号所折射出的文化阶段性比较明显,可按照时间顺序分为前、后两段,依据内容和性质分为强调君权神授、希望天佑维稳、祈求国泰民安三种类型。

1. 西夏前期(君权神授—神佑维稳)

从西夏年号所体现的文化阶段性来看,可将李元昊至崇宗李乾顺执政时期定义为西夏前期,在类型上属于从君权神授型向天佑维稳型的过渡。

李元昊建国之前的显(明)道、开运、广运、大庆这四个年号,就是积极吸收与学习中原文化的产物,表现出强烈的民族自觉意识与君权神授色彩。首先,将"明道"改为"显道"是中原孝道文化与避讳观念在党项文化中的体现。"初,宋改元明道,元昊避父讳,称显道于国中"②。从唐代的党项风俗与文化来看,其社会伦理与孝道文化尚未出现。"妻其庶母及伯叔母、嫂、子弟之妇,淫秽烝亵,诸夷中最为甚,然不婚同姓。老死者以为尽天年,亲戚不哭;少死者则云夭枉,乃悲哭之。死则焚尸,名为火葬"③。到了宋代,党项贵族在中原文化的熏陶与影响下逐步接受并学习了相关汉文化因素。"宋兴,太祖即西平王加彝兴太尉,德明在祥符间已追帝其父于国中"④。正是在中原孝道文化与避讳观念的影响下,李元昊才会在北宋改元"明道"后自己"称显道于国中",以避父亲李德明之名讳。李元昊虽然在对宋奏表中仍然使用"明道"年号,但其在国内使用"显道"年号的行为正是其自立意识的觉醒与君权思想的体现。其次,将"开运"改为"广运"是其渴望扩大统治基础、广大霸业宏图和巩固割据政权心理的体现。1034年,李元昊袭封西平王、获授定难军节度使和夏绥银宥静等州观察处置押蕃落使。"景祐元年(1034),遂攻环庆路,杀掠居人,

① (清)吴广成撰,龚世俊等校证:《西夏书事校证》,甘肃文化出版社,1995年,第186页。

② (元)脱脱:《宋史》,中华书局,1985年,第13993页。

③ (后晋)刘昫:《旧唐书》,中华书局,1975年,第5291页。

④ (元)脱脱:《宋史》,中华书局,1985年,第14030页。

下诏约束之"[①]。此时的李元昊不但已将北宋诏令视为一纸空文,而且还将北宋"景祐"年号改为自己的"开运"年号,与北宋分庭抗礼之意昭然若揭。"是岁(1034),改元开运,逾月,或告以石晋败亡年号也,乃改广运"[②]。但是李元昊并不知道"开运"乃后晋出帝石重贵亡国之时所用年号,在得知后改为"广运",随后通过确立统治关系和设置官署等措施巩固统治基础。第三,"大庆"年号是李元昊庆贺重大军事胜利与民族文化建设辉煌成就的产物,彰显了其对建国事业的巨大信心和强烈渴望。1036 年,李元昊在完成击败角厮罗、夺取河西走廊、设置十二监军司、创制西夏文字等几件大事后"复改元大庆"[③],以示普天同庆之意,表达自己建国称帝的殷切愿望。

"天授礼法延祚"是李元昊自立为帝后的第一个年号,君权神授与祈求天佑色彩十分浓厚。1038 年,"遂以十月十一日郊坛备礼,为世祖始文本武兴法建礼仁孝皇帝,国称大夏,年号天授礼法延祚"[④]。李元昊自称"始文本武兴法建礼仁孝皇帝",自认为在文治武功方面取得了巨大成效。"臣偶以狂斐,制小蕃文字,改大汉衣冠。衣冠既就,文字既行,礼乐既张,器用既备,吐蕃、塔塔、张掖、交河,莫不从伏。称王则不喜,朝帝则是从,辐辏屡期,山呼齐举,伏愿一垓之土地,建为万乘之邦家。于时再让靡遑,群集又迫,事不得已,显而行之"[⑤]。李元昊假托"祖宗本出帝胄",在强调其称帝乃继承与光大祖先帝业、建国是上天旨意和民众要求的基础上,要求宋帝承认其帝位的合法性,享有与之同等的政治地位。"天授礼法延祚"是中国历史上第一个也是仅有的两个六字年号之一,象征意义十分丰富。"天授"强调的是李元昊建国称帝之举的神圣性与合法性,"礼法"体现了李元昊对自己文治武功的誇耀与对党项文化的坚定信心,"延祚"是党项贵族渴望国家在上天护佑下国祚绵长的表现。从西夏年号所体现的文化阶段性来看,李元昊所用年号是其在保持党项民族文化基础上积极吸收与学习中原文化的产物,表现出强烈的民族自觉意识与君权神授色彩。

毅宗李谅祚在位 20 年,共有延嗣宁国、天祐垂圣、福圣承道、䜩都和拱化 5 个年号。这些年号延续了李元昊时期的发展脉络,是君权神授型向天佑维稳型过渡的重要阶段,蕃汉礼仪之争对其产生了重要影响,经历了汉礼—蕃礼—汉礼的转变。天授礼法延祚十一年(1049)正月,李元昊因强夺太子宁令哥之妃没移氏而被其挟愤刺伤,不治身亡,年仅一岁的李谅祚在舅舅没藏讹庞拥立下即位[⑥]。"谅祚

①② (元)脱脱:《宋史》,中华书局,1985 年,第 13994 页。

③ (元)脱脱:《宋史》,中华书局,1985 年,第 13995 页。

④⑤ (元)脱脱:《宋史》,中华书局,1985 年,第 13996 页。

⑥ 关于李谅祚的身世,《续资治通鉴长编》和《东都事略》都记为没藏氏遗腹子。《宋史·夏国传》记为元昊死前出生,此从后说。

幼养于母族讹庞,讹庞因专国政"[①]。在"主少国疑"的背景下,为巩固西夏政权和平息政治风波,李谅祚即位后的第一个年号被定为"延嗣宁国",旨在体现继承元昊法统、祈求国君安康与国家安宁。次年,改元"天祐垂圣",含有祈求上天保佑国泰民安与仰慕效法圣王行迹之意。1053 年,改元"福圣承道",同样包含对国君的良好祝愿和继承与广大王道之意。这 3 个年号都是浓郁汉文化熏陶的产物,具有强烈的中原文化色彩与向往效法之情。

福圣承道四年(嘉祐元年,1056),没藏太后被李守贵所杀。"没藏讹庞在失去皇太后支持后,为了能够继续稳固地把持朝政,就将自己的女儿嫁给了年仅 9 岁的毅宗李谅祚做皇后。没藏讹庞因此独揽朝纲,任意诛灭异己,满朝官员对其敢怒不敢言。没藏讹庞还利用手中职权为自己谋取巨大利益,不断侵耕宋朝在麟州屈野河一带的大片肥沃土地,还经常寇扰宋朝边境,掠夺财物,使宋朝先后断绝与西夏的和市、私市。这一切使西夏国内财用匮乏,百姓生活困苦,怨声载道。同时,没藏讹庞的叛逆行为也加剧了他与以毅宗李谅祚为首的帝党之间的矛盾与冲突"[②]。为打击专权跋扈、崇尚蕃礼的没藏讹庞,在汉文化不断熏染下逐渐崇尚汉礼的李谅祚决定通过扶持汉文化、争取汉族地主支持的方法扩大自己的统治基础。他采取了一系列改革措施在国内全面推行汉文化,核心内容就是改蕃礼为汉礼。李元昊建国之时大力提倡党项民族文化传统是为了体现民族独立性,获得与中原王朝抗衡的资本。但是西夏境内生活着大量汉族民众,在国家管理、农业生产和社会生活中扮演着重要角色。随着西夏社会的发展,西夏统治者日益感到汉文化的重要,认识到西夏政权的巩固和发展与获得境内汉族地主支持之间的紧密联系,促进中原先进文化在国内的传播成为当务之急。因此,李谅祚在 1057 年改元"奲都"。这是一个很有深意的年号,"奲"字同"亸",有"下垂"之意[③]。根据西夏语多有倒装结构的特点,"奲都"可能含有"全部(都)向下推行"之意,可见其全面推行汉礼的决心十分坚定。随着汉文化的日益传播与影响日增,李谅祚获得了境内汉族地主的广泛支持和拥护,在与没藏讹庞的较量中渐据上风。"谅祚忌讹庞专,或告讹庞将叛,谅祚讨杀之,夷其族"[④]。随后,十分喜爱汉文化的李谅祚向北宋广泛搜求各种文献典籍,加速了西夏社会全面汉化的历史进程。"已而请去蕃礼,从汉仪。嘉祐六年(奲都五年,1061),上书自言慕中国衣冠,明年当以此迎使者。诏许之"[⑤]。奲都六年(1062),李谅祚为扩大与深化宋夏文化交流,"表求太宗御制诗章隶书石本,且进马五十匹,求《九经》《唐史》《册府元龟》及宋正至朝贺仪,诏赐《九经》,还所献马"[⑥]。在

① (元)脱脱:《宋史》,中华书局,1985 年,第 14001 页。
② 魏淑霞:《湮没的神秘王国——西夏》,宁夏人民出版社,2008 年,第 50 页。
③ 中国社会科学院语言研究所词典编辑室:《现代汉语词典》(第 5 版),商务印书馆,2011 年,第 352 页。
④⑤ (元)脱脱:《宋史》,中华书局,1985 年,第 14001 页。
⑥ (元)脱脱:《宋史》,中华书局,1985 年,第 14002 页。

获得宋朝赐予的大量汉文典籍后，李谅祚为表达其思慕汉文化、渴望文化昌盛、国泰民安的强烈愿望，于 1063 年改元“拱化”。虽然此后李谅祚曾有入侵秦凤、泾原和大顺城等边地的举动，但不可否认的是，中原文化在其执政期间有了长足发展，年号中体现出深厚的汉文化意味与象征意义，为惠宗李秉常的进一步汉化奠定了基础。

惠宗李秉常在位 20 年，共有乾道、天赐礼盛国庆、大安、天安礼定 4 个年号。李秉常是毅宗李谅祚的长子，即位时年仅 7 岁，由母亲梁氏肃章宪皇太后辅政，舅舅梁乙埋担任宰相管理朝政。李秉常的第一个年号为“乾道”，其背景与毅宗李谅祚的“延嗣宁国”如出一辙，亦为“主少国疑”背景下祈求上天护佑、政权稳固、国君安康与国家安宁的表现。熙宁二年(1069)，宋神宗“遣河南监牧使刘航等册秉常为夏国主”①，西夏为示庆贺而改元“天赐礼盛国庆”。这一年号的西夏文对译意为“天、赐、礼、盛、国、安”②，是西夏年号中第二个也是最后一个六字年号，既反映了党项文化与中原文化的融合和杂糅，又从一个侧面折射出西夏国内党项文化的反弹。值得注意的是，所谓“礼盛”不再指汉礼的繁盛，而是蕃礼的复苏。梁太后虽为党项化的汉人，但梁氏家族主政后为巩固自己的地位而转向谋求党项贵族的支持，于是废除了毅宗李谅祚大力推行的汉礼，重新恢复蕃礼③。这一年，西夏因先前诛杀杨定和诈以安远、塞门二寨交换绥州之事与北宋彻底决裂，国内党项贵族反应强烈，要求废除汉礼的呼声日高。“八月，表请去汉仪，复用蕃礼”④。在获得党项贵族支持后，梁太后为转移民众视线，以北宋不肯归还绥州和断绝西夏“岁赐”为由向边境发动了大规模进攻。梁太后集中兵力分路进攻北宋环、庆等州，宋军大败，郭庆等数员大将阵亡。在先后攻占永乐川、赏逋岭、抚宁、荒堆三泉、吐浑川、开光岭、葭芦川等新筑堡寨和取得啰兀城大捷后⑤，西夏不但挫败了种谔谋取横山的计划，还对北宋西北边境构成了巨大威胁。虽然西夏在对宋战争中节节胜利，但梁氏希望通过战争转移统治阶级内部矛盾的目的并没有达到，持续交战不但严重破坏了银、夏等地的社会生活与农牧业生产，频繁征兵和大量催粮引起党项和汉族人们的强烈不满，阶级矛盾进一步激化。为缓和矛盾和安抚民众，梁太后于 1075 年改元“大安”，以示息兵偃武、安定国家之意。北宋对于这次西夏改元并不知情，直到次年三月看到其索要越界投宋的蕃汉民众的书牒后才得知西夏已为大安二年⑥。“乃诏鄜延经略司，令牒宥州问妄称年号，且牒非其地分边臣会议，皆违越生事，是必夏主不知，请问之。夏人进奉山陵后期，诏令先至永厚陵设祭后至阙奉慰。帝谓

① (元)脱脱：《宋史》，中华书局，1985 年，第 14007 页。

② 史金波先生主编《西夏文教程》第十三讲“专有名称和亲属称谓”之二“帝号和年号”，社会科学文献出版社，2013 年，第 353 页。

③ 魏淑霞：《湮没的神秘王国——西夏》，宁夏人民出版社，2008 年，第 54 - 55 页。

④ (元)脱脱：《宋史》，中华书局，1985 年，第 14008 页。

⑤⑥ (元)脱脱：《宋史》，中华书局，1985 年，第 14009 页。

辅臣曰:'元昊昔僭号,遣使上表称臣,其辞犹逊。朝廷不先诘其所以然而遽绝之,纵边民蕃部讨虏,故元昊尝自谓为诸羌所立不得辞,朝廷不得命,不得已而变。西师亟战辄败,天下骚然,仁宗悔之。当元昊僭书来,独谏官吴育谓难以中国叛臣处之,或可稍易以名号,议者皆以为不然,卒困中原,而后岁赐,封册为夏国主,良可惜哉!'"[①]对于西夏的桀骜不驯与"妄称年号"的不礼行为,宋神宗十分感慨,认为自真宗以来对西夏的处置方法大有问题,因没有正确看待而导致久为边患。

大安二年(1076),李秉常开始亲政,但是梁氏集团仍然把持朝政。"李秉常自幼酷爱中原文化,熟读经史,喜爱吟诵《诗经》和《楚辞》。他从小就反对战争与杀戮,希望自己亲政后能为黎民百姓带来和平与安定。大安六年(1080),惠宗秉常在皇族支持下下令取消蕃礼,恢复汉礼。这一点为梁氏所深恶痛疾,断然拒绝了这一建议"[②]。李秉常并不甘心,因对汉文化的强烈热爱而对梁氏专权与崇尚蕃礼之举日益不满。"有李将军清者,本秦人,说秉常以河南地归宋,国母知之,遂诛清而夺秉常政"[③]。梁氏诛杀李清和囚禁李秉常后流言四起,国内大乱。"鄜延总管种谔乃疏秉常遇弑,国内乱,宜兴师问罪,此千载一时之会。帝然之,遂遣王中正往鄜延、环庆,称诏募禁兵,从者将之。诏熙河李宪等,以秉常见囚,大举征夏;及诏谕夏国嵬名诸部首领,能拔身自归及相率共诛国仇,当崇其爵赏,敢有违拒者诛九族。八月,中正及谔言泾原、环庆会兵取灵州,复讨兴州,麟府、鄜延先会夏州,取怀州渡会兴州"[④]。面对西夏皇室内乱,宋神宗在朝臣怂恿下于元丰四年发动了声势浩大的"元丰西讨",企图一举灭亡西夏。但是西夏采取了"御敌于内"和"坚壁清野"等措施,宋朝诸路大军纷纷战败,最后不得不承认难于短期内消灭西夏的残酷现实。经过严重的皇室内乱和大规模宋夏战争的冲击,西夏国内民生凋敝,社会矛盾更加尖锐。梁太后迫于形势恢复了李秉常的权力,但舅舅梁乙埋凭借女儿的皇后身份仍控制着西夏国政。大安十一年(1085),李秉常在梁乙埋去世后按照父亲李谅祚对其的许诺,任命梁乙埋之子梁乞逋接替国相之职。次年,为安定人心、稳固政权而改元"天安礼定"。纵观惠宗李秉常在位期间的4个年号及其所反映出来的蕃汉礼法之争,汉礼在经历短暂低潮后重新得到西夏君民的认同,再次成为党项社会的主流思想,从而为崇宗李乾顺执政时期大兴汉学、设置国子学奠定了基础。

崇宗李乾顺在位54年,共有天仪治平、天祐民安、永安、贞观、雍宁、元德、正德和大德8个年号,为西夏诸帝中最多。1086年,年仅3岁的李乾顺即位,由母后梁乞逋之女梁氏摄政。同样面对"主少国疑"的不利局面,为祈求上天护佑、稳固政权和安定人心而改元"天仪治平"。此后,梁氏先后对镇戎军、德靖寨、龛谷寨等地发

---

① (元)脱脱:《宋史》,中华书局,1985年,第14009-14010页。

② 魏淑霞:《湮没的神秘王国——西夏》,宁夏人民出版社,2008年,第56-57页。

③④ (元)脱脱:《宋史》,中华书局,1985年,第14010页。

动进攻[1]，败多胜少，损失惨重。为缓和国内矛盾和战争医治创伤，西夏开始有意与宋修好，谋求勘定疆界。元祐四年(1090)二月，“始遣使谢封册。六月，稍归永乐所获人，遂以葭芦、米脂、浮图、安疆四寨与之，而画界未定。遣崇仪使董正叟、如京使李玩押赐夏国生日礼物及冬服。七月坤成节、十二月兴龙节皆遣使来贺”[2]。在完成恢复与宋友好、收复失地与向宋朝贺等政治举动后，崇宗李乾顺为祈求上天保佑和国泰民安而改元“天祐民安”。但是，梁氏对外扩张的本性不会改变，随后几年先后向绥德城、鄜延、泾原等地大举进军[3]，对这些地区造成了严重破坏。天祐民安九年(元符元年，1098)，“彗星见，乾顺赦国中”[4]。在兵事不解的窘境下，带有不祥寓意的彗星的突现给西夏君臣造成了巨大恐慌，遂大赦国中以禳之。虽然史籍中没有西夏改元的记录，但这次“彗星见”应该就是改元“永安”的一个重要原因。

李乾顺在辽的帮助下登基，出于对汉文化的热爱而实行“附辽和宋”的外交政策，努力减少战争损失，积极扩大对宋交流。在铲除梁氏一党后，他对内推行整顿措施，为西夏社会经济的发展创造了良好条件。“建中靖国元年(1101)，乾顺始建国学，设弟子员三百，立养贤务以廪食之”[5]。“国学的建立，使儒学在西夏得以全面普及和推广，从而使西夏的政治、经济与文化发生了更为深刻的变化。这与谅祚推行汉礼、向宋朝求赐儒学书籍相比，具有里程碑式的深远意义，为西夏的崇宗和仁宗两朝百年盛世奠定了人才储备的基础”[6]。虽然“贞观”年号的西夏文对译意为“德、观”[7]，但从中仍能看出李乾顺对汉文化的大力推崇和对明君圣王丰功伟绩的仰慕之情，所以中原王朝才会将这一年号译为“贞观”，效法唐太宗“贞观之治”的决心溢于言表。李乾顺在西夏大兴汉学，广弘佛法，促进了佛教文化在西夏的传播[8]。为显示中兴的宏大气象，特改国都兴庆府为中兴府。

但是，北宋为转移国内日益尖锐的社会矛盾，在宋夏关系最为和睦的时期却向西夏大举进攻。“(政和)五年春(1114)，遣熙河经略刘法将步骑十五万出湟州，秦凤经略刘仲武将兵五万出会州，贯以中军驻兰州，为两路声援。仲武至清水河，筑城屯守而还。法与夏人右厢军战于古骨龙，大败之，斩首三千级”[9]。面对北宋的大军压境，李乾顺为求国家安宁而改元“雍宁”。这一年号的西夏文对译意为“和、

---

①② (元)脱脱:《宋史》,中华书局,1985年,第14016页。

③ (元)脱脱:《宋史》,中华书局,1985年,第14017-14018页。

④ (元)脱脱:《宋史》,中华书局,1985年,第14018页。

⑤ (元)脱脱:《宋史》,中华书局,1985年,第14019页。

⑥ 魏淑霞:《湮没的神秘王国——西夏》,宁夏人民出版社,2008年,第62页。

⑦ 史金波先生主编《西夏文教程》第十三讲“专有名称和亲属称谓”之二“帝号和年号”,社会科学文献出版社,2013年,第353页。

⑧ 魏淑霞:《湮没的神秘王国——西夏》,宁夏人民出版社,2008年,第64页。

⑨ (元)脱脱:《宋史》,中华书局,1985年,第14020页。

安”①,祈求国内和平、国泰民安之意十分明显。宣和元年(1119),李乾顺之弟晋王察哥在统安城大败童贯骁将刘法,将其斩杀于盍朱峗,进围震武②。“是役死者十万,贯隐其败而以捷闻。察哥见法首,恻然语其下曰:‘刘将军前败我于古骨龙、仁多泉,吾常避其锋,谓天生神将,岂料今为一小卒枭首哉!其失在恃胜轻出,不可不戒。’”③在大败宋军、有感于童贯欺君枉上和刘法轻敌取败的教训后,于是年改元“正德”,告诫臣民诚心正意、德行为先的重要意义。1135年,有鉴于北宋因君昏臣暗而亡和金朝背信弃义之举,改元“大德”,为国内君臣和广大民众敲响了警钟。李乾顺执政时期的8个年号皆为深受汉文化熏染与影响的产物,具有浓厚的中国传统文化色彩,这是汉文化逐步在西夏国内和党项社会传播、发展与深化的必然结果。

自1038年的“天授礼法延祚元年”至1139年的“大德五年”,西夏历史走过了101年风雨历程,党项文化与汉文化交替成为社会主流思想,经历了蕃礼—汉礼—蕃礼—汉礼的频繁变换。汉文化在此过程中逐渐得到西夏国君与党项贵族的普遍认同与充分肯定,被当做维护统治、振兴国家、推动发展的理想工具广为宣传与应用,影响力不断扩大。从西夏年号所体现的文化阶段性来看,这是西夏前期积极吸收与学习汉文化的产物,表现出强烈的民族自觉意识与君权神授色彩。从类型来看,是君权神授型向天佑维稳型的过渡阶段。

2. 西夏后期(天佑维稳—国泰民安)

从西夏年号所体现的文化阶段性来看,可将仁宗李仁孝至末主李睍执政时期定义为西夏后期,在类型上属于由天佑维稳型向国泰民安型的过渡阶段。仁孝时期的人庆、乾祐,襄宗时期的应天、皇建和献宗时期的乾定等年号就是渴望获得神灵庇佑和希望国泰民安的产物,表现出强烈的悲天悯人色彩与敬天保民意识。

仁宗李仁孝在位55年,共有大庆、人庆、天盛和乾祐4个年号,深具汉文化色彩。“绍兴九年六月(1139),崇宗殂,(仁宗)即位,时年十六。十月,诏还王枢及夏国之俘百九十人。十一月,仁孝尊其母曹氏为国母。十二月,纳后罔氏。十年,夏改元大庆”④。李仁孝16岁即位,因深受父皇李乾顺影响而酷爱汉文化,在迎回被俘国人、尊崇两宫太后、迎娶知书达理并对汉文化颇有造诣的皇后罔氏之后⑤,毅然改元“大庆”,以示庆贺与感谢上天庇佑之意。1141—1143年,西夏国内遭受了

① 史金波先生主编《西夏文教程》第十三讲“专有名称和亲属称谓”之二“帝号和年号”,社会科学文献出版社,2013年,第353-354页。

② (元)脱脱:《宋史》,中华书局,1985年,第14020-14021页。

③ (元)脱脱:《宋史》,中华书局,1985年,第14021页。

④ (元)脱脱:《宋史》,中华书局,1985年,第14024页。

⑤ 魏淑霞:《湮没的神秘王国——西夏》,宁夏人民出版社,2008年,第64-65页。

严重的自然灾害。“(绍兴)十一年九月,夏国饥。……十三年三月,地震,逾月不止;地裂,泉涌出黑沙。岁大饥,乃立井里以分振之”①。为祈求上天庇佑和为民禳灾,1144年改元“人庆”,具有浓厚的悲天悯人色彩。此外,李仁孝深知“建国君民,教育为先”的道理,有感于“人才乃国家兴衰之所系”,在政权稳定后便开始了大刀阔斧的改革,核心内容就是推广汉化②。为进一步推动汉文化在国内的传播,人庆元年“始建学校于国中,立小学于禁中,亲为训道”③。随着汉文化影响的深入,西夏国内和党项社会都发生了深刻变化。“(绍兴)十四年(1145),彗星见坤宫,五十馀日而灭,占其分在夏国。十五年八月,夏重大汉太学,亲释奠,弟子员赐予有差。十六年,尊孔子为文宣帝”④。虽然出现了“彗星见于坤宫”的不祥之兆,但并未引起国内混乱,李仁孝继续致力于设置汉文化人才培养机构和促进人才队伍的扩大。“乾顺建国学,设弟子员三百,立养贤务;仁孝增至三千,尊孔子为帝,设科取士,又置宫学,自为训道”⑤。为感谢上天庇佑和表达自己对文化昌盛的向往,李仁孝特意改元“天盛”。“(绍兴)十七年(1149),改元天盛。策举人,始立唱名法”⑥。西夏仿效中原王朝建立了自己的科举制度,为全面选拔人才创造了条件。随着西夏汉文化人才队伍的不断扩大与汉化水平的大幅提高,社会经济与文化水平出现了繁盛局面。“李仁孝对西夏人才的培养和汉文化在西夏的传播做出了重大贡献。至此,儒学的统治地位在西夏完全确立”⑦。“(绍兴)十八年(1148),复建内学,选名儒主之。增修律成,赐名《鼎新》”⑧。天盛二年,西夏不但设置了内学,而且修订完成了著名的《天盛改旧鼎新律令》,为西夏教育文化的发展和法律体系的完备奠定了基础。“(绍兴)三十一年(1161),立翰林学士院,以焦景颜、王佥为学士,俾修实录”⑨。西夏文化的进步促进了社会经济的蓬勃发展,因货币需求量大增而设置国家铸币机构。“二十八年(1158),始立通济监铸钱”⑩。但是由于李仁孝的软弱与妥协,西夏陷入任得敬专权状态。“(绍兴)三十年(1160),夏封其相任得敬为楚王。……乾道三年五月,夏国相任得敬遣间使至四川宣抚司,约共攻西蕃,虞允文报以蜡书。七月,得敬间使再至宣抚司,夏人获其帛书,传至金人”⑪。1170年,在金的干预与支持下,李仁孝挫败了任得敬裂国自立阴谋。或许是为了表达对上天护佑的感激之意,“(乾道)四年(应为六年),夏改元乾祐。得敬以谋篡伏诛”⑫。仁宗仁孝时期是西夏历史上汉文化最为昌盛、发展最为迅

①③ (元)脱脱:《宋史》,中华书局,1985年,第14024页。

② 魏淑霞:《湮没的神秘王国——西夏》,宁夏人民出版社,2008年,第65页。

④ (元)脱脱:《宋史》,中华书局,1985年,第14024-14025页。

⑤ (元)脱脱:《宋史》,中华书局,1985年,第14030页。

⑥⑧⑨⑩ (元)脱脱:《宋史》,中华书局,1985年,第14025页。

⑦ 魏淑霞:《湮没的神秘王国——西夏》,宁夏人民出版社,2008年,第70页。

⑪ (元)脱脱:《宋史》,中华书局,1985年,第14025-14026页。

⑫ (元)脱脱:《宋史》,中华书局,1985年,第14026页。

猛的阶段,这既是惠宗李秉常兴复汉礼、崇宗李乾顺倡道汉学的延续,也是党项民族汉化最为普遍、学习和融会汉文化最为繁盛的时期,更是党项文化在汉文化影响下创造独具特色的西夏文化的黄金时期。纵观仁孝时期的年号,不但有"人庆"这样深受悲天悯人色彩、带有"敬天保民"思想的年号,还有"乾祐"这样在夺权、政变等一系列政治事件中体现维护稳定、祈求上天护佑意愿的年号,展现了由神圣威严向仁政亲民的转变。

桓宗李纯佑在位 14 年,实际执政 12 年,所用年号只有"天庆"一个。"纯佑,仁宗长子也,母曰章献钦慈皇后罗氏。仁宗殂,即位,时年十七。明年改元天庆"①。西夏在经历任得敬裂国之后,已进入多事之秋。"从外部来看,正在兴起的蒙古汗国对西夏造成了严重威胁。从内部来看,西夏的国力自仁宗统治后期开始就已开始减弱,随着国家的安定和封建生产关系的发展,党项贵族日益骄奢淫逸,走向腐朽没落。到桓宗即位时,党项贵族的争权夺利已到了无以复加的地步。面对如此国情,桓宗基本上承袭了仁孝时期的内政外交政策,对内安国养民,对外附金和宋"②。因此,李纯佑即位后改元"天庆"就是为了表达其感谢上天眷顾、渴求国泰民安的良好祝愿。客观来说,李纯佑作为守成之主,在仁宗执政基础上继续促进汉文化发展,尤其是佛教的蓬勃发展。因为母亲罗太后笃信佛教、热衷佛事活动的原因,此时西夏佛教的发展和兴盛主要表现在佛事活动规模宏大、缮写西夏文大藏经和编纂汉文佛教典籍三个方面③。这些活动有力丰富了西夏佛教的内容和形式,完善了西夏文大藏经,推动了汉文化在西夏社会的深入发展。但是,李纯佑大力推行的繁荣西夏文化、与邻国和睦相处、恢复榷场贸易等措施并不能扭转西夏由盛转衰的趋势。"纯佑仁慈恭俭,在位十四年,四郊鲜兵革之患,国中无水旱之虞。盖西夏小邦,但能徇旧章,安无事,已称善守矣。即其宫闱间,未闻失德。乃以宗孽擅权,失爱母氏,位遭幽夺,身死废所,哀哉"④!"作为个人而言,夏桓宗的仁慈是值得赞扬的美德,但从政治斗争和一个国家的最高统治者而言,他的这种软弱却导致了皇位的丢失"⑤。天安十三年(1206),觊觎皇位已久的镇夷郡王李安全与桓宗母亲罗太后合谋发动宫廷政变,废黜李纯佑后自立为帝,是为襄宗。

襄宗李安全在位 6 年,共有应天和皇建两个年号。"开禧二年正月,废其主纯佑自立,明年改元应天"⑥。因为自己通过政变上台的特殊背景,所以为证明自己

① (元)脱脱:《宋史》,中华书局,1985 年,第 14026 页。
② 魏淑霞:《湮没的神秘王国——西夏》,宁夏人民出版社,2008 年,第 93 页。
③ 魏淑霞:《湮没的神秘王国——西夏》,宁夏人民出版社,2008 年,第 93 - 94 页。
④ (清)吴广成撰,龚世俊等校证:《西夏书事校证》,甘肃文化出版社,1995 年,第 464 页。
⑤ 魏淑霞:《湮没的神秘王国——西夏》,宁夏人民出版社,2008 年,第 94 - 95 页。
⑥ (元)脱脱:《宋史》,中华书局,1985 年,第 14026 页。

皇位的合法性而改元“应天”。这一年号的西夏文对译意为“天、依”①，即依靠上天之意，表达自己乃“应天而动”，比“顺天应人”的汤武革命更富有正义性。由于金朝对李安全的篡位逆行十分不满，因而在蒙古入侵西夏之时没有按照约定进行援助，道致夏金联盟破裂并逐步走向敌对。面对迅速崛起的蒙古汗国，西夏本应采取安内守土、“合众弱以攻一强”的策略联合金与南宋共同抗击，谋求生存与发展。但是，自襄宗李安全开始，西夏君主执行了“附蒙侵金”的错误政策，国际环境大为恶化，兵戎相见，内耗不止。1210年，在经历成吉思汗数次武力征讨后，襄宗为再次彰显自己帝位的合理性而改元“皇建”。这一年号的西夏文对译意为“皇、立”②，政治寓意与象征意义十分明显。西夏此时在蒙古影响下执行了“附蒙侵金”的外交策略，因与金频繁交战而两败俱伤，蒙古坐收渔人之利。蒙古在此期间两次征伐西夏并包围中兴府，加速了西夏的衰败和灭亡的步伐。

神宗李遵顼在位13年，只有光定一个年号。在汉文化的持续熏陶和先辈仰慕汉文化心理的影响下，李遵顼的文化修养很高，“始以宗室策试进士及第，为大都督府主”③。1211年，49岁的李遵顼自立为帝，改元“光定”。这一年号的西夏文对译意为“定、显”④，表达自己希望国家安宁、社会稳定的意愿。光定十三年(1223)，神宗李遵顼在内外交困的形势下自号“太上皇”，禅位于其子李德旺，是为献宗。

献宗李德旺在位4年，只有“乾定”一个年号。即位后改元“乾定”，宣示自己的地位乃是“上天旨意”。乾定四年(1226)，献宗李德旺发病而死，众臣拥立其弟清平郡王之子南平王李晛，是为末主。

末主李晛在位2年，只有“宝义”一个年号。此时的西夏已处于国破家亡前夕，在风雨飘摇之中采用了带有祈求吉祥如意之意的年号。但是，这一切都难以改变西夏亡国的厄运，立国189年的西夏王国最终在蒙古铁骑的冲杀中灰飞烟灭。

仁宗李仁孝大庆元年(1140)至末主李晛宝义二年(1127)，西夏年号经历了88年发展演变。汉文化在西夏后期继续作为社会主流思想，仁孝时期达到了汉化进程的顶峰。与北魏孝文帝大力推进汉化一样，党项虽然提升了自己的文化水平，但其民族实体和民族文化却在此过程中逐步走向衰落，文化昌盛所带来的重文轻武倾向在一定程度上削弱了国力，最终为西夏灭亡埋下了隐患。从西夏年号所体现的文化阶段性来看，西夏后期在继承前期积极吸收与学习汉文化的潮流基础上，虽然客观上加速了与党项文化的融合与创新，但却不可避免地导致了民族和政权的衰落。从类型来看，这是天佑维稳型向国泰民安型的过渡阶段。

---

①②④　史金波先生主编《西夏文教程》第十三讲“专有名称和亲属称谓”之二“帝号和年号”，社会科学文献出版社，2013年，第354页。

③　(元)脱脱：《宋史》，中华书局，1985年，第14027页。

三、西夏年号所折射的文化阶段性

从西夏年号的使用情况来看，共有年号32个，其中崇宗李乾顺就占了8个，而且以四字、六字年号居多，这是西夏年号发展的黄金时期。此时随着汉文化的持续传入与统治者对其态度的转变，西夏文化呈现出彰显民族特色—蕃汉杂糅—大兴汉礼的发展态势，逐步由强调君权神授向希望天佑维稳的转变。仁孝时期开始进入西夏文化的后期阶段，虽然此时汉文化达到了传播过程的顶峰，西夏也实行了一系列重大文化举措，但此时已处于汉文化传播过程的衰落阶段，日渐削弱的国力与频繁的政局变动动摇了汉文化的社会基础。此时的西夏文化在蕃汉杂糅与汉文化一枝独秀中曲折前进，逐步由希望天佑维稳向祈求国泰民安过渡。

原刊于《西夏学》2013年第1期

辽宋夏金时期鄂尔多斯高原的行政区划建制

保宏彪

辽宋夏金时期，鄂尔多斯高原先后被辽(契丹)、北宋、西夏和金诸朝分割占据。在鼎立格局下，北宋长期控制鄂尔多斯高原南缘地区，辽和金先后对鄂尔多斯高原东部拥有主权。西夏在稳固占据鄂尔多斯高原西部地区的同时，还随政局变化与北宋在绥州、银州、丰州等地展开争夺。为了遏制辽向西扩张，西夏还在天德军、金肃军、河清军一带与辽对峙。在助金灭宋的过程中，西夏又与金围绕金肃军与河清军展开争夺。为进一步深化对辽宋夏金时期边疆史地的认识与研究，理清北宋、辽、西夏和金四朝在鄂尔多斯高原的行政区划建制很有必要。

一、北宋在鄂尔多斯高原地区的行政建制

“大抵宋有天下三百馀年，繇建隆初讫治平末，一百四年，州郡沿革无大增损。”[①]这是北宋政区变化的总体概况，鄂尔多斯高原地区的行政建制却因持续的政治角逐和频繁的武装冲突而多次调整。“北宋在继承后周疆域的基础上，为打击割据河东地区的北汉与不断西侵的辽朝而致力于巩固鄂尔多斯防线，以维护河东乃至中原地区的稳定”[②]。但是，割据夏州百馀年的李氏政权却成为北宋经略鄂尔多斯高原巨大障碍。太平兴国七年(982)，定难军节度使李继捧迫于家族内讧入朝，将夏、绥、银、宥四州献予北宋。这本是一次千载难逢的良机，宋太宗却因处置不当而错失时机。“雍熙元年(984)，复以四州授继捧，自后不复领于职方。”[③]

宋真宗即位后，面对不断壮大的党项势力，不得不采取怀柔之策笼络野心勃勃的夏州李氏政权，对其给予高规格的政治待遇和丰厚的恩赏。“咸平春，继迁复表归顺。真宗乃授夏州刺史、定难军节度、夏银绥宥静等州观察处置押蕃落等使，加邑千户，实封二百户，益功臣号，乃放张浦还。”[④]此举虽然旨在嘉奖李继迁的归附

---

① 脱脱:《宋史》，中华书局，1985 年，第 2095－2096 页。

② 保宏彪:《西夏在鄂尔多斯高原的疆界变迁》，《西夏研究》，2013 年第 4 期。

③ 脱脱:《宋史》，中华书局，1985 年，第 2096 页。

④ 脱脱:《宋史》，中华书局，1985 年，第 13988 页。

效顺,却在客观上加速了夏州李氏势力的扩张。咸平六年(1003),宋真宗为尽快与李德明达成和议,“诏遣张崇贵、王涉议和,割河西银、夏等五州与之”①。真宗时期,在“姑务羁縻,以缓争战”的既定方针指导下,北宋不但彻底放弃了夏、绥、银、宥四州的控制权,还将静州这个战略要地拱手相让,将防线后撤至鄂尔多斯高原南缘的横山南麓和无定河中游,彻底丧失了扼守北方门户、拱卫关中京畿的战略意义。宋夏疆界东起麟府,北宋在此背景下只能守据鄂尔多斯高原南缘。宋代路以下的地方行政机构分为州、府、军、监四级,军一般设于边防要塞之地,虽然人户数量达不到州的规模,但在实际情况下却被视为与州同级的政区单位。从宏观层面来看,北宋在鄂尔多斯南缘自南向北依次设置了延安府、保安军、绥德军、麟州和府州五个州级政区,它们共同在横山沿线形成了四道蜿蜒数百里的战略防线,发挥了巩固北方边防、确保关中乃至中原地区安全与稳定的积极作用。同时,北宋还将当地众多地处战略要地的军事堡寨作为对抗强敌和巩固边防的重要据点,配合延安府等协防西夏。延安府以北就是宋夏反复争夺的银州和丰州,因位于边界地带而常随彼此势力消长改变隶属关系。

延安府位于今陕西省延安市,隶属鄜延路。作为这一区域最为重要的州级政区,延安府全权负责该区域的军政事务。延安府的前身是唐代延安郡(延州),北宋建立后改置彰武军节度,治所设于延州。北宋为加强对地方的控制而沿用了唐代的都督府制度,在重要地区设置都督府。元祐四年(1089),延州因地处御夏前沿而升格为中都督府。“大都督及长史掌同牧、尹,亲王为节度则大都督领之;庶姓为节度则长史领之。……旧制,凡都督州建官如上”②。延安府以知府为长官,掌本府兵民之政。鉴于延安府重要的战略地位,北宋特设鄜延路经略安抚使,统辖延、鄜、丹、坊四州和保安军。“经略安抚使一人,以直秘阁以上充,掌一路兵民之事……帅臣任河东、陕西、岭南路,职在绥御戎夷,则为经略安抚使兼都总管以统制军旅,有属官典领要密文书,奏达机事”③。后来,延安府增领绥德军和银州,管辖鄜、坊、丹、延、银五州和保安、绥德二军。银州不久被撤,实际管辖四州二军,下辖肤施、延川、延长、门山、临真、敷政、甘泉七县。此外,延安府境内还星罗棋布地分布着塞门砦、平羌砦、平戎砦、殄羌砦、威羌砦、石堡砦、新砦、威戎城、御谋城、制戎城、开光堡、芦移堡、屈丁堡、万安堡、丹头堡、青石崖堡、窟啰堡等军事堡寨,共同构成一个完整严密的军事防御体系。

---

① 脱脱:《宋史》,中华书局,1985年,第13988页。
② 脱脱:《宋史》,中华书局,1985年,第3954页。
③ 脱脱:《宋史》,中华书局,1985年,第3960页。

延安府所辖县级政区一览表

政区	历史沿革	所辖堡砦	历史沿革
肤施	熙宁五年(1072),省丰林县为镇、金明县为砦并入焉	金明砦　龙安砦 安塞砦	元丰四年(1081),又收复塞门砦。 宣和二年(1120),改龙安砦曰德安砦。
延川	熙宁八年(1075),省延水县为镇入焉。	丹头砦　绥平砦 怀宁砦　顺安砦 白草砦　永平砦 安定堡　黑水堡 永宁关	元丰四年(1081)收复,置浮图、义合、米脂三砦。 元丰七年(1084),以米脂、义合、浮图、怀宁、顺安、绥平六城砦隶绥德城。 元符二年(1099),废顺安、白草、丹头三砦。
门山			
临真			
敷政		招安砦　万安砦	元符二年(1099),废招安砦为驿。
甘泉		绥德城青涧城	治平四年(1067),收复绥州。熙宁中,改为绥德城。 元符二年(1099),改为绥德军。 熙宁四年(1071),四年,置啰兀城、抚宁、宾草二堡,寻废。 元丰五年(1082),置永乐城,赐名银川砦,寻废。 元符二年(1099),青涧城改隶绥德城。 熙宁八年(1075)熙宁八年置,铸铁钱。

延安府所辖砦、城、堡一览表

名　称	历史沿革	四　　至
塞门砦	延州北蕃部旧砦,至道(995—997)后与芦关、石堡、安远砦被废。 元丰四年(1081)收复,仍隶延州肤施县。	东至殄羌砦五十里,西至平戎砦六十里 南至安塞堡四十里,北至乌延口九十里
平羌砦	本克胡山砦,绍圣四年(1097)赐名。	东至安定堡六十里,西至安塞堡三十五里南至龙安砦五十四里,北至殄羌砦六十里
威戎城	本升平塔,绍圣四年(1097)赐名。	东至临夏城四十里,西至威羌砦七十里 南至黑水堡六十里,北至界台七十里
平戎砦	本杏子河东山,绍圣四年(1097)赐名。	东至塞门砦六十里,西至顺宁砦七十里 南至园林堡五十一里,北至杏子堡四十里
开光堡	绍圣四年(1097)修筑。 元符元年(1078)赐名,二年,隶绥德城。	

续　表

名　称	历史沿革	四　　至
殄羌砦	地名那娘山,元符元年(1078)进筑,赐名。	东至威羌砦四十里,西至塞门砦五十里 南至平羌砦六十里,北至御谋城三十五里
威羌砦	地名白洛鞲,元符元年(1078)进筑,赐名。	东至威戎城七十里,西至殄羌砦四十里 南至安定堡七十里,北至芦移堡七十里
御谋城	崇宁三年(1104)进筑,赐名。	东至芦移堡三十五里,西至界台三十五里 南至殄羌砦三十五里,北至界台二十里
石堡砦	崇宁三年(1104)进筑,赐名威德军,五年 复为砦。国初尝置城,至道后废之,地在延州北。	
制戎城	政和八年(1118),赐鄜延路天降山新城改今名。	
新　砦		东至屈丁堡五十里,西至御谋城三十五里 南至威羌砦七十里,北至界台一十三里
芦移堡		
屈丁堡		东至威戎城六十里,西至芦移堡四十里 南至威羌砦四十里,北至屈丁堡五十一里
万安堡		
丹头堡		
青石崖堡		
窟啰堡		

保安军位于今陕西省志丹县,是北宋在鄂尔多斯南缘设置的自南向北第二个州级政区。作为延安府西北面重要门户,下辖德靖砦、顺宁砦、园林堡、金汤城和威德军。由于保安军战略地位重要,西夏曾在1039年发动围攻,被鄜延钤辖卢守勤等击退①。杨蕤在综合地理和地形两方面因素后指出:"此后保安军以及顺宁砦一直处于宋朝的控制之中。这一方面是由于保安军和顺宁砦在防卫延州方面的重大作用,因此宋朝未敢放松对保安军的守卫;另一方面则是因为保安军正北为今天白于山,即为宋代文献中所讲的长城岭,是陕北高原最高的山峰;保安军与顺宁砦还一道控制了洛河支流周河谷底,谷底两侧为沟壑峻岭阻隔,故无论西夏从北部或从两翼出击都不具有地形上的优势,所以西夏基本没有占据过周河流域。在这一区域,宋夏是以白于山天然界限为疆界的,而且终宋一代,这一状况基本上没有

① 李焘:《续资治通鉴长编》,中华书局,1979年,第2944页。

变化。”①

保安军所辖寨、城、堡一览表

名　称	历史沿革	四　　至
德靖砦		东至保安军八十里，西至庆州荔原堡六十里 南至庆州平戎镇五十里，北至金汤城六十里
顺宁砦		东至平戎砦七十里，西至金汤城九十里 南至保安军四十里，北至万全砦四十里
园林堡		东至安塞堡七十里，西至保安军四十里 南至招安驿七里，北至平戎堡五十一里
金汤城	旧金汤砦，在德靖砦西南， 元符二年(1099)进筑。	东至顺宁砦九十里，西至庆州白豹城四十里 南至德靖砦六十里，北至通庆城六十里
威德军	保安军之北，两界上有洑流名藏底河， 夏人近是筑城，为要害必争之地。 政和三年(1113)，贾炎乞进筑，不果。 七年，知庆州姚古克之，即威德军。	

绥德军位于今陕西省绥德县，是阻挡西夏军队翻越横山、南下关中的重要屏障。绥德军本为唐代绥州，位于延州东北30里，熙宁二年从西夏手中收复后废为军城，改隶延州。元丰七年(1084)，北宋出于加强边防的需要，将延州下辖的米脂、义合、浮图、怀宁、顺安、绥平六砦划归绥德城统辖，元符二年(1099)改名绥德军。为进一步加强绥德军与周边军镇的协防能力，北宋又将暖泉、米脂、开光、义合、怀宁、克戎、临夏、绥平、白草、顺安十砦和青涧城与永宁关一并划归其管辖②。至此，绥德军下辖暖泉砦、米脂砦、开光堡、义合砦、怀宁砦、克戎砦、临夏砦、绥平砦、清涧城、永宁关、白草砦、顺安砦、嗣武砦、龙泉砦、清边砦、镇边砦、龙安砦、海末堡、窟儿堡、大厥堡、花佛岭堡、临川堡、定远堡、马栏堡、中山堡、黑水堡、安定堡、佛堂堡、唐推堡、双林堡、安塞堡、浮图堡、柏林堡33个堡寨③，成为北宋在横山以南的重要战略支撑和军事据点。

---

① 杨蕤:《西夏地理研究》，人民出版社，2008年，第31页。

②③ 脱脱:《宋史》，中华书局，1985年，第2148－2149页。

绥德军所辖寨、城、堡一览表

名称	历史沿革	四至
暖泉砦	元符二年(1099)进筑,赐名。	东至河东乌龙砦二十里,西至米脂砦四十五里 南至义合砦八十里,北至清边砦七十里
米脂砦	本西夏砦,元丰四年(1081)收复,为米脂城,后复为砦,隶延州延川县。 七年,改隶绥德城。元祐四年,给赐夏人。 元符元年(1098)收复,仍赐旧名。	东至暖泉砦四十五里,西至克戎城六十里 南至开光堡三十里,北至嗣武城二十里
开光堡	绍圣四年(1097)修筑。 元符元年(1098)赐名。 二年,自延安府来属。	东至暖泉砦六十里,西至克戎砦五十里 南至绥德军三十里,北至米脂砦三十里
义合砦	本夏人砦,元丰四年(1081)收复,隶延州延川县。七年,改隶绥德城。	东至晋宁军六十里,西至绥德军四十里 南至顺安驿六十里,北至暖泉砦八十里
怀宁砦	延州延川县旧砦。	东至绥德军四十里,西至绥平砦四十里, 南至青涧城七十里,北至克戎砦六十里
克戎砦	本西人细浮图砦,元丰四年(1081)收复,隶延州延川县。七年,改隶绥德城。 元祐四年(1089),给赐夏人。 绍圣四年(1097)收复,赐名。	东至绥德军六十里,西至临夏砦三十里 南至怀宁砦六十里,北至镇边砦六十五里
临夏砦	地名啰岩谷岭,元符元年(1098)筑城,赐今名。	东至克戎砦三十里,西至威戎城四十里 南至绥平砦六十里,北至界堠八十二里
绥平砦	延州延川县旧砦,元符二年(1099),割隶绥德军。	东至怀宁砦四十里,南至黑水堡四十里 西至丹头驿四十里,北至临夏砦六十里
青涧城	延州旧城。	东至永宁县七十里,西至来平砦七十里 南至延川县四十里,北至怀宁军七十里
永宁关	延州延川县旧关。	
白草砦	延州延川县旧砦,元符二年(1099)废,后复置。	
顺安砦	延州延川县旧砦,元符二年(1099)废,后复置。	

续 表

名 称	历史沿革	四 至
嗣武砦	旧啰兀城，属延州，元丰四年(1081)置，寻废。崇宁三年(1104)修复，赐名。	东至清边砦二十里，西至镇边砦二十里 南至米脂砦三十里，北至龙泉砦二十里
龙泉砦	宣和二年(1120)，改名通泉，寻复故。	东至清边砦二十里，西至镇边砦四十里 南至嗣武城二十里，北至中山堡八里
清边砦		东至河东界五十里，西至龙泉砦二十里 南至暖泉砦七十里，北至生界堠一十三里
镇边砦		东至龙泉砦四十里，西至大虫坑二十五里 南至克戎城六十五里，北至生界堠二十五里
龙安砦	本属延安府肤施县，不详何年来属。	东至安定堡八十里，西至招安驿四十里 南至金明驿三十五里，北至御安堡四十里
海末堡		
窟儿堡		
大厥堡		
花佛岭堡		
临川堡		
定远堡		
马栏堡		
中山堡		
黑水堡	延安旧堡	
安定堡	延安旧堡	
佛堂堡		
唐推堡		
双林堡		
安塞堡	延安旧堡	
浮图堡		
柏林堡		

银州位于今陕西省榆林市西南，自中和元年(881)拓跋思恭获封定难军节度使后便长期为夏州李氏所有。太平兴国七年(982)，定难军节度使李继捧入朝进献夏、绥、银、宥四州。雍熙元年(984)，北宋将四州还授李继捧，次年被李继迁攻占。

熙宁三年(1070),北宋收复银州后弃而不守,不久又被西夏夺回。元丰四年(1081),韩绛率军收复银州,下设儒林、抚宁、真乡、开光四县。元丰五年在25里外的永乐小川修筑新城,因前据银州大川而被赐名"银川砦",不久再次被西夏攻占。崇宁四年(1105),北宋收复后复设银州,崇宁五年(1106)废为银川城①。

麟州位于今陕西省神木县,乾德初年移治吴儿堡,五年升为建宁军节度,端拱初年改为镇西军节度。麟州作为北宋在鄂尔多斯高原南缘防御西夏的重要据点,下辖银城、连谷二县。银城县境内有银城砦、神木砦、建宁砦、肃定堡、神木堡、通津堡、阑干堡。连谷县境内有横阳堡,政和四年将废置后并入新秦县,设有神堂砦、静羌砦、惠宁堡、镇川堡②。

麟州所辖寨、城、堡一览表

名 称	历史沿革	四 至
大和砦	地名大和谷,元符二年(1099)进筑,赐名。	东至神木砦五十五里,南至弥川砦三十里,西至饶咩浪界堠七十里,北至清水谷二十里。
大和堡	地名麻乜娘,元符二年(1099)进筑,赐名。	东至肃定堡界二十五里,南至清水谷二十里,西至松木骨堆界六十五里,北至银城砦二十五里。

府州位于今陕西省府谷县,本为永安军,崇宁元年改名靖康军节度,政和五年改设荣河郡③。北宋曾在府州设置麟府路军马司,隶属太原府代州路钤辖④。府州下辖府谷县,境内设有安丰砦、宁府砦、百胜砦、河滨堡、斥堠堡、靖安堡、西安堡、宁川堡、宁边砦、宁疆堡和震威城⑤,是防御西夏与辽朝南下的重要门户。

府州所辖寨、城、堡一览表

名 称	历史沿革	四 至
宁川堡	府州安丰砦外第九砦,元符元年(1098)赐名。	东至斥堠堡三十五里,南至安丰砦界四十五里,西至丰州宁丰砦四十里,北至青没怒川界堠一百五十里。
宁边砦	地名端正平,元符二年(1099)进筑,赐今名。	东至宁府砦界三十里,南至靖化堡界三十里,西至吴尨烽一十五里,北至保宁砦界三十里。
宁疆堡	宣和六年(1125),独移庄岭建堡,赐名宁疆。	

①② 脱脱:《宋史》,中华书局,1985年,第2150页。

③④ 脱脱:《宋史》,中华书局,1985年,第2135页。

⑤ 脱脱:《宋史》,中华书局,1985年,第2135-2136页。

续 表

名 称	历史沿革	四 至
震威城	宣和六年(1125),铁炉骨堆建砦,赐名。	

宋初丰州与唐代丰州在一地,即今内蒙古乌拉特前旗东土城子遗址[①]。“庆历元年,元昊攻陷(丰)州也。嘉祐七年,以府州萝泊川掌地复建为州,有永安、保宁二砦。”[②]鲁人勇先生据此分析,判定北宋丰州的大体位置位于今府谷县西北百里左右[③]

二、辽朝在鄂尔多斯高原地区的行政建制

耶律阿保机于907年建立了契丹国,后改国号为“辽”。由于其国号在二者间频繁变更,为行文方便,本文以下统称“辽”。为防范蒙古诸部南下和进一步经略山西,辽在建国之后就频繁向鄂尔多斯高原地区扩张,逐步占据其东部地区。“神册元年秋七月壬申,(辽太祖)亲征突厥、吐浑、党项、小蕃、沙陀诸部,皆平之。俘其酋长及其户万五千六百,铠甲、兵仗、器用九十馀万,宝货、驼马、牛羊不可胜算。八月,拔朔州,擒节度使李嗣本。勒石记功于青塚南。冬十月癸未朔,乘胜而东。十一月,攻蔚、新、武、妫、儒五州,斩首万四千七百馀级。自代北至河曲踰阴山,尽有其地。遂改武州为归化州,妫州为可汗州,置西南面招讨司,选有功者领之。”[④]文中的“河曲”乃沿用唐代旧称,正是今日鄂尔多斯高原范围。辽“以征伐俘户建州襟要之地,多因久居名之”[⑤],通过设置东胜州(治今内蒙古东胜区)、天德军(治今内蒙古乌梁素海南缘坝头古城)、丰州(治今内蒙古呼和浩特市东南)、云内州、金肃州和河清军等行政机构控制鄂尔多斯高原北部地区,管辖河套以北、以东广大地区。

东胜州位于今内蒙古托克托县,是辽在胜州(今内蒙古准格尔旗十二连城)以东设置的行政建制。神册元年(916),耶律阿保机攻破后梁振武军后,将胜州(今内蒙古准格尔旗十二连城)民众迁往河东,州城废弃[⑥]。后晋向辽割让幽云十六州后,将胜州地区一并进献。因为唐朝曾于贞观五年在南河地设置决胜州,所以称此地为东胜州[⑦]。东胜州统辖榆林、河滨二县[⑧],管理鄂尔多斯高原东南部地区。

神册元年(916),耶律阿保机在征伐突厥、吐谷浑、党项等部时攻破后梁天德军,将当地吏民裹挟而归。四年之后,耶律阿保机攻占天德军,更名“应天军”,设为

① 鲁人勇:《西夏地理志》,宁夏人民教育出版社,2012年,第78页。
② 脱脱:《宋史》,中华书局,1985年,第2137页。
③ 杨蕤:《西夏地理研究》,人民出版社,2008年,第27页。
④ 脱脱:《辽史》,中华书局,1974年,第11页。
⑤ 脱脱:《辽史》,中华书局,1974年,第438页。
⑥⑦⑧ 脱脱:《辽史》,中华书局,1974年,第514页。

丰州,下辖富民和振武两县①。富民县本为汉代临戎县,辽攻取后改名。振武县本为汉代定襄郡盛乐县,开元七年割隶东受降城,次年置振武军节度使,会昌五年为安北都护府。“太祖神册元年,伐退浑还,攻之,尽俘其民以东,唯存乡兵三百人防戍。后更为县”②。

辽朝为巩固鄂尔多斯防线,在中受降城设置了天德军,与唐代天德军同为一地。“唐开元中废横塞军,置天安军于大同川。乾元中改天德军,移永济栅,今治是也”③。随着辽朝势力的西扩,天德军的战略地位日益上升,设置云朔招讨司,“渐成井邑,乃以国族为天德军节度使。”④清宁初年,为配合辽向河套西部推进的总体战略,天德军被升格为云内州。“云内州,开远军,下,节度。本中受降城地。辽初置代北云朔招讨司,改云内州。清宁初升。有威塞军、古可敦城、大同川、天安军、永济栅、安乐戍、拂云堆。兵事属西南面招讨司。统县二:柔服县。宁人县”⑤。云内州的东面是宁边州,为辽夺取西夏唐隆镇后所设。“宁边州,镇西军,下,刺史。本唐隆镇,辽置。兵事属西南面招讨司”⑥。

重熙十二年(1043),辽兴宗对新兴的西夏政权进行了一次征讨,夺取胜州(今内蒙古准格尔旗十二连城天顺圪梁古城)后设置了金肃州和河清军。由于鄂尔多斯地区散布着众多叛服无常的党项部落,对于辽稳固新占领区的统治极为不利,加之驻军寡少,于是采取了移民措施固守这一地区的统治⑦。辽“割燕民三百户,防秋军一千实之”,正式设立金肃州⑧。河清军是西夏求和后归还的领土,辽“徙民五百户,防秋兵一千人实之”⑨。

三、西夏在鄂尔多斯高原地区的行政建制

西夏行政建置仿照北宋,实行州、郡、县三级制,在京都和特别重要之地特设府,级别在州之上。“夏之境土,方二万余里,其设官之制,多与宋同。河之内外,州郡凡二十有二。河南之州九:曰灵、曰洪、曰宥、曰银、曰夏、曰石、曰盐、曰南威、曰会”⑩。见于史籍的西夏州名有兴、灵、定、怀、静、顺、韦、威、安⑪盐、夏、银、绥、宥、洪、龙、石、丰、胜、会、兰、凉、甘、肃、瓜、沙26个,下设郡县⑫。从鄂尔多斯地理范围

① 脱脱:《辽史》,中华书局,1974年,第508页。

②③④⑤⑥ 脱脱:《辽史》,中华书局,1974年,第509页。

⑦ 杨蕤:《历史上的夏辽疆界考》,《内蒙古社会科学》(汉文版),2003年第6期。

⑧⑨ 脱脱:《辽史》,中华书局,1974年,第515页。

⑩ 脱脱:《宋史》,中华书局,1985年,第14028页。

⑪ 关于西夏设置安州之事,除《武经总要》卷一八“环州”条有明确记载外,《宋史·夏国传·上》在叙述西夏立国前的兵力部署中也有记载:“置十二监军司……河南洪州、白豹、安、盐州、罗落、天都山、惟精山等五万人。”因一般古籍未将“安、盐州”断开,读者容易误作“安盐州”为一个州名。西夏肯定没有安盐州,所以应是安州和盐州两个州。从叙述时间看,1036年就已设安州。后被宋攻占建为定边军。1128年西夏收复后是否恢复安州,史籍阙载。《西夏地理志》,第20页。

⑫ 鲁人勇:《西夏地理志》,宁夏人民教育出版社,2012年,第22页。

来看，共有兴、灵、定、怀、静、盐、夏、银、绥、宥、洪、龙、石、丰、胜15州。

兴州是西夏时期设置较早的州，州县同治怀远县（今银川市兴庆区），下辖怀远县，显道二年升格为兴庆府。咸平四年九月，“（李继迁）来攻破定州、怀远县及堡（保）静、永州，清远军监军段义叛，城遂陷”[①]。乾兴二年（1023），“德明城怀远镇为兴州以居。”[②]

灵州，治今宁夏吴忠市金积堡。咸平五年（1022），李继迁攻占灵州后改置西平府，作为临时都城，下辖清远、昌化、保安、保静、临河、怀远、定远、灵武八镇，后相继升格为州。西夏建都兴庆府后仍为灵州，复设西平府。

定州，治定远县（今宁夏平罗县姚伏镇），北宋曾在至道年间设置威远军[③]，咸平四年被李继迁攻占，广运三年升为定州，州县同治。治定远县。

怀州，治临河县（今银川市兴庆区掌政乡东洼路村），辖今宁夏银川市兴庆区掌政、水固乡及黄河以东地区[④]。因东临黄河而得名，北宋初年设置临河镇，隶属灵州。西夏于广运三年（1036）置怀州，在兴州之东18里，黄河之西10里[⑤]。

永州，治今宁夏永宁县杨和镇。隋唐时期为灵州保静县，咸平四年九月为李继迁所占。西夏初年隶属静州，中期以后改置永州，辖今宁夏永宁县北部[⑥]。

顺州，治今宁夏青铜峡市邵岗镇西。北宋初年为灵州所属灵武县，开宝年间废为镇。咸平四年被李继迁攻占，广运三年（1036）升为顺州，辖今青铜峡市黄河以西各地[⑦]。

静州，治保静县（今永宁县望洪镇南）。北宋初年为镇，咸平四年为李继迁所占，广运三年升为静州，辖保静县[⑧]。

安州，原为北宋庆州地界，至道年间被西夏所占，广运三年设置安州，现为陕西吴旗县铁边镇铁边城遗址。元符二年（1099），北宋攻取安州后筑城，赐名“定边城”，后改置为“定边军”。政和六年（1116），北宋在定边军外依城廓设置定边县。建炎二年（1128），西夏夺取定边县后改置安州。绍兴十四年（1146），金朝承认西夏对安州的占领，将德威城和西安州一并赐予。

盐州，原为北宋盐州，下辖五原、白池二县，至道年间被李继迁攻占。“（至道二年九月），亲部分诸将，继隆出环州，丁罕出庆州，范廷召出延州，王超出夏州，张守恩出麟州，五路进讨，直抵平夏。……王超、范廷召遇之于乌白池，大小数十战，不利，诸将失期，士卒困乏”[⑨]。当年，宋军五路约期进攻平夏，会师地点定在乌白池。

---

①⑨ 脱脱：《宋史》，中华书局，1985年，第13988页。

② 脱脱：《宋史》，中华书局，1985年，第13992页。

③ 乐史：《太平寰宇记》，中华书局，2007年，卷36。

④⑥⑦ 鲁人勇：《西夏地理志》，宁夏人民教育出版社，2012年，第38页。

⑤ 鲁人勇：《西夏地理志》，宁夏人民教育出版社，2012年，第37页。

⑧ 曾公亮，丁度编纂：《武经总要》，四库全书本，前集卷一八下。

从战事来看,当地驻有大量军队,推测李继迁已经据有盐州①。

夏州,治统万城(今陕西靖边县白城子),“东银州三百馀里,西盐州三百里,南盐州三百八十里,北蕃界,东南绥州四百里,西南庆州五百九十里,西北丰州九百里,东北胜州九百里”②。自拓跋思恭中和元年获封定难军节度使后,党项拓跋氏就一直统治夏州之地,世代割据直至宋初。太平兴国七年(982),定难军节度使李继捧进献夏、绥、银、宥四州,不久即为李继迁所据。淳化五年(994)春,河西兵马都部署李继隆攻占夏州。宋太宗下诏毁堕夏州城,迁徙城民于绥、银等州。咸平元年(998),李继迁上表归顺,宋真宗授其夏州刺史、夏绥银宥等州观察使。李继迁以夏州为根据地,逐步奠定了西夏基业。

银州,治今陕西省榆林市西南,位于榆溪河汇入无定河口之西南③。“东石州界一百六十里,西夏州界二百里,南绥州界百陆十里,北麟州界三百里”④。中和元年始为党项李氏政权辖地,李继捧入朝献地不久,李继迁诈降杀害都巡检使曹光实,夺取银州。端拱元年(988)十二月,宋太宗以李继迁为银州刺史。咸平六年(1003)春,宋真宗遣张崇贵、王涉与李继迁议和,正式割让银州⑤。元丰四年(1081),种谔借机收复银州。崇宁五年(1106)三月,废银州为银州城。

绥州,治今陕西省绥德县城关,“东夏州界六十里,西盐州界二百里,南保安军界约百里,北夏州界约百五十里”⑥。自拓跋思恭获封定难军节度使后,长期为夏州李氏政权所据。李继捧入朝献地后,李继迁率众盘踞地斤泽,频繁骚扰宋朝边镇。太平兴国八年(983),宋太宗任命高文丕为绥州知州,为躲避李继迁攻掠而徙民石州(今陕西离石),毁弃州城。淳化五年(994)正月,李继迁徙绥州民众于夏州,空绝其地。治平四年(1067),横山党项首领嵬名山降宋,清涧知县种谔趁机收取绥州,重新筑城据守。熙宁二年(1069)三月,夏惠宗向北宋呈上《誓表》,在称臣的同时请求归还塞门砦、安远砦和绥州,宋神宗欣然应允。诏书送达后,鄜延路宣抚使郭逵认为“此正商于六百里之策也。非先交二砦,不可与”⑦。宋朝据此决定先得塞门、安远二寨,然后再割绥州。西夏专使抵宋后拒不交付二寨,赵卨以夏方违盟,上奏朝廷改绥州为绥德城。元符二年(1099),改置绥德军。

宥州,治今内蒙古鄂托克旗南境城川古城,自拓跋思恭受封定难军节度使后就成为夏州李氏割据政权辖地。太平兴国七年(982),李继捧入朝献地。淳化五年(994)四月,宋太宗下诏毁弃夏州后,宥州孤悬无保,不久为李继迁所据,西夏建国后仍为宥州。

---

① 鲁人勇:《西夏地理志》,宁夏人民教育出版社,2012年,第61页。

②④⑥ 曾公亮、丁度编纂:《武经总要》,四库全书本,前集卷一八下。

③ 据《宋史·徐禧传》“银州虽据明堂川、无定河之会”推测。

⑤ 脱脱:《宋史》,中华书局,1985年,第13988页。

⑦ 脱脱:《宋史》,中华书局,1985年,第9724页。

洪州，治洪门镇，在保安军北约百里[①]，位于今陕西省靖边县大路沟乡大涧村北。咸平二年被李继迁攻占，西夏建国后“堡镇号州”[②]。唐朝时为盐州下属洪门镇，“（贞元四年），请复盐州及洪门、洛源等镇屯兵”[③]。由《太平寰宇记》可知，北宋时期的宥州“南至洪门镇八十里为界”[④]。

龙州，治石堡城，“石堡镇，本延州西边镇也”[⑤]。宋初为石堡砦，淳化五年（994）五月置威塞军[⑥]，至道二年（996）被李继迁攻占。广运三年（1036），西夏设置龙州。1104年被宋攻取，改置威德军，两年后复为石堡砦[⑦]。天会五年（1127）金朝“割地”归夏，复设龙州。

石州，治今陕西横山县响水至波罗镇间无定河畔。至道年间被李继迁攻占，广运三年（1036）置石州，为石州祥乾监军司驻地。奲都六年（1062）改为静塞军，大安七年（1081）十月被种谔攻陷，州城废弃。西夏不久收复石州，改隶龙州。

丰州，治五原县（今内蒙古五原县南），五代废弃，宋初复置，即今内蒙古乌拉特前旗东土城子遗址。天授礼法延祚四年（1041）被西夏攻占，仍置丰州，向东百余里与辽隔河为界。西夏所设丰州与北宋嘉祐六年（1061）在府州萝泊川重建之丰州有别。据《续资治通鉴长编》记载，“（咸平六年六月）丁卯，丰州瓦尘、没剂、加罗、昧克等族济河，击败李继迁，辛未，赐诏奖之”[⑧]，“（夏州）西北（至）丰州九百里，东北（至）胜州九百里”[⑨]，“灵州……东北至丰州九百三十七里”[⑩]。瓦尘、没剂、加罗、昧克等族需渡过黄河才能袭击李继迁，说明北宋丰州仍在今内蒙古五原县黄河北岸，即唐代丰州旧址。丰州藏擦勒族有众十万，居住在黑山前后，与元昊有仇，说明宋初丰州管辖阴山山脉的黑山地区[⑪]。

胜州，治今内蒙古准格尔旗十二连城天顺圪梁古城。宋初废州，咸平年间被李继迁攻占。天授礼法延祚六年（1043）为辽所取，在其境内设置河清军与金肃州[⑫]。

四、金朝在鄂尔多斯高原地区的行政建制

天会二年（1124）正月，西夏臣服于金，西夏与金朝西京路的云内州、东胜州、宁

---

① 乐史：《太平寰宇记》，中华书局，2007年，前集卷一八下。
② 脱脱：《宋史》，中华书局，1985年，第14028页。
③ 欧阳修、宋祁：《新唐书》，中华书局，1975年，第4551页。
④ 曾公亮、丁度编纂：《武经总要》，四库全书本，卷三九。
⑤⑨ 曾公亮、丁度编纂：《武经总要》，四库全书本，前集卷一八下。
⑥ 脱脱：《金史》，中华书局，1974年，方域五之三十九。
⑦ 脱脱：《宋史》，中华书局，1985年。
⑧ 李焘：《续资治通鉴长编》，中华书局，1979年，卷55。
⑩ 乐史：《太平寰宇记》，中华书局，2007年，卷36。
⑪ 李焘：《续资治通鉴长编》，中华书局，1979年，第124页。
⑫ 欧阳修、宋祁：《新唐书》，中华书局，1975年，第569页。

边军隔河为界。金大举灭宋之时,西夏利用出兵协助牵制宋军的机会,在得到领土许诺后乘机扩大疆土。“先是,金人灭辽,粘罕遣撒拇使夏国,许割天德、云内、金肃、河清四军及武州等八馆之地,约攻麟州,以牵河东之势”①。“八馆”指兜答、斯剌、曷董、野鹊、神崖、榆林、保大、裕民等地,包括今内蒙古中西部和山西西北部地区,大部位于鄂尔多斯地理范围之内。这项约定因金朝的欺诈而未能兑现,西夏被迫出兵依约攻取。“靖康元年三月,夏人遂由金肃、河清渡河取天德、云内、武州、河东八馆之地。四月,陷震威城,兵马监押朱昭死之”②。西夏攻占府州(今陕西府谷县)西面的震威城后,占领了包括今呼和浩特周边及其以西、山西西北部等广大地区。

“夏国因契丹为金人所败,遂率众取其天德八馆之地。八馆者,膏腴产稻,夏国得之殊喜”③。“继而金贵人兀室以数万骑阳为出猎,掩至天德,逼逐夏人,悉夺有其地”④。金乘西夏不备夺回“八馆”之地,金肃与河清二军因位于黄河南岸而无力攻取,仍为西夏所有。天会五年(1127),金朝让出陕北部分堡寨,作为对西夏失去“八馆”之地的补偿。“元帅府宗翰、宗望奉诏伐宋,若克宋则割地以赐夏。及宋既克,乃分割楚、夏疆封,自麟府路洛阳沟距黄河西岸,西历暖泉堡,鄜延路米脂谷至累胜寨,环庆路威远寨踰九星原至委布谷口,泾原路威川寨略古萧关至北古口,秦凤路通怀堡至古会州,自此距黄河,依见流分熙河路尽西边,以限楚、夏之封,或指定地名有悬邈者,相地势从便分划”⑤。次年,西夏攻取金朝定边军(陕西吴旗县铁边镇)。

金在灭亡辽朝之时攻占东胜州,设置武兴军,下辖东胜县和宁化镇⑥。宁化镇在大定二十二年升为宁化州,下辖一县一镇⑦。宋室南渡后,绥德军在大定二十二年升为绥德州,下辖清涧县,设有暖泉砦、义合砦、清边砦、临夏砦、白草砦、米脂砦、怀宁砦,镇边砦、绥平砦、克戎砦、嗣武城、开光堡、永宁关。其中,米脂砦置第二将,克戎砦置第四将⑧。

此外,金朝还在辽的应天军、云内州和宁边州基础上进行了创设。天德军在“皇统九年升为天德总管府,置西南路招讨司,以天德尹兼领之。大定元年降为天德军节度使,兼丰州管内观察使,以元管部族直撒、军马公事,并隶西南路招讨司”,下辖富民县和振武镇⑨。金在云内州设置开远军节度使,“天会七年徙奚第一、第三部来戍”,下辖柔服、云川二县和宁仁镇⑩。柔服县本为“八馆”之一的曷董馆,“后升为裕民县,皇统元年复废为曷董馆,大定二十九年复升,更为今名”⑪。宁仁

①②④ 脱脱:《宋史》,中华书局,1985年,第14021页。

③ 熊克:《中兴小纪》,文海出版社,1968年,第127页。

⑤ 脱脱:《宋史》,中华书局,1985年,第14022页。

⑥⑦⑧⑩⑪ 脱脱:《金史》,中华书局,1974年,第569页。

⑨ 脱脱:《金史》,中华书局,1974年,第565页

镇本为宁仁县也,大定后废为镇[①]。金朝初年在宁边州设置镇西军,“贞祐三年隶岚州,四年二月升为防御”,下辖宁边县,设于正隆三年[②]。

综上所述,鄂尔多斯高原处于西夏、北宋、辽和金对外扩张与战略防守的要冲地位,是西夏南下侵占关中、北宋协防西北边疆、辽控御漠北诸族、金稳定西部防线的关键。因此,四朝为维护各自的既得利益与实现既定的战略目标,皆不遗余力地在鄂尔多斯高原展开了激烈争夺[③]。宋、辽、夏、金分别依据形势在鄂尔多斯高原设置了各自的行政建制,借以巩固自己在当地的统治。西夏依托定难军继之而起,与北宋展开长期拉锯战,利用宋辽矛盾攫取了巨大的政治利益[④]。辽和金的西进与西夏在鄂尔多斯高原的扩张产生了矛盾,经过一番较量与讨价还价后取得了战略平衡,在金肃州与河清军问题上形成了一种双方都能接受的状态。

---

① 脱脱:《金史》,中华书局,1974 年,第 569 页。

② 脱脱:《金史》,中华书局,1974 年,第 596 页。

③④ 保宏彪:《西夏在鄂尔多斯高原的疆界变迁》,《西夏研究》,2013 年第 4 期。

西夏在鄂尔多斯高原的疆界变迁

保宏彪

西夏是党项族建立的少数民族割据政权，其行政建置仿照北宋，实行州、郡、县三级制。“夏之境土，方二万馀里，其设官之制，多与宋同。河之内外，州郡凡二十有二。河南之州九：曰灵、曰洪、曰宥、曰银、曰夏、曰石、曰盐、曰南威、曰会”①。这只是西夏州级政区中的一部分，见于史籍的西夏州名有兴、灵、定、怀、静、顺、韦、威、安②、盐、夏、银、绥、宥、洪、龙、石、丰、胜、会、兰、凉、甘、肃、瓜、沙26州③。其中，兴、灵、定、怀、静、顺、韦、威、安④、盐、夏、银、绥、宥、洪、龙、石、丰、胜、会20州都在鄂尔多斯高原范围之内。西夏先后与北宋、辽和金在鄂尔多斯高原展开激烈争夺，其疆域曾一度包括这一区域大部地区。关于西夏在鄂尔多斯高原的疆界变迁问题，虽然目前学界已经取得了一些研究成果⑤，但仍存在一些不甚清楚、需要深入探讨的问题。因此，为进一步理清西夏在鄂尔多斯高原的疆界演变，本文将分别论述西夏与北宋、辽和金在鄂尔多斯高原的疆界变迁过程。

一、西夏与北宋在鄂尔多斯高原的疆界变迁

从唐末拓跋思恭任夏州节度使到李继迁起兵反宋为止，李氏夏州割据政权一直以定难军节度使区为根本。太平兴国年间，李继捧入朝献夏、绥、银、宥四州之地。咸平六年（1003），宋真宗“诏遣张崇贵、王涉议和，割河西银、夏等五州与之”⑥。北宋在继承北周疆域的基础上，为打击割据河东地区的北汉与不断西侵的辽朝而致力于巩固鄂尔多斯防线，以维护关中、河东乃至中原地区的稳定。在此过程中，李氏夏州政权充分利用宋、辽矛盾与合适时机，在数次勘界中不断蚕食北宋

---

① 脱脱：《宋史》，中华书局，1985年，第14028页。

② 关于西夏设置安州之事，除《武经总要》卷一八“环州”条有明确记载外，《宋史·夏国传·上》在叙述西夏立国前的兵力部署中也有记载：“置十二监军司……河南洪州、白豹、安、盐州、罗落、天都山、惟精山等五万人。”因一般古籍未将“安、盐州”断开，读者容易误作“安盐州”为一个州名。西夏肯定没有安盐州，所以应是安州和盐州两个州。从叙述时间看，1036年就已设安州。后被宋攻占建为定边军。1128年西夏收复后是否恢复安州，史籍阙载。《西夏地理志》，第20页。

③ 脱脱：《宋史》，中华书局，1985年，第22页。

④⑤ 杨蕤：《历史上的夏辽疆界考》，《内蒙古社会科学》（汉文版）2003年第6期。

⑥ 脱脱：《宋史》，中华书局，1985年，第13988页。

在鄂尔多斯高原沿边堡寨,争取有利地势以继续扩大统治范围。“大抵宋有天下三百余年,由建隆初讫治平末,一百四年,州郡沿革无大增损。熙宁始务辟土,而种谔先取绥州,韩绛继取银州,王韶取熙河……最后李宪取兰州,沈括取葭芦、米脂、浮图、安疆等寨……迨元祐更张,葭芦等四寨给赐夏人,而分划久不能定。绍圣遂罢分划,督诸路各乘势攻讨进筑”①。这是宋夏边界纠纷的总体概况,下面将依次进行论述。

李继迁举兵反宋后,北宋高度重视对定难军节度使区及其周围地区的防御。咸平四年(1001),宋真宗“出环庆至灵州地图险要示宰相,议战守方略”②。次年三月,李继迁攻陷灵州后将其升为西平府,作为党项政权的临时政治、军事中心,奠定了西夏崛起的基础。景德元年(1004),李继迁在与西凉府潘罗支交战中战死。这对北宋来说本是消灭李氏政权的难得良机,却因辽的大举南侵而无暇顾及。在“澶渊之盟”中付出高昂代价后,北宋格外珍惜这来之不易的相对和平的发展环境。因此,对于“国危子弱”的党项政权,宋真宗也打算以恩致之,进行招抚,贯彻其“姑务羁縻,以缓争战”的既定方针③。在此有利形势下,李德明为尽快恢复战后秩序以巩固党项政权,巧妙利用了宋、辽之间的矛盾,争取到了更大的生存与发展空间。首先,李德明通过遣使辽朝获得了“夏国王”的封号,实现了“假北面朝威令慑之”的目的。随后李德明又向宋进贡,请求和好。景德三年(1006)九月,李德明上表“归顺”,恳请北宋原宥其罪。宋真宗为招抚李德明,不但册封其为西平王,而且特授定难军节度使之职,不但认可了李氏家族长期以来对夏、绥、银、宥、静五州的控制权,而且还将灵州及宥州沿边地区的土地与人口一并划归。

对于这一招抚措施,宋臣刘平认为李德明因畏惧“王师问罪”而假意“愿为藩臣”,北宋应对适时其进行限制,将其隔绝于横山之外。“于时若止弃灵、夏、绥、银,与之限山为界,则无今日之患矣。而以灵、夏两州及山界蕃汉户并授德明,故蓄甲治兵,渐窥边隙,鄜延、环庆、泾原、秦陇所以不能弛备也。……且灵、夏、绥、银地不产五谷,人不习险阻,每岁资粮,取足洪、宥。而洪、宥州羌户劲勇善战,夏人恃此以为肘腋。我苟得之,以山为界,凭高据险,下瞰沙漠,各列堡障,量以戎兵镇守,此天险也。庙朝之谋,不知出此,而争灵、夏、绥、银,连年调发,老师费财,以致中国疲弊,小丑猖獗,此议臣之罪也”④。李德明通过利用辽宋矛盾获取了巨大的政治利益,使北宋接受了其割据夏、绥、银、宥、静、灵六州的事实,而且取得了宥州及其以南横山山区的土地与人口,对北宋的鄂尔多斯高原防线产生了重大威胁。

李德明充分认识到了北宋的软弱,希望通过勘界继续扩大自己的统治范围。

---

① 脱脱:《宋史》,中华书局,1985 年,第 2095 - 2096 页。

② 脱脱:《宋史》,中华书局,1985 年,第 115 页。

③ 白滨:《元昊传》,吉林教育出版社,1988 年,第 24 - 25 页。

④ 脱脱:《宋史》,中华书局,1985 年,第 10501 - 10502 页。

大中祥符七年(1014),“夏州赵德明遣使诣行阙朝贡”[①]。虽然史籍没有记录此次出使的目的,但从神宗熙宁年间负责与夏使勘界的郭逵口中可知是为了勘定边界。双方最终确定以夏州(今陕西靖边县红墩涧乡白城子)南部的长城岭(今陕西吴旗县长城乡)为界[②],这是西夏建国前与北宋的一段重要疆界。

开宝元年(1038)十月,李德明之子李元昊称帝,建立大夏国(史称西夏),定都兴庆府。“自绥、宥、灵、夏以北,皆党项所据,官军戍守设寨十七”[③]。为拓宽西平府的战略纵深和加强对兴庆府的拱卫,西夏积极向黄河以东地区扩张,从而在鄂尔多斯高原与北宋展开了激烈争夺。天授礼法延祚四年(1041),西夏夺取丰州(今内蒙古五原县南)。藏才族首领王承美“于府州西北二百里建丰州,以承美为防御使,知蕃汉公事。藏才凡三十八族,在黑山前后,……其部族或有过则移报丰州,以蕃法处之”[④]。宋初丰州管辖阴山山脉的黑山地区,西夏在此重建丰州建制[⑤]。宋初丰州与唐代丰州都在内蒙古乌拉特前旗东土城子遗址,与北宋嘉祐六年在府州萝泊川重建之丰州有别。

天授礼法延祚七年(庆历四年,1044),李元昊虽然在三川口、好水川与定川寨三次战役中大败北宋,但国内也因持续战争而民怨鼎沸,《十不如》之谣四起。为缓和阶级矛盾,李元昊决定利用对宋有利地位换取更大的政治与经济利益。于是,西夏向北宋进献《誓表》,表示愿意归还一部分新占宋方堡寨,但却提出了两个交换条件。首先,西夏要求宋朝每年给予其“岁赐”,经过一番讨价还价,最终定为银两万两、茶三万斤。其次,“臣近以本国城寨进纳朝廷,其栲栳、镰刀、南安、承平故地及它边境蕃汉所居,乞画中央为界,于界内听筑城堡”[⑥]。西夏要求与北宋在栲栳、镰刀、承平、南安等城寨及其沿边地区勘定边界,按照蕃汉实际居住情况划中为界,自由建筑堡寨等均是据点。西夏此举名为归还沿边堡寨,实则要求北宋承认其对生番及其居住地的占领与控制。次月,宋仁宗颁下《誓诏》,答应了李元昊的全部要求。李元昊通过勘界不但蚕食了大中祥符七年所定边界以南数个沿边堡寨,获得众多党项部落,而且进一步扩大了宋夏边界地区的军事存在。

天授礼法延祚十一年(庆历八年,1048),李元昊被太子宁令哥所杀。国相没藏讹庞当政后推行保守政策,不敢大举侵宋,但却不断以边境冲突的方式蚕食争议地区。庆历末至嘉祐初,西夏连年遣民强耕北宋麟州窟野河西之地。北宋沿边修筑堡垒,派遣小股军队驻防,西夏农民到占领区耕作放牧,宋军就进行驱赶抄掠。夏

---

① 脱脱:《宋史》,中华书局,1985 年,第 155 页。

② 脱脱:《宋史》,中华书局,1985 年,第 9724 页。

③ 曾公亮:《武经总要·前集》卷一八“陕西路”。

④ 李焘:《续资治通鉴长编》,中华书局,1979 年,第 2920 页。

⑤ 鲁人勇:《西夏地理志》,宁夏人民出版社,2012 年,第 79 页。

⑥ 李焘:《续资治通鉴长编》,中华书局,1979 年,第 3706 页。

军大举进攻，宋军就坚壁清野，闭门不战。每至耕获时，夏军常屯兵河西以诱宋军，宋河东经略使庞籍告诫边将不要轻易出战。西夏派驻大军保护耕作得不偿失，北宋可以此消耗西夏国力。这样，就形成了宋夏战略对峙局面。北宋在与西夏接壤的西北沿边地区设立了五个路，各置经略使，由陕西宣抚使总领军事。但是，府州（今陕西省府谷县）、麟州（今陕西省神木县）和丰州（今内蒙古准格尔旗敖斯润陶亥乡二长渠村）则隶属河东路，且距离指挥中心太原府较远，是宋夏防务的薄弱点。李元昊在庆历元年就曾大举攻略此地，试图将其夺取，解除北线威胁。由于府州驻军的英勇善战和名将张亢的驰援，加上不善攻城，西夏军未能取得胜利，损失惨重。此战之后，麟府地区更加残破，西夏加紧了这一地区的蚕食。没藏讹庞将窟野河地区新拓耕地的大部分收益归入没藏家族，使其在未来残酷而又血腥的政治斗争中立于不败之地。嘉祐二年（1057），宋夏之间爆发了麟州之战。宋军战败后，麟府经略安抚司派使者李思道、孙兆去同没藏诧庞进行边界谈判。没藏诧庞自恃新败宋军，拒绝举行有诚意的会谈。西夏后转而乘胜求和，派遣吕宁、拽浪撩黎前来与新任太原府、代州钤辖苏安静举行边界谈判。最终商定在边境修筑九个烽火台，重新确定边禁，西夏如果违约，宋朝有权关闭边界市场。

嘉祐六年（1061），北宋在河东路与西夏划定了边界，其大致走向为东迄栲栳寨之南，西至顺宁寨（陕西志丹县顺宁乡）北[①]。"继迁未叛时，麟州之境而至俄支盘堆、乃宁西峰，距屈野河皆百馀里。西南至双烽桥、店子坪、弥勒、长平、盐院等，距屈野河皆七十馀里。咸平五年，继迁图麟州，陷浊轮、军马等寨。大中祥符二年，始置横阳、神堂、银城三寨，皆在屈野河东"[②]。因此，在丰、府、麟三州则具体为东北至屈野河西 70 里与北宋之麟州和府州为界（丰州后全被西夏攻占），沿黄河向南至葭芦寨（今陕西佳县城关）、吴堡寨（今陕西吴堡城关），折向西经义合寨（今陕西绥德义合镇）、绥州南，再西至栲栳寨[③]。北宋在丰州、府州沿横阳河东西共筑界堠 27 座，麟州沿屈野河筑界堠 27 座[④]。西夏石州（今陕西横山县响水至波罗镇间无定河畔）与北宋河东路的丰州、府州和麟州接壤，银州（今陕西横山县党岔乡）、葭芦寨（今陕西佳县）、绥州（今陕西绥德县）由西夏控制。拱化五年（治平四年，1067），种谔攻取绥州，韩绛又攻取银州，对西夏在鄂尔多斯高原的扩张势头给予釜底抽薪的一击。"朝论以边衅方起，欲弃绥。"[⑤]西夏为挽回其在鄂尔多斯高原的损失，熙宁二年向北宋提出了以塞门、安远二寨交换绥州的要求。"熙宁初，夏人诱杀知保安军杨定等，既为以李崇贵、韩道喜来献，且请和。朝廷欲官其任事之酋，镌随赐以为

---

① 鲁人勇：《西夏地理志》，宁夏人民出版社，2012 年，第 4 页。
② 徐松辑：《宋会要辑稿》，中华书局，1957 年，第 7267 页。
③ 鲁人勇：《西夏地理志》，宁夏人民出版社，2012 年，第 3 页。
④ 鲁人勇：《西夏地理志》，宁夏人民出版社，2012 年，第 4 页。
⑤ 脱脱：《宋史》，中华书局，1985 年，第 9724 页。

俸给,因使纳塞门、安远二寨而还绥州。(赵)离言:'绥实形势之地,宜增广边障,乃无穷之利。若存绥以观其变,计之得也。'神宗召问状,对曰:'绥之存亡,皆不免用兵。降二万人入吾肝脾,衅隙已深,不可亡备。'神宗然之"①。随后,宋神宗"遣其属赵离、薛昌朝与夏使议,唯言寨基,离曰:'二寨之北,旧有三十六堡,且以长城岭为界,西平王祥符移书固在也。虏使惊不能对,乃寝其请。'"②面对西夏对沿边36个堡寨的领土要求,宋使郭逵予以严词拒绝。西夏专使不愿归还塞门、安远二寨,北宋改绥州为绥德城,元符二年改置绥德军。

经历"元丰西征"后,宋夏边界产生了如下变化。大安八年(元丰五年,1082),北宋攻取晋宁州(西夏银州葭芦寨,在今陕西佳县),后隶属石州。天仪治平四年(元祐四年,1089)复归西夏,天祐民安八年(绍圣四年,1097)再次被北宋攻取,两年后设置晋宁军。天仪治平四年(1089),"(西夏)寻与延州经略司议分划疆界,当时议定依绥州例分划,向方面各大量二十里,内十里安置堡铺耕牧,外十里拍立封堠,空作草地。得保安军牒称:奉延州指挥,其城寨虽定二十里,至今诸城相望取直分划。夏国不敢违,黾勉奉行。其南界诸路地分官,只要依绥州例打量二十里不肯依绥州例于内十里修筑堡铺耕牧,于外十里拍立封堠,空作草地,以辨汉、蕃出入,绝交斗之端"③。宋夏议定的边界划分原则为绥德城北20里内为宋之熟地,再10里为双方隔离地带,均不得耕种,草地之北西夏之疆土。

西夏安州在今陕西吴旗县铁边镇铁边城,永安二年(元符二年,1099),北宋环庆路攻占后筑为定边城,设置定边军。同年,北宋夺取西夏安州与会州。贞观四年(崇宁三年,1104),北宋夺取西夏龙州,五年又夺银州,后归于西夏。此后,北宋因内忧外患缠身而无暇顾及与西夏的边界争端,直至被金所灭。

二、西夏与辽在鄂尔多斯高原的疆界变迁

耶律阿保机于907年建立了契丹国,后改国号为"辽"。由于其国号在二者间频繁变更,为行文方便,本文以下统称"辽"。辽建国后就频繁向鄂尔多斯高原地区扩张,逐步占据了其东部地区。"神册元年秋七月壬申,(辽太祖)亲征突厥、吐浑、党项、小蕃、沙陀诸部,皆平之。俘其酋长及其户万五千六百,铠甲、兵仗、器用九十余万,、驼马、牛羊不可胜算。八月,拔朔州,擒节度使李嗣本。勒石记功于青塚南。冬十月癸未朔,乘胜而东。十一月,攻蔚、新、武、妫、儒五州,斩首万四千七百余级。自代北至河曲踰阴山,尽有其地。遂改武州为归化州,妫州为可汗州,置西南面招讨司,选有功者领之"④。文中的"河曲"乃沿用唐代旧称,正是今日鄂尔多斯高原

① 脱脱:《宋史》,中华书局,1985年,第10684页。

② 脱脱:《宋史》,中华书局,1985年,第9724页。

③ 李焘:《续资治通鉴长编》,中华书局,1979年,第10853页。

④ 脱脱:《辽史》,中华书局,1974年,第11页。

范围。辽通过设置东胜州(治今内蒙古东胜区)、丰州(治今内蒙古呼和浩特市东南)和天德军(即唐代天德军,今内蒙古乌梁素海南缘坝头古城)等控制鄂尔多斯高原北部地区,管辖河套以北、以东广大地区。

东胜州是耶律阿保机攻破振武军后在胜州以东设置的行政机构。"东胜州,武兴军,下,刺史。唐贞观五年于南河地置决胜州,故谓此为东胜州。太祖神册元年破振武军,胜州之民皆趋河东,州废。晋割代北来献,复置。统县二:榆林县。河滨县"①。神册五年(920),辽太祖攻下后唐天德军(唐代丰州),更名应天军,复设丰州,下辖富民和振武2县②。富民县本为汉代临戎县,辽攻取后改名。振武县本为汉代定襄郡盛乐县,开元七年割隶东受降城,八年置振武军节度使,会昌五年为安北都护府。"太祖神册元年,伐退浑还,攻之,尽俘其民以东,唯存乡兵三百人防戍。后更为县"③。辽太祖在神册元年征伐突厥、吐浑、党项等部时攻破天德军,"尽掠吏民以东。后置招讨司,渐成井邑,乃以国族为天德军节度使"④。"天德军,本中受降城。唐开元中废横塞军,置天安军于大同川。乾元中改天德军,移永济栅,今治是也"⑤。此后,辽继续向河套北部推进,先后设置了云内州和宁边州。"云内州,开远军,下,节度。本中受降城地。辽初置代北云朔招讨司,改云内州。清宁初升。有威塞军、古可敦城、大同川、天安军、永济栅、安乐戍、拂云堆。兵事属西南面招讨司。统县二:柔服县。宁人县"⑥。云内州的治所在中受降城范围内,与天德军相距不远。"宁边州,镇西军,下,刺史。本唐隆镇,辽置。兵事属西南面招讨司"⑧。宁边州本为唐代唐隆镇,在设置西南面招讨司后升格为宁边军。

西夏建国后,其与辽的边界可分为东西两段。夏辽东段边界基本都在辽朝西南招讨司所辖范围之内,包括阴山及其以东地区,这里是辽与西夏在鄂尔多斯高原进行争夺的主要战场。西夏在天授礼法延祚四年夺取北宋丰州后,在原地重设丰州(今内蒙古乌拉特前旗土城子村古城),以东百馀里与辽隔河为界,同河清军与天德军接壤。此段夏辽边界自东南向西北为浊轮河(屈野河的一条支流,从正北向南汇入主流)流域至东胜(今内蒙古鄂尔多斯市),在包头市西约80公里过黄河,沿牟那山南麓向西,再沿黄河东岸向北(当时黄河主流走向与今天乌加河相同),越黑山(阴山),乌梁素海,再北直至今中蒙边境一带⑨。

天授礼法延祚六年(重熙十二年,1043),辽夺取西夏胜州(今内蒙古准格尔旗十二连城天顺圪梁古城)后设置了金肃州和河清军,在此之前尚未有辽控制河套地区的迹象。"金肃州。重熙十二年伐西夏置。割燕民三百户,防秋军一千实之。河清军。西夏归辽,开直路以趋上京。重熙十二年建城,号河清军。徙民五百户,防

① 脱脱:《辽史》,中华书局,1974年,第514页。
② 脱脱:《辽史》,中华书局,1974年,第508页。
③④⑤⑥⑦ 脱脱:《辽史》,中华书局,1974年,第509页。
⑨ 鲁人勇:《西夏地理志》,宁夏人民出版社,2012年,第8页。

秋兵一千人实之”[①]。由于鄂尔多斯地区散布着众多叛服无常的党项部落,对于辽稳固新占领区的统治极为不利,加之驻军寡少,于是采取了移民措施固守这一地区的统治[②]。史籍对金肃州和河清军的记载甚少,因此清人李慎儒在《辽史地理志考》中误将金肃州和河清军误认为在黄河外。“辽时河套内全陷于西夏,辽乃于河套外黄河东岸别置胜州,金因之,西与隋、唐胜州隔河相对,东至黄河冒带津一百五十里,接归化城土默特界”[③]。虽然今人也不知其确切地望,但从《大金吊伐录》的相关记载来看,金肃州和河清军应该都位于黄河之西。“若夏国据黄河以东州县,必与昏主合力,为害不细。夏国自去岁已辄占据金肃、河清两军,如欲与此两处,请贵朝祥度外,其宁边、天德、云内已西并北一带州县土地,合以黄河及汉地为界。”[④]在《辽史·百官志》中有金肃军部署司一职,辽在两地各只驻扎 1000 人的“防秋军”[⑤],不足以对西夏构成军事威胁。杨蕤指出,这就是文献中鲜有辽由河清、金肃二军向西夏和北宋发动进攻的记载的原因[⑥]。

从《中国历史地图集》第六册所标示的夏辽疆界来看,天德军是其一个转折点,以西属于西夏领土,以东则为辽朝领土。因此,黄河以北的夏辽疆界与天德军地望有很大关系。学术界对于天德军的具体位置存在明显分歧,对其与丰州的关系莫衷一是。“李逸友先生撰文指出,《辽史·地理志》西京道丰州条下注明‘丰州、天德军节度使’的字样,显然是重复多写了天德军。而在另一天德军条下,《辽史·地理志》中的天德军的历史沿革基本上是抄袭《元和郡县图志》中天德军的内容(除永济栅为永清栅外),由此得出《辽史·地理志》中的辽代天德军确为唐代天德军的建置沿革,进而指出辽天德军准确无误地位于今内蒙古乌梁素海东南缘,因为这一点已得到考古资料的支持”[⑦]。樊文礼先生通过《三朝北盟会编》卷 21 引《亡辽录》中有关辽天祚帝逃亡时的地望考证,得出辽朝的天德军与丰州实为一地,即今天呼和浩特东的白塔古城的结论[⑧]。西夏“自河北至午腊蒻山七万人”,午腊蒻山又称牟那山,即今天内蒙古大桦背山,其北缘就是乌梁素海,在黄河北部的兵力部署仅次于兴庆府。倘若辽天德军就在此地,西夏不会在午腊蒻山与黄河之间的狭窄地带布防七万人马。因此,杨蕤认为西夏在黄河以北的统治区应该包括今天乌梁素海以东大片地区[⑨]。

另外,《契丹国志》卷 22《四至邻国地里远近》载:“(辽朝)正西与昊贼以黄河为界”。杨蕤认为,辽朝正西疆界只有今托克托县以南的黄河这段南北向的河段符合

---

①⑤ 脱脱:《辽史》,中华书局,1974 年,第 515 页。

②⑥⑨ 杨蕤:《历史上的夏辽疆界考》,《内蒙古社会科学》(汉文版),2003 年第 6 期。

③ 《二十五史补编》(第六册),中华书局,1955 年。

④ 金少英、李庆善:《大金吊伐录校补》,中华书局,2001 年,第 69 - 70 页。

⑦ 张郁:《唐王逆修墓志铭考释》,《内蒙古文物考古》(创刊号),1981 年。

⑧ 樊文礼:《辽代的丰州、天德军和西南面招讨司》,《内蒙古大学学报》,1993 年第 3 期。

要求。此段黄河以西为辽朝的河清军和金肃军，根本不存在夏辽疆界问题，唯一的解释就是这条史料反映了夏辽疆界之间的多次变化。西夏初年，李元昊四处掠夺，河清、金肃二军一度陷于西夏。“以七万人备契丹。有金肃、河清诸路，并黄河为界堠。内包唐隆镇、没雀儿、悉命、女女、越都等蕃族”①。“庆历四年冬十月，契丹来伐，拒战于贺兰山，败绩。……夏国与契丹仅隔大河，向无城堡可守。契丹兵三路一济河，长驱直入四百里，无人迹，据得胜寺南壁以待”②。这两条史料反映了西夏夺回河清、金肃二军的状况。

辽朝与西夏的西段边界很难确定下来，事实上是一段“模糊的疆界”，其实质上是西夏与辽上京道接壤的部分，由于史籍阙载，今人只能从两个方面对边界进行考察③。杨蕤指出，从夏辽在缘边所设置的行政、军事建制来看，位于黑水河下游的黑水镇燕军司和位于狼山北缘的黑山威福监军司是西夏最北端的行政、军事建制。因此，这两个监军司所辖区域的最北端就成为夏辽疆界。但由于监军司是一种以军事为主的制度，一些宋夏缘边地带的监军司基本就位于疆界附近，很难判断其事迹管辖区域究竟有多大。这两个监军司之间相距千馀里，基本上为环境恶劣的沙漠、戈壁，其间西夏政权没有设置任何行政、军事建制，实际上是一块“真空地带”，这一地区的辽夏疆界没有十分明确的界限。辽朝在上京道与西夏接壤的区域也没有行政建制，只在几千公里的范围内设置了西北路招讨司，只在文献中见到很少的几次征讨记录。从民族分布来看，辽上京道与西夏相毗邻的地带是民族分布状况较为复杂的区域④。党项是夏辽缘边地带的一支重要力量，分布有党项国、西北党项、隗衍党项、南唐古部等⑤。《辽史·西夏外纪》载“重熙十二年十月，夏人侵党项”的史实，反映了西夏北缘有党项部落分布。西夏时期党项的分布特点是以河套为根据地向周边辐射⑥。杨蕤认为上述部族与辽朝之间实际上是一种近似于羁縻性质的关系，或者仅为一种朝贡关系。辽朝除了军事威慑意外，并未对其行事户籍管理、赋税征收和行政设置等行政管辖权。严格地讲，这些地方不能算作辽朝的正式领土⑦。

三、西夏与金在鄂尔多斯高原的疆界变迁

夏金疆界基本上是辽夏疆界的延续，西夏与金西京路相接壤，“包东胜，接西夏，逾黄河，复西历葭州及米脂寨”⑧。元德六年（宣和六年，1124）正月，西夏臣服于金，金确定阴山以南、图鲁以西为夏境，这段边界与夏辽边界相同。东与金西京

---

① 吴广成撰，龚世俊等校证：《西夏书事校证》，甘肃文化出版社，1995年，第146页。

② 吴广成撰，龚世俊等校证：《西夏书事校证》，甘肃文化出版社，1995年，第202页。

③④⑦ 杨蕤：《历史上的夏辽疆界考》，《内蒙古社会科学》（汉文版），2003年第6期。

⑤ 汤开建：《契丹境内党项部落的分布》，《宁夏社会科学》，1990年第2期。

⑥ 杨蕤：《宋夏时期河陇地区马政关系格局》，《简论青海民族学院学报》，2003年第3期。

⑧ 脱脱：《金史》，中华书局，1974年，第549页。

路的云内州、东胜州、宁边军隔河为界,即今内蒙古包头市以东。

为顺利攻灭北宋,金在大举攻宋时要求西夏出兵协助牵制宋军,西夏在金朝的许诺下乘机扩大疆土。“先是,金人灭辽,粘罕遣撒拇使夏国,许割天德、云内、金肃、河清四军及武州等八馆之地,约攻麟州,以牵河东之势”①。“八馆”指兜答、厮剌、曷董、野鹊、神崖、榆林、保大、裕民等地,包括今内蒙古中西部和山西西北部地区,大部位于鄂尔多斯地理范围之内。由于金朝的欺诈,该约无法兑现,于是西夏出兵依约攻取。“靖康元年三月,夏人遂由金肃、河清渡河取天德、云内、武州、河东八馆之地。四月,陷震威城,兵马监押朱昭死之”②。西夏攻占府州(今陕西府谷县)西面的震威城后,占领了包括今呼和浩特周边及其以西、山西西北部等广大地区。“夏国因契丹为金人所败,遂率众取其天德八馆之地。八馆者,膏腴产稻,夏国得之殊喜”③。“继而金贵人兀室以数万骑阳为出猎,掩至天德,逼逐夏人,悉夺有其地”④。金遣兀室佯装出猎,乘西夏不备夺回“八馆”之地,金肃与河清二军因位于黄河南岸而无力攻取,仍为西夏所有。因此,这一段夏金疆界是因河为界。日本学者外山军治在《金朝史研究》中所附《金朝要图》将鄂尔多斯东半部划入金朝领土,显然是错误的⑤。天会五年(正德元年,1127),金朝让出陕北部分堡寨,作为对西夏失去“八馆”之地的补偿,并以此为据重新勘定了疆界。“元帅府宗翰、宗望奉诏伐宋,若克宋则割地以赐夏。及宋既克,乃分割楚、夏疆封,自麟府路洛阳沟距黄河西岸,西历暖泉堡,鄜延路米脂谷至累胜寨,环庆路威远寨踰九星原至委布谷口,泾原路威川寨略占萧关至北古口,秦凤路通怀堡至古会州,自此距黄河,依见流分熙河路尽西边,以限楚、夏之封,或指定地名有悬邈者,相地势从便分划”⑥。次年,西夏攻取了金朝定边军(陕西吴旗县铁边镇)⑦。

此外,还可根据金界壕的位置判断夏金疆界。《大金国志》卷20《章宗纪》载:“泰和元年,冬,浚界壕,深广各三丈,东接高丽,西达夏境,列屯戍兵数千里,防其复至。”⑧金朝修筑界壕旨在防御西夏,由于史籍阙载,不知金西南界壕的准确走向。王国维先生在《金界壕考》中提及西南路界壕,“自沙井西包东胜、云内之北直抵黄河与西夏接”⑨。金界壕是否如王国维所言“直抵黄河”还需继续探索,目前尚未发现考古资料可为支持。因此,《中国历史地图集》将金界壕的西端标在大青山北

---

①②④　脱脱:《宋史》,中华书局,1985年,第14021页。

③　熊克:《中兴小纪》卷四。

⑤　[日]外山军治:《金朝史研究》(中译本),黑龙江朝鲜民族出版社,1988年。

⑥　脱脱:《金史》,中华书局,1974年,第650页。

⑦　脱脱:《宋史》,中华书局,1985年,第14022页。

⑧　宇文懋昭撰,崔文印校证:《大金国志校证》卷二十,中华书局,1986年。

⑨　王国维:《观堂集林》卷十五,中华书局,1959年。

麓[①]。“夏国奉表称藩,以下寨以北,阴山以南、乙室耶剌部吐禄泺西之地与之”[②]。结合《金史·地理志》可知,云内、东胜州一线是金朝在西京路最西的行政建制,今内蒙古托克托县以西,阴山以南的土地极有可能为夏国所有。此后,西夏后期北部疆界的划定仍然依据夏辽疆界的具体划定方法。

综上所述,鄂尔多斯高原处于西夏、北宋、辽和金对外扩张与战略防守的要冲地位,是西夏南下侵占关中、北宋协防西北边疆、辽控御漠北诸族、金稳定西部防线的关键。因此,四朝为维护各自的既得利益与实现既定的战略目标,皆不遗余力地在鄂尔多斯高原展开了激烈争夺。辽的势力最早渗入这里,西夏依托定难军继之而起,与北宋展开了长期拉锯战,利用宋辽矛盾攫取了巨大的政治利益。辽的西进与西夏在鄂尔多斯高原的扩张产生了矛盾,经过一番较量后取得了战略平衡,达成了一种双方都能接受的“模糊边界”。在随后的宋夏对峙中,北宋通过共同勘界与短期交战逐步遏制了西夏南侵势头,将边界基本稳定在横山一线。金利用西夏的牵制灭亡北宋,不但继承了辽夏之间的政治关系与格局,而且边界走向也基本延续了辽夏边界,只在金肃州、河清军与定边军等少数地区存在出入。

---

① 谭其骧:《中国历史地图集》(第六册),中国地图(测绘)出版社,1996 年,第 51 页。

② 脱脱:《金史》,中华书局,1974 年,第 49 页。

西夏官吏酬劳

——封爵、俸禄及致仕

魏淑霞

官吏的酬劳是朝廷给予官吏的一种回报，内容不仅仅只有官品、官阶，还反映在封爵、俸禄、致仕方面，后者往往在一定程度上依官品、官阶而定，而封爵、俸禄、致仕制度往往反映了官品、官阶制度在政治生活中的实际应运情况。笔者在《西夏官吏酬劳——官品、官阶》[①]中，就西夏官吏的官品、官阶的相关问题进行了探讨，本文拟在现有的汉文献、碑刻、黑水城出土文书、律令等史料记载的基础上，对西夏在其政治机体运转的过程中，实行的封爵、俸禄、致仕等问题进行探讨。不妥之处，还望方家指正。

一、封爵

爵作为一种古老的位阶，具有超常的稳定性，是一种特殊的身份标志和等级标志，我国古代，从商就出现了“爵”的萌芽形态，发展至周形成了五等爵级，即公、侯、伯、子、男，爵位往往是可以世袭的，体现的是一种贵族身份、等级，到战国时爵开始具有身份制与功绩制的二重特点：一封宗室，二授功臣，后各朝都延续此制，“爵”成为保证政治特权的重要制度，也是强化臣子效忠的机制之一。西夏在政治统治过程中也实行了封爵制，为了能更完整地梳理西夏封爵制的形成及运行状况，本文时间的介定选择从李继迁反宋自立开始，直至西夏灭亡。目前所见到的反映西夏封爵制的史料主要分三个方面。

（一）见于汉文文献史料

至道三年（997），李继迁大败宋军，向契丹告捷，契丹复李继迁“西平王爵”[②]。

景德二年（1005），契丹册封德明为“西平王”[③]。

景德三年（1006），宋真宗为嘉奖德明归宋，赐德明爵“西平王”。又赐其功臣号[④]。

---

① 魏淑霞：《西夏官吏酬劳一——官品、官阶》，《宁夏社会科学》，2012 年第 4 期。

② 吴广成撰：《西夏书事校证》，龚世俊等校证，甘肃文化出版社，1995 年，第 71 页。

③ 吴广成撰：《西夏书事校证》，龚世俊等校证，甘肃文化出版社，1995 年，第 98 页。

④ （元）脱脱：《宋史》，中华书局，1985 年，第 13989 页。

大中祥符三年(1010),契丹封德明"夏国王"①。

天禧五年(1021),契丹封德明为"大夏国王"②。

明道元年(1032),宋因德明向宋称臣三十年,仁宗为奖德明恭顺,册封其为"夏王"③。

夏显道元年(1032),元昊嗣位,宋仁宗封其爵"西平王"。同年,契丹赐夏国公元昊为"王"④。

大中祥符七年(1014),张浦卒,德明赠其"银州观察使",后李元昊僭号,追封张浦为"银川伯"⑤。

宋庆历二年,夏天授礼法延祚五年(1042)野利仁荣卒,元昊痛哭"何夺我股肱之速也"!命厚葬,并赠其"富平侯"⑥。

绍兴三十二年(1162),仁孝为表野利仁荣创蕃字之功,赠其"广惠王"⑦。

夏元德二年(1120)乾顺封宗室子仁忠为濮王,仁礼为舒王。夏人庆五年(1148),濮王仁忠卒,仁孝赠其"吴王",谥恭显⑧。

夏贞观三年(1103)乾顺封弟察哥为晋国王⑨。乾顺弟察哥善战,有功。

齐王彦忠,善骑射,骁武功,遇事颇有决断力,任得敬擅权时,贬彦忠守凉州,在凉州政绩颇丰,当地的蕃汉民众对其敬重有佳⑩。

遵顼为齐王彦忠之子,遵顼在纯祐时,廷试进士,唱名第一,令嗣齐王爵。金曾册封其为"夏国王"⑪。

仁孝族弟仁友,深沉有器度,曾被封为郡王、越王⑫,初封为郡王时,正是任得敬权倾朝野时,在仁孝诛灭任得敬时,他因功获越王封号。

李安全,越王仁友之子,此人天资暴狠,心术不正,仁友卒,李安全上表诵先世之功,希望能嗣其父爵位,纯祐不许,降封李安全为镇夷郡王⑬。

西夏末年,献宗德旺卒,国人立其弟清平郡王南平王晛。可见晛曾被封为清平

---

① (元)脱脱:《辽史》,中华书局,1987年,第1525页。

② (元)脱脱:《宋史》,中华书局,1985年,第13990页。

③ (宋)李焘:《续资治通鉴长编》,中华书局,1985年,卷111。

④ (元)脱脱:《辽史》,中华书局,1987年,第1526页。

⑤ 吴广成撰:《西夏书事校证》,龚世俊等校证,甘肃文化出版社,1995年,第112页。

⑥ 吴广成撰:《西夏书事校证》,龚世俊等校证,甘肃文化出版社,1995年,第186页。

⑦ (元)脱脱:《宋史》,中华书局,1985年,第14025页。

⑧ 吴广成撰:《西夏书事校证》,龚世俊等校证,甘肃文化出版社,1995年,第418页。

⑨ 吴广成撰:《西夏书事校证》,龚世俊等校证,甘肃文化出版社,1995年,第361页。

⑩ 吴广成撰:《西夏书事校证》,龚世俊等校证,甘肃文化出版社,1995年,第461页。

⑪ (元)脱脱:《宋史》,中华书局,1985年,第14027页。吴广成撰:《西夏书事校证》,龚世俊等校证,甘肃文化出版社,1995年,第461页。

⑫⑬ 吴广成撰:《西夏书事校证》,龚世俊等校证,甘肃文化出版社,1995年,第457页。

郡王、南平王①。

夏大庆元年(1140),夏州统军李合达据城叛乱,仁孝新立无策,任得敬请命平叛成功,仁孝封任得敬为“西平公”,赏赉丰厚。绍兴三十年,“夏封其相任得敬为楚王”②。

《续资治通鉴长编》中记载“野利刚浪凌、遇乞兄弟,皆有材谋,伪号大王”③。

文献记载西夏有“梁大王”,“昌祚既挟两牌先登,弓弩继前,与贼统军国母弟梁大王战……”④

(二) 见于碑刻的封爵记载

1.西夏陵园出土的西夏文残碑中有“梁国正献王嵬名安惠墓西夏文残碑”,李范文先生对其进行了释文,汉文残碑中有“国忠武王”,“国公”⑤。

(三) 见于黑水城出土文献中的封爵记载

黑水城出土文献《天盛改旧新定律令·颁律表》中记有“北王兼中书令嵬名地暴”⑥。

律令卷十“司序行文门”中⑦:

“皇帝之子位名:

皇帝子长子者,年幼时曰皇子,长成依次升顺:国王、太子等应令取何名,依时节朝廷计行。

皇太子之弟者,长成升时,国王、三公、诸王等应得何位名,依时节朝廷分别实行。”

黑水城出土的西夏文《官阶封号表》5921号上品中有“大国王”,4170a号上有“南院王”、“北院王”、“西院王”、“东院王”⑧。

黑水城出土汉文《杂字·官位部》中记有:“皇帝、陛下、皇后、皇子、皇母、太后、后妃、正宫、监国、太子、太师、太傅、太保、少师、少傅、小保、⑨元帅、国王、尚书、令

---

① 吴广成撰:《西夏书事校证》,龚世俊等校证,甘肃文化出版社,1995年,第497页。

② 吴广成撰:《西夏书事校证》,龚世俊等校证,甘肃文化出版社,1995年,第408页。脱脱等,撰:《宋史》,中华书局,1985年,第14025页。

③ (宋)李焘:《续资治通鉴长编》,中华书局,1985年,第3330页。

④ (宋)李焘:《续资治通鉴长编》,中华书局,1985年,卷三百十七,神宗元丰四年(1081年)十月乙丑条。

⑤ 李范文编释:《西夏陵墓出土残碑粹编》,文物出版社,1984年,第76页。

⑥ 史金波、聂鸿音、白滨译:《天盛改旧新定律令》,法律出版社,2000年,第107页。

⑦ 史金波、聂鸿音、白滨译:《天盛改旧新定律令》,法律出版社,2000年,第365页。

⑧ 史金波:《西夏社会》,上海人民出版社,2007年,第291页。

⑨ 黑水城出土文书《汉文杂字》官位部有三公:太师、太傅、太保,有三少:少师、少傅、少保,《天盛改旧新定律令》中只提到了“三公”而未见其名,更没有“三少”。但是,三公:太师、太傅、太保,三少:少师、少傅、少保,都是职事官,而非封爵。《旧唐书》卷四十二记到:“正第一品:太师、太傅、太保、太尉、司徒、司空、(已上职事官)。王(爵)。……从第二品:尚书左右仆射、太子少师、太子少傅、太子少保……(已上职事官)。……柱国(勋官)。”

公、诸侯、太王[①]、三公、大臣、平王、郡王、嗣王、公主、夫人、帝师、国师、法师、禅师、上天、驸马……”[②]

综合相关史料，已见的西夏封爵有：西平王、夏国王、大夏国王、夏王、银川伯、富平侯、广惠王、濮王、舒王、吴王、晋国王、齐王、郡王、越王、镇夷郡王、清平郡王、南平王、西平公、野利大王、梁大王、梁国正献王、国忠武王、国公、北王、国王、诸王、嗣王、大国王、南院王、北院王、西院王、东院王、平王、大王，以中原传统官僚封爵制的视角来看，西夏的封爵大致可划分为：王（国王、王、平王、郡王、嗣王、）/公（国公、开国公、令公、）/侯/伯四级，也就是说西夏的封爵至少有4级10等。唐朝的封爵6级9等：亲王、郡王/国公、开国郡公、开国县公/开国县侯/开国县伯/开国县子/开国县男。宋朝的爵级曾达到6级12等，《宋史·职官志》记有“王、嗣王、郡王、国公、郡公、开国公、开国郡公、开国县公、开国侯、开国伯、开国子、开国男共十二等”[③]。比唐朝繁，宋神宗时变成了9等。由此可知，西夏在整体的封爵框架上承袭了中原传统封爵制实行分级分等的制度，也是按王、公、侯、伯、子、男六等封爵的，只是目前我们还未见到有关封“子”、“男”的爵位名号。但在具体的封爵名号、封爵分等上，西夏与中原有所不同。

因西夏官制多与宋同，胡若飞在《西夏军事家制度研究·〈本续〉密咒释考》中参照《宋史·职官志》将西夏的爵级进行了官品归类[④]：

正一品：（分两种情况）

第一，来自宋、辽、金的赐封：夏国王（契丹封）、大夏国王（契丹封、金封）、夏王（宋封）、夏国主（宋封、金封）、西平王（契丹封、宋封、西夏自议）、

第二，西夏自议：晋王、吴王、舒王、濮王、楚王、齐王、德王、谟宁令、天都大王、野利王、广惠王、齐国忠武王、秦晋国王。

从一品：夏国公（契丹封）、清平郡王、镇夷郡王、南平郡王、开国公。

正三品：西平公。

这一做法是可取的，因为在黑水城出土文献西夏文《官阶封号表》中上品就列出了“大国王”，另外，在4170a号上有“南院王”、“北院王”、“西院王”、“东院王”，这说明西夏的爵级与官品一体化了，爵与行政级别建立起了联系，一同被纳入到官品框架中，体现了西夏官品制在政治运转中的功用性。

西夏封爵制的授爵对象也是宗室子弟和功臣，以宗室子弟封王为主。张浦，辅继迁、德明两世，其功不可没；野利仁荣卒有造字之功；任得敬，乾顺妃任氏之父，有平叛之功，西夏对宗室子弟的封爵也是针对有功、有才者进行，可见其对中原传统

---

① 应为大王。

② ［俄］Hx2822杂字（19－16）］

③ （元）脱脱：《宋史》，中华书局，1985年，第14061页。

④ 胡若飞：《西夏军事家制度研究·〈本续〉密咒释考》，内蒙古大学出版社，2003年，第3－4页。

封爵制的承袭。至此,有个问题很值得我们探讨,即在实际的政治运转中,西夏的封爵制所衍生的特权、利益是如何体现的,其应运功效如何呢?在西夏爵是否构成官资?能不能依爵做官?黑水城出土的西夏法典《天盛改旧新定律令》是一部律、令合一的法律文献,其中有大量详细反映西夏职官制度的条款,但在这部法律文献及其他当前发现的文献史料中,都还未见西夏官吏依爵占田、授田、依爵减刑、依爵获取经济、法律方面的特权的情况,西夏官吏减刑都是依官品而减,这在律令中有明确的规定。另外,官吏礼遇如:朝位、章服、印章等方面也未见依爵位而定的,都是按职事、官品而定。《天盛律令》中规定,在朝位方面,不同民族的官吏在朝座次排位时,其基本原则是职位相当、同职或官品相同的官吏以党项节亲主位最高,其次为番人,再为汉人,而当文武官员官位相当时,遵循以文官为大的原则,并且西夏有专门的"番汉共职法"规定番汉(番化汉人)、降汉(投降西夏人汉人)、西番、回鹘人在朝为官的座次排名等,不依爵位而定位①。从章服来看,西夏对官吏及其家属着服的限定也是依据职位而定,如对有鎏金、绣金线服饰等也有规定:允许节亲主、夫人、女、媳,宰相本人、夫人,及经略、内宫骑马、驸马妻子等穿,其他人不许穿。对冠戴的规定:"其中冠'缅木'者,次等司承旨、中等司正以上嫡妻子、女、媳等冠戴,此外不允冠戴。违律时告赏五缗钱,当由穿戴者出给。穿戴何物皆当交官,当依现卖法给价。若死葬,亦当依前述等次实行。"②西夏官吏的印章也是依官品、司品的高低而确定印章的尺寸、材质、重量。西夏封爵与官员的俸禄也没有直接关系,既然西夏封爵制没有给官吏带来实际意义上的物质、特权、礼遇等方面的利益,那么西夏封爵制存在的意义何在?只能说明西夏的封爵制应该也是作为一种精神奖励而存在,是用以强化臣子效忠的机制,即在西夏不可以依爵起家,爵很大程度上表现为一种官僚激励的手段,这与唐宋时期封爵制的特点相符。我国古代的封爵制到唐宋时期,封爵往往都是一种精神奖励,没有多大的实质意义,官僚封爵的经济待遇、世袭待遇、叙阶待遇在下降、消失。但有一点值得我们注意,西夏的爵位是可以恩荫继承的,如:濮王仁忠、舒王仁礼是承先世之功恩荫而得官、得爵。仁忠、仁礼之父为景思,因为秉常在位时,梁氏专权,曾禁秉常于木寨,景思护佑秉常于木寨,罔萌讹等潜使窥伺,欲以鸩毒害秉常,景思左右抗护有功。仁忠、仁礼就是陈先世之功晋爵,仁忠为濮王,仁礼为舒王。遵顼也是承袭其父彦忠的齐王爵位。西夏的《天盛改旧新定律令》中也有专门的条款规定大姓官职世袭,职爵世袭制在西夏是一种普遍现象。这与同时期的宋朝爵级不能恩荫形成了显明对比。在中原官僚制度中,官僚的爵位世袭特权到唐宋时已大大萎缩,封爵一般都是止于其身,马端临"诸侯王与列侯,皆以其嫡子嫡孙世袭。其所受之封爵,自非有罪者与无后者,则爵不夺而国不除,此法汉以来未有改也。至唐,则臣下之封公侯者,

① 史金波、聂鸿音、白滨译:《天盛改旧新定律令》,法律出版社,2000年,第378-379页。
② 史金波、聂鸿音、白滨译:《天盛改旧新定律令》,法律出版社,2000年,第281-282页。

始止其身，而无以子袭封者，然亲王则子孙袭封如故，虽所谓茅土食邑多为虚名……”[①]宋朝封爵、食邑、食实封，都看不到子孙世袭的正式规定。说明西夏作为一个少数民族政权，在承袭中原传统封爵制的同时，也有一定的自我特色，这是西夏为了维护政治统治而笼络皇室、功臣、大族的一种手段，也是不同民族间文化交融的结果。

二、俸禄

俸禄又称为俸给、禄食、禄养、禄润。从内容上看大致是钱帛曰俸，米粟曰禄，以岁禄，月俸，职田，养廉银等形式，用实物，货币，土地支付给百官，俸禄制的发展受历代经济发展状况的制约。有关西夏俸禄的研究，李蔚老师在《西夏“建官置兵不用禄食”弁析》[②]中依据《续资治通鉴长编》卷一三四，庆历元年十一月乙亥条所记，北宋边将范仲淹向仁宗的呈文〈攻守二策〉中指出“（西夏）建官置兵，不用食禄，每举众犯边，一毫之物，皆出其下，风集云散，未尝聚养”。认为西夏无禄食，这是在当时没有俄藏黑水城文献、还未为学界所研究利用之前，基于汉文史料对西夏官吏俸禄作出的判断。俄藏黑水城文献公布之后，杜建录通过对黑水城文献中《天盛改旧新定律令》条款的梳理，在《西夏财政支出初探》[③]中认为西夏有禄食。但是还有几条条款未被纳入，而这些条款可在局部反映西夏官吏的食禄出处、发放程序、俸禄标准等情况，笔者现进行梳理。

《天盛改旧新定律令》卷二十《罪则不同门》中“一诸人因罪受罚马者，自驯旧马至有齿好马当交。倘若不堪罚马是实，则当令寻担保者，罚一马当折交二十缗钱。彼亦不堪，则依司品，有俸禄者当于俸禄中减除，未有俸禄，则罚一马折算降官一级。不愿降官而曰受杖，则因罚一马受十三杖，罚二马十五杖，罚三马十七杖，自罚四马以上一律二十杖”[④]。说明西夏官是有俸禄的，但并不是所有官都有官俸。有的有俸禄，有的是无俸禄的。

一□检军畜偏问磨勘者，大小局分之禄食当依以下所定而成。其中所增一种，由群牧司出，其馀禄食当由三司出。所遣人非迅速起行，寻断语论文及时者，遣人之司当限日行于前官畜、谷、钱、物管辖处，依次当于所应出予处寻论文，依其法当取之。若因京师遣人急速，而未及时寻使人马食出予之论文，及经略使人因敛官畜、谷、钱、物，磨勘问公事，他要语有疑等，当奏报京师，依圣旨上论，于彼处遣人推问。有所遣行，经略使局分司所在处三司所属有罚贿，则当于其中予之。若无，则于所属地方内三司、群牧司所属之官畜、谷、钱、物中如数出予，当明之而行登录。

① 马端临：《文献通考》，中华书局，1986年，第2202(中栏)页。
② 李蔚：《西夏“建官置兵不用禄食”弁析》，《宁夏大学学报》，1987年第1期。
③ 杜建录：《西夏财政支出初探》，《宁夏大学学报》，1998年第3期。
④ 史金波、聂鸿音、白滨译：《天盛改旧新定律令》，法律出版社，2000年，第602页。

毕时,京师遣处司及官畜、谷、物隶属之司等之管事处当道送,入注销中。彼大人偏问军畜者中,有掌大事,此当明之。有大于原司品之禄食,则当受其高者。其中大人检畜偏问磨勘者等之灯油、燃料,由所辖处予之,校军磨勘者□□□□禄食依法当由三司局分中抽予。□缓地少,寻论文及时不及时,谷物抽予次第等,依前述抽予禄食次第,与所示相同。问难者遣行文书所用纸,当由犯罪当事人、分析者均摊而取之,所需时当取,不许一并超额分取①。

这则材料则反映了西夏官俸的发放机构和程序。

第一,西夏官俸的发放机构。

西夏官吏的禄食有明确的规定,西夏官员的正常禄食由"三司"出,而额外所增部分则由"群牧司"出。如果这则材料是一份关于畜牧业机构的史料,而不能确定西夏其他机构的官吏的额外所增部分也由群牧司出,那么,俄国西夏学专家克恰诺夫依据《新法》(卷九,俄罗斯科学院东方研究所圣彼德堡分所西夏藏品,馆册第827号),证实了西夏官吏俸禄中的供其食肉之用的牲畜也是从国家群牧司的畜群中供应的,西夏也向官吏发饷银。这印证了《天盛改旧新定律令》中的内容相吻合,西夏的官俸由三司、群牧司两机构负责的。

第二,西夏官俸的发放程序。

禄食发放人由京师派遣,禄食领取人凭公文于所限定日期内前往禄食管辖处领取禄食,禄食领取者若因走的匆忙而未来得及领取禄食发放公文及禄食,则当地经略使人要审查,若领取人语出有疑,则要上报京师、圣上,等待圣旨而定,杜绝了一些官员利用职务之便充领敛财。若经略使派人查问,确属奉令领取禄食,则由该经略使司所在地的地方三司从其日常管理的罚赃款项中支取(这也证明了西夏在地方官吏的管理中,将官吏的罚赃交于地方三司进行管理)。若该三司中没有罚赃资金的积存,则由当地三司、群牧司所管的官畜、谷、钱、物中支出,并登记在册,事后,当由京师派遣人所在部门以及专门管理官畜、谷、钱、物的部门的管事处补还给地方,注销借支凭据。西夏官俸内容应包含畜、谷、钱、物四部分,即西夏官俸分为实物俸禄和货币俸禄两种,这也与中国古代官俸制度变化历程中的阶段性特点相吻合。

有关西夏官吏禄食发放的依据及标准,从《天盛改旧新定律令》卷二十《罪则不同门》、卷十九《校畜磨勘门》的三条材料以及俄藏黑水城出土编号为8203号的文书的内容中可窥一斑。笔者将《天盛改旧新定律令》中的相关内容归纳如下表②:

---

① 史金波、聂鸿音、白滨译:《天盛改旧新定律令》,法律出版社,2000年,第612-613页。

② 此表依据《天盛改旧新定律令》卷二十《罪则不同门》、卷十九《校畜磨勘门》制成,材料中"屠"应是屠杀牲畜食肉的意思。

所属司	官 职	标 准	
问难磨勘司	大人	本人	10 日一屠,米谷 4 升/日
		马 2 匹	7 升/匹/日;5 升/匹/日
		童子 1 人	米 1 升/日
	□监司写者等	本人	各自 15 日一屠,米 1 升/人/日
		马	5 升/匹/日
		童子	米 1 升/人/日
	案头、司吏	各自	两人共 20 日一屠,米 1 升/人/日
		童子 1 人	米 1 升/日
		行杖者 1 人	米 1 升/日
大校畜者局分大小	大人	本人	7 日一屠,米谷 4 升/日,其中米 1 升
		马 4 匹	一马:7 升/日;三马:5 升/日
		童子 3 人	米 1 升/人/日
	□监司写者	本人	各自 15 日一屠,米 1 升/人/日
		马 1 匹	5 升/日
		童子	米 1 升/人/日
	案头、司吏	本人	两人共 15 日一屠,米 1 升/人/日
		马 1 匹	5 升/日
		童子 1 人	米 1 升/日
	行杖者	本人	米 1 升/日
	持器械者	本人	米 1 升/日
校畜磨勘门	大校	本人	7 日一屠,米曲 4 升/日,其中米 1 升
		马 2 匹	一马:7 升/日;一马:5 升/日
		童子	米 1 升/人/日
	案头、司吏	本人	两人共 15 日一屠,米 1 升/日
		马 1 匹	5 升/日
	行杖者	本人	米 1 升/日
	检视人	本人	15 日一屠,米曲 1 升/日
		马 1 匹	5 升/日

这些材料只反映了西夏部分官吏的禄食情况,但也可得出一些结论。

第一,不同局分司大人的禄食标准不一,如大校畜者局分大人与校畜磨勘局分大校都是 7 日一屠,而问难磨勘局分大人则是 10 日一屠,并且其他禄食的内容也有差别。

第二,不同司的□监司写者的禄食发放的标准一致。

第三,不同司的案头、司吏的禄食除屠牲畜的时间规定长短不一外,其他的发放标准一致。

第四,不同司内的行杖者、童子、持器械者,发放禄食标准一致。

第五,检视人有单独的发放标准,为 15 日一屠,米曲 1 升/日,马 1 匹,5 升/日。待遇较高,这可能与检视人是皇帝直接派遣的巡视人的身份有关。

另外,黑水城出土的西夏文第 8203 号文书是西夏有关文武官职预备人选制度的第一份具体的史料证物,文书的内容是讲一名男子依法律规定以养子身份继承了他死去的叔叔(此人为转运使)的职位和财产。俄国西夏学专家克恰诺夫对该文书的版式、尺寸、字数和内容进行了考证,并将该文书译成了俄文(并对原文书中的所有人名、官职和计量单位均采用了索夫拉诺夫的标音系进行标注),崔红芬和文志勇又将其译为汉文[①],令人关注的是文书中记录的西夏转运使的俸禄和财产,现将译文中有关官俸部分的汉文译文录如下。

Khin-zi 依照法律可以继承养父所拥有的牲畜和财产(官俸)如下:

食俸:

新渠浇灌地	粮食	7 斛
Zew-ze 渠浇灌地	粮食	6 斛
·ie-ndzie 渠浇灌地	粮食	7 斛
Sion-khew 坡地	粮食	7 斛

人口:

成年男子 2 名:

·A-wa-ngiu　40 岁　　Sie-swi　20 岁

女童 2 名:

Sia-ngwe-mba　5 岁　　Sin-ngwe-khwi　3 岁

成年雇工(?)3 名:

Ngiu-ma　40 岁　　Ngiu-?　30 岁　　San-tsin　25 岁

牲畜:

骆驼 3 峰:　2 峰大骆驼、1 头小骆驼

牛 10 头:　4 头大牛、6 头小牛

羊 80 只:　包括山羊和绵羊、连小羊羔也计算在内

---

① [俄]克恰诺夫著,崔红芬、文志勇译:《黑水城出土西夏文第 8203 号文书译释》,《宁夏大学学报》,2005 年第 5 期。

财产：

弓　1张　　　　　　pei-·ie　2个

这份文书与《天盛改旧新定律令》中有关俸禄的条款可互补，使我们更进一步了解西夏官员的俸禄状况。从释译的文书内容看，原文作者把以上所列的内容全部视为此转运使的官俸。从文书可以看出西夏官俸中有口粮田，克恰诺夫认为这就是西夏所说的"禄食"禄食是从官田中供应的，官吏俸禄中的供其食肉之用的牲畜也是从国家群牧司的畜群中供应的，西夏也向官吏发饷银[①]。笔者认同克恰诺夫的观点，这与前文所引《天盛改旧新定律令》中的内容相吻合，西夏的官俸由三司、群牧司负责，应是三司出钱，群牧司出牲畜，而禄食由分给官吏的口粮田中出。

克恰诺夫对文书中所提西夏官吏的禄食的标准进行了初步分析，认为在唐、五代时，1斛相当于5.94升，宋时相当于6.64升，西夏用哪个标准作为计量单位，尚不清楚，如果用唐朝的标准，那么西夏的这位官吏可得166.52升麦子，如果用宋朝的标准，那么他可得185.92升，也就是说他可得至少1.5公担麦子，至于这是一个月的发俸标准，还是一年的发俸标准，目前尚不清楚。西夏倒底以什么为标准？有关西夏的计量单位和标准，根据西夏文《光定卯年(1219)借贷文书》中反映的资料，得出西夏的计量单位中斛、斗和中原的一致，都是十进位制。又通过黑水城出土的汉文典当文书可得出，西夏也用"石"作为计量单位，石与斛相同，一石等于一斛[②]。我们都知道，唐朝之前，斛为民间对石的俗称，1斛＝1石。宋朝开始，改为1斛＝5斗，而1石＝2斛。这说明西夏在很大程度上是承袭了唐朝时期的计量标准。

文书中所提的人口是奴隶还是依附于官吏的口粮田上的雇工，克恰诺夫认为在西夏失去人身自由的人是属于国家或是某些私人所有的，那些为官吏的俸禄而劳作的人显然是属于国家的人口，从名字上看不出这些人的民族，不清楚小孩子的作用是什么。笔者认为文书中所提的人分两种，第一种，成年雇工3名，他们是具有人身自由的，只是受雇于政府或个人在官田上耕作。第二种，成年男子2名和小孩2名，他们应是属于官吏的奴仆，而小孩子应是奴仆的后代，这些奴仆的来源有两种可能：一是官吏官俸中的一个部分，是朝廷奖赏给官吏的；一是官吏自己买卖所得。西夏《天盛律令》中有条款规定："诸人将使军、奴仆、田地、房舍等典当、出卖于他处时，当为契约。"[③]黑水城出土的契约7903号，就是一份关于人口买卖的契约[④]，说明了奴仆在西夏存在的普遍性，他们处于社会的底层，属于主人，没有人身自由。这也是西夏政权在封建化的过程中有奴隶制遗留的表现之一。由于此文书

---

① 克恰诺夫依据《新法》卷九，俄罗斯科学院东方研究所圣彼德堡分所西夏藏品，馆册第827号。

② 史金波：《西夏度量衡刍议》，《固原师专学报》，2002年第2期。

③ 《天盛改旧新定律令》，史金波、聂鸿音、白滨译，法律出版社，2000年，第390页。

④ 史金波：《西夏社会》，上海人民出版社，2007年，第221页。

先被译为俄文,又依俄文译为汉文,鉴于文化背景的差异性,笔者认为,对此文书的译释可能还有进一步探讨的空间,到时,有些问题可能会得到更好的理解和说明。

从现有材料来看,西夏的官俸是依职而定,并未依官品定,这也从一个侧面反映了西夏官品在政治运转中的实际情况。

三、致仕

"致仕"即所谓的退休,致仕待遇也是官吏酬劳制度中的一个组成部分,遗憾的是有关西夏官吏致仕制度的史料太少,目前,笔者只在《天盛改旧新定律令》卷十"官军敕门"中发现一条:"一诸司任职因位得官者,后年高才弱等而为低位,告老时官不失。"[①]这里的"因位得官"指的是因职位,还是因品位,不得而知,只知道告老时官的待遇可能不会取消。说明西夏因位得官的人在致仕后,离职不离官,官僚的身份可以脱离职位,而保留到退职以后,这也意味着他们致仕后在生活中仍享有与普通百姓不一样的待遇,这一点尤其体现在有官人所享有的法律特权。西夏规定有官人犯罪与普通百姓犯罪的处罚是不一样的,有官人可以依官品抵罪,而且这种官身份可以荫及家人。如:

"一诸有官人及其人之子、兄弟,另僧人、道士中赐穿黄、黑、绯、紫等人犯罪时,除十恶及杂罪中不论官者以外,犯各种杂罪时与官品当,并按应减数减罪,其法按以下所定实行,勿施一种黥刑。"[②]

"一等有官人犯杂罪时,在庶人获杖罪、劳役、死罪上衡量,以官品当。"[③]

"一依父、兄弟官品应减时犯罪后,父、兄弟革降官时事发,以及父、兄弟无官时犯罪,后父、兄弟得官成为应减时事发,皆当依应减法实行。"[④]

按唐宋之制,官吏致仕后,都是给予一定的俸禄,并享有一定的待遇的,唐朝"凡致仕之官,五品已上及解官充侍者,各给半禄"[⑤]。六品以下致仕官,一度也有俸禄[⑥]。宋太宗给致仕官半俸,真宗曾给予全俸。一定品级的官员致仕后,许子弟一人荫补[⑦]。至于西夏的官吏在致仕之,是否还能享有一定的俸禄,还未见相关史料。

有品级者未必有爵位,有爵位者多有品级,品级、爵位反映了官吏的政治地位和社会地位,俸禄是这种地位在经济待遇上的体现。"高官厚禄"是官吏酬劳制度的本质概括。西夏的封爵、俸禄、致仕制度在承袭中原旧制的同时,体现出其独有

---

① 史金波、聂鸿音、白滨译:《天盛改旧新定律令》,法律出版社,2000年,第362页。
② 史金波、聂鸿音、白滨译:《天盛改旧新定律令》,法律出版社,2000年,第138-139页。
③ 史金波、聂鸿音、白滨译:《天盛改旧新定律令》,法律出版社,2000年,第139页。
④ 史金波、聂鸿音、白滨译:《天盛改旧新定律令》,法律出版社,2000年,第146页。
⑤ 《旧唐书》卷四三《职官志二》,中华书局。
⑥ 《唐会要》,中华书局,1955年,第1174页。
⑦ 游彪:《宋代荫补制度研究》,中国社会科学出版社,2001年,第102页。

的特点，这是中国传统职官制度适应民族政权统治需要的表现，是不同民族文化交融的结果，制度本身的运作也体现了西夏对官员阶层利益的极大维护。

原刊于《西夏研究》2012 年第 3 期

从《天盛律令》看西夏榷禁制度

张玉海

榷禁制度是中国古代封建国家实行的一项基本经济制度，内容包括国家以盐铁国营、榷酤及对其他重要物资的禁榷为核心，通过对重要国民经济部门或行业实行垄断性经营，以保证国家的需要和国家对经济领域的控制，维护和促进国家的稳定与发展。其特征是禁榷物的生产和流通都由国家统一经营或控制，一般不许民间自由参与①。禁榷即专营，至迟在先秦时就已出现。《周礼·地官·人》载“人掌金玉锡石之地，为之厉禁以守之”，即“人”掌管矿藏，严禁私人采冶。商鞅变法亦有所谓“壹山海”之制②。但作为系统化、制度化的榷禁制则始于汉代筦榷之法，至唐宋已相当完备。从某种意义上讲，榷禁制的确立和完善体现了古代国家社会经济的发展水平和国家组织化程度。

深受唐宋影响的西夏承袭了唐宋榷禁制度的基本原则和主要内容，并根据西夏社会经济发展的实际情况与历史传统，对禁榷的基本内容和各个环节进行了大幅度的修改与充实，从而形成一套系统的具有自身特点的基本经济制度。从《天盛律令》看，西夏榷禁制伴随其封建化过程逐步发展完善，至夏仁宗天盛年间已基本形成一个较为完备的体系。

一、西夏榷禁制度的基本内容

1. 畜牧业中的禁榷

畜牧业是党项羌的传统“支柱产业”，在西夏社会经济中占有举足轻重的地位。因此，“西夏统治者对畜牧业的组织和管理非常重视”③。早在元昊时，就已设群牧司管理全国的畜牧业，并有飞龙院经营官畜。随着生产的发展和国家对经济领域的渗透，西夏对畜牧业生产的禁榷逐步系统化、制度化。仅《天盛律令》卷十九就有 78

① 今人多将禁榷归纳为专卖，似不妥。裴骃《史记集解》引孙吴韦昭语称“榷者，禁他家，独王家得为之”。《唐六典·太府寺·两京诸市署》注亦云“榷，谓专略其利”。都表明古人眼中的“禁榷”是一种国家专营。从实际看，这种专营囊括了禁榷物从生产到流通的全过程，而非仅为商品流通中的专卖。当此种禁榷系统化、制度化后，即形成本文所称的榷禁制。（参见汪圣铎《两宋财政史》）

② 此种记载先秦典籍中颇多，如《管子·海王篇》《国语·晋语》等。另见马端临《文献通考·征榷考》、国家税务总局编《中国工商税收史》等。

③ 李蔚：《简明西夏史》第 265、278、281 页，人民出版社，1997 年。

条、约13000馀字，直接涉及到国家对畜牧业生产的管理和控制。它比唐律在相关条目、字数上分别多5倍和10倍以上[①]，充分反映了西夏畜牧业的发展水平和国家对畜牧业的重视和控制程度。

《天盛律令》对官私牲畜的生产、管理及使用极为严格。律令《盗杀牛马驼门》规定，盗、杀自有、他人的牛、骆驼、马、驴、骡分别按畜数、罪情处以重罚。如杀自属牛马驼，“不论大小，杀一个徒四年，杀二个徒五年”[②]。牲畜堕谷、患病死，亦需禀官，“若不告擅自杀时，有官罚马一，庶人杖十三”。甚至“出葬时以畜做陪丧者当退回”，不允屠杀；诸人杀自属牛马驼时，“他人知觉而食用”，徒一年。即使“盗骑他人牲畜”或牧人将官私畜“擅自借与诸人驮、骑、耕作”，也要治罪。西夏本以羊马立国，今连杀自有牛马驼都要处以重罪，岂不可怪？但联系其庞大的官营畜牧业与对外贸易中的禁榷，可知此为保证官营畜牧业垄断利润的必然之举。律令卷十九分遣牧头监纳畜册、牲畜分配，减牧人佚事、死畜注销、供给驮、畜利限等13门，从官畜的生产、管理、使用、分配乃至管理机构人员的设置、牧人牧地的管理等方面进行了全面详尽的规定，体现了西夏榷禁制的严密程度。至于西夏官营畜牧业的具体情况，学者已多有论述，此不赘言[③]。须指出的是，西夏官畜已广泛应用于社会生活的各个方面。除供军用、对外贸易、官府及宫廷所需外，还出租耕牛和农具[④]。其数目庞大，应用广泛，已与仅供皇室所用之生产有性质差异。

西夏官营畜牧业的特殊地位，不仅在于上述对官私畜牧业的严格控制，更重要的还在于律令对牲畜贸易的特殊政策。律令《敕禁门》规定，人、马、披、甲、骆驼，“敕禁不允敌界卖”。牛、骆驼、马不论大小，“到敌人中去卖时，庶人造意斩之，从犯当得无期、长期徒刑”。即使出卖毡垫、粮食、骡、驴、钱、牛骆驼马皮等杂畜物，也“按本国地方现卖法计价，视其钱量高低”，依强盗不持武器法判断。境外不许卖，境内同样不允许卖敕禁物给他国使者及商人。事实上，牛、骆驼、马又是西夏对外贸易的主要物品，这恰恰说明国家在茶马贸易中的垄断地位。由此我们方能悟解西夏对官私畜牧业从生产到使用的严格控制与农业社会为保护畜力而采取的措施是有所区别的。其目的在于既保证了国内畜产品的供应，又使国家获得官营畜牧业的垄断利润，大大增加了国家的经济实力，从而与普通官营畜牧业区分开来。

2. 榷盐与榷酒

盐和酒是榷禁制的传统内容。西夏“所有盐池，统统属于党项夏国所有”[⑤]。

---

① 史金波：《西夏〈天盛律令〉略论》，《宁夏社会科学》1993年第1期。

② 史金波等译：《西夏天盛律令》，科学出版社，1994年。以下凡引此书，均不再一一注明。

③ 杜建录：《西夏的畜牧业》，《宁夏社会科学》1990年第1期；《西夏官牧制度初探》，《宁夏社会科学》1997年第3期；《西夏经济史研究》第106页，甘肃文化出版社，1998年。

④ 律令卷十九《牲畜分配门》、《供给驮门》、《租赁者以物钱纳出租者门》及卷五《发放铠甲武器门》、卷六《官披甲马门》。

⑤ 漆侠、乔幼梅：《辽夏金经济史》第233页，河北大学出版社，1994年。

池盐由政府征调劳役进行生产,盐池池盐"岁调畦夫数千"[①];西安州盐池"役夫三千馀"[②]。律令《库监派遣调换门》规定"分遣盐池者,池大则派二巡检,池小则派一巡检,与池税院局分人共监护之"。即巡检、小监、出纳、掌斗等池税院共同负责池盐的生产与销售。禁止私人开采,"倘若闭护池中盐而盗抽者,依其盗抽多寡,当依所犯地界中已开池纳税次第法量之,以偷盗法判断"。盐的销售由国家垄断批发,寓税于盐价中。"诸人卖盐,池中乌池之盐者,一斗一百五十钱,其馀各池一斗一百钱等,当计税实抽纳,不许随意偷税"。

西夏酿酒业极为兴盛,早在隋唐时党项人就开始酿酒[③]。律令《酒种种门》规定,酒曲由官府统一生产榷卖。无论京师、地边、地中,都设踏曲库、卖曲库负责酒曲的生产和销售。鸣沙军、官黑山、黑水等边地踏曲库,"二小监、二出纳、一掌秤、一掌斗、二监库","兴中府踏曲库等二地居、一小监、二出纳、一掌钥匙、四掌斗、六监库"。踏曲库若"不好好踏,不细细磨,粗磨以致曲劣,又不依时为之等时,管事者局分大小小监、库监、出纳、局分人等一律徒二年"。为保证榷卖,律令严禁私造曲、小曲,也不许"买敌之曲自用",否则处以杖刑及徒刑,最重可判无期徒刑。买私曲者,如"知晓"也要治罪,并不许"转卖"。酿酒须经官府批准,发给证书。无证酿酒,"至百斤,有官罚马二,庶人徒三个月。百斤以上一律徒六个月"。因酒曲完全为官府垄断,故酒的产量实为官府所控制。酒的销售因资料太少,其具体情况不大清楚,有学者推测为扑买制[④]。则榷酒和榷盐与宋颇相近。律令严禁国内诸人酿饮小曲酒、酽酒、普康酒等,"若违事□□,与酿饮酵酒之罪状,获举赏次第同样判断",侧面证明西夏榷酒制亦颇严格。

3. *矿冶与禁榷*

元昊天授元年(1040),"设铁冶务于夏州"[⑤]。《宋史·杨告传》载杨告会见元昊时,"闻屋后有数百人锻声",说明元昊时已有"铁冶务"及官作坊冶炼、锻造,并有一定规模。《天盛律令》虽没有明确规定国家对矿冶的禁榷,但从实际来看,恐亦为官府垄断。西夏境内金属矿藏稀少,宋、辽、金又都对西夏实行铜铁禁卖,尤其"夏人茶山铁冶既入中国(宋),乏铁为器"[⑥]。而铜铁又广泛应用于生产生活的各个方面。为满足需要,西夏多方搜求,如贡使冒禁私市铜铁,甚至直接打造为器,偷运回国或者通过贸易输入宋钱,其中一部分便"毁钱铸器"[⑦]。《大金国志》卷十五天德二年条载,陕西铁钱流入北方,"北方得之,多做军器"。为使有限的铜铁资源首先

① 转引自白滨:《从西夏文字典〈文海〉看西夏社会》,《西夏史论文集》第171页。

② 方勺:《泊宅编》卷中,许沛藻、杨立扬点校本,中华书局,1983年。

③ 《旧唐书》卷一九八《党项传》。

④ 云史:《首届西夏学国际学术讨论会综述》,《宁夏社会科学》1996年第2期。

⑤ 《范文正公集·年谱补遗》,转引自《西夏书事》卷十四。

⑥ 《宋史》卷一八五《食货志》。

⑦ 吴天墀:《西夏史稿》第178页,四川人民出版社,1980年。

保证国家的大量需要，就必须对矿冶和金属冶炼制造进行垄断。从律令中知道，西夏设有中等司京师工院，下等司的北院、南院、肃州三边工院及末等司的冶金司、首饰院、铁工院等机构[①]。这些机构负责组织、管理官营手工业的生产。《罪则不同门》规定，罪犯为苦役之遣送法，"若城遣人等城内苦役无所为，则当遣关城□头尾之官方采金、熔银铁"。即有官营机构"采金、熔银铁"，并使用苦役犯和征调民间工匠劳动。从《物离库门》对金银铜铁有详尽而繁琐的耗减规定，而且对铜打铸和铁器加工分类对待具体规定和有关资料可以看出：西夏官作坊内有较细致的分工；生产工艺已达相当高度；官营作坊不仅生产军器，而且大量生产品种多样的生产工具和生活用品，这就与专供皇室消费的一般官营手工业区别开来，从而具有特殊意义。根据西夏官府出租农具和耙、铁锹、镢头，大量配备辅军、杂役及西夏广泛使用铁制农具等诸多情况，可推断官作坊的生产规模和产量都相当大，占据着垄断地位。当然，也不排除一定数量的私营作坊的存在[②]，但它们在西夏社会经济中大概仅起补充作用。

4. 商业中的榷卖

西夏商品经济发展程度较低，还处在实物交换向货币经济过渡的阶段（白振声：《西夏社会经济及其在中国经济史中的地位》，《宁夏社会科学》1984 年第 3 期。牛达生：《从出土西夏窖藏钱币看西夏货币经济》，《宁夏社会科学》1986 年第 2 期。漆侠、乔幼梅：《论辽夏金经济的发展及其历史地位》，《民族研究》1994 年第 3 期。李蔚：《西夏商业初探》，《中国民族史研究》（二）中央民族学院出版社，1989 年）。从《文海》、《掌中珠》等西夏字书释"市"、"巷"为"此者市井也，买卖人过处之谓"及西夏设场置会等有关记载看，西夏市政还带有早期古典市制的某些特征[③]。除划定专门地点做合法交易场所、征收买卖税外，还出现路旁非法市场。国家对此进行取缔。因律令"通过各司于边中买卖"、"官私买卖"和"与异族首领买卖"等条文已佚，我们只能知道西夏国内对盐、铁、酒实行榷卖外，其他已不可考。

对外贸易的禁榷物则相当广泛。除钱币、兵器、牛马驼外，还规定人、披、甲、毡垫、粮食、骡驴马皮、铁连枷、马鞍、装箭袋、金、银、铁、种种铁柄、编连碎缎等为敕禁物。既不许在国内向外国人出卖，也不允至敌界卖。违律到敌界卖人者，"按有意杀人"、"伤人法判断"。牛、马、驼、铠、甲、军披等到敌人中卖时，庶人造意斩，从犯为无期、长期徒刑。卖杂畜物及战具，"按本国地方现卖法计价，视其钱量高低，是战具则以强盗持武器法，此外杂畜物按不持武器法判断"。向他国使者及商人等已出者出卖敕禁物时，其中属大食、西州国等为使者、商人，"是客人给予罚罪，按不等已给价□当还给"。正副统军以下至司吏大小管事人出卖敕禁物时，"当比其馀人

① 陈炳应：《西夏文物研究》第 244 页，宁夏人民出版社，1985 年。
② 如西夏文《圣立义海》中就有"民庶制器"，铁匠找活干等记载。
③ 魏天安：《宋代行会制度史》第一章，东方出版社，1997 年。

罪加二等,亦可加至死刑”。西州、大食等买卖人若需买卖敕禁物,则要“告局分处”,征得同意方能在重重限制下依律买卖。一方面西夏对外贸易有上述种种严格的“敕禁”,另一方面西夏对外贸易又相当兴盛。国家不仅想方设法扩大与宋、辽、金的榷场贸易,而且派往宋、辽、金的贡使也带有大批“官物”,并有“官之卖者”同贡使一起负责官物买卖。尤其是重点敕禁物牛马驼为对外贸易中的大宗物品,仅榷场就要每年向宋输出马4000多匹,所谓“朝聘之使,往来如家,牛马驼羊之产,金银缯帛之货,交受其利,不可胜计”[①]。说明国家在对外贸易中实行垄断,尤其是牛马驼的买卖完全由国家控制。因此,西夏以茶马贸易为主体的对外贸易的活跃,“不是商品经济自身发展规律的反映,而是国家权力超经济支配的结果”[②]。

二、西夏榷禁制度的作用与影响

西夏榷禁制度作为国家对社会经济生活干预、控制的基本手段,是西夏社会经济发展及其与西夏国家政权矛盾运动的必然结果。它的确立和发展随西夏社会经济发展和国家政权的制度化而演化。从元昊时的群牧司、文思院到天盛年间系统化、制度化的榷禁制的建立与完善,从一个侧面反映了西夏社会经济发展的历程及其与国家政权之间的复杂关系。

元昊建国前,西夏社会经济发展水平较低。《隋书・党项传》载其“织犛牛尾及羖毛以为屋……牧养犛牛、羊、猪以供食,不知稼穑”。即使占据河套平原和河西走廊之后,社会经济由“衣皮毛,事畜牧”[③]的单一结构向半农半牧转化,其社会分工水平仍很低。手工业尚未完全从畜牧业中分离出来,民间贸易以物物交换为主。这种低下的社会生产力显然远远不能满足党项贵族日益增长的消费需求。德明“吾族三十年衣锦绮,此宋恩也,不可负”[④]是有其深刻的历史背景的。夏宋之间政治上的分权斗争和经济文化的交融依赖(尤其是夏对宋的依赖),奠定了西夏社会发展的基调。它决定了西夏国家制度必然不能“化民成俗,道在用夏变夷”,而要根据国情民俗,“顺其性而教之功利,因其俗而严其刑赏”,才能“制中国、驭戎夷”。这种指道思想落实到具体经济制度方面,则是兼采唐宋而又突破其藩篱的榷禁制的确立和发展。落后的社会经济状况使西夏不能像宋、辽、金一样靠其雄厚的社会经济实力而获得较为稳定可观的财政收入。如何解决国家为维持其正常运转而日益扩大的物质需求与落后的社会生产力之间的尖锐矛盾,成为西夏亟待解决的问题。虽然武装掠夺也能解决燃眉之急,终究非长久之策。统治者必须在现有社会经济条件下,首先保证社会财富的分配向国家倾斜,以满足国家机器运转及与宋、辽、金抗衡的巨大物质需求。这样,榷禁制有其不可替代的优势:在它既能保证产品分配

① 《范文正公文集》,转引自《西夏书事》。

② 李清凌:《西北经济史》第277页,人民出版社,1997年。

③④ 《宋史・夏国传》(上)。

向国家倾斜，又可以依靠国家整体力量促进社会经济从原始自然演进状态中摆脱出来，快速发展。从西夏立国至天盛年间的繁荣为此做了生动的脚注。因此榷禁制成为西夏基本经济制度并不是偶然的，而是有深刻的历史必然性。

榷禁制的确立，为西夏社会经济抹上了浓厚的战时经济色彩。它随着社会经济的发展和国家对社会经济领域的渗透与控制不断强化而在深度、广度上进一步发展。它的确立和发展对西夏经济发展和国家政权建设产生了深远的影响。

首先，它大大促进了社会经济尤其是畜牧业、金属冶炼制造业和对外贸易的发展，使西夏在天盛年间出现繁荣景象。由于国家对牛、马、驼及其副产品的大量需要，直接道致国家对畜牧业生产的重视和强化管理。国家对官私畜牧业的严格控制大大促进了畜牧业的发展。规模庞大的官营畜牧业的出现标志着西夏畜牧业生产达到前所未有的高峰。史载宋、辽、金、蒙古伐夏所获牛、马、驼、羊，动辄以千、万计，可见其兴盛程度。畜牧业的发展使畜产品加工随之兴盛。马可·波罗称兴庆府出产的驼毛毡为“世界最丽之毡”，白毡为“世界最良之毡”，并“所制甚多，商人以之运售契丹及世界各地”。手工业的发展因“主要是官府掌握”，更是与榷禁制分不开。元昊建国初，手工业还没有从畜牧业中独立出来，代表西夏手工业最高生产水平的文思院，仅仅“掌造金银犀玉，金彩绘素，以供舆辇册宝之用”，且工匠缺乏。国家亦无管理手工业的专门机构。但到天盛时，手工业作为独立的生产部门从无到有、从小到大发展起来。西夏汉文本《杂字·诸匠部第七》所载 36 种工匠名称大致反映了西夏手工业的分工和种类。统治者对各族工匠不遗馀力地招揽和对工匠身份、地位、劳役等的特殊规定，大大激发了生产者的积极性，促进了生产技术的提高。如金属冶炼采用当时较先进的竖式风箱和冷锻法，其产品“夏人剑”、“神臂弓”都为宋人称道。生产技术的进步促进了官营手工业规模的扩大，开始摆脱专为皇室服务的性质，成为社会生产部门。其产品也囊括了军器、生产工具和生活用品，被广泛应用。手工业的这种飞速发展显然与榷禁制分不开，尤其是水平较高的冶金、制盐等均为严格禁榷的行业，这一事实更充分说明榷禁制对手工业发展的促进作用。畜牧业、手工业的发展不仅满足了西夏国内所需，而且大大促进了对外贸易的发展。宋夏茶马贸易强化了彼此间的经济文化交流与联系，进一步推动着西夏社会的发展。

其次，榷禁制为西夏政权提供了大量稳定的财政收入，为西夏以偏僻弱小之地，却先后与宋、辽、金并对数百年提供了坚实的物质基础。西夏建国前经济实力极其薄弱，“继迁在建立反宋的割据政权而依附契丹时，最初连履行贡纳的能力都几乎没有”[①]。建国初，对宋的经济依赖仍很强。宋一旦断绝岁赐和榷场贸易，便会使西夏物价飞涨，社会动荡。经济上的依赖严重影响着政治的独立。而榷禁制

① 吴天墀：《西夏史稿》，四川人民出版社，1980 年。

的实施使西夏政权控制了国内经济命脉,为其在政治、经济、军事上握有主动权打下基础。官营畜牧业、手工业的发展不仅满足国内需要,也成为对外贸易的"拳头"产品,为西夏摆脱对宋、辽、金的经济依赖起了重要作用。西夏后期之所以能在宋夏隔绝、夏金又长期战争、贸易往来较少的情况下,仍能保持社会基本稳定,与榷禁不无关系。

另外,从国家政治发展角度看,榷禁制的确立和完善也在西夏国家政治发展中占有重要地位。制度化是衡量国家政治发展程度的重要标志。西夏榷禁制是西夏的基本经济制度,它的发展完善代表西夏经济制度的发展水平,直接反映着西夏在经济领域的制度化建设。

但是,作为短缺经济下的一种应急措施,榷禁制仅仅是一种经济控制手段和形式,它与社会经济的发展之间具有两重性关系。一方面,它在短时期内可以促进经济的发展和大大充实国家财政收入,有利于国家政权的稳固和社会安定。另一方面,它毕竟不是生产本身的发展,不能带来社会物质财富总体上的增长,仅是把财富的分配倾向于政府,不利于生产和扩大再生产,尤其是它对私营经济的严格限制制约着经济发展的速度、规模和潜力。因此,从长远看,它又是造成新的政权不稳、社会动荡的基本因素之一。西夏经济始终没有突破战时经济的藩篱,产生更大飞跃,可以说与榷禁制有极大关系。

综上所述,西夏通过榷禁制对影响国计民生的重要物资从生产到流通进行了全方位的控制,使官营垄断经济在国民经济中占支配地位,从而保证了国家机器运转的需要,为其与宋、辽、金的政治、军事对抗提供了物质基础。西夏榷禁制细致严密、锱铢必较,真实反映了西夏生产落后、物资匮乏的现实。同宋比,禁榷范围更为广泛,"盐酒及其他大部分手工业和产品贸易都被官方垄断",实施方式以直接专营为主,缺乏弹性,带有明显的不成熟性。

原刊于《宁夏社会科学》2000 年第 1 期

西夏的军事立法与军事制度

李　温

军队是国家机器的重要组成部分，军事制度是国家政治制度的一个重要内容，军事斗争是政治斗争的延续。古今中外，一个国家要生存和发展，必须有足以保卫国家安全的军事力量，概莫能外。处在宋、辽、金、吐蕃、回纥夹缝中生存的西夏小王朝，其生产力低下，人口不足200万，要生存、发展，必须要有比较强的军事力量捍卫领土和政权。正是由于这些原因，党项族从建国伊始就非常重视军事建设。要统率一支强大的军队，必须要有完备的法律和制度。军法是古代法律的一个重要组成部分，古代法律的产生和发展过程中，最早就是以军法的形式表现出来的，是谓“刑起于兵”。早期的法律规范中，军法占了主要地位。西夏承袭唐宋法律，军事法律在国家法典中也占很大比重，如西夏仁宗天盛年间（1149—1169）修订的《天盛改旧新定律令》（以下简称《天盛律令》）是我国中世纪少数民族政权中唯一留下的以本民族文字刊印的完整的一部综合性法典。该法典共20卷，其中就有3卷是军事法。共150门，1463条，军事法律就有16门，199条，分别占10.7%和13.6%。此外，还有单行的军事法典，如夏崇宗贞观年间（1101—1113）的《贞观玉镜将》。二者各有侧重，《天盛律令》主要规定军队建设，如兵役制度、军事体制、武器装备、后勤保障等内容。《贞观玉镜将》则是一部兵书，主要规定军事指挥员的遴选、任命，职衔授予，战斗中杀敌，夺城，俘敌军民，缴获战利品等立功者，予以奖励；将领、军卒临阵脱逃、指挥失误，战斗失利，丢失城堡、辎重予以惩处等内容。

本文即根据这两部军事法典，对西夏的军事立法和军事制度予以阐述。不妥之处，敬请方家指正。

一

宋史记载，元昊青年时期就熟悉中原王朝的法律制度，“通蕃汉文字，案上置法律”。袭王号后，“明号令，以兵法勒诸部”[①]。其建国的各项措施也多与法律有关，可见他对法律的重视。

---

① 《宋史·夏国传上》卷四八五。

1032年,其父李德明卒,元昊嗣位,承袭定难军节度使、西平王之位后,他早有立国称霸的企图,以此为契机,为建立割据政权,进行了一系列改革,特别是对官制和军事制度进行了全面的改革和完善。

首先,去掉唐、宋所赐的李、赵姓氏,自号嵬名氏,称"吾祖"(汉语可汗之意,也就是天子)。次年,宋明道二年(1033)以避父讳为由,改宋仁宗明道年号为显道,开始使用西夏自己的年号。同年三月,下秃发令,推行党项式的传统发式,禁止用汉人风俗结发,首先自己秃发,"然后下令国中,使属蕃遵此,三日不从,许众共杀之"①。5月,升兴州(今宁夏回族自治区银川市)为府,并改名为兴庆。在兴庆府大兴土木,营造宫殿。仿照北宋的官制,设立中书省、枢密院、三司、御史台、开封府、翊卫司、官计司、受纳司、农田司、群牧司、磨勘司、飞龙院、文思院等中央行政、军事官僚机构。为了确定封建等级关系,李元昊还以法律规定官民的服装式样和颜色。规定文官"幞头,靴,笏,紫衣,绯衣";武职"冠金帖起云镂冠、银帖间金镂冠、黑漆冠,衣紫旋襕,金涂银束带",便服则"紫皂地绣盘毬子花旋襕,束带"。平民只能穿青、绿色衣服②。

创制文字:1037年元昊令谟宁令、野利仁荣仿照汉字的形体结构"六书"搜集整理西夏文字,使之规范化,成十二卷,在全境推广,用以记事及翻译经典。后将西夏文定为国字,凡国中艺文诰牒都换用蕃文。11月又设立蕃字院、汉字院,分别掌管与北宋及吐蕃、回纥、张掖、交河等地的来往文书,设立蕃、汉两字院,使西夏文的应用得到推广,进一步扩大了西夏文的使用范围。

更定礼乐:党项民族自内迁归附唐以来,一直沿用唐朝的礼乐制度。李德明臣属宋后,其礼仪典章完全遵循北宋的封建制度。元昊继位后,认为唐、宋的礼乐制度过于繁琐。为了立国称帝的需要,"今国中悉用胡礼",将唐、宋的九拜改为三拜,革五音为一音。

制定法律,改革兵制:称帝建国必须有一支装备精良、训练有素的军队做保障。虽然,李德明时党项已有常备军十万馀人,设有"蕃法"。元昊深知当时党项的部落兵相对于数量和装备上占优势的宋军,显得组织松散,调动不灵,战斗力不强。因此,元昊认为必须建立一支组织严密、纪律严明、赏罚分明、调动自如的军队,他废除了过去的节度使统军体制,改用宋王朝的统军体制,由枢密院掌兵权,并设立翊卫使掌管皇帝卫队③。他"明号令,以兵法勒诸部"。虽然我们对元昊当年具体的"号令""兵法"的内容不详,但从发现的夏崇宗贞观年间颁布的《贞观玉镜将》和夏仁宗天盛年间修订的《天盛律令》,可以推断西夏建国初期一定有一套王朝的法典和比较完整的军事法律。

元昊用了6年时间,为其建国称帝做了一系列准备,到宋仁宗景祐四年(夏大

---

① 《续资治通鉴长编》卷一一五。

②③ 《宋史·夏国传上》卷四八五。

庆二年)(1037)元昊认为条件成熟,于当年十月在兴庆府南郊筑台受册,即皇帝位,国号大夏国,又称大白上国或白上大夏国。并改元天授礼法延祚元年。朝中设立中书令、枢密使、侍中和尚书令等职官主管“考百官庶府之事”。改宋制二十四司为十六司,隶属尚书省,分理六曹事务①。

西夏中后期的统军体制又有变化,据《天盛律令》记载:西夏的统军机构又有经略司、正统司、统军司、殿前司与枢密院、翊卫司共掌兵权的局面。这与吸取仁宗时外戚任得敬专权分国的教训有关,其目的是防止枢密院权力过分集中,威胁皇权。

二

根据西夏的军事法典《贞观玉镜将》、西夏国家法典《天盛律令》的四、五、六卷及其他卷中的有关条款和夏仁宗干祐二十一年(1190)西夏学者骨勒茂才编纂的《番汉合时掌中珠》,我们得知西夏的兵役制度、军事体制和治军方略是:

(一) 实行普遍的兵役制度,即全民兵役制

中国的兵役制度起源甚早,早在夏、商、周时代,已有兵役制度,当时规定,每个部落成员在战争期间都有当兵作战的义务。军队的核心是由“王家”和“贵族子弟”组成的,基干力量是由平民组成的甲士。到战国时代,封建经济逐渐占据主道地位,开始建立郡县制,兵役制度也发生了变化,各国开始建立常备兵,他们是军队的基干,都是经过考选来的。如魏国选武卒,要求参加考选的人要穿“三层之甲”,拿一张用几百力才能拉开的硬弓和装有 50 支箭的箭囊,扛着戈,头戴铁盔,腰佩剑,携带三天粮食,在半天之内走完百里路,凡是中选的人,免除全家赋税和徭役。

秦统一中国后,实行中央集权,统一了全国规模的征兵制,以郡县为单位实行征兵,郡守有征发一郡壮丁作战的权力。当时,农民是社会的主要生产者,也是兵员的主要来源。

汉承秦制,规定不论贵贱,男子 20 岁就要在官府登记,根据三年耕一年储的原则,从 23 岁起,正式服役,直到 56 岁。在服役期间,每年农闲时要训练,每人一生都要服两次兵役,每次一年,一次在地方上,称“正卒”,一次在边疆,称“戍卒”,或在京城称“卫士”。

东汉后期,由于军阀割据混战,大批农民为军阀豪强霸占,成为依附他们的部曲,很多壮丁成了地主的家兵,征兵制度遭到严重破坏。

三国时,出现了“世兵制”,就是父子世代为兵,这种兵家户籍不属郡县,而由军府管理,称为“士家”、“军户”,他们社会地位低下,只有得到放免,才能获得平民

① 《西夏简史》,宁夏人民出版社,1979 年,第 34－37 页。

身份。

南北朝后期,北朝西魏大统九年(543)宇文泰广泛招募各地汉族豪强地主从军,通过他们的从属关系带来大量家兵、部曲等私人武装。这种使地方割据的私人武装中央化,不但增强了朝廷的军力,同时使鲜卑部落与汉族封建兵制逐渐结合,创建了"府兵制",全国兵力分为24军,由六个柱国大将军统领,每个柱国下设两个大将军,一个大将军下又有两个开府将军,开府将军分统24军,府兵与民籍分开,不属郡县管辖,他们只管打仗,不负担任何赋税。

府兵制到了隋朝有了很大的变化,军府名称改为骠骑府,长官称为骠骑将军,军士开始编入户籍,从事生产。到隋炀帝时,军士直接从民间征调,男丁年满21岁即可参加府兵。大业三年(607)改骠骑将军府为鹰扬府,长官为鹰扬郎将,军人称"卫士",卫府制度趋于完善,中央集权在军制上得到加强。全国府兵由12卫分领。

唐初,全国有634个府,均由12卫和东宫六率分领。改隋朝鹰扬府为折冲府,每府府兵归折冲都尉管辖,民有充府兵的义务,服役年龄扩大为20岁—60岁,府兵平日务农,农闲训练,征发时自备兵器、资粮,实际上是一种兵农合一的兵役制度。服役的军士定期戍卫京师或戍边,战时出征,战事完毕,即"兵散于府,将归于朝"。

唐代中期,府兵因负担过重大量逃亡,折冲府名存实亡,府兵制遭到严重破坏。为了补充兵员,采取招募的办法。唐玄宗开元十一年(723)招募逃亡的府兵和白丁充当府宿卫,称"长从宿卫",以代替府兵定期轮流宿卫的旧制度。开元二十五年(737)下令各军镇招募长驻边疆的军防健儿,其家口愿同去的,各给田地屋宅。后来组成边兵,由方镇操纵,经历了200多年的府兵制基本结束。

宋承唐制,募兵制成为宋朝的主要兵制,宋朝有四种不同的军种,即禁军(是皇帝的亲兵,驻守京师,兼备征伐,是宋朝的正规军)、厢兵(各州募集的地方军,不进行军事训练,不能作战,只给地方政府服杂役)、蕃兵(招募的西北边疆少数民族,充当边境屯戍守军)、乡兵(当地征召的,经过训练作为地方的防守部队)。

党项民族内迁前过着居无定所的游牧生活,《隋书·党项传》记载:"每姓别为部落,大者五千馀骑,小者千馀骑。俗尚武力,无法令,各为生业,有武阵则相屯聚;无徭赋,不相往来。"[①]这说明党项人正处于由氏族社会向阶级社会过渡的阶段,部落成员平时"各为生业,有武阵则相屯聚","无法令","无徭赋",当时还没有正式的常备军。后随着掠夺战争的不断,氏族部落酋长的权力日益扩大,部落酋长也就逐渐成为军事首长,氏族部落组织也就成为军事组织。

公元七、八世纪时,党项人被迫从西藏地区北迁,到达今陕西北部、甘肃东部及宁夏、内蒙古河套地区,受当地中原文化的影响,经济社会发展迅速,社会逐渐向封

① 《隋书·党项传》。

建化转型。又受隋、唐、五代和宋的分封，党项部族酋长为节度使、刺史等职，给予一定自治权，并允许世袭，氏族部落酋长的权力日益扩大。打仗时，以部落为单位组成部落兵，部落酋长也就逐渐成为军事首长，氏族部落组织也是军事组织，二者基本上是一致的。这时，部队人数增加，组织完备，也就有了较为稳固的常备兵，主要是牙（衙）兵（是受封的节度使治所的卫戍兵和亲兵）、部族兵（原来的部族兵仍然平时生产，战时出征，还经常“点阅兵马”训练，是向常备兵转化的军队）和汉兵（是西夏境内党项人选拔的汉族人组成的军队，与蕃兵分开编队，并有一定的番号，如“归顺军”，“归明军”等）。

党项部族规定了丁男的标准和按丁男人数组织正兵和负赡军的兵役制度，即全民兵役制度。我国丁制，始于汉，但历代丁年是不同的，成丁是指达到为国家服兵役和缴纳赋税的法定年龄。历代王朝是根据国家人口多寡和徭役的需求而规定成丁的年龄界限。隋律规定 18 岁为丁，唐时基本沿用隋制，高祖武德七年（624）丁年改为 21 岁，玄宗天宝三年（744）将丁年提为 22 岁，代宗广德元年（763）又提高丁年为 23 岁。

宋朝建立后，改唐朝户籍管理部曲“随主之属贯，又别无户籍”的状况，使丁不分主客，均为赋役的对象，成丁的年龄改为 20 岁[①]。元昊为了扩充兵源，规定男子十五皆成丁。据《宋史・夏国传下》记载：“其民一家号一帐，男年登十五为丁，率二丁取正军一人，每负赡一人为一抄。负赡者，随军杂役也。四丁为两抄，馀号空丁。”[②]《天盛律令》卷六“抄分合除籍门”规定：男子年十岁即行注册，十五岁以上为及丁，七十岁入老年。丁壮如不注册，诈称亡故或隐瞒年龄谎称老弱者要治罪。还规定每年对有军籍的官吏要进行磨勘。

西夏最基层的军事组织是由正军和负赡组成的“抄”。法律规定：“年六十以下，十五以上，皆准备甲胄弓矢以行”。

征兵是以党项的族帐（户）为单位，凡部族男子十五至六十岁的丁男，每族帐（户）有二丁取体壮健者一人为正军，是作战兵员；另一人为负赡，担任随军杂役，为正军提供后勤服务，组成一“抄”，凡家有四丁组成二“抄”。其馀的壮丁都叫空丁，可不服役，但空丁愿在军中服役的可以顶替别的丁男担任负赡，也可顶替正军中之老弱者担任正军。特殊兵种为正军服务的负赡有多人，如中央擒生军每名正军配负赡三名。他们平时生产，战时出征。接到点集命令，就地组成军队，出发作战，体现了党项部落组织下全民皆兵的军事制度特点。《天盛律令》卷六“发兵集校门”规定了西夏军队的点集制度。对军队点集时，不论将领还是中下级军官、军卒迟到或缺员，出征时离队或滞留及携带战具不全者，都要依违律情节予以严厉惩处，直至无期徒刑。

---

① 《宋太祖诏全集》。

② 《宋史・夏国传下》卷四八六。

(二) 改革军事体制

历史上党项人“以帐族盛大者为长官,亦止有蕃落使、防御使、都押牙、指挥使之职”。军队的领道体制仍沿袭唐、宋王朝任命的定难军节度使府,州刺史府。主官为节度使或州刺史掌兵权,其助手有行军司马,或牙内都指挥使、蕃部指挥使等①。元昊把以前的节度使统军体制改为宋帝国式的统军体制,由枢密院总掌兵权。节度使的卫兵、卫队改为皇帝的护卫,如“六班直”,元昊驻地兴庆府的卫戍兵,由翊卫司统领。这就为节度使转变为一国之君做了正名和舆论上的准备,也扩充了兵员和军事机构。从《天盛律令》卷十的“司序行文门”中,我们了解到西夏王朝行政机构中,中书省和枢密院分掌朝中文、武二柄,枢密院作为国家最高的军事统御机构,它与其下属机构翊卫司共同统领兵权。西夏中后期统军机构中,枢密院之下新设置了经略司、正统司和统军司。同卷的“司序行文门”第三条规定:“经略司者,比中书、枢密低一品,然大于诸司。”《番汉合时掌中珠》所载西夏中央军事机构的顺次是“枢密、经略司、正统司、统军司、殿前司”,这反映了西夏中晚期军事统御机构的不断变化与完善。《天盛律令》卷六的“行监、溜、首领、舍监等派遣门”规定了对中下级军官的选拔、报批和派遣,可以看出中下级指挥官有行监、溜、末驱、小首领、舍监等。

(三) 在全国建立军事与行政性质的地方监军司制度

西夏地域辽阔,随着四处征掠,占领各个地区,各部族也随着分散各地,与其他民族杂居,这样要维持其统治和经常抽调大批兵员对外作战,仅靠党项人自己的力量和原来的指挥系统,就不能胜任了。于是,元昊仿宋朝的“厢”、“军”建制,将全国划分为左、右两厢,以黄河为界,河东为左厢,河西为右厢,在全国建立了十二个监军司,也就是将西夏全境分为十二个军区,十二监军司主官分委豪右担任,主要部队以部族为单位编制。因此,监军司具有部族和地域性的特点,它既是军事组织,又是政治组织。这是党项人由部族组织向国家政权组织转变的又一步。有学者认为,在这一基础上发展起来的西夏军队是一支组织健全、纪律严明,不易被击溃的队伍。每个监军司有军名和驻地。这十二个监军司的军名和驻地是:

左厢神勇军司,驻夏州弥陀洞;
祥祐军司,驻石州;
嘉宁军司,驻宥州;
静塞军司,驻韦州;
西寿保泰军司,驻柔狼山北;
卓罗和南军司,驻兰州黄河北岸喀罗川侧;
右厢朝顺军司,驻兴庆府西贺兰山克夷门;

---

① 《宋史·夏国传下》卷四八六。

甘州甘肃军司，驻甘州；

瓜州西平军司，驻瓜州；

黑水镇燕军司，驻黑水城；

白马强镇军司，驻盐州；

黑山威福军司，驻河套西北黑山地区。

随着频繁的战事和对外扩张等形势发展，又有增置，更名，迁移驻地。史载后增为 17 个监军司，即撤掉 1 个，宥州嘉宁军司；增置南院、南地中、北地中、沙州、罗庞岭、年斜 6 个监军司，共 17 个监军司。在各监军司“设都统军、副统军、监军使一员，以贵戚豪右领其职，馀指挥使、教练使、左右侍禁官数十，不分蕃汉悉任之”①。

(四) 建立不同的军兵种

西夏军队从性质、职责上可分为三大部分：

1. 皇帝侍卫军

西夏建国后，元昊选部族兵之精锐者组成皇家卫队，由其亲自掌握，据《宋史・夏国传上》记载：元昊“选豪族善弓马五千人迭直，号六班直，月给米二石。铁骑三千，分十部”。据宋人田况《儒林公议》记载元昊亲信卫队的情况，元昊“常选部下骁勇自卫，分为十队，队各有长……每出入前后环拥，设备甚严”②。就是说在皇帝侍卫军中，有五千人称为“御围内六班直”，担负宫廷宿卫，日夜分三班值守。皇帝侍卫军中有三千铁骑，担任皇帝外出巡行护卫之责。

2. 中央军

据《宋史・夏国传下》记载：“别有擒生十万。兴、灵之兵，精练者又二万五千。别副以兵七万为资赡。”“兴、灵之兵”当是镇守首都兴庆府和重镇西平府（即灵州）的卫戍部队。擒生军与兴、灵镇守军是西夏军中遴选出来的精锐兵员。这部分军队由皇帝和枢密院直接掌握，以备战争中由中央随时调动，他们装备精良，不同于地方驻军。

3. 地方驻军

监军司是西夏地方军的驻扎地，具有军事和地方行政双重性质的军区建置。《宋史・夏国传上》记载：西夏建国初“置十二监军司，委豪右分统其众”，诸军兵“总五十馀万”。地方军是西夏军队的主要部分，根据《天盛律令》所载，中期随着形势的变化，监军司又有所增加和名称驻地也有更改。

据汉文史书的有关记载，西夏军队按其装备、技能和作战方式，其兵种有骑兵、步兵、炮兵、水兵、强弩兵、负赡兵。

1. 骑兵

骑兵是西夏的精锐部队，《宋史・夏国传下》记载：西夏的骑兵为“铁骑”或称

---

① 《西夏书事》卷十二。

② 《宋史・夏国传下》卷四八六。

“铁鹞子”,由党项豪族子弟亲信组成,战斗力很强,在战斗中“用兵多立虚寨,设伏兵包敌,以铁骑为前军,乘善马,重甲,刺斫不入,用钩索绞连,虽死马上不坠。遇战则先出铁骑突阵,阵乱则冲击之,步兵挟骑以进”①。

2. 步兵

步兵是西夏军队的主要组成部分,人数最多,约五十万,配合骑兵作战,擒生军辅助正军的负瞻兵,以及战争中被俘的“汉人勇者”称作“撞令郎”的都属于步兵。最精锐的步兵.多由“山间部落”的党项羌人组成,特别能吃苦耐战。西夏还有一种称为“步跋子”的步兵,出入山坡溪涧,最能逾高超远,捷足善走,在同宋朝的作战中,若于“山谷深险之处遇敌,则多用‘步跋子’以为击刺掩袭之用”②。

3. 炮兵

《宋史·夏国传下》记载,西夏军队中“有炮手二百人,号‘泼喜’,陡立旋风炮于橐驼鞍,纵石如拳”。这种炮兵宋、辽军中都有,宋军有各种抛石机,将石头、火球放在甩兜中,用机械力抛出去,可以重创敌方的建筑设施。西夏从宋朝学会制造火炮“火蒺藜”的技术,与抛石战车结合使用,在当时的条件下,可说是重型武器,攻击威力相当可观。

4. 水兵

《宋会要辑稿·方域八》等史籍记载,西夏于其境内的黄河沿岸某些地区组建水军,由善水性士兵组成,配以舟船与轻便的渡河工具“浑脱”。《天盛律令》卷十八,“渡船与舟门”有“销毁渡河军舟船,使参战无反顾”。反映了西夏水军的活动情况,人数不会太多,但相当活跃,经常过河骚扰宋朝边境,制造紧张气氛,牵制宋军部分兵力。

5. 强弩兵

强弩兵是一支射箭部队,党项人善于射箭,西夏又产良弓。《梦溪笔谈》卷十九记载:夏惠宗时,“李定(党项酋长)献偏架弓,似弓而施于镫。以镫距地而张之,射三百步,能洞重扎,谓之‘神臂弓’,最为利器”。到夏崇宗乾顺时,乾顺庶弟察哥建议:“‘自古行师,步骑并利。国家用铁鹞子以驰骋平原,用步跋子以逐山谷,然一遇陌刀法,铁骑难施;若值神臂弓,步溪自溃,盖可以守常不可以御变也。夫兵在审机,法贵善变,羌部弓弱矢短,技射不精,今宜选蕃汉壮勇,教以强弩,兼以标牌,平居则代弓而锄;临戎则分蕃而进,以我国之短,易中国之长。如此,无敌于天下矣。’乾顺是其策,封晋国王,使掌兵政。”③西夏强弩兵具有很强的战斗力,在战争中发挥了极大的作用。

---

① 《宋史·夏国传下》卷四八六。

② 《宋史·兵志四》卷一九〇。

③ 《西夏纪》卷二十二。

6. 负赡兵

《宋史·夏国传下》记载："负赡者，随军杂役也。"战争中后勤供应非常重要，中原王朝抽民夫负担，民夫与官兵个人不发生直接关系。而在辽朝，则是"每正军一名，马三匹，打草谷、守营铺家丁各一人"，军队所需之物皆自备，"人马不给粮草，日遣打草谷，骑四出抄掠以供之"[①]。即每一正军配给两个家丁，为这名正军和马匹抄掠粮草守护营铺，料理日常生活，与正军同在军队，紧密结合，不可分离。西夏的负赡兵，与契丹人的家丁类似。从西夏的兵役制度看，每户两丁取一正军、一负赡，为一抄，四丁为两抄。西夏军队中，正军与负赡的配备是一比一。但在一些特殊军队中，如兴、灵镇守军中正军与负赡的配备是一比三，负赡兵比正军多。

五、建立军事后勤制度

后勤即后方勤务，后勤制度就是通过筹划和运用人力、物力、财力等为军队建设和作战提供财物、技术、卫生、交通运输等勤务保障的制度。党项人内迁前，过着"不知稼穑"、"无法令"、"无徭赋"的原始游牧生活，生产力极其低下，社会组织是氏族公社制，部落成员平时"各为生业，有武阵则相屯聚"，与低下的生产力相适应。当时，没有常备军，没有军事后勤供给，更没有后勤制度。内迁后，社会生产力得到迅速发展，农牧业经济逐步发展为半农半牧经济，氏族公社制度趋于瓦解。社会过渡到部落联盟，后随着经济社会的发展，农奴制又逐步封建化，党项人受封于唐、宋，逐步建立起节度使的常备军，特别是元昊承袭西平王后，随着经济的发展，人口的繁息，版图大拓，元昊在其境内，进行了一系列改革，力度最大的是改革官制与军事制度，在建立军制的同时也逐步完善了军队的后勤保障制度。

在中央设立：

受纳司：专掌仓储保管及供给；

农田司：专掌粮秣委积、平粜及农田水利；

群牧司：专掌马匹饲养、繁殖和交换；

飞龙院：专掌国王及其本部之马；

马院司：专掌养马业之机构；

租税务：专掌租税收入。

铁工院、木工院、出车院：制造兵器、辎重、车辆的机构。

在地方设立三边工院：负责粮草及其他物资的转运。

到西夏中后期，军事后勤制度臻于完善。对战具的配备和兵器注册检查《天盛律令》都有详尽的规定，如卷五"军持兵器供给门"规定：军队配备的各种战具有官马、甲、披、弓、箭、枪、剑、长矛、杖、拨子手扣等。主要配给正军、正辅主和负赡。如

---

① 《辽史·兵卫制上》。

正军配有官马、甲、披、弓一张，箭三十支，枪一支，剑一把，长矛杖一支，全套拨子手扣。正辅主配有弓一张，箭二十支，长矛杖一支，全套拨子手扣。负赡配有弓一张，箭二十支，剑一把，长矛杖一枝，全套拨子手扣。对这些战具的大小尺寸，《天盛律令》都法定了具体尺寸。但是，对于西夏社会上层的臣僚、农牧主和下层农牧民、手工业者及具有农奴或奴隶身份的使军等不同阶层的人编入正军、正辅主和负赡的，配备的战具是不同的。对官属披、甲、马的管理规定，官属马、披、甲不得私自出卖；若违律，所得钱数以偷盗论罪；不得以劣易良；不得宰杀所借的官马；马、披、甲不得典当，违律以偷盗论罪；披、甲、马、牛、驼不得卖于敌方，若违律，庶人分别处以长期徒刑、无期徒刑，直至斩。

"修城应用门"规定，对军器粮食要妥善保管，若损毁或私自借贷、出卖，要依法论罪。

对军需储备情况，应定期报告监军司或经略司，违律处罚。

西夏崇宗贞观年间制定的《贞观玉镜将》虽然是个残缺本，只有政令、赏功、罚罪和进胜四篇。它主要规定将士们在战争期间应做什么、不应做什么，以及军队集结和行进及战斗中对将士们赏功、罚罪等有关事项。

第一篇残缺，只有目录，主要规定军政制度。从其他篇目中我们知道其内容为选任将领和印信、符、契的管理。开篇称"共命将职，有诏旨，行文字；统印信，主律令者"。说明西夏军队的将领是经过集体讨论，共同任命的，重要的军职还要经西夏国主同意。任命是非常隆重、严肃的事，集体研究后，任命时还要颁发诏旨、授予印信、符牌和任命文书，正式履行一定的仪式。

第二篇为赏功篇，是有关军功赏赐的规定。主要有两大类：

一是在战斗中杀死敌军一人以上的，都可以得赏，杀的敌军越多，赏赐也越多。但是，若杀敌后，又战败，则不能得奖赏。

二是在与敌军战斗中或进军中，俘获敌人的人、马、甲、胄、旗、鼓、金七种总数达一百件以上者，则可得奖赏，俘获数量越多，奖赏越多，包括俘获敌人的妇女、儿童。在攻城战斗中，先登上敌人城头、破城者，奖赏。若军队打了败仗时，能殿后抗敌，使全军安全撤退的，有赏。

奖赏的种类，主要有提升官职、授予荣誉称号及物资奖励，包括奖励金、银碗，金、银腰带，衣服，茶、绢等生活用品及银锭。

第三篇为罚罪篇，是对军队中犯罪处罚的规定。主要有正副将军在战争中丢失人、马、甲、胄、旗、鼓、金者，遇战不敢战而逃者及战败者，在战争中主将阵亡，其属下的护卫、首领、押队、亲随都要处以严刑，虚报俘获量、杀敌量和买卖首级者、战斗中察军擅自离开主将，对战事不了解的要处罚。察军、司吏徇私舞弊或检查不严，以致出现虚报者都要处罚。主将在战争中，无特殊情况，不互相支援要惩处。

惩处的种类，主要有斩首，终身监禁，服苦役，杖刑、刺字，逮捕，夺兵权，减、免官、职、军、司位，罚马等。

第四篇为进胜篇，规定“将军要挫敌军锋，也需向察军说知而后战”等内容。可以看出，将军和察军的地位似应相若，将军统兵，指挥作战；察军主要起监督作用，互相牵制。在军中统兵权以将军为主，察军为副。但是，察军是最高统治者派来的，将军们也要敬重他们。从《贞观玉镜将》中可以看出西夏军事首领的军事职衔名称有以下多种：将、正将、副将、正副行将、正副佐将、正首领、小首领和帐将、护卫、察军、游监、教监、应监等。军卒除正军和负赡兵外，还有不是军卒的辅助人员如私人、役人、虞人、刑徒、苦役等，他们是自由人、仆役、罪犯，如立了战功，就可以逐级补入军卒，罪犯也可减轻原来的罪刑。

试论西夏马政源流

许生根

一

西夏马政直接继承汉魏唐宋马政。西夏官牧业分中央、地方两级，形成了一套较为成熟的管理机制，主要通过军事指挥机构实施国有牧场的管理职责，为军队的后勤供应提供保障。西夏中央管理马匹的部门分属经略司、群牧司、马院、飞龙院，经略司、群牧司为主管部门，马院承担负责马匹刍料供应、马匹检查和登记，飞龙院为辅助机构，行宫院、三司、磨勘院参与管理部分相关马政事务。群牧司是西夏官牧业的主要管理机构，这个机构有两项职责，一项职责是宏观上指导西夏官牧业生产，另一项职责是直接经营、管理国有牧场。西夏经略司具有监管官牧业的职能，重大事项需经经略司报批，如此运作的结果是群牧司需听命经略司的派遣，成为西夏马政的最高管理部门。西夏《天盛改旧新定律令》卷十九“畜患病门”规定：“马、牛、羊、驼四种官畜患病，隶属于经略司者，当速告经略司，不隶属经略司者，当速告群牧司。”在马政事务管理上，重要的事项需先禀报经略司，经略司不管的问题，再转到群牧司处理。飞龙院分管皇室御用马匹，具有较大的独立性。下面我们从古代马政制度演变来梳理西夏、元的马政制度源流，解析唐宋马政在西北游牧政权的传承。

西夏马政延续了北齐对畜牧管理加以细化、尤其是重视马匹管理的特点。西夏设立了专门管理马匹的机构，即马院。马院作为专门管理马匹的部门，其建制最早源于北齐的左右牧署，理念就是把马匹管理置于特别重要的位置。马院是西夏官府专门牧养军马的部门，在行政级别上位于群牧司之下，西夏《天盛改旧新定律令》卷十“司序行文门”将其列入下等司。马院至少分为东院、北院，但史料记载的并不清楚。根据史料，马院的职能有两项，一是管理官库马料配发，西夏牧养的马匹有熟马、生马，饲草由官库供给，并允许一定的耗损，精确到“一斛可耗减七升”[①]的标准。马院的马料管理相当严格。牧人必须负责把马匹牧养好，如私自减少饲料，就视为犯偷盗罪，如检畜失误，使致牲畜羸瘦，犯者要被判服劳役。“官牧场之

---

① 史金波、聂鸿音、白滨：《天盛改旧新定律令》卷十七“物离库门”，法律出版社，2000年，第543页。

马不好生喂养而减饲草者，比偷盗法减一等治办；未减饲草，但检畜失误，致使马匹羸瘦，视其情况，可判处仗罪及一年劳役。”[①]二是复核官马数额，对马匹病死、丢失等进行检查核实。马院中的马匹病死注销，程序十分严格。首先要注明得病的原因和死亡的情况。注销死亡的马匹，肉价分为两种，熟马一缗，生马五百。如出现马匹被盗，失职而导致马匹死亡或马匹生病未及时上报这三种情况，饲养责任人须予赔偿。“判写已出，呈报有司期间，马匹死亡；已经检视而马匹死亡，应告注销。若失误致使马匹羸瘦、被盗，或未及时上报马匹生病、死亡等，记名牧人当赔偿。”[②]设立专门管理马匹的机构是马政演化的一个大趋势，对马匹进行重点管理的思路，北齐、西夏这样的民族政权走得更为坚定，突显出马背上民族的特点，使得马政建设的目标愈加明确。

西夏马政完善于中后期，马政机构实际上是中央军事部门的下属机构，马政首先为西夏军事服务。经略司是西夏中后期设置的军事机构，与正统司、统军司组成西夏三个中央军事机构，天盛年间经略司属临时性机构，到乾祐年间经略司成为正式的军事机构。西夏《天盛改旧新定律令》卷十“司序行文门”又载：“上司中书、枢密处理诸司呈案，以经略司为先，置诸司案务之，经略司权利高于中央其他军事部门，成为军事大权的实际掌管部门。”[③]

二

西夏非常重视马匹等大牲畜的牧养，西夏的马匹等大牲畜分为私畜和官畜两种。西夏法律规定：“诸人杀自属牛、骆驼、马，不论大小，一匹（头）徒四年，二匹（头）徒五年，三匹（头）以上概徒六年。从犯比主犯减一等治罪。”“诸人杀自属牛、骆驼、马，知情而食肉，徒一年。”“前述三种畜坠亡、病死，则当告巡检、迁溜、检校、边管等处。所告属实，免罪。若擅杀，有官罚马一，庶人杖十三。故意推畜坠亡，依杀畜罪判断。行旅中，误杀牛、骆驼、马，或驮畜超载畜而死，且处地偏远，则免罪。”“出葬不准以畜陪丧。若杀自有牛、骆驼、马，依法判断。”[④]西夏官牧业为西夏军队提供了包括战马在内的大批牲畜，同时为西夏军队输入了充足的畜牧食品，为建立一支强大的骑兵队伍奠定了雄厚的物质基础。

西夏人马匹牧养知识十分丰富，《相马经》在西夏很普及，西夏法典和辞书中都有关于医治马病的条款和词条，西夏官牧场有专门的兽医。史书就记载过一位著名的党项人兽医昂吉儿，“至元六年……时国兵初南，塞马当暑，往往疥疠。昂吉儿

① 史金波、聂鸿音、白滨：《天盛改旧新定律令》卷十九“畜利限门”，法律出版社，2000 年，第 576 页。
② 史金波、聂鸿音、白滨：《天盛改旧新定律令》卷十九“畜患病门”，法律出版社，2000 年，第 582 页。
③ 史金波、聂鸿音、白滨：《天盛改旧新定律令》卷十“司序行文门”，法律出版社，2000 年，第 362 页。
④ 史金波、聂鸿音、白滨：《天盛改旧新定律令》卷十九“畜利限门”，法律出版社，2000 年，第 580 页。

以所部马入太行疗之……岁疗马以万数”①。西夏《番汉合时掌中珠》共收集词语七百馀条,记载的主要牲畜有马、牛、骆驼、骡、羊、山羊、绵羊、猪、狗等②;西夏文《文海》记载得牧畜主要有马、骆驼、牛、犛牛、山羊、羊等③。西夏占据西北大片领土,多有荒漠、草原、高山,平原占地少,区域内有中国历史上著名的良马出产地。河西走廊一代是著名牧业区,甘州“水草丰美,畜牧孳息”④;焉支山“东西百馀里,南北二十里”“水草茂美,宜畜牧。”⑤宁夏平原及周边地区处于农牧交汇地带,“水深土厚,草木茂盛,真牧放耕战之地”⑥党项马自古有名,唐诗中就有“求珠驾沧海,采玉上荆衡,北买党项马,西擒吐蕃鹦”⑦。《旧唐书》和《旧五代史》中也提到党项马数量多、品种好,深受人们的喜爱,党项马的价格也非常昂贵。西夏的畜牧业发达,是中原王朝马匹的主要供应基地。

西夏战马的特征比较突出,我们现在能从西夏王陵出土的石马和甘肃武威西夏墓出土的驭马图中了解到有关西夏马的情况。西夏陵区出土的石马表现出了西夏马匹静态的卧姿形象,“双耳上耸,二目圆睁前视,有眼角刻线,口微启,唇略涂朱彩,额门鬃毛中分贴于脑际,颈上鬃毛较长,倒向后斜贴颈部,呈清晰的线条状”⑧。在甘肃武威西夏墓出土的彩绘木版画中,有一幅驭马图,图中的马呈现动态的形象,图中的马引颈翘尾,作飞奔姿态,让人可以领略出西夏战马驰骋战场的雄姿。

根据史料记载和出土文物的分析,西夏马匹可分为以下三个品种:甘青马、大宛马、蒙古马。甘青马(也称契丹马)出产于祁连山南北两麓,青海湖周围等区域,元昊称帝后,西夏帝国占据着祁连山以北的广大地区。甘青马作为该地区著名的马匹,被西夏军队大量的征用,成为西夏战马的主要来源之一。关于甘青马的情况,还可以将1969年甘肃武威东汉墓出土的踌踏飞燕铜奔马的形象,与甘肃武威西夏墓出土的彩绘木版画中那幅驭马图进行比较,飞燕铜奔马和驭马图中的奔马有共同的特点,奔跑时都采用对侧步的步伐,从而可以进一步证明西夏应该拥有甘青马这个品种。大宛马是中国古代史上最著名的良马品种之一。早在西汉时期,大宛马就已威震边塞,汉武帝本人特别喜爱大宛马,经常通过各种渠道从西域获取大宛马,有时甚至不惜动武力。大宛马需要经过河西走廊才能流入中原地区,而西夏长期占据河西走廊。西夏军队又是以骑兵为主,对马匹的繁殖饲养保护得当,也应会引进周边地区的良种马,所以可以推测西夏应该拥有一定数量的大宛马。西

---

① 宋濂:《元史·昂吉儿传》卷一三二,中华书局,1976年,第3212页。

② 骨勒茂才:《番汉合时掌珠》,宁夏人民出版社,1998年,第33页。

③ 史金波、白滨、黄振华:《文海研究》,中国社会科学出版社,1983年,第3页。

④ 吴广成撰,龚世俊等校正:《西夏书事校正》卷十一,甘肃人民出版社,1995年,第2879页。

⑤ 曾公亮、丁度编:《武经总要前集》卷十九,中华书局影印本,1959年,第955页。

⑥ 李焘:《续资治通鉴长编》卷,中华书局,1995年,第947页。

⑦ 元稹:《元氏长庆集》卷二三,上海古籍出版社,2011年。

⑧ 韩小忙:《西夏王陵》,甘肃文化出版社,1995年,第65页。

夏北邻辽朝的边界地区，正是蒙古马的生息之地。蒙古马多生长在空旷的牧区，能忍受漫长的严冬，具有很强的适应性。西夏在与辽长期的经贸交往和军事冲突中，也获取了大量的蒙古马。

西夏军马草料供给的重要性仅次于粮食供给，军马草料基本上是由国家支出的，主要有两种形式。一种是官牧场供给军马草料，另一种是生活贫困的正军在家中牧养军马，官仓调配一定数量的饲料。

骆驼是西夏主要役畜之一。公元前 3000 年左右，双峰驼开始在我国的内蒙古、新疆和土库曼斯坦等地被驯化。公元前 17—12 世纪向西传播到乌拉尔和哈萨克斯坦，向东传播到西伯利亚。作为沙漠特有的大型牲畜生长在荒漠、半荒漠草原，骆驼在人类社会很早就被用于战争、运输、农耕和荒漠探水，还为人类提供肉、奶、毛等产品，被赞誉为“沙漠之舟”。西夏大量使用骆驼，西夏骆驼主要分布于阿拉善内陆高原及武威一带，在今甘肃酒泉以西至玉门关以东地区亦有分布。西夏骆驼品种丰富，包括我国骆驼品种中的阿拉善驼、苏尼特驼和新疆驼三大主要驼系的骆驼。西夏的阿拉善驼最多，主要分布于阿拉善的沙漠戈壁、山地、低山丘陵、湖盆、起伏滩地之间，河西走廊、青海等地亦有分布。阿拉善骆驼高大雄壮，身体强壮，体力充沛，常用于货物运输、边防巡逻等，成年雄性阿拉善骆驼体重可达 600—750 千克。体高达到 3.5 米，驼峰高达 2.5 米左右。苏尼特骆驼是双峰骆驼中的优质品种，体格粗壮，体大性驯，生长发育快，肉脂性能突出，绒毛密度大，繁殖快，主要产于今内蒙古锡林郭勒盟的东苏旗和西苏旗，每峰驼负重 150 千克—250 千克，连续骑乘可日行 70 千米—80 千米。因其耐寒畏暑，多役用于冬季。

骆驼是西夏主要力畜，广泛用于战争、运输和耕地。宋皇佑元年（1049），辽兴宗率军伐夏，北路军突入西夏的右厢地区，“至西凉府，获羊百万，橐驼二十万，牛五百”①。其重要性可以与马并列；西夏群牧司规定“旧驯之公骆驼年年当分离，当托付行宫司，人杂分用中”②。骆驼还是西夏国家运输的主要力畜。宋太平兴国六年（981）王延德出使高昌，经鄂尔多斯渡黄河，穿越乌兰布和沙漠，“沙深三尺，马不能行，行者皆乘骆驼”③。西夏在河西走廊一代使用骆驼耕地，史载张掖“以骆驼耕而种”④。牛、犛在西夏亦普遍，犛牛是牦牛的一种，在高寒地区生活，乳、肉、毛、役兼用，西夏犛牛主要分布于贺兰山、焉支山一带，“犛牛在燕支山、贺兰山两地中，焉支山土地好，因是犛牛地，年年利仔为十牛五犊，赔偿死亡时，当偿实犛牛”⑤。

---

① （清）吴广成撰，龚世俊等校：《西夏书事校正》卷一二，甘肃人民出版社，1995 年，第 138 页。

② 史金波，聂鸿音，白滨：《天盛改旧新定律令・供给驮门》卷一九，法律出版社，2000 年，第 575 页。

③ （元）脱脱：《宋史》卷四九〇，中华书局，1977 年，第 14110 页。

④ （清）吴广成撰，龚世俊等校正：《西夏书事校正》卷三八，甘肃人民出版社，1995 年，第 441 页。

⑤ 史金波，聂鸿音，白滨：《天盛改旧新定律令・盗杀牛骆驼马门》卷二，法律出版社，2000 年，第 577 页。

三

辽金夏元承袭唐宋马政,虽呈现各自的马政特点,但都遵循唐宋制度,延续唐宋马政管理军事、经济同步发展的趋势,中央建立直属机构负责马政事务,运用朝廷集权管理马政。同时,这些北方游牧民族政权均仿效汉唐宋的官牧制,积极发展地方官牧场,特别是直接继承了宋朝的群牧司制,为马政在西北元明时期的传承做出贡献。

宋太宗时期全面推行牧监制,创建群牧司。景德四年(1007),宋朝置群牧司官署,成为马政的实际掌管部门。咸平三年置群牧司,归属枢密院,景德四年由知枢密院陈尧叟为群牧司制置使,又置群牧副使、都监,增判官二员,国家马政的政令均由群牧司制定发布。群牧司制置使以枢密使或副使任职,由军事部门的主管级大臣兼任,实际处理马政具体事务。从此,在中央最高军事部门指挥下的群牧司统管马政,并由牧监管辖国家牧场的马政管理形式定型,马政制度奠定。太平兴国年间,朝廷于诸州置牧龙坊八个,至真宗景德二年(1006),正式改称牧监,全国牧监有十四个。真宗大中祥符年间(1008—1016),国家牧场大有发展,"凡内外坊、监及诸军马凡二十余万匹,饲马兵校一万六千三十八人"①。太宗太平兴国四年前后收集民马二十多万匹,始将马分置诸州水草之地牧养。宋真宗时各牧监饲马兵校共一万六千三十八人,马共二十馀万匹,设有牧监十四个,这是宋朝国营大牧场的鼎盛阶段。

熙宁年间,作为马政的主管部门,枢密副使邵亢建议把国家牧场的部分土地给佃民耕种,收租税来发展牧马业,群牧司将牧场良田一万七千顷租佃出去,收取地租。元丰三年(1080)各地废监地租钱多达一百一十六万缗②。朝廷收取牧场租金投入市易司为茶贸易,充做市马的资金。北宋中期开始,市马的重要性日渐增加,马匹贸易成为宋军战马的主要来源。市马是对宋朝马政的一种重要补充,以适应宋朝商品经济空前发展的需要。宋朝马市贸易主要依靠茶马互市,即用宋茶交易边疆的马匹。宋朝茶叶量大价高,有能力支撑市马,而宋朝牧场位于农牧交汇处,种植谷物并不能大量交换到马匹。唐宋以来,西北地区的宁夏平原、河西走廊等地已经成为著名的粮仓,大量向周边输出谷物。

北宋后期官牧场衰落,国营大牧场生产形式是马政制度的明显优势,其核心是建立高效的牧养方式,形成畜牧规模生产,提高畜牧业管理水平。辽金夏元纷纷仿效宋朝设置群牧制。辽代建立了群牧制度,辽太宗耶律德光继位后,群牧制度成熟。辽的北枢密院为主管群牧的机构,设有下属机构或职官。有九个部门在各地地区设置机构,专管皇家和国营畜牧,官牧场主要分布在今呼伦贝尔大草原、燕山

---

① (元)脱脱:《宋史·马政》卷一九八,中华书局,1977年,第4929页。

② (元)脱脱:《宋史·马政》卷一九八,中华书局,1977年,第4937页。

和张北一带。主管群牧的机构有"总典群牧使司"和"群牧都林牙"。

西夏仿效宋朝设置群牧司制。官牧场管理西夏国有土地,西夏法律规定:"诸牧场之官畜在地界,原未入地册,因官私属界不明引发纠纷,当重划地界。官地之界标当与掌地记名,每年录于畜册之末,并纳地册,交官私地界不许相混。官地之监标志者当与掌地记名,如违律,徒一年。官属地界内原家主另外有私地,原家主不许复于官地内落窝。原家主若无落窝之地,或牧地荒瘠,未有清净水源则许原家主另择新地落窝。拥有私地诸家主,不许侵占官牧地之水源,不许侵冒官牧场之土地。如违律,当依边等法交付散黍。有关违律情节,大小牧监不告于局分,一律有官罚一马,庶人杖十三。天旱时节,诸家主游牧牧至官牧场,一年以内许落窝,但不许耕牧,逾一年之期,使勒还旧地。"①

西夏的官私牧场、农田相与交错,往往地界不明以致"官私交恶"。为此西夏律令规定,官牧场必须和私地划清界线,并按年登记造册上报。西夏官畜的保护则更加严格。由于文献的缺佚,只能对西夏建国初期的官畜作大概的估计。元昊时全国约有 15 万军队,《宋史》记载西夏军队的力畜配备状况,"正军给长生马、驼各一,团练使以上,帐一、弓一、箭五百、马一、橐驼五"②。若以此计之,雄性的军用驼、马至少各有 15 万,还有 15 万母马和 7.5 万幼马,15 万母驼和 7.5 万幼驼(按 50%的繁率计),军马应为 37.5 万,若再加上马院中牧养的马匹,至少有 40 余万匹。元昊以后随着军队数量的增加,估计能达到 60 余万匹。军用骆驼以运输为主,不限公母,总数大约在 15 万左右。假若元昊时军队中一半为正军,一半为负担,西夏军用马、驼乃至官畜总额就要大打折扣。

官牧中的牧畜、牧场生产资料由大小牧监、牧首领、末驱、盈能等管理。牧人实际上没有自由承包经营的权力,没有官府的许可,更不能随便离开国有牧场。他们身受牧首领和封建官府的双重压迫与剥削,人身地位类似西夏农区的佃耕者。

大多数西夏军队的粮饷、装备,靠官兵自己准备,这与金辽基本相同。由于兵役负担很苛重,作为交换条件,国家可能免除军员的一些徭役,但西夏史料没有这方面的直接记载。金朝和西夏的供给制度属于相同类型,可以参考、印证史书有关金朝供军制的记载:"金之初年,诸部之民无它徭役,壮者皆兵,平居则听以佃渔射猎,习为劳事,有警则下令部内,及遣使诣诸孛堇征兵,凡步骑之仗糗,皆取备焉。"③对照金朝供给制度,西夏兵士也应是"无它徭役"。契丹军的供给制度史书也有记载,前期是"每正军一名,马三匹,打草谷、守营铺家丁各一人",所需之物"皆自备,人马不给粮草,日遣打草谷骑田出抄掠,以供之"④。与西夏十分相近。

---

① 史金波、聂鸿音、白滨:《天盛改旧新定律令》卷十九"畜利限门",法律出版社,2000 年,第 598 页。
② 脱脱:《宋史·夏国传下》卷四八六,中华书局,1977 年,第 14028 页。
③ 脱脱:《金史·兵志》卷四十四,中华书局,1977 年,第 992 页。
④ 脱脱:《辽史·兵卫志上》卷三十四,中华书局,1977 年。

金朝的群牧是继承和仿效宋辽朝的群牧基础上发展起来的,金朝群牧官制基本上是沿袭辽,“诸群牧所,又国言谓乌鲁古 。提控诸乌鲁古一员,正四品……设女直司吏二人,译一人,通事一人。使一员,从四品。国言作乌鲁古使。副使一员,从六品。掌检校群牧畜养蕃息之事。判官一员,正八品,掌签判本所事。知法一员,从八品。女直司吏四人,译人一人,挞马十六人,使八人,副五人,判三人。又设扫稳脱朵,分掌诸畜,所谓牛马群子也”①。金马政官职有群牧使、群牧副使,特别设置译人的职位。金制定了群牧官员根据业绩奖励处罚制度,明昌四年(1193)还颁布了“功酬亏永”制,规定“群牧官三周岁为满,所牧之畜以十为率,驼增二头,马增二匹,牛亦如之,羊增四口,而大马百死十五匹者,及能征前官所亏,三分为率,能尽征及征二分半以上,为上等,升一品级。驼增一,马牛增二,羊增三,大马百死二十五,征前官所亏二分以上,为中等,约量升除。驼不增,马牛增一,羊增二,大马百死三十,征亏一分以上,为下等,依本等除。余畜皆依元数,而大马百死四十,征亏不及一”②。金群牧制比辽更为细腻,但没有完全仿效宋朝建立中央级的马政管理机构,原因可能是因为金灭辽后,如何统治人数众多的契丹人是重中之重,运用契丹的群牧管理被统治的契丹人不失为一种有效策略。有金史专家认为:“契丹群牧对金朝的重要作用。金朝采用群牧这种社会组织来统治契丹牧民应该说有它的成功之处。这些契丹牧民用他们长期积累的畜牧业经验,为金朝国有畜牧业的发展作出了贡献,群牧所中大量的牲畜为金朝社会的很多方面提供服务,特别是马对金朝社会尤为重要。”③

蒙古灭金之后,中统四年(1263),忽必烈开始设置群牧所,元马政建设是从群牧制开始的。元统一中国以后,承袭参行唐宋马政遗制,重新完善马政制度。元中央设置太仆寺、尚乘寺管理马政,太仆寺级秩达从二品,而唐朝太仆寺级秩为从三品,可见元朝对马政的重视。至元二十二年(1285),在上都设立群牧都转运使司,后设立群牧监。元朝在全国设立了14个官道,牧场广阔,覆盖全国适于放牧之地。元代马政推行和买马制,将商品交易引入马政,自世祖至顺帝和买牲畜的数目极大,国家从民间大规模买马和其他牲畜,政策从民间自愿出售发展到国家强制收购,和买牲畜的种类扩大到马、驼、牛、牦牛、羊等。同时元朝马政实施括马制,强征民间马匹。这两项宋朝弃而不用的制度却在元代实施,再次引发严重弊病,对元代畜牧业产生消极的影响。

---

① 脱脱:《金史》卷五十七,中华书局,1975年,第1330页。

② 脱脱:《金史·选举四》卷五十四,中华书局,1975年,第1211页。

③ 夏宇旭:《浅析金代契丹人的群牧组织》,《黑龙江民族丛刊》,2008年第5期。

试论西夏制船业

许生根

一、西夏学习唐宋手工业技术

隋唐时期，党项人冶铁和制造兵器的水平还十分落后，“然器械钝苦，畏唐兵精，则以善马购铠，善羊贸弓矢”①。为了改进武器，用马羊交换中原地区的兵器，西夏建国后，政府统一掌握兵器制造，公元1040年，设铁冶务于夏州，“夏州多铁，州东设铁冶务，去河东麟府界黄河西约八十里”②。元昊在其宫殿后设有冶锻工场，宋朝使臣杨告出使西夏，在官驿内听到附近传来打铁的声音“若千百人锻声”。西夏的冶炼及铁器加工制造发展较快，成为一个非常重要的生产部门。西夏《文海》释“铁”条：“此者矿也，使石熔为铁也。”西夏辞书《圣立义海》记载，巴陵峰“黑山郁郁溪谷长，生诸种树，熔石炼铁，民庶制器”。西夏《天盛改旧新定律令·罪则不同门》规定将罪犯配往官方“熔铁处”服苦役，有多处规模可观铁矿的开采与冶炼，“西贼所侍茶山铁冶、竹箭财用之府”③。安西榆林窟西夏壁画《锻铁图》的出土，说明西夏的河西地区也有铁器生产。汉文史籍也记述了西夏冶铁的发展：“横山亘袤……人物劲悍善战，多马且有盐铁之利，夏人恃以为生。”④

党项族长期与宋、辽接触，宋夏战争中有大量的工匠把先进的技术带到西夏。西夏立国之时，中国的冶铁技术走在世界的前列。西夏的钢铁冶炼由最初向宋朝等周边政权学习、仿造，逐渐过渡到技术熟练，工艺创新，并在许多方面超过了同时代的宋、辽。我国炼钢技术最伟大的发明是“灌钢法”，灌钢法的发明应该在南北朝之前。南朝齐、梁时的陶弘景首先记载了“灌钢法”，北朝魏、齐间的綦母怀文曾用这种方法制成十分锋利的“宿铁刀”。在公元1740年坩锅炼钢法发明以前，世界各国一般都是采用熟铁低温冶炼的方法，钢铁不能熔化，铁和渣不易分离，碳分不能迅速渗入。我国发明的“灌钢法”，将生铁和熟铁一起加热，让先熔化的生铁液灌入疏松的熟铁空隙中，使熟铁增加碳分变成钢材。“灌钢

① 刘昫：《旧唐书》卷一九八，中华书局，1975年，第529页。

② 吴广成撰，龚世俊，等校：《西夏书事校》卷十四，甘肃人民出版社，1995年，第162页。

③ 李焘：《续资治通鉴长编》卷二百二十，中华书局，1995年，第5334页。

④ 李焘：《续资治通鉴长编》卷三百二十八，中华书局，1995年，第7890页。

法”的出现,使钢的产量和质量大大提高。经过隋唐五代和两宋,“灌钢法”又不断发展,北宋的炼法更加先进,沈括《梦溪笔谈》谈到“灌钢”说:“世间锻铁所谓钢铁者,以柔铁屈盘之,乃以生铁陷其间,封泥炼之,锻令相人,谓之团钢,亦谓之灌钢。”①这段记载说明北宋是把熟铁条盘屈起来,其间嵌着生铁片,用泥把炼钢炉密封起来,进行烧炼,效果更好。

西夏人从中原地区吸收中国传统先进的冶铁技术,提高西夏兵器制造的水平。西夏人掌握了提高炉温的技术及竖式双扇风箱的使用,这种方法比用韦囊鼓风更进了一步,是后世制作抽拉风箱的过渡阶段。敦煌榆林窟西夏壁画《锻冶图》,描绘三个铁匠正在锻铁,一人左手握火钳夹一铁件置砧上,右手举锤,另一人双手抡锤准备锻打,还有一人为坐式,推拉竖式双扇风箱,炉中正冒着火焰。这种竖式双扇风箱,能够推拉互用,将风连续吹入炼炉,使炉膛始终保持所需高温。“敦煌榆林窟西夏第三窟壁画《锻铁图》壁画,师傅一手执铁钳夹铁置于铁砧上,一手举铁锤,徒弟双手正举起铁锤,准备锻打。师傅身后一人正在推拉竖式双扇木风扇,风扇后面的炼铁炉腾起炽热的火焰。按图比例分析,木风扇约一人高,由一人操作,两扇箱盖板轮流一推一拉,可以不间断地鼓风。这种木风扇加大了鼓风量、即增加了供氧量,增强了氧气在炉中的穿透力,使燃料炭在炉中充分燃烧,提高了炉温,增强了物料中挥发成分的挥发性和炉料中碳酸盐的分解,有利于还原剂的还原性,提高了冶炼强度。西夏使用的长方形风箱表明,西夏冶炼中的鼓风技术非常先进,李约瑟博士认为:“这类风箱首次见于十或十一世纪的西夏榆林窟壁画,它无疑是日本脚踏大风箱的先导。”②我国采用木风箱鼓风熔炼,比欧洲早五六百年。党项族能造出闻名遐迩的“夏国剑”,“证明西夏钢铁的冶炼水平、热处理技术及有关的化学、物理知识都居当时世界领先水平”③。敦煌榆林窟西夏壁画《生产工具图》,也形象地再现了斧、锯、锛、剪、尺、规等手工工具,其形制与近代十分相似。

西夏人淬火和回火技术也相当过关。著名的短兵器“夏国剑”是西夏兵器制造的经典之作。“夏国剑”通过“淬火”和不同温度下的“回火”相配合,获得了适应多种性能的钢制兵器。这种兵器既坚硬又锋利,在制造过程中是将钢加热到临界点温度,保温后进行快速冷却的热处理方法。为了保持淬火钢的硬度,同时增加钢的韧性,必须将淬火后的钢重新加热到临界点以下,保温后进行冷却,目的是改善淬火钢的性能,消除淬火钢的内应力,说明党项族钢铁的热处理技术领先于同时代的宋、辽等国。

---

① 沈括:《梦溪笔谈全译》卷十一,贵州人民出版社,1988年,第93页。
② 李约瑟:《中国科学技术史》(第二册),科学出版社,2008年,图430。
③ 王福良:《西夏的兵器制造与化学》,《宁夏大学学报》,1999年第2期。

二、西夏制船管理条律

关于西夏制造舟船的史料稀少，目前还没有西夏大中型运输船的考古发现，从英藏《天盛律令》残卷发现有关造船的条款中，我们可以看到西夏制造大中型木制船的史料。新发现的舟船门"造船及运行牢固等赏"条中，记载有多种工匠参建舟船，包括铁匠等，如果是造浑脱、木筏之类的水上交通工具不需要铁匠参建，该条款所说的造船应该属于大中型运载木制船。西夏有制造御舟的记载，《天盛律令》中有这样的规定："御舟不固定者，营造者工匠人员等当绞杀。"② 西夏皇帝有乘船出行的习惯，皇家御舟应该属于豪华舟船，可见西夏能够制作出高端水上交通工具。

1914 年英国考古学家斯坦因结束敦煌沿线烽燧考察之后，到达黑水城，他在城内发掘了几处寺庙、寺塔废址以及城西的垃圾堆，城东北角的废塔遗址和河边塔基，获取了一批西夏文献，并运抵伦敦，其中包括珍贵的《天盛律令》残卷。俄藏《天盛改旧定新律令》大致完整，而英藏部分数量不多，且残破严重，但保留有新发现的有关章节是俄藏《天盛改旧定新律令》所没有的，故英藏《天盛改旧定新律令》残片可以补充西夏法律的新资料。英藏《天盛律令》残卷新发现"造船及行牢等赏"文书一件，英国国家图书馆收藏编号 OR 12380/1959，残页 1，残高 17.2、宽 15.5 厘米，刻本，版心可见"律令第十八"字样，为该卷"舟船门"最后一条"造船及运行牢固等赏"的一部分。正可补充俄藏版的缺漏，具有重要的史料价值。该部分存六句，个别句子残损严重，字迹多处脱落，但内容比较完整。

释文如下：

……八种数当得……铁匠者，三坨茶，二匹绢等五种当得。□若自十二年以上堪行用者，赐赏依前述，□法当得。又一官已升，其中木匠、铁匠、船主、庶人不得诉讼，二两银、绢大衣一等三种数当得。……前有渡船一乘以外，多利年限满……者，居分人可堪几乘，依□□官并当赐……

俄藏《天盛律令》"舟船门"具体内容遗失，仅存八条目录，英藏《天盛律令》残卷记有"律令第十八"，应属于《天盛律令》"舟船门"中的内容。"舟船门"现存的目录如下：

1. 制造船及行日（行运日期）
2. 大意制造（粗制滥造）舟船坏
3. 盗减应用（盗窃偷减用料）
4. 日未满船坏船沉失畜人物

5. 制船未牢水中坏
6. 铁钉未及式样
7. 应用未减制船未牢日未满坏
8. 造船及运行牢固等赏

英藏编号 OR 12380/1959 文书的内容与《天盛律令》"舟船门"第八条"造船及运行牢固等赏"条款一致,均涉及对造船人员的奖惩条款。笔者确定英藏《天盛律令》残卷中保存有《天盛律令》"舟船门"第八条的内容,能够补充俄藏版本缺失的部分内容。

"造船及运行牢固等赏"条款明确规定,西夏工匠从事劳役可以得到一定的货币及实物补偿,包括银两和茶叶、绢帛等贵重物品。"造船及运行牢固等赏"中第二句记载:"……匠、铁匠者,可得三坨茶,二匹绢等五种。"西夏造船的工匠可以得到三坨茶叶和二匹绢及其他物品。另外,西夏工匠还可以得到额外的奖励,"造船及运行牢固等赏"中第五句奖励工匠条款规定"匠、铁匠、船主、土兵不被诉讼,绢大衣一等三种数当得",工匠等造船质量好,没有被追究法律责任,可获得财物奖励。另外,西夏工匠日常劳作中除了可得茶、绢等生活用品,还配发定额的粮食。《天盛律令》卷十三《逃人门》规定,"不任权职,则当遣送,被应留诸人每日当在工院及习业院等□上□,匠人者有食粮则当减之",被处罚的匠人到官府指定的场所从事手工劳动,配给他们的粮食将被减少,说明西夏工匠平时劳动时可以得到官府的粮食补贴,用以养家糊口。

由于舟船门内容散失,只保留条目,现在无法看到这部分涉及西夏工艺的珍贵资料了。我们只能确定,西夏法律文件中用明文条款的形式规定了造船的规模、参与人员及质量标准,说明西夏已经具备了制造大中型木制船的成熟技术,同时有优质木材提供丰富的原材料,可以推断西夏完全具备批量生产船只的实力。《天盛律令》在西夏实施时间较长,可以推断,西夏历史上发生过较大规模的造船活动。

三、西夏制船技术

中国古代的木制船制造技术很发达,唐宋时期中原地区先进的科学技术传播到了党项,西夏建立后积极吸收宋朝的科技文化,制造业有了飞速发展。古代手工制造木船的工序繁复,整个木船制作工艺要求极高,工艺难度很大,必须确保船体质量,因为船在水中破裂、颠覆,就会造成严重后果。《天盛律令》舟船门第二条"大意制造(粗制滥造)舟船坏",内容就是针对舟船质量的,通过法律条文的形式,对造船质量予以法律保障。《天盛律令》舟船门的第四条"期限未满船坏船沉失人畜物",是针对船体在没有超载的情况下,出现船体损坏导致沉船的事故;第五条"制船未牢固水中坏”，是针对船水中解体的事故；“舟船门”将这两种严重的质量问题列入法律条款，使得造船质量责任明晰化，以确保造船质量。古代造船首先要求选料备料，选择坚固耐用的木材。造船的第一道工序是准备所需材料，《天盛律令》舟船门第二条内容是“盗减应用（盗窃偷减用料）”，目的是把好造船的材料关，防治有人恶意减少、占用造船材料。

古代制造木制船的工艺程序复杂，包括断料、配料、破料；最后是分板、拼板、投船、打油，同时辅以铁钉、麻丝、石灰等多种辅料，成船之后还要进行船板防腐，使船体经久耐用，一般要经过十多道工序才能最终制造出合格的木制船。西夏法律对造船工艺要求非常严格。西夏设有掌管官府手工业的部门，有铁工院、木工院、刻字司、作房司、制药司、织绢院、砖瓦院、出车院等，造船业就涉及到其中铁工院、木工院等部门。舟船门第六条“铁钉未及式样”，对造船的铁钉使用都做出了详细规定，形成一套完整的式样。西夏铁冶炼与加工业技术比较发达，掌握了铁的开采、冶炼和加工技术。铁工院是掌管冶铁和铁器加工的部门，西夏法典《天盛改旧新定律令》卷十七“物离库门”记载的铁器种类繁多：

“一斤耗减八两”的铁器：镢头、斧头、铁钉、铁凿、斩刀、屠刀等粗铁器。

“一斤耗减十两”的铁器：铁钉、常留、灯炷、火炉、火锹、铁罐、火盘、熨斗、城叉、锯、锥耙、辔铁、镫、锁簧、细钩、铡刀、钥匙、锹头等细铁器。

“一斤耗减十一两”的铁器：黑铁、锯、刀、剑、剪刀、边条、耙叶、锡罐、大小铁叶、金木护胸、枪下刃等水磨铁器。

从中我们可以看到，西夏工匠已掌握了锻、铸、焊接、抛光、切削、钻孔、拉丝等工艺技术，能够生产镢头、斧头、铁钉、铁凿、铁锯和大小铁叶等，都是造船所需的基本工具和金属配件。

西夏境内森林资源较为丰富，为西夏造船业提供了大批优质木材。银川平原西部的贺兰山近南北走向，绵延 200 多公里，宽约 30 公里，海拔多在 2 000 米—3 000米之间，峰峦重叠，森林丰富，《圣立义海》第二章第四品“山之名义”记载，贺兰山“有种种林丛树果、芜荑药草，藏有虎豹鹿獐”。贺兰山出产的木材以云杉、油松为主，其余为山杨、山榆、桦树。古代造船主要采用杉木、松木，《天工开物》在“舟车第九”中记载：“凡木色桅用端直杉木，长不足则接，其表铁箍逐寸包围。船窗前道皆当中空阙，以便树桅。凡树中桅，合并数巨舟承载，其末长缆系表而起。梁与枋樯用楠木、槠木、樟木、榆木、槐木。栈板不拘何木。舵杆用榆木、榔木、槠木。关门棒用周木、榔木。橹用杉木、桧木、楸木。此其大端云。”贺兰山出产的主要木材云杉属松科，高达 45 米，胸径达 1 米，节少，材质略轻柔，纹理直、均匀，树干端直，纹理顺直;油松为松科,高达 30 米,胸径可达 1 米,油松的主干挺直,木材富含松脂,耐腐防虫,均为造船的主要材料。云杉用来制造船橹、船桅,云杉、油松用来制造船侧板和底板,榆木用来制造舵杆,榆木用来制造梁与枋檣。史料记载,每年九月,西夏就大规模采伐林木,“黑山郁郁万种树,民庶尽伐无不觅……诸树梢长,尽皆伐”,西夏伐木主要用于建筑皇宫、寺庙、烧炭等,还用于造车、造船。

四、西夏船舟运输

西夏地处丝绸之路要道,是唐宋时期的中西交通要道,经过西域可抵波斯、大食等。西夏连接回鹘、吐蕃和辽金,东面通达宋朝。西夏时期境内交通发达,还形成了以都城兴庆府及周边州为中心的交通线路。由于西夏都城兴庆府、灵州等重要地区位于黄河岸边,故西夏水路是其交通体系中重要的组成部分,历史上形成数量众多的渡口,史料记载的重要渡口有来遣沟、横城、高崖、李祥、马头、临河、永康、常乐、新墩、宁安堡、广武、老鼠嘴、张义、青铜峡、冰沟、泉眼山和田家滩南等,《天盛律令》记载的渡口就有二十四个之多,民间的渡口则更多。西夏对渡口的管理十分严格,《天盛律令》卷十一专设“渡船门”,其中规定:“河水上置船舶处,左右十里以内,不许诸人免税渡船。倘若违律时,当纳三分税,一分当交官,二分由举告者得。船舶左右十里以外有渡船者,不许船主诸人等骚扰索贿。”从这些法律规定可以看出,西夏对渡船的使用有严格规定,一方面要求渡船使用依法上税,同时还保护渡船的营运,严禁发生干扰船主的违法行为。

西夏独特的地理环境使得西夏需要发展水上交通,可以说西夏经济社会需求催生了西夏造船业。西夏可以制造多种类型的舟船。史料记载较多的是西北特有的“浑脱”。浑脱取材于牛羊皮,制成袋子,轻便而坚固,浮而不沉。把这样的袋子连结起来,便成了较大的筏子,提高了载重量,在西夏广泛用于军事和民间的水上交通。西夏专门训练出具有民族特色的水上“浑脱”部队,在作战时登陆使用,也可以运输作战物资,史载“其济渡之备,军中自有过索、浑脱之类。”木筏也是西夏常用的一种小型船,公元 1041 年攻宋麟州、府州时,西夏军队渡河使用木筏。西夏军队配备船筏,可以协同“铁鹞子”、“步跋子”各个部队联合作战,军事上起到重要作用。西夏民间的船筏使用也非常广泛,北宋大臣王延德出使边疆地区,在行记中记载了契丹、党项、鞑靼、高昌回鹘等民族聚居之地的风土人情、物产资源、地理环境以及人民生活状况。他由夏州西北行,看到“次历茅女涡子族,族临黄河,以羊皮为囊,吹气实之浮于水,或以橐驼牵木筏而渡”。可见西夏在黄河口岸,使用船筏渡河运输是十分普遍的,黄河边的普通人家就有木筏、浑脱等水上运输工具。西夏船筏成为三大主要交通工具之一,可以和驮畜、人畜力车并列,较为发达的造船业为西夏水上交通发展打下了基础。

根据英藏《天盛律令》舟船门的条目,我们知道西夏对于建造的舟船都有行运期限的要求，舟船门第一条是“制造船及行日（行运期限）”，说明西夏舟船都有具体的使用期限，这一点是非常科学的。舟船使用期限的长短要根据不同的船体要求，西夏舟船使用期限的详细资料没有留下，英藏《天盛律令》舟船门第八条“造船及运行牢固等赏”的部分内容中，保存了部分相关内容。“造船及运行牢固等赏”第六句规定“（船）驶用二十年以上者”，说明西夏舟船使用期限最高超过二十年。西夏法律规定的船驶可以达到二十年以上，对于木制船来说，这是很高的技术指标了，说明西夏制造的木制船质量优良、技术精湛。

论西夏的起诉制度

姜 歆

中国的诉讼制度起源较早，距今4500年前的尧舜时期就产生了诉讼①。在其后历代王朝的加强下，中国的诉讼制度也逐步形成了完整的体系。本文由于篇幅所限，将重点放在了诉讼制度中的第一个环节即起诉制度，起诉制度是诉讼中的开始阶段，也是诉讼的必经程序。

一、西夏的诉讼机关

秦朝统一全国后，设在中央的诉讼机关称廷尉；汉代承秦制，中央主要诉讼机关仍为廷尉；魏晋南北朝时期虽属战乱频仍、政权林立的动荡分裂时期，但各个时期的政权，都作出了加强、健全诉讼机关的努力。如设置在中央的曹魏政权的廷尉、孙吴政权的大理寺，西晋、东晋政权的廷尉。地方大都实行州、郡、县三级兼管刑狱的制度。

隋唐时期，全国重归大一统，诉讼制度得以高度发展，并且日臻成熟完善。中央司法机关实行三法司分工制，大理寺、刑部、御史台为中央主要诉讼机关。大理寺为中央专门审判机关。唐朝大理寺主掌审判事宜，一是负责审理中央百官犯罪和京师徒刑以上案件；二是负责审理由刑部移交的地方死刑案件。宋朝在吸取唐五代诉讼经验基础上，又结合社会形势发展的需要，诉讼机关设置呈现一种比较复杂的情况，一般都在中央和地方诉讼机关内设立左右两司，把审讯与判决定刑分离。中央诉讼机关在沿用唐代三司制度（大理寺、刑部、御史台）基础上增设审刑院。与宋同时代的西夏，其诉讼机关的设置在借鉴前朝经验的基础上，又结合自身的特点，设立了健全的诉讼机关。

刑事犯罪和民事案件的解决，需要设置诉讼机关。西夏的《天盛律令》中对诉讼机关的规定有："……在京师者，在何职管属司，及在边中者，其所属经略使、监军司等，何就近处当速告知，若报告稽缓及未告知，谋逆者行为已得未得，依理使与同谋相等判断。"②"在京师各司问习事中，获死、无期□□，审刑已审中，与□□不同时，当问有何异同曲枉，令明，则人□□□□□枷，问于其处，问其异枉，为之转司□

① 茅彭年：《中国刑事司法制度》，法律出版社，2001年，第17页。

② 史金波等译注：《天盛改旧新定律令》，法律出版社，2000年，第114页。

何应，当奏报于中书，枢密所管事处，赐予谕文。”“边中监军司府、军、郡、县问种种习事中，应获死、无期之人于所属刺史审刑中，□有罪人谓其不服，则当明其枉□□语为何□，本人应枷于刺史处问之，报经略职管司等，当待谕文。”“不系属于经略之啰庞岭监军司者。自杖罪至六年劳役于其处判断。获死罪、长期徒刑、黜官、革职、军等行文书，应奏报中书、枢密，回文来时方可判断。官□□□□者当送京师。”①

从以上条文可以看出，京师的诉讼机关为各职管属司，中书、枢密为中央最高诉讼机关；地方诉讼机关设置于府、军、郡、县。刺史为地方最高司法官。

二、对起诉的处理

西夏的诉讼机关对于诉讼案件的处理，主要进行三方面的工作。

(一) 决定是否受理

对于提起诉讼的案件，第一步为决定是否受理。《天盛律令》中的规定为：“国境中诸司判断习事中，有无获死及劳役、革职、军、黜官、罚马等，司体中人当查检，明其有无失误。刺史人当察，有疑误则弃之，无则续一状单，依季节由边境刺史、监军司等报于其处经略。经略人亦再查其有无失误，核校无失误则与报状单接。本处有无判断及尔后不隶属于经略之各边境、京师司等，皆依文武次第分别当报中书、枢密。至来时，所属案中亦再与律令仔细核校，有失误则另行查检，无则增于板薄上，一等等奏闻而告晓之。若诸司人未依季节而报，而中书、枢密局分人未过问等，一律依延误公文判断。”②

西夏对于提起诉讼的案件首先是司体中人进行检查，刺史进行审查，对于不予受理的案件，弃之；对于应予受理的案件，进行归类与上报程序。其流程为：

司体中人→刺史人→边境刺史、监军司→经略→中书、枢密

(二) 审查诉讼期限

为了保证诉讼活动的正常进行，及时正确地处理案件，法律上规定了对于一定诉讼行为所应遵守的时间规定。法律规定的期限，即自某一特定时间起至某一特定时间止的时间段。在此期间进行的起诉，司法机关予以接受，超过期限司法机关不予受理，这也是司法机关对于起诉需要审查的一项内容。西夏的诉讼期限为：一个月、一百日、六个月、一年和三年，以下加以举例说明。

一个月期限的如：“前述未识而骑他人畜时，畜未得到以前，追告及他人举报等，依法实行。畜主人畜已失后，属者在一个月中告则当问，超过日期及旁人举报，

---

① 史金波等译注：《天盛改旧新定律令》，法律出版社，2000 年，第 317 页。

② 史金波等译注：《天盛改旧新定律令》，法律出版社，2000 年，第 323 页。

不允接状审问。若违律时,举报、接状者一律有官罚马一,庶人十三杖。”①从这里可以看出民事纠纷案件为一个月期限,超过一个月无论是谁提起诉讼,皆不审问。

一百日的期限如:“诸人为婚时已予应允,酒食已饮者,嫁资未转传则不算换为婚。嫁资多少已取,则取多少一律算实在为婚。其中为婚非乐意,则不许彼此强令食婚酒食,予大小聘资。若违律时,一百日期间告状当问。不愿为婚语是实,则非法强制者有官罚马一,庶人十三杖,所取嫁资如数归还,婚姻改过。逾期不许取状寻问。”②

六个月期限的如:“诸人出妻子法,妇人有七种恶中与人行淫一种,则父母及丈夫等共议不议一律允许出,不许反告。此外:一,不生子女……六个月期间谁未知者反告诉讼,则不须往乐处。”③西夏对于有关婚姻的案件多以六个月和一年为诉讼期限。再如:“诸人索妻、媳,传媒者不问父母时,父母六个月期间告,则当改过。……不许逾期告状及他人举报。违律告状,接状者,有官罚马一,庶人十三杖。”④

一年期限的如“诸人为婚迎媳,然后曰‘我未得嫁妆’者,一年期间可告”。“为婚嫁妆次第:……一年期间予者,告则罪不治,所予超数当退还。倘若违律,追告不还及愈期告状寻问者等,一律有官罚马一,庶人十三杖”⑤。

三年期限的如:“枉法属一种者,及他人等何时告状一样皆当审问以外,不枉法受贿者,三年以内物属者追告,则当依法审问。已还,当给属者。若以审问得知,则当交官。不允属者自己未告而他人举告,以及三年过后物属者重追究。违律时接状、告者等,一律有官罚马一,庶人十三杖。”⑥

(三) 案件分类

西夏对于在起诉期间应予受理的案件,要进行分类。西夏对于案件的分类比较详细,分为了十类案件⑦。以下列表记述:

序号	类别	内　　容
1	密案	地边消息。
2	搜交案	经略等□死　□诸人□。
3	磨勘案	四季判断　官敕……磨勘

① 史金波等译注:《天盛改旧新定律令》,法律出版社,2000 年,第 171 页。
② 史金波等译注:《天盛改旧新定律令》,法律出版社,2000 年,第 309 - 310 页。
③ 史金波等译注:《天盛改旧新定律令》,法律出版社,2000 年,第 308 页。
④ 史金波等译注:《天盛改旧新定律令》,法律出版社,2000 年,第 309 页。
⑤ 史金波等译注:《天盛改旧新定律令》,法律出版社,2000 年,第 311 页。
⑥ 史金波等译注:《天盛改旧新定律令》,法律出版社,2000 年,第 149 页。
⑦ 史金波等译注:《天盛改旧新定律令》,法律出版社,2000 年,第 318 - 320 页。

续 表

序号	类别	内 容
4	军案	军马始行，散逃，兵符，将佐大小检人家院牲畜，军争及军马解悟……回鹘□□投奔者……统军、军□、监军、习判遣……人马、甲胄，注册注销，军杂物□□接转，赏罚供给，领旗鼓号，罚马革官，远军未来，大小臣僚遣守护，诸人寻军，营垒……守护者□□堡城，城主、同判、城守遣，地边遣使人小监，西番、回鹘……诸人寻军立功，待命未来催促，军杂物库监、出纳遣转、防守，内外侍、帐门后宿□内宿、神策，帐门后宿……杂物……
5	官案	诸寺庙塔、阁门、臣僚、下臣、僧人、道士、案头、司吏、刻字、待牌、住续、印、大典、僧人坐、祭地神、案头司吏□别、皆子离、□印、遣居京都案、案头。
6	家案	内宫种种头项职，舟船□□为、神猛军、匠人、金匠、□□□□捕、养羊、诸盐池、边上卖路度、空羊食草、城之所用解悟军坚□、铸铁、皇城、三司、地边散买、铸钱、边境堡城断修造、分赐谷草、城中军杂物军粮供给、检畜者人马谷粮种种诸杂职摊派、牧场施请火印，梧桐池采纳、种麻种波、贺兰山等护林场、京师界七种郡县派水种地纳税利额、养草滩等护院、抽□税。
7	大庐令案	农田司属利额、诸边经略大都督府山内山后□、地界中□地水□地租散等纳额、官谷物中□中军粮以外供应皮□□分用□底地□□捕分用。
8	□案	契丹使承、执飞禽、群牧□、马院、行宫、官畜、内使、帐门□□、□□弃尸养□、设四季宴、官乐人、阴阳分食者、前宫侍、帐下宫侍、执奉桌汉使承处衣紫黑、门楼主。
9	刑案	敌界往来、诸司判断、地人入□□敌界敕禁畜物卖过……地边地中派遣劳役、地人畜……女使、遣监狱小监、溜首领派散饮食食物。
10	谍案	汉、契丹、西番、西州、大食等中使……写转传谍诏……

三、西夏的起诉形式

起诉形式是指案件是通过何种方式成为司法机关审理的理由和依据，西夏存在的起诉形式有自诉、举告、自首、官纠举四种。

(一) 自诉

所谓“自诉”，指告诉人因自己和自己的亲属遭受侵害，由被害方本人或其亲属向司法机关提起的诉讼，这是一种古老的起诉方式。《说文解字》释“诉”，告也；“讼”争也，说明诉讼是由原告方告于官府，然后原告、被告(称“两造”)，双方进行争诉，由法官最终作出是非曲直、犯罪与否的判决。

从秦至唐代，自诉制度已发展到比较成熟的阶段，其最重要的标志是在唐律中设有专篇《斗讼篇》“次言告争之事”的起诉规定达22项条文之多,并在其他一些条款中还有规定。西夏自诉称为“告”或“告诉”,规定遭受侵害的人只有本人可以向司法机关控告,他人不得向司法机关告举。如“除殴打争斗相杀以外,伤时,夫妇自不告,则他人告举,不许取状问之。若违律取状问时,有官罚马一,庶人十三杖”①。另一种情况为,本应自诉,不自诉,比照犯罪者给予处罚。如“僧监、副、判、众主等,知觉本寺所属人为伪僧人、道士,因不告,不禁止,则当比犯罪者判断减二等”②。

从以上两条我们可以看出,自诉在西夏不仅是一种法律规定的权利,有时也是一种法律规定的义务。也就是由被害人及其有直接的利害关系者向司法机关提起诉讼,追究侵害者的法律责任,自诉始终成为诉讼审判的重要依据和理由。

(二) 举告

举告是指被害人及其亲属以外的其他人向司法机关告发犯罪事实和犯罪人,这也是诉讼提起的一种重要的方式。举告制度大致在西周以后正式形成。到西夏时期,法律规定了人们举告犯罪,并把人们举告犯罪视为一种法律义务,如不履行控告义务的,还会受到法律制裁。《天盛律令》规定:“盗窃畜、物、肉等未参与分持,已知为盗屠而拿所食残肉时……又知盗未受贿不告举时,犯人应获死罪、长期徒刑者,未告举者十三杖,短期徒刑十杖,因杖罪勿治罪。”③又规定:“谋逆语耳已听时,确已发不乐语,说此事不应为也,以劝不助,告举他人未听者已发生,有可信见虽是实,而按告处司与告者之地程近远,依日期时节计量,告举明显未稽缓,其内中他人出举者,罪勿连。告举稽误时,不告举,则谋逆行为已行,判无期徒刑;尚未行,徒十二年。”④在西夏,不仅刑事犯罪,而且民事案件也提倡人们举告。如:“诸人对负债人当催索,不还则告局分处,当已强力搜取问讯。因负债不还给,十缗以下有官罚马一,庶人十三杖,债依法当索还,其中还不准赖债。”⑤

西夏举告犯罪包括三种方式:一是他人的“自愿告发”。如:“诸人为婚嫁女顺序:亲父母可嫁……若不共议而嫁时,六个月期限可上告,当接状寻问。”⑥又如:“诸人为婚迎媳,然后曰‘我未得嫁妆’者,一年期间可告。”⑦

二是官府给予告发犯罪人以赏奖的“赏告”。西夏为了能够及时打击和处罚犯罪,对于一些犯罪的举告是给予奖赏的。其规定甚详,如果按照案件的类型划分,可以分为五个方面的赏告。

---

① 史金波等译注:《天盛改旧新定律令》,法律出版社,2000年,第481页。
② 史金波等译注:《天盛改旧新定律令》,法律出版社,2000年,第407页。
③ 史金波等译注:《天盛改旧新定律令》,法律出版社,2000年,第172页。
④ 史金波等译注:《天盛改旧新定律令》,法律出版社,2000年,第114页。
⑤ 史金波等译注:《天盛改旧新定律令》,法律出版社,2000年,第188页。
⑥ 史金波等译注:《天盛改旧新定律令》,法律出版社,2000年,第309页。
⑦ 史金波等译注:《天盛改旧新定律令》,法律出版社,2000年,第311页。

1. 刑事类案件的赏告

《天盛律令》对刑事案件的赏告规定："诸人举十恶罪是实，应得何举赏者，视举人如何、言状如何、全知不知情状等，依时节奏量实行。"①

2. 军事类案件的赏告

西夏对军事案件的赏告规定的十分详尽，而且对于举告人不但可以给予金钱的物质奖励，还可以根据举告人的个人情况授以军职。在《天盛律令》中规定：披、甲、马三种力能补偿而未使补偿时，全部赔偿多少总合，首领之罪法及举发者得功法：

得举告功法："披、甲、马三种及各种杂物等力能补偿而未使补偿，其所属首领应革官、军、职，下属人举报时，其人勇健刚劲，善战有战功，有知识，为诸司载于典籍，则举告人应为首领。若其人不善战斗、体弱、求转院，当在本司院内调转。其他人举发者及不求转院者，所告军首领应获日徒刑，当举告者十缗；应徒一年时，当赏二十缗；应徒二年时，当赏三十缗；应徒三年时，当赏五十缗；应革职、军时，当赏七十缗。其赏金应按高低由获罪行监、大小溜首领、舍监、未驱等出给。"②再如"诸人属使军丁壮隐瞒不注册时，诸人当举发。……举发赏：一至五人五缗，六至十人十缗，十人以上一律十五缗，由头监给予。其新生子男应注册不注册，及丁而诈为幼小者，比使军、壮丁不注册院籍各种罪状之告赏当各减一等"③。

3. 经济类案件的赏告

西夏对于经济类案件的赏告，如"诸人告举，谓官畜、谷、钱物种种中有为虚杂时，三万缗以内举实之举赏依强盗持武器法。三万缗以上举实者，其举人中，人堪遣用，则应得某大小职位。人不堪得职位，则前述举赏上应如何赏等，依时节，视所举情状及人况等，奏量实行"④。再如"诸人于敌界转卖钱及毁钱等，所得劳役总数□举赏法，依下述实行，犯罪者当出予。若犯者不能出，则当由官方予之"。

获三个月徒刑，赏四十缗。六个月徒刑，赏五十缗。徒一年，赏六十缗。徒二年，赏七十缗。徒三年，赏八十缗。徒四年，赏九十缗。徒五年，赏一百缗。徒六年，赏一百十缗。

三种长期中，徒八年，赏一百三十缗。徒十年，赏一百五十缗。徒十二年，赏一百七十缗。获死罪，赏二百缗⑤。

4. 杂罪案件的赏告

对于其他类型案件的赏告，西夏的规定有"诸人举他人，予举赏法一一分明外，

① 史金波等译注：《天盛改旧新定律令》，法律出版社，2000 年，第 450 页。
② 史金波等译注：《天盛改旧新定律令》，法律出版社，2000 年，第 234 页。
③ 史金波等译注：《天盛改旧新定律令》，法律出版社，2000 年，第 263 - 264 页。
④ 史金波等译注：《天盛改旧新定律令》，法律出版社，2000 年，第 450 页。
⑤ 史金波等译注：《天盛改旧新定律令》，法律出版社，2000 年，第 453 页。

犯徐种种杂罪时，获死罪赏五十缗，三种长期、无期等赏四十缗，自徒四年至徒六年赏三十缗；自徒一年至徒三年赏二十缗，月劳役十缗，杖罪五缗，当由犯罪者予之举赏”①。

5. 补充规定

西夏对于案件的赏告还有一些补充规定，如“……载持畜物多少，追捕者当取，半路上丢弃及家中藏所遗物中，三分之二当交官，一分给告举者。……若屋舍中男人多，畜物较少，举告者所取一分不足，则在其所在处就近当用罚脏之官谷物中，分拨给足。若无告者，以问解明，则当交官”②。“诸人议叛逃未行者……畜、谷、宝物、地、人有多少，三分之一留给属者，一分当送举告者，一分当交官。若以问解明，则告者一分当交官”③。再如“前述盗、杀牛、骆驼、马、骡、驴，有他人告举时，依诸人因告举杂盗赏法，当由犯罪者出钱给予。其中有盗、杀已有亲节主及诸人之牛、骆驼、马、骡、驴者，剥杀罪按第十三卷上告举杂罪应得告赏，及第三卷上得告举盗赏所示，当得其高者”④。

三是官府强迫人们对重大犯罪的告发。西夏首先重视的是“三谋”案件的告发，既对谋反、谋大逆、谋叛的告发，如《天盛律令》中规定：“若谋逆语已入耳中时，依告处司地程远近计量，无论日期时节，已阻未至而未能举告，已发生，有可知证信见，举告未稽缓另外报出时，与犯罪者同样入捕□中，则不列入本犯罪肇始，并亦因举告未稽缓，莫连罪。”⑤“谋逆语耳已听时，确已发不乐语，说此事不应为也，已劝不助，举告他人未听者已发生，有可信见虽是实，而按告处司与告者之间地程近远，依日期时节计量，告举明显未稽缓，其内中他人出举者，罪勿连。告举稽误时，不告举，则逆行为已行，判无期徒刑；尚未行，徒十二年。”⑥

其次，强迫告发的是军事类案件，如规定：“诸大小军首领、末驱、舍监等其下□□□出卖自己辅主及官马、披、甲知不告者，若未受贿，庶人卖一至三，应徒一年；四至七，徒二年；八至十，徒三年；十一至十三，徒四年；十四至十五，徒五年；十六至十七，徒六年；十八至二十，徒十二年；二十以上一律当绞杀。受贿则计量，以偷盗律以及前述罪，依其重者判断。”⑦

对于一些刑事案件西夏亦强迫告发，如“相恨放火者，同谋以外之他人知晓而不告举，受贿者与分盗畜物相当，未受贿则死罪、长期徒刑十三杖，短期徒刑十杖，未知，罪勿治”。

“诸人知实情将举，他人止之，其后又另人举实中，除自叛逃以上三种语分明之

---

① 史金波等译注:《天盛改旧新定律令》,法律出版社,2000 年,第 450 页。
② 史金波等译注:《天盛改旧新定律令》,法律出版社,2000 年,第 115 - 116 页。
③ 史金波等译注:《天盛改旧新定律令》,法律出版社,2000 年,第 116 页。
④ 史金波等译注:《天盛改旧新定律令》,法律出版社,2000 年,第 155 页。
⑤⑥ 史金波等译注:《天盛改旧新定律令》,法律出版社,2000 年,第 114 页。
⑦ 史金波等译注:《天盛改旧新定律令》,法律出版社,2000 年,第 249 页。

外，其馀大小罪应举，受贿徇情而塞举口、隐罪者，塞举口者及止之者等，与知盗而分物同样判断，受贿则与枉法贪赃罪比较，从其重者判断”①。

另外西夏对于亲属间知觉应举报而未举也规定了其法律责任如：“诸人犯十恶及大小他罪等，不同门，自己媳、使军、奴仆、节亲、他人等闻觉时，未明是虚是实，及是门下人等不应告举者，未告举而他人举为重实时，闻觉者和犯罪者之子或亲父母，或他人有亲戚，彼此有恩者等，未明熟是，除视彼时罪情重虚而奏量实行以外，不论官获死亦是重情，因知觉应举而未告举，比犯罪者之罪状当减三等。其馀自杖罪至杂死罪者，一律当减四等。若知觉者与犯罪之人有亲及彼此有恩而欲减其罪，对犯罪者说减罪之谏言，则当比前述径不告举之罪状再减一等。”②

（三）自首

自首是指犯罪被发觉前，犯罪人主动向司法机关投案，坦白自己犯罪事实和经过，并表示愿接受处罚的行为。这也是西夏提起诉讼的一种方式。在《天盛律令》中，对于自首有这样的规定：“盗窃中自共出首以外，盗窃以后一个月之内，各盗人心悔送状，自首求解罪时，其中杀伤人及侵凌物主家中妇人者，致死者，依命断毁家宅而不肯偿修罪分别判断，而后依偷盗、强盗等偿还物，盗人自己所拿多少数减罪。若告诸司，议和若全还给物主，及半送还半未能回送，催促同盗人全还者，罪当全解。半有半无，则依自己未足部分分等减罪，其法按以下所定而行。若超日期，则不须解罪减办，而依法判断。若在日期内将所盗物如数送交物主而议合者，不允诸人举告。”③

“卖出敕禁品时，单独一人犯罪而举告自罪，及多人犯罪皆接状等，不允解罪，当依法判断。其中自相互举告时，告者之罪当全解。举告赏，他人所属已卖，则由他人举告赏应得三分中得一分，二分当交官。”④

“诸人互相检举中，独人举自罪，及多人为罪皆接状，举自罪等不许赦罪，当依法推问判断。若多人为罪中，皆不为接状，允许自相举，一年期间告举，则当赦罪。其中盗者实无力偿盗物，则可入举人偿畜物中。为杂罪有已受贿者，当交官。逾一年告举，则当比前罪减二等。其中盗及转卖敕禁等罪，减罪、偿还依赦罪、减半法，及盗而侵凌妇人、伤人、杀人罪不赦法，依第三卷上罪状实行。”⑤

从以上条文可以看出，上述几种自首情况有一般意义的自首，是犯罪者“心悔送状”的自首行为，但有一个期限，为一个月。另外，还有可以视为自首的情况，如在审问中主动交代未被发觉的犯罪，这种行为可视为自首。对于犯罪人的自首，西

---

① 史金波等译注：《天盛改旧新定律令》，法律出版社，2000 年，第 452 - 453 页。

② 史金波等译注：《天盛改旧新定律令》，法律出版社，2000 年，第 454 页。

③ 史金波等译注：《天盛改旧新定律令》，法律出版社，2000 年，第 175 页。

④ 史金波等译注：《天盛改旧新定律令》，法律出版社，2000 年，第 286 页。

⑤ 史金波等译注：《天盛改旧新定律令》，法律出版社，2000 年，第 453 页。

夏在刑罚上明确了对其减罪。

(四) 官纠举

官纠举是指官吏和官府主动发现犯罪提起的诉讼,这是西夏很重要的一种起诉方式,包括官吏的举告和官府的纠劾两种。在《天盛律令》中有:“边中监军司五州地诸府、军、郡、县等地方中所派捕盗巡检者,閤门、神策当检时,臣僚、官吏、独诱类种种中,当按职门能任、人勇武强健及地方广狭、盗诈多少计量,管事者当依次转告,应告枢密遣之。”“巡检人捕强盗、偷盗时,三日以内管事当派都巡检,令其于十日以内集问之时,当引道于所属司内。若彼逾所示日期,管事处派迟缓及管事人不令而延误等时,罪依以下所定判断。其中有以转捕相盗者,及为巡检、都巡检、勾管之人依次已遣,未往至于局分,半途送者缓慢等,派者勿论以延误日期。”[①]另外还规定:“为巡检勾管者捕何盗诈、遣送何司、是何局分等,一个月一番,属经略当报于经略,不属于经略者当分别报中书、枢密。有无释放、推问、判断,其间当磨勘。”[②]从这些条文可以看出,西夏对于案件的纠举是有明确规定的。

四、西夏的起诉原则

(一) 奖励告发,赏罚分明

西夏统治阶级为了巩固其统治,维护社会秩序,消融、减少尖锐的社会矛盾,长期以来奉行的一个起诉原则,就是奖励告发犯罪。在上文中已经列举了西夏对于告发犯罪的奖赏规定,这种奖励告发的条文在《天盛律令》中是很多的。

虽然西夏奖励告发,但是对于赏告是有明确规定的:

“诸人举他人中,或举一人,或举自二人以上等,原罪轻重,和全实,或有虚有实,或虚实相等,其得功承罪法依以下所定实行。”

“举一人中:全实者依法当得举赏。重罪为实,轻罪为虚者,得前述全实举赏之三分之二。罪虚实相等,告举中功罪相抵。及或一种为实而甚多为虚,或一种为虚而甚多为实者,因所虚实罪相等,功罪相抵,勿得举赏。”[③]

有些告举,告举人还要承担刑罚。“重罪为需,轻罪为实时,举者之罪分别二等中:一种举杖罪实,劳役罪虚,又举劳役为实,长期为虚,举长期为实,死罪为虚时,判断已至,则依此等罪名不同次第,与举虚时重部分相等判断。以下微言为实,亦勿得举赏及功。判断未至,则因举办为实而减一等”。

“两种杖罪总数已明时,又举而加杖数,又短期劳役中暗自举而加劳役年数,三种长期中依次延长之,同罪名中加之而举虚等者,当以已实杖罪、劳役等及所虚加等校之,虚实数等则功罪当抵,实甚多者依法当得功,虚数多则所加之杖罪或劳役

---

① 史金波等译注:《天盛改旧新定律令》,法律出版社,2000年,第456-457页。

② 史金波等译注:《天盛改旧新定律令》,法律出版社,2000年,第460页。

③ 史金波等译注:《天盛改旧新定律令》,法律出版社,2000年,第450-451页。

数由举者承之”。

“举自两人以上数甚多，诉讼次第不同，原罪不共者，其于数人有罪中，或举实，或举虚等时，举实之处依法当得功，举虚之处当令校承同罪。其中说二人、三人共犯原罪，二种、三种不同供词，诉讼推问时，举共犯小罪者为实，比之重者一人二人为实而一人二人为虚时，亦于所举为实人处当得功，所举为虚人处当承同罪，其下因小罪为实，勿得功”①。

“诸人有应告举语，他人劝说使告举时，虚则劝说者罪依举之从犯法判断，举语实则劝说者当入分得举赏中”②。

以上条文反映出西夏法律中对于赏告是非常具体而明确的。

(二) 规定必告，惩处不告

在西夏的起诉原则中，重要的一条就是规定必告，惩处不告。西夏有明确的条文规定了必告的范围，对于不告的惩处也是相当明确的，如：“谋逆语本来已发生，虽未入议计中，然□□□已告别人之耳时，说他人以强力逼迫恐吓，因畏杀顺从而做者，已按语或计议时，在边上人已知觉、乐不乐意未说、后掩遮闻等，在京师者，在何职管属司，及在边中者，其所属经略使、监军司等，何就近处当速告知，谋逆者行为已得未得，依理使与同谋相等判断。”③

(三) 反对亲属间相告

西夏的统治者一方面鼓励举告犯罪，另一方面又对控告犯罪采取一些限制性措施，其中最重要的就是，反对亲属间的犯罪告发，提倡“亲亲相隐”。西夏严格遵守儒家思想和伦理观念提倡的尊卑甚严、上下有别，对告发犯罪有严格的限制。西夏《天盛律令》中明确规定了亲属与尊卑之间允许举告的犯罪④，如下表：

举告人	被举告人	举告犯罪
子女	曾祖、祖父、祖母、父、母、庶母	谋逆，失孝德礼，叛逃，亲祖父母、父母、庶母等为子、孙、媳所杀。
妻子、媳	公公、婆母、丈夫等	谋逆、失孝德礼，叛逃，内宫淫乱，对帝随意口出恶言，杀及主谋杀亲祖父母、父母、庶母等，诋毁国家，撒放毒药，咒人死，盗中杀人，有意杀人，对亲母、岳母、庶母、姑、姐妹、女、媳等行不轨。

① 史金波等译注：《天盛改旧新定律令》，法律出版社，2000年，第451页。

② 史金波等译注：《天盛改旧新定律令》，法律出版社，2000年，第454页。

③ 史金波等译注：《天盛改旧新定律令》，法律出版社，2000年，第113页。

④ 史金波等译注：《天盛改旧新定律令》，法律出版社，2000年，第444-445页。

续 表

举告人	被举告人	举告犯罪
使军、奴仆	头监	十恶中获死、长期徒刑及他罪中获不论官死罪。 杂罪中:亲手盗取官畜谷物、军人匿官马铠甲而卖之、铸钱敛钱等种种中获死罪,盗及变卖敕禁、私制麹等中获长期徒刑及死罪。正军年十五岁已纳册而未注册,十人以上获长期徒刑,匿逃人中十人以上获死罪。

西夏规定对于违律举告的处罚为:“诸人犯罪中,因要言可相告举一类,当一一分明。除此之外,犯其馀种种罪时,节上下允许相隐罪,不许告举。违律告举时,罪情依条下所定实行。”其一般的处罚为“一等至九个月以上丧服节上下不许相告举。若节下举节上时,犯罪者应得徒二年以内罪,则不论大小,举者之罪徒二年。如举情重于彼,则当比有罪人减一等”[①]。“使军、奴仆不应举头监而告举者,与前述节下举节上中九个月以上丧服时推问承罪法相同”[②]。

(六) 重罚诬告

西夏禁止诬告,在《天盛律令》中规定:“诸人自叛逃以上三种举言虚者,判断已至,则本人不论主从,不论官,依谋逆法判断,家门当连,节亲亲戚者因与谋逆者不同,故勿连。判断未至,则受未受问杖一样,举虚造意当剑斩之,家门当连,从犯不论官,当绞杀,家门勿连。”[③]

“诸人十恶及馀种种杂罪等举虚者,被告人已被缚制,则受未受问杖一律与所举罪相当。举人为二三人以上人数众多,当按状者承罪法:已举为虚,本罪无论主从,则各举人亦不论主从,家门勿连。若本罪可论主从,则首举者当为造意,其馀以从犯论。若已举之,言告司内,已只关、知证,被告人虽被逼迫然未被缚制,此时举人自改口认虚,则比前述罪依次当减一等。其减法:谋逆罪、不论官获死罪连家门,减为无期徒刑,杂死罪减为徒十二年。若已告未敢只关,则有官罚马一,庶人十三杖。”[④]

从以上条文可以看出,西夏实行典型的诬告反坐原则。另外诬告叛逃以上罪的,对为首诬告的主犯处斩刑,从犯处绞刑。

五、西夏起诉制度的特点

西夏在起诉制度上,呈现出鲜明的特色。

其一,起诉方式的规范性,又不失灵活性。从总的方面看,西夏的起诉形式大

---

① 史金波等译注:《天盛改旧新定律令》,法律出版社,2000 年,第 446 页。
② 史金波等译注:《天盛改旧新定律令》,法律出版社,2000 年,第 447 页。
③ 史金波等译注:《天盛改旧新定律令》,法律出版社,2000 年,第 449 页。
④ 史金波等译注:《天盛改旧新定律令》,法律出版社,2000 年,第 449 - 450 页。

致分为两种:公诉和私诉。公诉主要指刑事、军事、经济等类案件的诉讼;私诉主要指自诉的民事诉讼和部分(轻微的)刑事诉讼。准确地说,私诉是诉讼当事人为了保护自己的合法利益免受他人侵害,或受到侵害后要求得到补偿,或者为求公平而向司法机关提起的诉讼。公诉是国家官吏为了维护皇权、国家、社会和人们的利益,以及基于自己的职责和法律义务向司法机关提起的诉讼。严格地说,公诉的提起,不仅是一种权利,同时也是一种义务,因为知而不告有罪,这是公诉的主要特征,也是不同于私诉的主要区别。私诉主要是民事诉讼和轻微刑事诉讼,对于此类诉讼,一般采取行告而理,不告国家法律不干涉的原则。对于刑事诉讼与民事诉讼的重视程度,显然重视前者,因这关乎社稷、皇权之大事,而视民事诉讼为小事。但是实际上,西夏这类所谓的"公诉"与"私诉"不是严格的,往往是灵活运作。如有些刑事犯罪以民事诉讼手段解决,又有些民事诉讼则纳入刑事审判的范围。

其二,起诉制度的严密性。《天盛律令》所反映出的自诉、赏告等形式,均可证明起诉制度的严密性特点。我们对《天盛律令》中的起诉制度稍作分析,就会清楚不过。其规定的自举,包含自诉和自首两种形式。"自首"是犯罪被揭发前罪犯主动到司法机关投案,"自诉"是主动提起公诉。共同点都是以自告为开始,都是经过诉讼程序的第一步。同时明确告赏制度和追告制度,在这几类起诉形式中,有的还规定了更具体的内容,更是反映出诉讼制度的严密性特点。与之特点相对应的有"义务告举"、"限制告举"、"听任告举"、"告举不实"的责任制度。

义务告举,是按法律规定,对于谋反、谋大逆和谋叛等重大犯罪,任何人都有控告的权利,也是一种义务。如果不告即构成犯罪,而且处刑很重,可至死刑。对强盗、强奸、杀人等大罪,被害方或其亲属和邻居知情者,也必须"告其主司",如果不告将按犯罪予以制裁。

限制告举,有些告举对统治不利时,往往不被提倡,反而加以限制,主要体现在身份、尊卑关系和案件性质上。在身份、尊卑关系上除"三谋"犯罪和一些军事犯罪外,允许相隐,不准告举,违背者处以刑罚。

听任告举,是指西夏法律采取控告听任的态度。主要表现在对于亲属间的侵夺财物、殴打之类犯罪,受害方可以自己决定是否告举,其原则是告则受理,不告不理。如律令中的丈夫打伤妻妾,须妻妾告举,他人告举无效等。

告举不实,指在告举中对不符合或不太符合犯罪事实的现象(行为)采取一种慎重区分责任的态度。在告举犯罪时,实践中出现"诬告"和"疑心未见"(没有确凿证据)二种告举现象,这又是两种性质完全不同的告举行为,属于"造意"(指故意)陷人于罪的诬告是严厉禁止的,故诬告的处罚是反坐其罪。"疑心未见"的告举是属非故意行为,则采用宽宥的办法。

由上可见,西夏确实形成了一种体系比较完整,大而举要,小而具体,大小相统互补,浑然一体,首尾相衔,彼此照应的起诉制度。也体现了起诉制度本身较强的逻辑性、严密性特点。

其三,将军事案件列为起诉的重点。在西夏《天盛律令》中,军事法律是其很重要的内容。西夏法律中规定:配备武器、战时出征者有臣僚、下臣、农人、牧人、各种匠、主簿、使人、艺人、刻字、向道、医人、更夫、占算、使军、商人等等[①]。可以说包括了西夏社会各个层面,也反映出了西夏全民皆兵的特点。西夏军事体系的庞大与复杂,必然要运用详尽的法律制度加以调控,这一点也成为西夏起诉制度的一个特点。对军事案件的起诉主要有两种方式,其一是举告,前文已在军事案件的举告中列举了对军事案件的起诉。另一种对军事案件的起诉方式为官纠举,如《天盛律令》规定:"正统人住边境军寨,无指示放弃军寨,并令所率防守军马等擅自解散时,审计有无住滞、语情轻重,依时节等奏计实行。"[②]

其四,严格的逐级起诉、特殊的越级起诉相结合的特点。西夏法律规定:"诸有公事而未问显明,此后不许越司另告他处而不告于局分。若违律时,告者、取状者等有官罚马一,庶人十三杖。"[③]"前述诸司人已枉,入状于匭匣司中时,匭匣司人亦枉误,则当依文武次第报于中书、枢密。只关取文、司局分大小转承次第等,匭匣司人当依法为之。中书、枢密人亦枉误,则可告御前而转司,另遣细问者奏量实行。其中无故越司而告御前并击鼓等时,徒三个月,情由当问于局分。"[④]从以上条文可以看出西夏起诉必须逐级进行,一般不准越级起诉,违者处以刑法。但是,法律又规定特殊情形允许越诉,乃至直诉。这都说明越诉、直诉制度的客观存在,它与逐级起诉的结合,也就显现出了西夏起诉制度的另一个特色。

原刊于《宁夏社会科学》2015 年第 2 期

---

① 史金波等译注:《天盛改旧新定律令》,法律出版社,2000 年,第 224 页。
② 史金波等译注:《天盛改旧新定律令》,法律出版社,2000 年,第 196 - 197 页。
③ 史金波等译注:《天盛改旧新定律令》,法律出版社,2000 年,第 337 页。
④ 史金波等译注:《天盛改旧新定律令》,法律出版社,2000 年,第 339 页。

论西夏的审判制度

姜 歆

审判制度是西夏司法制度中重要的一环，它是在公堂上由诉讼当事人双方，以及证人、司吏、法医等参加，求得被告人口供核实证据，用以查明案件事实，依据法律规定做出有罪或无罪，处以何种刑罚的过程。以往对于西夏审判制度的研究，杜建录主要着重在审判管辖与审判期限、证据、刑讯、申诉与终审四点上[①]。邵芳在杜先生的研究基础之上增加了两点即司法监察与复审复奏[②]。本文将西夏审判制度中审讯与判决先分开后统合，从中分析出西夏审判制度所遵循的原则、规律及特点，以期对西夏审判制度的研究更进一步的深化，其中有不妥之处，还望学人指出。

一、《天盛律令》中的审讯制度

审讯制度，是西夏审讯案件所遵守的制度与步骤。其目的在于有条不紊、及时、清楚地查明是否犯罪。西夏对于审讯方面的制度主要表现在三个方面。

(一) 审讯期限

西夏对于案件的审理于各司有严格期限规定：死刑、长期徒刑等四十日，劳役者二十日，其馀大小公事十日期间问毕判断。若在此期间审问不毕，都案、案头、司吏，庶人十三杖，有官罚马一。但是在当事人不全备的情况下，不计入前述日期中[③]。如遇特殊情况，在规定的期限内不能审结的，要以文书的形式将不能审结的缘由写清楚，予以上报。

因懈怠造成延误期限，比较严重的依延误罪判：

延误一个月，司吏徒二年，案头徒一年，都案徒六个月，承旨、习判徒三个月，大人罚马一；

延误二个月，司吏徒三年、案头徒二年，都案徒一年，承旨、习判等徒六个月，大人罚马二；

---

① 杜建录：《〈天盛律令〉与西夏法制研究》，宁夏人民出版社，2005 年，第 235 - 242 页。

② 邵芳：《西夏法制研究》，人民出版社，2009 年，第 196 - 202 页。

③ 史金波等译注：《天盛改旧新定律令》，法律出版社，2000 年，第 324 页。

延误三个月以上一律司吏徒四年,案头徒三年,都案徒二年,承旨、习判等徒一年,大人罚马三①。期限的规定,旨在防止司法官吏延误案件的审理。

(二) 传唤制度

传唤制度首先规定的是司法官吏要规范传唤,其次是对传唤人抗拒传唤的处罚。西夏在传唤上突出了以下几点:

1. 差人的选派

差人的派遣在西夏规定为就近的原则。传唤被告人时,则所属军首领、迁留检校、交管、巡检、监军司等当派遣有职人,被派遣的人要持大人的谕文,随意派人和胡乱传唤人时,有官罚马一,庶人十三杖②。

2. 传唤延误

西夏对于行使传唤权的人员延误传唤,一日至五日七杖;六日至十日十三杖;自十一日至二十日十五杖;二十日以上一律十七杖。倘若小监、司吏等逾期延误不告时,罪当由司内量断。差人往唤有罪人时,对有罪人及其知情人索贿的按枉法贪赃罪判断,传唤人主动贿赂的不以枉法贪赃罪判断③。

3. 违法传唤

差人将被告人传唤来,不许对其拷打逼凌,无理拷打的徒三个月。在饮食等方面不得违律虐待被告人,如若受贿违律,视受贿多少减刑处罚,受贿少者徒六个月,受贿多则与枉法贪赃罪比较,从重者判断④。

4. 传唤不来

西夏规定被传唤的被告人逃匿的,一日至二十日内被抓获的,按稽缓法判断,二十日以上被抓获一律徒二年。如所唤人已染疾病、醉酒等,未能前来的,情况属实则当分析,勿治罪⑤。

5. 抗拒传唤

西夏对于抗拒传唤分不同情况予以不同的处罚。如持上谕、御前传唤不来又殴打差人的处无期徒刑,欧打差人后来唤处的处五年徒刑,未打差人亦不来唤处的处三年徒刑;对于诸司一般的传唤,不来唤处并殴打差人的徒二年,殴打差人后来唤处的徒一年,未打差人亦不来唤处的徒六个月⑥。

(三) 违法审讯

西夏在案件审讯中的违法主要分两种情况,一是审讯方式违法,二是审讯程序违法。审讯方式违法的情况,如对于当事人应不应该置枷审讯,是由大人与承旨共

---

① 史金波等译注:《天盛改旧新定律令》,法律出版社,2000年,第320页。
② 史金波等译注:《天盛改旧新定律令》,法律出版社,2000年,第465页。
③ 史金波等译注:《天盛改旧新定律令》,法律出版社,2000年,第464页。
④ 史金波等译注:《天盛改旧新定律令》,法律出版社,2000年,第466页。
⑤ 史金波等译注:《天盛改旧新定律令》,法律出版社,2000年,第464、466页。
⑥ 史金波等译注:《天盛改旧新定律令》,法律出版社,2000年,第465页。

议来决定，若对不应枷系的当事人用枷，审讯人员要受到处罚；再如因当事人不讲实话可以用刑，但拷掠的次数与杖数是有明确规定的，违反此规定就构成违法[①]。在审讯程序上，未传唤而称已传唤，将其他证人证言告知有罪人，或因恐吓而使当事人上吊、自刎等皆属违法，对于程序上的违法主要以其产生的后果来处罚，如造成当事人死亡的比照殴打争斗相杀罪减一等，未造成当事人死亡的徒三年[②]。对司法官吏程序违法的处罚主要有：

1. 违法取证

诸司在审讯过程中，司内大人未命令取证时，不许预先遣人取证据物。违律时，有官罚马一，庶人十三杖。

2. 泄露案情

诸局在审讯的过程中，所定未明，此时不许预先于他处宣说。违律于他处谈论时，预先谈论所告语者徒二年，说诸司判断语者徒六个月，所泄漏的案情不严重的处以七杖。

3. 违法担保

西夏对于可能被判处死罪的不许担保。自无期徒刑以下者，允许担保。若局分大小使有死罪人无理担保时，有罪人未逃走则徒三年。若潜逃则对担保者限期三个月找回有罪人，限期内找回则徒四年，逾期已判决后找回则徒六年，无法找到犯罪人的，担保者比有罪人减一等处罚。对于可能处无期徒刑以下的犯罪人，担保者受贿逸放有罪人，担保者徒三个月，限期内抓获则比从犯减一等，未抓获，当依从犯法判断放者之罪。

4. 看管失误

司法官吏已受贿然未放逸犯罪人，因疏忽失误而使犯罪人脱逃的，限期内抓获犯罪人则徒六个月，未抓获则徒五年。如属未受贿、徇情，无心失误，限期内抓获犯罪人则徒三个月，未抓获徒二年[③]。

另外，西夏对于官员，采用追责制。《天盛律令》中规定："诸人任职时犯罪，已迁转后，前罪出，或罪已出后迁其任上，非属故意，是无心失误，则自长期徒刑以下应获罪者勿推问。有属故意，则依法当推问施行。其中有遣行为正职者，当经局分处过问，乃可实行。"[④]

二、审讯中证据的运用

西夏在审理案件中是不以口供为唯一定罪标准的。其口供要与各种证据能够

---

① 史金波等译注：《天盛改旧新定律令》，法律出版社，2000 年，第 325、327 页。

② 史金波等译注：《天盛改旧新定律令》，法律出版社，2000 年，第 325 页。

③ 史金波等译注：《天盛改旧新定律令》，法律出版社，2000 年，第 341 页。

④ 史金波等译注：《天盛改旧新定律令》，法律出版社，2000 年，第 609 页。

相印证才可定罪,这就使得证据在案件审讯中显得很重要。西夏审讯中运用的证据主要有三种。

(一) 证人证言

对于是否能够成为证人,西夏是有规定的,即对于证人身份的确认。首先,证人应具备作证能力,在年龄、智力有无缺障、与当事人的关系上是有要求的。如节亲及使军、奴仆等中有能力为知证时,允许相互作证,其中对于不应举告的情状,同居中节亲亲戚至丧服及未至丧服、仆、奴婢及不同门节亲亲戚中有自九个月以上丧服内等,不许为知证[①]。其次,证人要对自己的证言负责,西夏规定证人有意作伪证时,判断已至则与承罪者相当,判断未至则当减一等[②]。再次,西夏对于证人是可以用刑的。《天盛律令》规定"因疑心未见而有告举者,推问时,谓所诉讼人腹心清净,未曾犯罪,不肯招承者,当三番拷问。受杖毕,无所说词,则举者当受拷杖"[③]。

(二) 法律凭证

法律凭证多用于民事案件的审理中,有谕文、敕卷、医人检验单、注册证明等。如西夏规定:诸人诉讼,索要田地、屋舍当有凭据,当派人查询问其本人及田地、房舍接边者,明其界限。若官方谕文凭据丢失,要再次申请给予凭证、谕文[④]。再如《天盛律令》中有:"大小臣僚由官家予之诏书敕卷者,若有他人持取亡失时,须推寻检视。此后予之诏书敕卷时,中书内人当与板簿而置言状,当注册,有已亡失,亦当对其察奏,依所出谕文实行。"[⑤]

(三) 书证

书证是审讯中应用广泛而重要的证据之一。西夏的书证有书信、契约、当票等。如在武威出土的一些西夏契约,这些契约均注明了买卖双方的标的、数量、价格等,同时有见证人、保人等。这些契约在诉讼中均可作为法官断案的证据。

三、西夏判决制度

判决是西夏审理案件中的重要程序,是在审讯进行后,对案件的实施经过、被告人的情况、证据链条的确认等都已查清的情况下,对于案件性质、被告人是否犯罪、处以何种刑罚等做出裁决的制度规定。

西夏的判决制度主要在于要求司法官吏能够按照法律规定,对于被告人予以公平的处理。所以司法官吏的秉公判断就成为了审判制度的核心。

(一) 对司法官吏枉法判断的处罚

西夏对于司法官吏枉法判断的认定,主要看主观意识,以受贿为区别。首先,

---

①② 史金波等译注:《天盛改旧新定律令》,法律出版社,2000 年,第 448 页。

③ 史金波等译注:《天盛改旧新定律令》,法律出版社,2000 年,第 449 页。

④ 史金波等译注:《天盛改旧新定律令》,法律出版社,2000 年,第 602 页。

⑤ 史金波等译注:《天盛改旧新定律令》,法律出版社,2000 年,第 603 页。

主持判决者如受贿未枉法判决，依判决所至罪状减一等，若受贿多则与枉法贪赃罪比较，从其重者处罚。另一种情况是，虽未受贿，但徇情枉法判断，是为与受贿枉法判断相同。其次，因受贿本无罪而治罪，是杖罪而判劳役，有劳役者为长期徒刑，获长期徒刑而令承死罪等，枉法判决者当承全罪。有杖罪而加杖数，应获劳役而加年数，是三种长期、无期徒刑而依次加重等，枉法判决者当自承所加之罪。若不应革职而革职，不应黥刑而黥刑等，在枉法罪状再各加一等判断。再次，受贿后对于被告有重罪者减半处罚，亦所减半多少，由枉法判决者承担①。

（二）对司法官吏判断有误的处罚

司法官吏在审判过程中，未取贿赂，未徇情，审问诉讼人情节充足，然未得实情，无理判断所承担的处罚。这里强调的是不存在主观过错，而客观上确有判断不公。

1. 在审理案件中，知情人的问讯合法而充足，被告人也已明确表示"服罪"，但是审讯人员未进行认真核实而判断误者，有官罚马一，庶人十三杖。

2. 问讯充足，实话已准，律令上对此也规定十分明确时，运用法律有误而增减罪情时，犯十恶中重者轻判时，局分大小致误者与枉法罪相同。除此以外，获死罪、长期徒刑、短期劳刑而加重刑罚的，则比枉法罪减二等，减轻刑法的则减三等，判决尚未执行的则依次再减一等。

3. 问讯充足，所述情况经过核实以明确，然而对于犯罪事实，在律令上没有明确的规定，轻重判罚难以作出时，应奏报。如若判案人员擅自判断，未受贿徇情而对于犯罪人加重处罚的，比照枉法罪减三等，减轻犯罪人处罚的则减五等②。

（三）判决中对于犯罪人的减免情节

减免处罚是对犯罪人犯罪后，能够主动弥补犯罪后果或在其他方面有立功表现的一种肯定，从而改变原有的刑罚的制度。对于判决的减免有时也基于犯罪人的身份而享有一种特权。西夏判决中的减免情节主要有以功抵罪和法律规定的减免法。

1. 以功抵罪的情节

在西夏《天盛律令》中有明确的抵罪规定，如："诸人有捕逃人功抵罪者中，自十五人以上逃走已行，引道列队，同时捕得之，及其数以上有各迁部，诸人告举是重情，可与有大小杂逆罪相抵。其馀门数非多，拘捕十五人以内时，功罪抵法：犯十恶及犯战场逃叛军旅罪，于敌界卖敕禁时，不论有官庶人，造意获死，又杂罪中造意获死等，不许抵。犯以下其馀种种罪，当允许功抵罪。则彼亦捕自一人至五人，庶人获死者为长期，长期者承徒六年，至六年当减二等，自二年以内当全抵。捕五人以上至十人时，死罪，长期徒刑减二等，短期至六年者当减三等。捕十人以上至十四

① 史金波等译注：《天盛改旧新定律令》，法律出版社，2000年，第340页。

② 史金波等译注：《天盛改旧新定律令》，法律出版社，2000年，第341页。

人时,死罪,长期徒刑二种当减三等,至六年以下当减四等,所剩劳役当依法承之。其中人数非多,虽是一二,然是朝廷之须用得力之人,此得如何量之,又是有位臣僚,则量其现时等级如何,执何职位,捕返者之罪应全抵,应减半,依时节奏量实行。"①

2. 减免法

减免之法是西夏强调阶级等级,基于犯罪人身份地位的一种特权。如在《天盛律令》中有:"节亲主犯罪时,减免之法当明之。其中应受大杖者当转受细杖,因受七杖者笞三十,八杖笞四十,十杖笞五十,十三杖笞六十,应受十五杖者笞七十,十七杖者笞八十,二十一杖笞一百。劳役者,属能赎应赎类,则可依边等法赎之。若属不应赎及无力赎等,则节亲主提点局分当于房舍周围设一周而拘管之。应派监者时当派,当阻其门口,□□□当开其门,监时当允其行百步以内,劳役日毕时当放之,不许比之超过。违律时节亲主笞四十,监者有官罚马一,庶人十三杖。"②

3. 对于投归人员的减免

西夏对于主动投归西夏的人员,在施以刑罚上给予适当的减轻。这主要是考虑到投归行为本身既是一种有功的行为,是值得肯定的。另外,这种减免是要符合一定条件的。西夏法律规定:"诸方不同族之投归者中有犯罪时,十恶、犯军令罪、杀人等死罪,罪无减免,除此外自来日起五年内者,初犯一次一律减二等,重犯二次减一等,杖罪一种当全免,勿入抵校论减之中。超过五年及犯三次以上等不须免,当依法判断。"③

西夏的减刑方法是,判决犯罪人斩、绞二种死刑,及三种长期徒刑、无期徒刑等,死刑减为十二年长期徒刑;减无期及三种长期徒刑等时一律获六年劳役;六年劳役以下者,一年当以一等计,获一年者当为六个月劳役,六个月者当获三个月。减刑罚中有主从之分,则依次而减。④

(四) 影响判决的其他因素

在施用刑罚上,法律赋予司法官吏在适用刑罚上要从多方面予以考虑。

1. 区分故意与过失犯罪

故意与过失是犯罪人在实施犯罪行为时对犯罪后果所持的主观意识。故意是追求犯罪后果的发生,而过失是犯罪人并无这种主观意识。故意和过失的认定,直接影响到刑罚的轻重。西夏规定,过失主要是"未受贿,非懈怠",如《天盛律令》中有"因贮藏失误而损毁散落之官畜谷物中已超,入于官库,其馀与此相同,因无贪意而治罪之谓。当依罪情语义次第,虽自己身上已示,然其中当曰与作错同。一种罪

---

① 史金波等译注:《天盛改旧新定律令》,法律出版社,2000 年,第 456 页。
② 史金波等译注:《天盛改旧新定律令》,法律出版社,2000 年,第 602 页。
③ 史金波等译注:《天盛改旧新定律令》,法律出版社,2000 年,第 603 页。
④ 史金波等译注:《天盛改旧新定律令》,法律出版社,2000 年,第 606 页。

情未列数，以物□□，承罪次第依以下所定实行。自一缗至五缗，七杖；五缗以上至七缗，八杖……四十缗以上一律徒三年”①。再如，“诸人被遮障及随手无心失误，投掷，□射飞禽野兽等时，回手失箭，弦绝箭落著人，于险峻高坡上执重物而失落，投掷铁棍、兵器等著人而致人死时，因大意而有官罚马一，庶人十三杖。若被遮障于道中及有人多处如前所示投掷而致人死，则徒一年”；“前述无心失误而致人伤死时，予命价法当与殴打争斗中相杀之予命价法相同”②。这是按过失犯罪给予的刑罚，比故意犯此类案件的刑罚要轻的多。

2. 官当与八议

官当与八议是法律明确的一种刑罚标准，它有别于减免情节的刑罚，减免情节是司法官可以考虑施用或如何施用的，而官当和八议是法律明文规定，它并不赋予司法官自由裁量的权利。《天盛律令》规定的官当为：“诸有官人及其人之子、兄弟，另僧人、道士中赐穿黄、绯、紫等人犯罪时，除十恶及杂罪中不论官者以外，犯各种杂罪时与官品当，并按应减数减罪，其法按以下所定实行，勿施一种黥刑。”“有官人犯杂罪时，在庶人获杖罪、劳役、死罪上衡量，以官品当”。官当不但给予犯罪人本人，同时给予其近亲属。西夏规定：“有官人自‘十乘’官至‘柱趣’官之子、兄弟犯罪时，依庶人法判断以外，有‘语抵’官以上官之祖父母、父母、伯、叔、姨、子、兄弟、侄、孙、重孙、姑、姊妹、女、妻子、媳、亲侄母等犯杂罪时，比庶人罪，‘及授’官当减二等，自‘及御印’官以上当减一等。所剩劳役，子、兄弟等本人有待命官则与待命官品相当而减，此后获何罪，当依法承受。其中妇人与他人行淫一种，不允依丈夫、公公、侄父官减除。”③

八议者为：议亲、故人、智人、善能、有功、尊上、勇勤、宾客这八种人。对于八议的刑罚判决，西夏规定为：“帝之族、姻亲及内外臣民中待命人有大功□□□是宾客等……此外犯诸种种罪时，对与帝同族节亲减法以下另示以外，自帝之姻亲至八等宾客一样，犯死罪时，奏议实行。自长期徒刑以下依次当减一等。”④

四、审判文书的核查

审判文书的上报核查，是西夏审判制度必经的一个程序，旨在减少冤假错案的发生和及时查处未秉公审案的司法官吏。西夏的判决审核制度主要包含了八个方面的规定，是比较细致和全面的。

1. 审案文书当齐备

西夏法律规定诸司在案件审核完毕一个月期间，要将分散的案件材料整理出

① 史金波等译注：《天盛改旧新定律令》，法律出版社，2000 年，第 603 页。
② 史金波等译注：《天盛改旧新定律令》，法律出版社，2000 年，第 484 页。
③ 史金波等译注：《天盛改旧新定律令》，法律出版社，2000 年，第 145 页。
④ 史金波等译注：《天盛改旧新定律令》，法律出版社，2000 年，第 132 页。

来进行核查。一个月期间未能整理好案件审理材料,一律局分司吏徒一年,相关责任人员徒三个月。因迟缓住滞寄名文书,二三种以上罪集于一人者,诸司当结合各案整理出一个完整的记录①。

2. 法律文书的校核

案头、司吏等校核文书人员要在所校核的文书上签名。文书校核人员所校文书格式不符或延误,则校文书者当承担法律责任。所校文书上有疑点要及时过问,未过问者比校者减一等处罚。有疑点而未核查出来的,则因未仔细搜寻而再减一等处罚②。

3. 对于判决书的要求

诸司所作出的判决书,承旨、习判、都案等当认真判写,要注明日期。若违律时,一律徒六个月,受贿则与枉法贪赃罪从重判断③。

4. 文书审核人员职责

对于文书的审核,西夏法律规定十分明确,《天盛律令》中有:"诸司查律令者,二案头、五司吏等一共设七人,另当设一律案检。所有判断公事时,问处案人当告案,应有罪情,罪纸其后留白纸空头,经大人处判断□,当载律案检中,当查律令、罪法,以红字写于空头白纸上,律案检、案头、司吏当为实状,相接继,当予局分处,经判断实行。倘若问公事处局分人核罪情及查律令有误时,受贿、相恶而增减者,当令与所增减比较,贿多则与枉法贪赃罪比较,从其重者判断。无意受贿,核检失误而致判断增罪,则减二等。已减罪,则减三等。尚未判断,则依次当再减一等。"④

5. 上报文书迟缓

中书、枢密、诸司等都案文书住滞时,官大及品亦当入承罪人中,应枷系亦枷系,应笞杖者,行杖处所属大人当计,罚钱若干置案。其中诸司都案应承杖亦承杖⑤。

6. 判写不明

对于判写书的基本要求是事实明了、运用法律准确。西夏规定上报诸司及京师的判决书要"言情种种,当令一一好好显明。若不明报时,大人、承旨、习判、都案、局分案头、司吏等所获何罪,视其未明之言情及言情轻重,酌量判断"⑥。

7. 判断有误

《天盛律令》规定:"诸局分人谓已□种种文书,当求大恒历律令而出判凭时,若未能推究情节,或推究有误及述说有误,报经上司时有误,一律庶人十杖,有官罚钱五缗。其中受贿者当以枉法贪赃罪论。"⑦

---

①② 史金波等译注:《天盛改旧新定律令》,法律出版社,2000年,第321页。

③④⑤ 史金波等译注:《天盛改旧新定律令》,法律出版社,2000年,第322页。

⑥⑦ 史金波等译注:《天盛改旧新定律令》,法律出版社,2000年,第383页。

8. 误写文书

诸人未受贿而误行文书，增有罪人之罪，则当比有罪人减二等，减之则减三等。判断未至，则依次当再减一等[1]。

五、审判的执行

对于案件判决的执行是将法律裁定付诸实施的制度，是施于犯罪人本身的种种制裁。根据判决书的量刑，执行各种刑罚的方法和要求是不同的。西夏对于审判的执行主要有：

1. 拘管

《天盛律令》有："节亲主犯种种罪时，除谋逆、失孝德礼、背叛、杀伤父母等依法判断外，其馀犯十恶及不论官罪时，死命黥杖等当□□地当受，所应持处应持，□□处拘管□依犯杂罪之拘管法当拘管之。"[2]

2. 罚马

罚马是一种财产刑，它的执行不涉及犯罪人的人身。西夏的罚马要求自训旧马至有齿好马当交；罚马也可以钱来折算，罚一马当折交二十缗钱；有俸禄者可从俸禄中减除，未有俸禄，则罚一马折算降官一级。不愿降官而愿受杖的，则因罚一马受十三杖，罚二马十五杖，罚三马十七杖，自罚四马以上一律二十杖[3]。可见西夏对于财产刑，在执行中采取较为灵活的方法。

3. 遣送

边中、京师畿内等诸司人判断完毕时，犯罪人获重劳役的判罚，如何派遣，当上报中书、枢密。中书、枢密载量遣送之处，当将犯罪人遣送至所示处。倘若诸司官吏未按照中书、枢密的谕文，擅自遣送他处时，有官罚马一，庶人十三杖[4]。

4. 服刑

诸人判决为种种罪时，依五刑轻重不同次第予以明确。所服杖刑为大杖七至十三杖；劳役刑为三个月、六个月、一年；短期徒刑为一年以上六年以下；八年、十年及十二年三种为长期徒刑，期满依旧可回原居住处；十三年以上为无期徒刑，期满后犯罪人不许回原居住处依旧要限制在服刑地；死刑用绞杀及剑斩。除杖刑、死刑外，在服其他刑罚之前都要施以杖刑，其中获劳役自三个月以上至二年者十三杖；获徒刑三四年十五杖，五六年十七杖；获三种长期、无期徒刑等当受二十杖[5]。

5. 追逃

犯罪人为十恶罪或判处长期徒刑以上的刑罚潜逃的，追逃后对逃跑者当绞杀；

---

① 史金波等译注:《天盛改旧新定律令》,法律出版社,2000 年,第 387 页。

② 史金波等译注:《天盛改旧新定律令》,法律出版社,2000 年,第 601 页。

③ 史金波等译注:《天盛改旧新定律令》,法律出版社,2000 年,第 602 页。

④ 史金波等译注:《天盛改旧新定律令》,法律出版社,2000 年,第 603 页。

⑤ 史金波等译注:《天盛改旧新定律令》,法律出版社,2000 年,第 605 页。

犯十恶者之父兄、亲戚连坐的人,故意逃跑者,依旧当送附近有苦役处,为一年劳役;因为盗及他杂罪而获长期徒刑的逃跑者,追逃后当重增黥字,打二十杖,送先住处;其馀获长期、短期徒刑期间逃跑者,未为他罪,则当分别受杖,送所住记名处,不另加他罪①。

6. 收监

对于服刑的犯罪人员,西夏规定:"服劳役等监管,应好好收监,不许受贿亡失放纵。倘若违律放纵亡失,因受贿而放出等时,亡失放出者依条下所示罪判断。受贿则与枉法贪赃罪比较,从重者判断。"②

7. 连坐

连坐是及于犯罪人亲属的刑罚,西夏法律对于连坐的人员有详细的规定。但对有些应连坐的人员在一定的条件下不使用连坐,包括:男人满八十,女人满六十,及男有重病,女有弃病等不使用连坐;祖母、婶母、嫂娣、姑,次等寡居,及有女妹,或已嫁,或为他人养女,或有为僧人、道士等者,不计入连坐人中;妻子、媳妇、使军、奴仆等有谋逆,犯者当依法承罪,公公、婆母、丈夫、头监及妇人所有子女等勿连坐③。

8. 存档

对于案件的审判及执行的文书,皆须收档注册备案。《天盛律令》规定:"偏问、储典册勾管者当令明之,当行板簿而入册。若殿前司引送一册,殿前司人亦所敛行板簿一卷到来,其板簿上送为录册,注册处明而行之,当注册为正册、为典库□位之人中间当送殿前司磨勘。若违律应注册而不注册时,当依未录册上,不注册之人数比一一罪状之举赏加一等判断。"④

通过以上对西夏审判制度的分析,我们可以看出西夏的审判制度层次分明、环环紧扣。对于审与判虽有所分,但又交错联系。西夏审判制度中体现出了德与威并重,严与宽相济的理念,其中也不乏许多灵活的规定。西夏严谨的审判制度从另一方面也说明了西夏不断发展的封建统治此时以趋于规范化。

六、西夏审讯制度的承袭

以上对西夏审判制度的分析,展现出西夏审判制度的严谨细致。而西夏能够做到这一点,完全得益于中国传统法律中有关审判的经验与成就。在西夏建立之前,中国传统法律就已将审讯与判决这一程序经过的两个步骤联系在了一起,中国古代称为鞫谳。鞫在篆文中是形声字,上部的竹头为声,下部的左边是表示与刑具、犯罪有关的幸字,右边是人、言,合起来表示罪犯之言,即供词,后简写作鞫,释

① 史金波等译注:《天盛改旧新定律令》,法律出版社,2000年,第393-394页。
② 史金波等译注:《天盛改旧新定律令》,法律出版社,2000年,第395页。
③ 史金波等译注:《天盛改旧新定律令》,法律出版社,2000年,第112-113页。
④ 史金波等译注:《天盛改旧新定律令》,法律出版社,2000年,第611页。

义为审问、审讯。司马迁《史记·酷吏列传》有“讯鞫论报”之说；谳字，其本定为“议罪”，就是审讯后定罪。

西夏审判制度是在传承中国古代审讯中不断积累的经验而形成的。在中国古代，西周已开始建立审讯的规范化。《尚书·吕刑》有“两造具备，师听五辞”的记载，就是规定审讯时，原告、被告必须到庭，司法官按五辞审讯，五辞，即五听。《周礼·秋官·小司寇》所言：一曰辞听，二曰色听，三曰气听，四曰耳听，五曰目听。司法官至少要从以上五个方面去考察案情。

从秦代发现的《睡虎地秦墓竹简·封诊式》中记载原告、被告到庭受审判的案件多达二十馀件。从这类案件审讯记录看，秦律首先要询问其姓名、身份、籍贯、住所和历史，还要询问曾否犯罪，是否经过赦免等情况。汉代审讯时，讯问的方式有两种形式，一种形式是一般人成为诉讼的原告和被告时，不吐犯罪真情，或罪犯供词与司法官掌握的案情不一致，司法官可以用刑讯拷打，甚至可以连续几次使用拷打，直至其吐实为止。另一种审讯的方式是，如属重臣、高官之间的诉讼，往往由皇帝主持，或由皇帝临时派员在特别场所主持讯问，诉讼当事人双方可以进行对辩，这是与一般人成为诉讼原告、被告完全有异的地方。

在律学确立和发达的魏晋时期，特别重视审讯的作用，据《晋书·刑法志》载“告讯为之心吾”。充分运用律学理论，利用心理学知识，把审讯诉讼当事人的技巧推至到一个更高的水平。认为审理案件，不能使用一种一成不变的方法，还要善于“临时观衅，使用法执诠者幽于未制之中，采其根芽之微，致之于机格之上……然后乃可以理直刑正”①。这是晋代司法官总结出来的一种新的审判理论，是一种有实践价值的理论。

唐宋法律规定，讯问先行，讯问不成功再行拷问的二步审讯法，也就是“情审”和“刑审”相结合的方法。唐宋法律规定审问要根据告状范围进行，不得追究他罪，所谓“诸鞫狱者，皆须依所告状鞫之”。不能“本状之外，另求他罪”②。西夏《天盛律令》的规定与唐律同。亦用二步审讯法。西夏法律也重视状外之罪不予审查，目的在于为了防止审讯时的漫无节制，罗织周纳，陷人于罪的现象出现。也由此，西夏建立了长官躬亲鞫狱制度，就是长官必须亲自坐堂问罪。

原刊于《西夏研究》2015 年第 2 期

---

① 《晋书·刑法志》，群众出版社，1984 年，第 25 页。

② 《唐律疏议·断狱》，刘俊文点校，法律出版社，1999 年，第 596 页。

西夏的婚姻立法与婚姻制度

李　温

婚姻家庭作为一种社会现象不是从来就有的，与其他上层建筑一样，都是人类社会发展到一定阶段的产物。在人类处于原始群初期，无所谓婚姻，也没有什么家庭概念。两性结合，毫无限制，血缘关系无从判明。随着原始群生产、生活方式的漫长进化，各种社会机制逐步形成，两性血缘关系才逐渐社会化、规范化，从而产生了一定的婚姻家庭形式。可见，婚姻家庭从无到有，从低级到高级是历史发展的必然，是社会生产方式要求人类两性结合的行为社会化的结果，所以说婚姻家庭的形成和发展与人类社会的形成和发展是紧密联系的①。

不同类型社会的不同发展阶段有着不同类型的婚姻家庭，它取决于不同类型社会的统治阶级的意志，适应不同类型社会的社会制度，并符合统治阶级的意志。

刚刚封建化的西夏王朝也不例外，他们在学习中原王朝先进文化时，对唐宋王朝封建的婚姻家庭制度也都承袭借鉴过来，当然在婚姻家庭制度方面也还保留着党项民族固有的婚姻习俗。西夏仁宗天盛年间(1149—1169)颁布的《天盛改旧新定律令》(以下简称《天盛律令》)这部中世纪有影响的以西夏文颁布的法令卷八“为婚门”以30个律条详细规定了结婚与禁止结婚的条件与程序，以及违律结婚的处罚条款。其他如卷一中的“失孝德礼门”、“恶毒门”、“不孝顺门”、“失义门”、“内乱门”和卷八的“行非礼门”、“烧杀伤门”以及卷十的“官军敕门”和卷十二的“无礼注销诈言门”等条款也都对维护封建的婚姻家庭秩序作了详细规定。

本文拟对西夏王朝婚姻立法的指道思想、婚姻制度及其特点作一介绍。

一、西夏婚姻立法的基本指道思想

(一) 引礼入法，礼法结合，使礼成为法与宗法的重要内容和调整手段

引礼入法，礼法并用，是封建社会统治阶级治国理政的一贯思想，在唐律、宋刑和《天盛律令》的具体规定中得到充分体现。礼是立法的指道思想，也是适用法律的重要依据，社会活动中常以礼为言行的准则，时时处处维护礼的尊严，用刑罚严厉制裁违法行为。但法的作用也不能忽视，如《唐律疏议·名例》前言说：“刑罚不

① 刘淑媛主编：《婚姻家庭继承法新论》，宁夏人民出版社，2002年。

可弛于国，笞捶不得废于家。”①礼、法是两种不同手段，目的都是为维护统治阶级的统治秩序和阶级利益，它们各有自己的独特作用，审时度势，相辅相成，结合运用，更能收异曲同工之效。这成为唐以后历代王朝维护统治秩序，镇压人民交替使用的两种手段。西夏王朝也不例外，如《天盛律令》把“十恶”定为最严重的犯罪，也是最严厉的打击对象，因为“十恶”违反了儒家奉为至尊至上的“三纲五常”（即君为臣纲、父为子纲、夫为妻纲；父子有亲、君臣有义、夫妇有别、长幼有序、朋友有信），破坏了尊卑伦理纲常关系，从而动摇和威胁了西夏国家的统治基础和统治秩序，所以把对“十恶”的处罚放在首卷。另对统治集团内的官员犯罪，仿照《宋刑统》用“折杖法”予以从轻处罚，彰显其“德政”，这在《天盛律令》卷九“行狱杖门”中有详细规定。

（二）儒家的礼是婚姻立法的基本指道原则

自汉初确立儒家纲常名教的统治地位后，儒家思想文化也成为汉以后历朝历代立法的基本原则。西夏王朝全面借鉴移植了以儒学思想文化为主要内容的中原传统思想文化，儒学思想文化也就成为西夏的思想文化和法律文化的主流，如《天盛律令》的“颁律表”中就有明确表述：“追缅先祖之丰功；弘扬丕模之遗德，谨遵古训，欲改大法，为民取则，为世除恶。”②“弘扬丕模之遗德”就是以宣扬儒家“三纲五常”的伦理道德标准，教育、约束全国臣民。儒家思想的礼，把人们划分为贵贱、尊卑、长幼、亲疏，由此决定人们的社会地位和权利义务，规范人们的言行，教训人们要忠君、崇官、孝亲、尊夫、护主等，这正是统治阶级所希望的。婚姻立法必须也必然要为这一原则服务，以维护和巩固封建社会的基础——家庭。如《天盛律令》就出现了巩固封建社会、家庭秩序的“失孝德礼、恶毒、不孝顺、不睦、内乱”等罪名，据此进行审判，处以绞、斩重刑。

（三）家长专制，漠视子女权益同样是西夏婚姻立法的一项重要原则

包办强迫和买卖婚姻是封建婚姻缔结的主要形式，结婚是家族的事，目的是为了“上以事宗庙，下以继后世”，起决定作用的是这个家庭的尊长，只要双方家长认为合适，这桩婚姻就成立了，青年男女是没有婚姻自由的。如《唐律疏议》明文规定，婚姻关系的缔结，需要立婚书，即订立婚契，尊长可为卑幼包办婚姻，如不服从，则杖一百。从而决定这种订婚的契约是强制性的，根本不考虑青年男女的意愿。只有当卑幼在外做官或经商自己娶妻，“其尊长后为定婚，若卑幼所娶妻已成者，婚如法；未成者，从尊长所定。违者，杖一百”。《天盛律令》卷八“为婚门”第八条同样规定：“诸人为婚嫁女顺序：亲父母可嫁，祖父母、伯叔、姨、兄弟、嫂等其他节亲不许嫁。若无亲父母，则祖父母及其共居庶母、女之同母兄弟嫂娣及亲伯叔姨等共议所愿处为婚。”可见西夏社会中婚姻的主婚权属于父母，在没有父母的情况下，则由其

---

① （唐）长孙无忌等《唐律疏议》，中华书局，1983年。

② 《西夏法典》，宁夏人民出版社，1998年。

祖父母、共居庶母、同母兄弟、嫂娣及亲伯叔、姨等共同商议。说明西夏的婚姻属于父母或其至亲包办婚姻。

(四) 法典体系是诸法合体,刑民有别,是我国封建法制的又一特点

奴隶、封建制国家的法典,虽然主要是镇压奴隶、农奴的严酷的刑法,但也有调整其他社会关系法律规范的作用,如《唐律疏议》除刑法外,还有职制(国家机构编制、官吏选拔、考核等行政法)、户婚(户籍、土地、赋税和婚姻家庭法)、厩库(牲畜饲养和仓库管理法)、擅兴(军事和工程兴造法)、斗讼(斗殴与诉讼法)、断狱(司法、审判与监狱法)等法律规范。西夏《天盛律令》同样包括刑法、军事法、经济、厩牧、民事、婚姻、家庭等法律规范。而且详细规定了以刑罚的强制力来保证其他经济、民事、婚姻、家庭等法规的实施。其目的都是为了维护和巩固西夏王朝的统治秩序。

二、西夏的婚姻制度

(一) 婚姻的缔结

婚姻不仅是男女双方的终身大事,而且关系到家庭和社会的稳定和发展。因此,自古以来,任何国家都对婚姻有明确的规定。我国奴隶、封建社会的婚姻制度主要是为了家族的传宗接代,根本不考虑男女双方当事人的意愿,完全由双方家长包办进行,"父母之命,媒妁之言"被认为是天经地义。只要双方家长同意他们的子女相结合,经过一定的仪式,婚姻便成立了,直系尊亲属有绝对的主婚权,他们可以让子女与任何人结婚,社会、法律都承认直系尊亲属在这方面的绝对权威,给予强有力的支持,不容子女违抗。如唐律、宋刑都规定:尊长可以为卑幼包办婚姻,如不服从则杖一百。从而决定了这种婚姻制度是强制性的,是漠视子女利益的。西夏承袭了唐宋的封建婚姻制度,但也保留了党项民族的一些习惯。

(二) 结婚的条件

1. 主婚权

西夏《天盛律令》"为婚门"第八条规定:诸人嫁女的主婚权顺序是:亲父母;在没有父母的情况下,由祖父母及同居的庶母、亲伯叔、姨、同母兄弟、嫂娣等共同商议决定。可见西夏的婚姻属于父母或其近亲属包办婚姻。《天盛律令》还规定对违反主婚权的行为进行处罚,为婚嫁女时,嫁娶者无父母,"若不共议而嫁时,六个月期间可上告,当接状寻问。祖父母、伯叔、姨等嫁女者罪不治,兄弟嫂娣嫁则有官罚马一,庶人十三仗。因未共议,婚姻当改过。"由此可以看出,西夏社会中,父母有绝对的主婚权;其次是祖父母、同居的庶母、亲伯叔、姨;再次是同母兄弟、嫂娣等。

2. 结婚的年龄

唐律贞观元年(627)规定"男二十,女十五",开元二十二年(734)为了增加人口,将婚龄降为"男十五,女十三"。宋朝的婚姻立法大体沿袭唐制。西夏《天盛律令》卷八"为婚门"第二条规定"女十三以上始得为婚",男子未见规定。然而,同时

代编纂的西夏文类书《圣立义海》则对此有相关记载："父教子礼：男十五择偶，令习文业。逾十五迎娶妻眷，令习战斗。女年十五，媳仪准备，逾十五，出嫁婚配也。"①从《圣立义海》看，西夏社会一般以十五岁为男女的法定婚龄，《天盛律令》规定"女十三以上始得为婚"，可能是对女子结婚的最低年龄限制。或者是在仁宗干佑年间(1170—1193)将女子成婚年龄提高到十五岁。

(三) 结婚的程序

唐律规定婚姻关系缔结的程序，必须经过纳彩、问名、纳吉、纳征、请期、亲迎等六礼仪式，始为合法。西夏婚姻缔结的程序虽然没有那样繁琐，但是，也规定了婚姻必须由父母或其亲中尊长决定，定婚后三年迎娶，男方家要给女方家"婚价"(即聘礼)，女方家也要陪送"嫁妆"，然后才能"迎媳"等程序。

1. 婚价

婚价是西夏婚姻能否成立的一个重要条件。婚价根据双方的社会地位和经济情况，分为几个等级。《天盛律令》卷八"为婚门"第十八条规定："殿上座节亲主(相当于亲王)、宰相等以自共与其下人等为婚者，予价一律至三百种以内，其中骆驼、马、衣服外，金豹、虎皮等勿超百五十种。""节亲主以下臣僚等以自共与诸民庶等为婚，嫁女索妇时，一律予价至二百种以内，其中骆驼、马、衣服外，金豹、虎皮等勿超百种。""自盈能(地位不高的官)等头领以下至民庶为婚，嫁女索妇等，予价一律一百种以内，其中骆驼、马、衣服外，金豹、虎皮等勿超二十种。"《天盛律令》同卷同门第二条规定："诸人已为婚后，男父母能给婚价而不给，曰'吾不愿娶媳'，则当罚所予前价，婚姻当改过，女父母当另嫁女。实无力予价，则三年婿当往出劳力，期满，当予之妻子。若女父母曰'我反悔'，男父母亦曰'愿放媳'，则依所用前价数偿还。双方情愿，当许退婚，男父母不愿，则不许退婚。……若(女方)食用毕婚价，逾期不予媳时，女方父母徒一年。"可见婚价在西夏婚姻中起着重要作用。

2. 嫁妆

女方陪送嫁妆在西夏婚姻中已形成制度，嫁妆要与婚价相对应，但比婚价要低，根据两家的社会地位和家庭经济情况，也分不同等级。《天盛律令》卷八"为婚门"第二十条规定："为婚价予三百种之嫁妆中盖帐三具，二百种盖二具，一百种盖一具。无力亦允许不盖，不许比之增盖。"同卷同门第二十一条规定："为婚嫁妆盖帐者，三具、二具盖七十木以及六十木以内，不许超出木数。"如果陪送嫁妆是服饰时，第二十二条规定："嫁妆中送服饰及客□时，服饰等一律予价三百种送七十服，予价二百种送五十服，予价一百种送十服以内。无力允许不服，不许比之超服及衣服全予。"如果女方父母无力陪送嫁妆时，《天盛律令》卷八"为婚门"第十七条还规定："女方父母无力，则当以前所取价二分之一为婚价，另一份为嫁妆而予之。其中

---

① [俄]克恰诺夫著，李范文、罗矛昆译：《圣立义海研究》，宁夏人民出版社，1995年。

无力者，则不许予嫁妆，不情愿者，不许强令按价给屋舍、地畴、使军、奴仆等。”从以上条文中可以看出，西夏女方陪送嫁妆虽然已形成制度，但法律对嫁妆的数量也进行了限制，不能超出法定的最高的限额，也可以婚价的一部分折抵为嫁妆，甚至规定若女方确实无力陪送嫁妆时，可以不予陪送。

3. 迎媳

迎媳仪式是缔结婚姻的最后一项重要仪式。迎娶仪式隆重，程序繁琐，《天盛律令》卷八“为婚门”第二条规定，订婚后三年内必须迎娶，不迎娶要给以处罚：“男父母三年期间未迎娶，罪责自负，当罚婚价。”同门第二十三条还规定：“前述为婚中，取婚服、索妇食、帐未食、客人来往食、烤房食等时，传转物者，勿计入嫁妆。”从服饰和各种各样的食物可见迎娶仪式的隆重，《圣立义海》还记载成婚要“吉日迎送”，并说这是“男女相敬，择日求安，送女迎媳。亲家翁、亲家母相敬，依礼往来”[①]。《番汉合时掌中珠》也记载了西夏结婚的迎娶过程：“室女长大，嫁于他人，送于沉房，亲家翁、亲家母，并诸亲戚，尽皆聚集，儿女了毕，放得心定。”[②]这些描述可以看出西夏结婚迎娶仪式时双方家长和众多亲戚都要聚集在一起，举办婚宴和迎娶仪式。

(四) 禁止结婚的条件

我国古代有许多禁止结婚的习俗，最主要的是等级门第的限制，《唐律疏议》规定了许多禁止结婚的条件，谓“人各有偶，色类须同，良贱既殊何宜配合”。如禁止同姓结婚、同宗结婚、外姻亲中尊卑为婚、良贱为婚、各色贱人异色相娶，禁止嫁娶曾为袒免亲之妻者，禁止中华人私与化外人为婚，禁止居父母丧、夫丧、期亲之丧而嫁娶，禁止寡妇之祖父母、父母以外之人强迫寡妇在夫丧服除之后改嫁，等等，违律处以不同的刑罚。宋沿袭了唐律关于违律为婚的规定。西夏虽然也承袭了唐宋的婚姻制度，但对禁止结婚的限制并不严格，如《天盛律令》卷十二“无礼注销诈言门”第四条规定：“使君已问所属头监，乐意给予契据，则允许将子女、媳、姑、姐妹妇人等卖予他人，及与他人为婚。”同门第五条还规定：“官人自身乐意，当允许将姑、姐妹、女等与使君为婚。”

同姓不婚是一个古老的传统禁忌，从周朝起就同姓不婚，姓的起源原来是血统的一种标志，在最初同姓的都有血缘关系，所以在同姓之间，禁止结婚。《礼记·曲礼》云：“娶妻不娶同姓，买妾不知其姓则卜之。”除了伦理上的理由，还有生理上的科学道理。《左传·晋语》云：“同姓不婚，不殖也。”同姓不婚这一禁忌，一直延续到封建社会末期。西夏同样规定了禁止同姓为婚。《天盛律令》卷八“行非礼门”规定：同姓结婚，处徒刑三年。媒人为同姓为婚者传语，处徒刑一年，这是西夏王朝的特殊规定。唐宋律只规定：“诸同姓为婚，各徒二年。”没有对媒人处罚的规定。

---

① [俄]克恰诺夫著，李范文、罗矛昆译：《圣立义海研究》，宁夏人民出版社，1995年。

② 骨勒茂才著，黄振华，聂鸿音等整理：《蕃汉合时掌中珠》，宁夏人民出版社，1989年。

(五) 婚姻的解除

西夏的婚姻制度借鉴、吸收了中原王朝的“七出”制度,《天盛律令》卷八“行非礼门”第七条规定:“诸人出妻之法,妇人有七种恶中与人行淫一种,则父母及丈夫等共议不议一律允许出,不许反告。此外:一、不生子女;二、不侍奉公婆;三、有主多言;四、盗窃;五、嫉妒;六、恶疾。有此六种错,丈夫及公婆等共议出之,则可往乐处。父母不知,丈夫出之,予凭据,若曰‘当出’,剪头,迁往所愿处,及丈夫不知而父母出之等,六个月期间谁未知者反告诉讼,则不许往乐处,父母出之则不治罪。丈夫出之而未问父母之意,则有官罚马一,庶人十三杖。”同时也规定了“三不去”制度,即:“被有六种错,然一者能行孝礼于公婆;二者娶时贫苦低微后富贵威上;三者迎娶时送者迎人根断而无住处等;三种所不出及无罪错妇人等,妻丈夫有出妇之心,女父母亦曰‘我赎出’,则当出,妇当还回。女父母不欲赎,妻丈夫曰‘出妻子媳等’,则当罚聘价,退还嫁妆,随其愿往。”《唐律疏议·户婚》还规定了“义绝”:“殴妻之祖父母、父母及杀妻外祖父母、伯叔父母、兄弟、姑、姊妹,若夫妻祖父母、父母、外祖父母、伯叔父母、兄弟、姑、姊妹自相杀及妻殴骂夫之祖父母、父母、杀伤夫外祖父母、伯叔父母、兄弟、姑、姊妹及与夫缌麻以上亲、若妻母奸,及欲害夫者,虽会赦,皆为义绝。”①西夏婚姻制度中则未见有义绝的规定。

三、西夏婚姻制度的特点

西夏建国后,虽然在政治制度和社会生活方面受中原王朝很大影响,也借鉴、吸收了唐宋王朝的一些规章制度,但是,由于它是一个以党项民族为主体建立的民族政权,所以在社会生活的各个领域依然保留着本民族的一些习俗,婚姻制度同样有自己的特点。

(一) 西夏人的择偶观念

《新集锦成对谚语》、《圣立义海》、《碎金》等西夏文献都有反映西夏人的择偶观念。《圣立义海》“美妇名义”中认为“世间人之最上者,乃色美,其次益智、言语也”,“丑妇名义”又云:“外丑内聪,女人要有才艺内聪,如仅具外美,多招灾祟。诗中云:‘男智察妇行,愚人重外表。’”②说明妇女姿容固然重要,但是内在的美,对丈夫的忠贞更重要。党项民族崇尚武勇,勇敢者也能获得美满婚姻。如西夏谚语有“勇(年年),美姻连”,“勇禽美禽择爱”③。同时婚姻还依靠经济实力来决定。如《天盛律令》卷八“为婚门”对婚价的规定,以及《文海》中对婚价的解释:“婚价也,结婚取女价,向亲戚叔、舅等馈物之谓。”这种“馈物”实际上是男方向女方支付的婚价。这些都反映了西夏婚姻观念中对于经济实力的重视。

---

① (唐)长孙无忌等《唐律疏议》,中华书局,1983年。

② [俄]克恰诺夫著,李范文、罗矛昆译:《圣立义海研究》,宁夏人民出版社,1995年。

③ 陈炳应:《西夏谚语·新集锦谚语》,山西人民出版社,1993年。

(二) 妇女地位较高

西夏党项民族因自原始社会末期发展到封建社会时期较短,只有几百年,一些反映原始社会的习俗还有所保留。在婚姻方面妇女地位较高就是原来传统习俗的遗存。

西夏婚姻中也有妻妾之分,子辈中也有嫡庶之别,但不像中原王朝那样严格。《唐律疏议·户婚》规定:"诸以妻为妾,以婢为妻者徒二年。以妾及客女为妻,以婢为妾者,徒一年半。各还正之。"[①]宋代法律对妻、妾、婢女的地位在法律上规定的也非常严格,如若违反都要受到刑罚的惩处。西夏的法律则没有对于妻、妾、婢女地位的严格规定。

西夏妇女地位为什么较高?有的学者认为:一是因为西夏脱离原始社会较晚,还保留原始社会女权的一些习俗;二是妇女参军,对西夏拓疆卫国有功,据《辽史》记载:西夏习俗"喜报仇……有力小不能报仇者,集壮妇,享以牛羊酒食,趋雠家纵火,焚其庐舍。俗曰敌女兵不祥,辄避去"[②]。女兵报仇,敌人躲避不战,是古代女权的一种表现,是对妇女的尊重。西夏有女兵参加作战,这也是妇女具有一定地位的体现。

(三) 相对自由的婚恋观念

西夏党项民族的婚恋观念比较自由,这是党项民族早期的婚恋习俗的延续。在西夏婚姻中,妇女在婚权上比唐宋王朝妇女有较多的自由,《天盛律令》卷八"为婚门"第三十条规定:"诸人已为婚,婿未往,或男死或女死等,一律当罚有主婚价,女当嫁情愿处。""人已为婚……男死,女当嫁情愿处。"这表明西夏妇女在婚姻上相对有较多的选择,寡妇可以改嫁,当时唐宋王朝妇女则没有这样的自由。

(四) 女嫁不从夫姓

西夏文献《天盛二十二年卖地文契》反映了西夏婚姻家庭制度中的一个特点,即女子出嫁不从夫姓。这份买卖土地的文契记载了一位寡妇卖地22亩,值骆驼四匹:全齿骆驼二匹,双峰骆驼一匹,代步骆驼一匹。文契末尾详细记载了所卖地的四至。立约人寡妇"耶和氏宝引"和她的两个儿子"其商约者子没罗哥獐,共商约者(子)没罗口鞭"。契文写着卖主寡妇姓耶和氏,其两个儿子姓没罗氏,可以看出西夏婚姻中女子出嫁是不从夫姓的。

(五) 对非婚生子女相对宽容

封建社会对非婚生子女都采取歧视的态度,西夏虽然也有类似的规定,如《天盛律令》卷十"官军敕门"第二条规定:"诸人与大小侄妇混房生子时,不许袭抄、官、军,当以自亲子袭。"第五条规定:"诸人之妻子与他人通而生杂子者,不许袭丈夫之抄、官、军,勿得畜谷宝物。"但相比之下,西夏法律规定的对待非婚生子女比中原王

---

① (唐)长孙无忌等:《唐律疏议》,中华书局,1983年。

② (元)脱脱等:《辽史·西夏传》,中华书局点校本,2003年。

朝要宽容的多。《天盛律令》卷八“烧伤杀门”第十三条规定：“诸人娶妻子，后与他人行淫乱而怀有杂子女者，不许取状寻问。已产出而为父母所杀时，为母所杀与杀己子罪相同，为父所杀则杀一人徒六年，自二人以上一律徒八年。”这一规定保护了非婚生子女的生存权。

(六) 女子以身先荐国师

西夏受唐宋宗教文化的影响，佛道教盛行，寺庙拥有大量土地和经济实力，僧人有较高的社会地位，有的被授予国师、法师、禅师、定师、功德司（包括僧人功德司、出家功德司、在家功德司）大人、承旨等官职，可见僧人是得到社会尊重的。元人马祖常所著《河西歌》云：“贺兰山下河西地，女郎十八梳高髻，茜根染衣光如霞，却召瞿昙作夫婿。”[1]“瞿昙”即“喇嘛”，这应是喇嘛教传入西夏后，在党项民族中形成的习俗。由于僧人在西夏境内享有盛誉，国师又是西夏僧人中地位极高的特权阶层，党项女子以身先荐国师，就成为一种社会习俗。

(七) 姑舅表婚盛行

中国古代称姑母的子女为外兄弟姐妹，称舅父、姨母的子女为内兄弟姐妹。外为表，内为中，外兄弟姐妹与内兄弟姐妹之间互称表兄弟姐妹，他们之间的婚姻为中表婚，亦即所谓姑、舅、姨表兄弟姐妹婚。中表婚到唐宋时已被法律所禁止。《宋刑统》规定：“中表为婚，各杖一百，离之。”[2]事实上，中原地区对这种兄弟姐妹间的“亲上加亲”的婚姻并不排斥，政府也听之任之。在中华人民共和国成立前，在我国尤其是少数民族地区这种婚姻还在流行着。直到《中华人民共和国婚姻法》颁布，才正式禁止“直系血亲和三代以内旁系血亲”结婚。当时西夏法律并没有限制或禁止中表婚的规定，所以表兄弟姐妹间的婚姻盛行。

(八)西夏民族通婚盛行

西夏是一个以党项民族为主体，由汉、回鹘、吐蕃、契丹等多民族组成的封建王朝，党项族除本民族内部通婚外，也允许党项族与其他民族通婚，不像宋朝严格禁止汉族与其他民族通婚。据《宋史·太宗本纪》记载：“禁止西北缘边诸州民与内属戎人昏（婚）娶。”西夏由于各民族杂居相处，生产生活互助交流交融，彼此通婚也就不足为奇了，特别是上层皇室贵族出于政治军事目的，西夏王室的公主与邻国和亲，西夏建国前后，王室皇族曾与契丹王朝和亲三次，辽也三次将公主嫁于党项首领和西夏国君，与吐蕃和亲两次，与蒙古和亲一次，西夏皇室娶汉族女子为后妃的就更多了。这也带动了民间党项民族与其他民族之间的通婚，族际通婚盛行成为西夏婚姻制度的一个特点。

---

① （元）马祖常：《石田文集》第五卷，《河西歌〈效李长吉体〉》。

② 薛梅卿点校：《宋刑统》，法律出版社，1998年。

参考文献:

1.《天盛改旧新定律令》,科学出版社,1994 年。

2.(唐)长孙无忌等:《唐律疏议》,中华书局,1983 年。

3. 薛梅卿点校:《宋刑统》,法律出版社,1998 年。

4. 骨勒茂才著,黄振华、聂鸿音等整理:《蕃汉合时掌中珠》,宁夏人民出版社,1989 年。

5. 邵方著:《西夏法制研究》,人民出版社,2009 年。

6. 刘淑媛主编:《婚姻家庭继承法新论》,宁夏人民教育出版社,2002 年。

本文未公开发表

黑水城出土元代文书押印制度初探

陈朝辉

玺印制度滥觞于先秦，自秦汉以后，历朝都制定了官印制度。先秦时期的印文称玺，由玉、金、银、铜、牛角、象牙等材料制成，以铜居多，大小多在方寸之间，并没有太多的限制，适用于国王及平民。秦汉时期出台了一整套官印制度，从印文的名称为玺、印、章，印章的材料有玉、金、银、铜、铁，钮制的纹饰为螭虎、骆驼、龟、蛇，到尺寸的大小，以至于玺印有关的绶带用多少根丝、长短、颜色等都有明确的规定。到了隋唐时期，我国官印发生重大变化，形态完全改观，唐代官员随身佩戴鱼符，而不是印章，名称、形制等方面也有很大的不同。由原来的官名印，改为官署印，如原来的"中书令印"，唐代改称"中书省印"，出现了"记"和"戳"，改"玺"为"宝"，形制上由秦汉的阴文改为阳文，印文采用小篆，多用曲笔。宋代印制基本承袭唐制，与宋同时期的辽、金、西夏也都颁行官印，辽用契丹文，西夏用西夏文，金用汉文叠篆，对元朝的官印产生了深远影响。

元代在入主中原以前使用畏兀儿人塔塔统阿传授的畏兀儿字官印。塔塔统阿本在乃蛮国被尊为傅，掌金印及钱谷，在蒙古人征乃蛮后怀印被擒，太祖问他，疆土人民都归我了，你带着印有何用，塔塔统阿说："出纳钱谷，委任人材，一切事皆用之，以为信验耳。"太祖听后启用塔塔统阿，"是后，凡有制旨，始用印章，仍命掌之"①。元朝建立后，官印有汉字官印和八思巴字官印两类。

中国藏黑水城出土文书上钤盖的押印时间集中在元代，官印多为八思巴字。八思巴是元代第一任帝师，奉元世祖忽必烈之命，仿照藏文字母创立了蒙古新字，也就是八思巴文，至元六年(1269)元世祖下诏颁行八思巴文，译写一切文字，"朕惟字以书言，言以纪事，此古今之通制。我国家肇基朔方，俗尚简古，未遑制作，凡施用文字，因用汉楷及畏吾字，以达本朝之言。考诸辽、金，以及遐方诸国，例各有字，今文治寖兴，而字书有阙，于一代制度，实为未备。故特命国师八思巴创为蒙古新字，译写一切文字，期于顺言达事而已。自今以往，凡有玺书颁降者，并用蒙古新字，仍各以其国字副之"②。在已经发现的八思巴文官印中，最早的实物资料是现藏于故宫博物院的"和众县印"，其印为铜质，方形，边长 6 厘米，印背右款蚀泐较

---

① (明)宋濂等:《元史》，中华书局，1983 年，第 3048 页。

② (明)宋濂等:《元史》，中华书局，1983 年，第 4518 页。

重,从残存笔迹看系“和众县印”,印背左款为“中书礼部造”和“至元九年八月日”[①],距离元世祖颁行八思巴文的至元六年仅有三年,说明作为国家推崇的国书,在推行之初就应用于印章之上,并且,八思巴字用于官印似乎是一种定制,“元朝一品衙门用三台金印。二品三品用二台银印。其馀大小衙门印,虽大小不同,皆用铜。其印文皆用八思麻帝师所制蒙古字书”[②]。

元代官印统一由中书礼部的铸印局铸造,其质地、尺寸等都有明确的规定,《元典章》载:

诸王	印:三寸二分,赤金二百一十三两九钱,物料钱六两三钱七分;金印:三寸一分五厘,赤金三定六两,物料钱五两三钱四分;金镀银印:准上,白银八十三两,镀金赤金八钱,物料钱五钱
驸马	印:正二,三台,银五十六两四钱,物料钱八钱
正一	三寸,三台,银八十两五钱,物料钱八钱
从	二寸八分,三台,银八十两,物料钱八钱
正二	二寸六分,两台,银七十两,物料钱七钱
从	二寸五分,两台,银六十五两,物料钱七钱
正三	二寸四分,银五十五两,物料钱六钱,铜四斤,物料钱一钱一分九厘
从	二寸三分,铜三斤十二两,物料钱一钱一分三厘
正四	二寸二分,铜三斤八两,物料钱一钱八厘
从	二寸一分,铜三斤四两,物料钱一钱一厘
正五	二寸五厘,铜三斤,物料钱九分三厘
从	二寸,铜二斤十四两,物料钱九分二厘
正六	一寸九分五厘,铜二斤十一两,物料钱九分二厘
从	一寸九分,铜二斤十两,物料钱八分九厘
正七	一寸八分五厘,铜二斤八两,物料钱八分六厘
从	一寸八分,铜二斤六两,物料钱八分五厘
正八	一寸七分五厘,铜二斤四两,物料钱八分九厘
从	一寸七分,铜二斤二两,物料钱七分九厘
正九	一寸六分五厘,铜二斤,物料钱七分五厘
从	一寸六分,铜一斤十四两,物料钱七分二厘[③]

① 照那斯图、薛磊:《元国书官印汇释》,辽宁民族出版社,2011年,第216页。
② (明)叶子奇:《草木子(元明史料笔迹丛刊)》,中华书局,1959年,第216页。
③ 陈高华等点校:《元典章》,中华书局,2011年,第1039页。

从史料可知，元印的大小与官品成正比，官品越大，官印越大，其中一、二品官印有台，三品以下无台，现存的实物与上述记载大致相近。现存西藏的“大司徒印”，铜质，印背三台，印背右镌“大司徒印”、左镌“皇庆元年七月　日”、“中书礼部造”，印文为八思巴篆字“大司徒印”①，大司徒在元朝为从一品官，《元典章・职品》载：

从一品

中书右丞相　中书左丞相　录军国终事

中书平章政事[行省同]　平章政事　枢密院使

宣政院使　徽政院使　宣徽院使　大司徒　札鲁忽赤②

从一品官应为三台银印，此“大司徒印”为三台铜印，略有不同。

另一枚“太尉之印”，为铜质，印背三台，直钮，印面正方，边长10.4厘米。背凿款右行“太尉之印”，次行“宣光五年十二月　日”，三行“中书礼部造”。印文两行八思巴篆字“太尉/之印”③，太尉为正一品，《元史・百官志》载：“三公、太师、太傅、太保各一员，正一品，银印。”④按《元典章》记载，太尉当为三台，银印，实物为三台铜印，与上述“大司徒印”情况相似。

黑水城遗址中也保存有一枚珍贵的印章实物，即“永昌等处行枢密院断事官府印”，现存内蒙古考古研究所。该印为铜质，方形，边长8.2厘米。方长梯形柄。印背右侧刻“永昌等处行枢密院断事官府印”，左侧刻“天元元年二月　日”和“中书礼部造”，印文为四行八思巴篆字“永昌等/处行枢/密院断/事官府印”⑤。值得一提的是，这枚官印和“太尉之印”均为北元时期的官印，因为北元时期史料记载不多，实物不仅有文物价值更具重要的学术价值。

除了这枚实物印，黑水城遗址中的印章，大量的是保存在出土文书上的印文，有官、私之分，官印即官方用于公务的印章，分为官印、戳印等，私印有押印、画押等。公文上加盖官印、戳印，有的文书有多方官印，如编号为M1・0140[HF193A正]的《广积仓支黄米文书》⑥为广积仓官满殊失厘准许支黄米五石四斗的正式公文，文书前部有十个人名，应为黄米的领取人，“实支黄米伍硕肆斗整”的上方有朱笔批注的“照过”二字，说明官员已经审核通过，“实支黄米伍硕肆斗整”上钤盖两方正方形朱色官印，另有一方长方形朱色官印斜盖在上，其后的一行是八思巴字、千

① 照那斯图、薛磊：《元国书官印汇释》，辽宁民族出版社，2011年，第21页。

② 陈高华等点校：《元典章》，中华书局，2011年，第192年。

③ 照那斯图、薛磊：《元国书官印汇释》，辽宁民族出版社，2011年，第23页。

④ （明）宋濂等：《元史》，中华书局，1983年，第2021页。

⑤ 照那斯图、薛磊：《元国书官印汇释》，辽宁民族出版社，2011年，第33页。

⑥ 塔拉、杜建录：《中国藏黑水城汉文文献》，国家图书馆出版社，2008年，第231页。

字文编号“洪字玖拾贰号”,均为左半边,二者上方各钤盖一方朱色官印,同样仅有左半边,官印边栏为宽边,印文为叠字篆刻。编号为 M1・0201[F116:W549]的《大德十一年税粮文书》[①]为司吏赵震呈文,仅于末尾“初一日”上钤盖官印一方,印章为宽边,叠字篆刻。戳印大致有两种,年款戳印和河西陇北道肃政廉访司戳印。编号为 M1・0267[F116:W561]的《军用钱粮文卷》[②]为甘肃等处行中书省札付亦集乃路总管府,关于只应暖忽里豳王入川炒米面事宜,末尾有朱色官印、墨色年款戳印夹杂八思巴字各一处。M1・0295 [F116:W552]的《大德四年军用钱粮文卷》[③]共有官印三方,另外,在文书的末尾处,有“创行未绝一件为计置军粮……”等文字,其后有朱笔批注,最末端钤盖有“河西陇北道肃政廉访司刷讫”的长方形墨色戳印,且戳印与朱色官印叠加,朱色官印为宽边、八思巴字叠字篆刻,印文为“河西陇北道肃政廉访司分司印”[④],参与照刷工作的书吏王信、石泉也在戳印后钤盖墨色无边框印章。《元典章》中关于照刷印有明确规定“刷印并司印,须要圆正分明”[⑤]。“河西陇北道肃政廉访司刷讫”为刷印,叠加的朱色官印为司印,印证了典章中的记载,说明照刷工作已经完成。

私印有押印和画押两种,元押是元代印章中富有特色的一类,据文献记载宋初期已有押的出现,宋人周密《癸辛杂识・别录》一书就有宋押的记载,在宋代的书画中,常常可以看见画家、文人的印鉴,辽金时期,也有私印,字体多为小篆,也有以少数民族文字入印的。黑水城出土文书上押印的基本形态是上部一横,下部为更粗一横,两划中间为变化的图案,如编号为 M1・0323[F97:W4]的《马牛羊驼账》[⑥]为满哥帖木儿等十馀人牲畜登记账,末尾有一处常见的却最为简单的押印(见图一),形似“工”字。编号为 M1・0205[F116:W465]的《大德十一年税粮文卷》[⑦]残存“大麦捌拾陆伍斗捌升式勺八抄六撮”等文字,末尾有墨色押印两方(见图二、三),其中第一个似字非字。编号为 M1・0298[F116:W565]的《大德四件军粮文卷》[⑧]记载的是大德四年元军北征路经亦集乃路筹集军粮的事,末尾有“亦集乃路总管府准此”的字样,以及八思巴字和亦思替非文各一处,末端钤盖墨色押印两方(见图四、五)。

画押主要是司属负责官员以及案件、契约文书中相关人员所画的,与押印的作用一样,形态类似,有“工”字押,也有上、下各有一横,中间部分另有变化的画押方

---

① 塔拉、杜建录:《中国藏黑水城汉文文献》,国家图书馆出版社,2008 年,第 288 页。
② 塔拉、杜建录:《中国藏黑水城汉文文献》,国家图书馆出版社,2008 年,第 369 页。
③ 塔拉、杜建录:《中国藏黑水城汉文文献》,国家图书馆出版社,2008 年,第 397 页。
④ 照那斯图、薛磊:《元国书官印汇释》,辽宁民族出版社,2011 年,第 66 页。
⑤ 陈高华等点校:《元典章》,中华书局,2011 年,第 177 页。
⑥ 塔拉、杜建录:《中国藏黑水城汉文文献》,国家图书馆出版社,2008 年,第 429 页。
⑦ 塔拉、杜建录:《中国藏黑水城汉文文献》,国家图书馆出版社,2008 年,第 292 页。
⑧ 塔拉、杜建录:《中国藏黑水城汉文文献》,国家图书馆出版社,2008 年,第 408 页。

式，如编号为 M1·0972[F62：W28]的《至元四年十月二十九日陈山和借钱契》①末尾有立借钱人陈山和、同取钱人陈拜住、同取代保人瞿敬甫、代保人董德先、知见人程二、知见人瞿典等多人的画押略有不同、基本类似，编号为 M1·0212[F116：W554]的《至正十一年考较钱粮文卷》②末尾有两处画押，司吏张世雄及其后空白处各一墨押，第二处的画押相比之下就稍显复杂(见图六)，许多官员画押都是名字的字体略小于姓，且名下与押相连，如编号为 M3·0002[AE192 ZHi31]的《泰定四年七月提调钱粮文书》③，末尾有司吏吴友直的画押(见图七)，另外画押中还有一些有特点的，如编号为 M1·0982[F13：W130]的《至正二十五年十一月初七日大吉合同婚书》末尾有正主婚人脱欢、付主婚人巴都麻、同主婚人塔义儿、同主婚人帖木儿的画押，分别是，特别是脱欢与巴都麻的画押尤其有特色。

黑水城出土文书中押印的位置，常见在文书末尾，文书中，末尾的是日期印和签署印，文书中的多为骑缝印以及重要数字上加的印。无论是官印、戳印、押印还是画押，在文书末尾出现的频率是最高的，末尾的押印大致有两种，一是钤盖在日期上的官印，另一个是签署印，官员的押印、画押等，黑水城出土文书中，这点在成卷的文书中体现的最为明显，如《卜鲁罕妃子分例米面文卷》，《桑哥失里大王分例羊酒文卷》，《大德十一年税粮文卷》，《至正十一年考较钱粮文卷》，《大德四年军粮文卷》，从这些成卷的文书中可以看出，作为正式公文，末尾的日期上基本都会钤盖官印。签署印，是文书涉及到的相关人员，如衙署的官员、契约的制定者和关联人、案件的取状人等，本着负责的态度画的押、签的印，如编号为 M1·0296 [F116：W553]的《大德四年军粮文卷》④末尾签署处“大德四年六月　日府吏徐文贵”后，有徐文贵的画押，正如上文所说，姓大名小，名下接押，排在府吏后面的依次是提控案牍、经历、知事，可惜官名后面的部分残损，如若完整，应该各自有官员的姓名和画押，紧接着在另起一行的空白处有墨色押印一方，最末端的日期“十八日”上钤盖官印一方。

押印出现在文书中常见的是骑缝印。骑缝，顾名思义，就是两纸交接或订合处的中缝处，由于一件文书一张纸写不下，所以需要有两张纸黏合，加盖在其骑缝处的印，被称作“骑缝印”，骑缝印最初是为了防止公文被篡改、伪造，《隋书》中载，北齐时国家户口簿上都嵌有“印籍缝”，就是在两纸连接的地方盖印，以防抽换和散落。编号为 M1.0197 [F116：W616]的《大德十一年税粮文卷》⑤断裂成四部分，第二、三部分之间是由两张纸黏合而成的钤盖官印一方。但并不是所有两纸的黏合

---

① 塔拉、杜建录：《中国藏黑水城汉文文献》，国家图书馆出版社，2008 年，第 1241 页。

② 塔拉、杜建录：《中国藏黑水城汉文文献》，国家图书馆出版社，2008 年，第 307 页。

③ 塔拉、杜建录：《中国藏黑水城汉文文献》，国家图书馆出版社，2008 年，第 213 页。

④ 塔拉、杜建录：《中国藏黑水城汉文文献》，国家图书馆出版社，2008 年，第 406 页。

⑤ 塔拉、杜建录：《中国藏黑水城汉文文献》，国家图书馆出版社，2008 年，第 278 页。

处都有加盖印信的,从这件文书就可以看到,第一部分也有一处连接,上面就没有官印,这是因为有时会把同一类文书黏合在一起,成为一个大卷子,不是同一件文书连接在一起是不需要盖章的,如 M1.0198 [F116:W617][①],以加盖官印的“初七日”为界,由两件文书黏合而成就没有加印。另外,文书中重要的数字上往往会加盖官印,以防篡改,如 M1.0426[F26:W101 正][②]的《至大四年七月阿黑不花宁肃王分例文卷》共有朱色官印五方,其中末尾日期印一方,另外四方在“实支白米壹拾式硕”、“实支中统钞□拾肆定贰拾两”上各两处。

带有印文的黑水城文书数量很多,虽然不是印章,但仍保存了大量珍贵的实物资料,而且很多印文少见于以往成果,因此对研究黑水城文书以及元代用印制度具有重要意义。

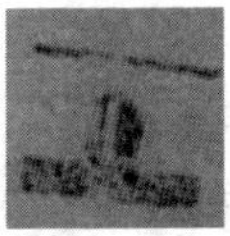
图一

图二

图三

图四

图五

图六

图七

原刊于《西夏研究》2013 年第 4 期

① 塔拉、杜建录:《中国藏黑水城汉文文献》,国家图书馆出版社,2008 年,第 282 页。

② 塔拉、杜建录:《中国藏黑水城汉文文献》,国家图书馆出版社,2008 年,第 523 页。

日本藏西夏文刊本《大方广佛华严经》考略

许生根

一

日本共有6家图书馆和1家博物馆收藏有西夏文献，西夏文刊本《大方广佛华严经》分别收藏在京都大学文学研究院图书馆和人文科学研究所附属汉字情报研究中心、大阪外国语大学附属图书馆、天理大学附属天理图书馆。其中京都大学是西夏文《大方广佛华严经》最集中的收藏地，京都大学文学研究院图书馆收藏有西夏文《大方广佛华严经》第1—5卷、第41卷，人文科学研究所附属汉字情报研究中心收藏有西夏文《大方广佛华严经》第6—10卷、第36卷。这批文献资料保存得都相当完整。

另外收藏西夏文《大方广佛华严经》的图书馆是日本天理大学和大阪大学。天理大学附属天理图书馆收藏有一批宋版本的汉书，也收藏有西夏文献，其中就有西夏文刊本《大方广佛华严经》第41卷。大阪大学附属图书馆箕面分馆也藏有西夏文刊本《大方广佛华严经》第41卷。

日本的西夏研究学者一直对日本藏的西夏文献进行语言学方面的整理研究。京都大学人文科学研究所附属汉字情报研究中心对所藏的西夏文献目录进行过系统整理。日本著名的西夏学学者西田龙雄博士重点研究整理过西夏文刊本《大方广佛华严经》的西夏文字和语法，取得了丰硕成果，1975年出版《西夏文华严经》第一册，对西夏文《大方广佛华严经》翻译并注释研究；1976年出版的《西夏文华严经》第二册，登载有文献原文图版、西夏文与汉文的对照表；1977年出版的《西夏文华严经》第三册，他根据西夏文《大方广佛华严经》的内容，编写出西夏语与汉语对照词汇集。

整理日本藏西夏文刊本《大方广佛华严经》应该注意到第41卷的问题。在日本，有3家机构都收藏有西夏文刊本《大方广佛华严经》第41卷。在中国国家图书馆和法国国家图书馆藏的西夏文刊本《大方广佛华严经》中，也发现有第41卷经。对日本藏的第41卷版本上今后还需要进一步认定。

二

宁夏灵武出土的西夏文刊本《大方广佛华严经》数量较大，目前海内外的各种版本共有近八十册。国内收藏的机构有中国国家图书馆和宁夏博物馆等单位。在海外,收藏西夏文刊本《大方广佛华严经》的除日本外,法国国家图书馆和美国普林斯顿大学葛思德东方图书馆也有部分收藏。

中国国家图书馆收藏的宁夏灵武出土的西夏文刊本《大方广佛华严经》最多,共有58卷之多,包括卷11—12、14—16、21—23、27—35、37、39—46、48、51、54、57、59—75、79—80,其中卷33、35、45、66、67、69、70、71、80有复本。对中国国家图书馆藏宁夏灵武出土西夏文献,有关专家进行过整理编目,系统编辑,中国社会科学院西夏文化研究中心、宁夏大学西夏学研究中心共同整理、编辑的大型系列文献丛书《中国藏西夏文献》开始陆续出版,宁夏社会科学院编辑出版了《中国国家图书馆藏西夏文献》(1—4册)。这两套大型文献丛书中,收录了国家图书馆收藏的宁夏灵武出土西夏文刊本《大方广佛华严经》影印件,为进一步研究整理提供了方便。

在西夏文刊本《大方广佛华严经》出土的故地宁夏,目前只有宁夏博物馆收藏有宁夏灵武出土西夏文刊本《大方广佛华严经》第76卷。宁夏早期收藏这部西夏文佛经文献的是罗雪樵先生,最初罗先生个人藏有3卷西夏文刊本《大方广佛华严经》,他在1947年从私人手中收购了第26、57、76卷,但后来遗失了一部分文献,现在仅剩第76卷,收藏在宁夏博物馆①。

法国国家图书馆藏西夏文文献共著录有246件西夏文献。2006年,北方民族大学与上海古籍出版社共同合作,整理结集、编纂出版《法藏敦煌西夏文献》。法国国家图书馆收藏的西夏文文献是法国著名学者伯希和于1908年从敦煌莫高窟第181窟和第182窟(敦煌研究院编号第464、465窟)发掘获取的,也有他在中国收购的部分西夏文佛经文献,其中就包括西夏文刊本《大方广佛华严经》第40、41卷。根据记载,编号PelliotChinois10065《大方广佛经严华》第41卷,是伯希和于1938年购自中国,保持完整,首尾有题字,和中国国家图书馆及日本收藏的《大方广佛华严经》经卷属于同源文献,即都出自宁夏灵武。法国国家图书馆还收藏有西夏文刊本《大方广佛华严经》第40卷。伯希和在文献原始考古编号中,注明是发掘于敦煌第181窟,伯希和在敦煌第181窟发现有西夏文献137件,故还不能证明法藏西夏文刊本《大方广佛华严经》第40卷属于宁夏灵武出土的文献。

在美国普林斯顿大学葛思德东方图书馆藏有西夏文《华严经》第77卷。这是20世纪20—40年代从中国购入的。白滨先生认为,美国藏西夏文《大方广佛华严经》是宁夏灵武出土的西夏文献,“在1936年义理寿寄给葛思德图书馆的书单中,提到西夏佛经2册,其中之一,当是《大方广佛华严经》第77卷。据作者考证,美国所藏《华严经》与上述诸家所藏《华严经》在封面装裱、题签、版式规格、用纸、函号及毁损特征等完全一致,故其来源是一致的”②。目前,美国普林斯顿大学葛思德东

① 罗雪樵:《我所知宁夏出土发现的西夏文物》,《宁夏文史选编》,宁夏人民出版社,1983年。
② 白滨:《宁夏灵武出土西夏文文献探考》,《宁夏社会科学》,2006年第1期。

方图书馆藏西夏文《华严经》第 77 卷还没有公布出来。在海内外所有收藏宁夏灵武出土西夏文刊本《大方广佛华严经》的机构中，只有美国藏品还没有刊布。

另外，在俄罗斯藏黑水城文献和英国藏黑水城文献中都发现藏有西夏文刊本《大方广佛华严经》的残页。俄藏编号 Cat350、380，英藏编号 OR12380—2967 下的西夏文献是《大方广佛华严经》第四十八不思议解脱境界普贤行愿品。俄藏编号 Cat349，英藏编号 OR12380—1996 下的西夏文献也是西夏文刊本《大方广佛华严经》残页。俄罗斯藏、英国藏西夏文刊本《大方广佛华严经》残页和宁夏灵武出土西夏文刊本《大方广佛华严经》并不同源，俄罗斯藏和英国藏文献均出土于黑水城，且是西夏时期的版本，宁夏灵武出土的西夏佛经文献晚于黑水城文献，全部是元代的版本。

三

关于西夏文刊本《大方广佛华严经》流失到日本的过程，现在还没有准确的资料记载，但其属于宁夏灵武出土的西夏文献是学术界的共识。史金波先生在 20 世纪 80 年代整理北京图书馆藏西夏佛经时就确定，日本藏西夏文佛经是宁夏灵武出土的，“与此同时出土的《华严经》部分流失到日本，在日本京都大学所藏此经卷第五有西夏文题记两行”[①]。西田龙雄博士也认为西夏文刊本《大方广佛华严经》是灵武出土的西夏文佛经文献，指出日本所藏八十华严之第 1—10 卷、第 36 卷正是北京图书馆所藏《大方广佛华严经》所缺部分。

根据现有的资料看，西夏文刊本《大方广佛华严经》流失到日本的时间是 20 世纪二三十年代，西田龙雄多次谈到，“京都大学在 1931 年得到邵氏旧藏十卷，前五卷入东洋史研究室，后五卷入人文科学研究所”。还引用日本早期西夏学者石滨纯太郎的记载，西夏文刊本《大方广佛华严经》是“昭和初期”在肃州收集的，时间就在 20 世纪二三十年代[②]。石滨纯太郎是 1943 年发表的这个论述，距离宁夏灵武出土西夏文献比较近，可信度是比较高的。

西夏文刊本《大方广佛华严经》流失到日本的可查途径有两个，大部分是日本人从浙江仁和邵氏购得，还有一部分是从著名画家张大千手中购得。这里的仁和邵氏指邵章，中国清末民国年间南方藏书家，浙江仁和人，字伯炯。邵章在中国文献整理方面有很深的造诣，是著名的版本目录书《增订四库简明目录标注》作者之一，该书共收录 3400 多种古籍，后来，邵章又作续录，侧重收录清朝咸丰以后版本，增补了不少资料。据史料记载，邵章收藏有西夏文献。国学大师王国维在《观堂集林元刊本西夏文华严经残卷跋云》中说“上虞罗氏，仁和邵氏并藏西夏字经折本，每半番六行，行十七字。首行题大方广佛华严经卷，次行题唐于阗三藏实叉难陀译，

① 史金波：《北京图书馆藏西夏文佛经整理记》，《文献》，1985 年第 4 期。
② 西田龙雄：《西夏语研究，第一册序》，东京座右宝刊行会，1964 年。

又次行题奉天显道耀武宣文神谋睿智制义去邪惇睦懿恭天子神校"[①],明确提到仁和邵氏藏有西夏文献。另一位著名学者罗福成在1933年出版的《国立北平图书馆馆刊》写道:"大方广佛华严经。杭县邵氏藏,首尾完全无缺。存第一卷至第十卷,共十册。……存第二十一卷,首缺一页半,尾全。按此卷与馆藏(三十二号)同。"[②]进一步说明邵章藏的西夏文献是《大方广佛华严经》,与北京图书馆藏的宁夏灵武出土的西夏佛经是同一出土文献。后邵章收藏的西夏文刊本《大方广佛华严经》不知去向。邵章本人和日本学术界有较密切的关系,他1897年赴日本学习,而流入日本的卷册第1—10卷大致和邵章收藏的一致。由此,我们可以推定,流失日本的西夏文刊本《大方广佛华严经》1—10卷应该就是仁和邵氏藏的部分西夏文献。

天理大学藏西夏文刊本《大方广佛华严经》第41卷上有张大千的题字,说明是张大千的藏品。张大千收藏品应来自敦煌莫高窟北区石窟,其中一批西夏文献后收藏在日本天理图书馆和美国普林斯顿大学的葛斯德图书馆。但第41卷的版本明显并不是出自莫高窟北区石窟,大概是他收购的。邵章对张大千画艺多有称赞,张大千名画《秋湖行舟》背面有邵章行书题文。张大千的第41卷有可能是从邵章处购得,但这仅是推测。总之,日本天理大学藏西夏文刊本《大方广佛华严经》第41卷的来源至今不明。

四

《大方广佛华严经》是大乘佛教的重要典籍,又称《华严经》、《杂华经》。《华严经》译本两种:一是六十华严60卷本,东晋佛驮跋陀罗译;二是八十华严80卷本,唐代实叉难陀译,文辞流畅,义理更周,流通较盛。西夏文刊本《大方广佛华严经》印制精美,佛经封面用黄罗装裱,采用传统的经折装,长31.6厘米、宽12.2厘米,装帧考究,经文用白细绵纸印刷,由于年代久呈淡黄色,墨书小楷,书法婉丽遒逸、工整秀美,字体俏劲有力,刚柔相济,是西夏文书法的精品,是具有历史、学术、艺术价值的代表性古籍。据西田龙雄博士考证,西夏文刊本《大方广佛华严经》译自汉文八十华严[③]。

宁夏灵武出土的西夏文刊本《大方广佛华严经》是我国现存最早的木活字印刷品之一,版本学价值很高。印刷术是中国古代四大发明之一,早期的活字印刷实物在中原地区都很少保存下来。西夏木活字印刷较发达,黑水城出土文献中的西夏文佛经《胜慧到彼岸要语学禁现前解庄严论显颂》,在经末题款中两个人的称谓有"御前注补印活字都案头监"头衔,可知活字印刷在西夏王朝中还有专门机构和官员进行管理。日本藏、国家图书馆藏和宁夏博物馆藏西夏文刊本《大方广佛华严经》为同期同地出土,史金波在探讨国家图书馆藏西夏文献版本价值时写道:"特别可贵的是其中几十

① 王国维:《观堂集林》(卷二十一),《元刊本西夏文华严经残卷跋》,中华书局,1959年。

② 罗福成:《附各家藏西夏文书籍略记》,《国立北平图书馆馆刊》,第四卷第三号·西夏文专号,1932年。

③ 西田龙雄:《西夏文华严经,第三册附录》,日本京都文学部印,1977年。

卷西夏文《大方广佛华严经》都是活字印本，具有明显的活字印刷的特点。该经不少页面中一行之内有字形歪斜现象，这是初期活字印刷时活字不规范或聚版技术不精而造成的特殊现象，这种现象在木雕版印刷时是不会出现的。该经有不少常用字与上下左右墨痕深浅差别明显，这可能是因为在排字过程中常用的活字用量很大，但备用不多，不够用时只好暂时空缺，后来再个别补印。在经纸背面可以看到一些印字透墨深浅不一，这也是初期活字印刷时的一种特有现象，与木雕版印刷时背面透墨比较均匀的情况迥然不同。”[①]特别要指出的是，日本藏宁夏灵武出土的西夏文刊本《大方广佛华严经》留下木活字印刷品的直接证据，在日本京都大学所藏此经卷卷五有西夏文题记两行，译成汉文是：“都发愿令雕碎字勾管为印者都罗慧性，复共一切发愿助随喜者，皆当共成佛道”，这里所说的“碎字”就是印刷中使用的活字。

通过研究西夏文佛经《大方广佛华严经》的字体、墨色和修补这三方面，我们也可以判断出木活字印刷的特征。该佛经的字体在经书中有大有小，钝锐有差，笔画的粗细也不一致，经书墨色不均、深浅不一，这些印刷中的现象和雕版有很大的差别。宁夏考古所的牛达生注意到宁夏藏的西夏文佛经《大方广佛华严经》中个别文字的修补情况：“谈到修补，有两种情况：一种是捺印补字，即个别字不是活字排印上的，而是在预留位置上捺印的。其表现为同一字墨色很淡，但字形笔锋完全一样。这种现象的产生，或许是计划不周，造成缺字，只好印好后再补所致。”[②]这些特点同样对认定日本藏西夏文刊本《大方广佛华严经》的活字印刷起到旁证作用。

日本藏西夏文刊本《大方广佛华严经》卷首有一幅版刻佛画释迦牟尼说法图。西夏寺院和佛教徒们很早就利用民间新兴的刻版印刷术，作为宣传佛教的工具。版画是中国美术的一个重要门类。古代版画主要是指木刻，独特的刀味与木味使她在中国文化艺术史上具有独立的艺术价值与地位。宋元时期的版画以佛教题材为主，是中国古代佛教版画史的一个高峰。西夏文刊本《大方广佛华严经》版刻佛画刀法遒劲，章法完善，神态肃穆，佛像面部线条之细致生动、服饰之庄严华丽、四周景物之逼真、人物形象之鲜明，令人击节不已，是一幅接近版画成熟期的作品。但日本和法国藏的第 41 卷卷首的刻佛画释迦牟尼说法图有所不同，画面略显粗糙，与其他卷相比，存在一定的差异。元代官刻佛经存世极少，目前所知全世界有几十件。经首有扉画者更少，目前全世界大约有 10 馀件。西夏文刊本《大方广佛华严经》属于元代佛教版画的珍品，在佛教文献和版本研究上都有极其重要的价值，在中国版画史上也有重要地位。

原刊于《宁夏社会科学》2009 年第 4 期

---

① 史金波：《北京图书馆藏西夏文佛经整理记》，《文献》，1985 年第 4 期。

② 牛达生：《木活字考证——元刊木活字西夏文佛经〈大方广佛华严经〉的发现、研究及版本价值》，《中国印刷史学术研讨会文集》，印刷工业出版社，1996 年。

英藏黑水城出土军粮文书初探

许生根

一

英藏黑水城出土军政文书中有三件直接涉及元代初黑水城驻军和粮食供应研究,保存的较完整。

"黑水城屯戍支用官粮册",存一页,反映的时间从元大德十一年到至大四年,即公元1307—1311年,文书宽24.1厘米,高16.2厘米,共有17行文字,写本,行书体,前后部分残缺。

前缺
1. 柒佰柒拾伍石肆斗捌升
2. 石捌斗玖升捌合
3. 二年黄米玖佰捌拾捌石伍斗一升贰(合)
4. □大三年黄米壹阡壹佰玖拾肆石(斗捌)□
5. □(大)四年宁夏运粮万户府推送到(屯)粮黄米贰阡
6. 大德十一年黄米壹阡柒佰柒拾伍石肆斗捌升
7. 至大三年黄米玖佰捌拾捌石伍斗壹升贰合
8. □一(项)至大三年七月□亦老合儿翼指除还官
9. 合行作数计合中至大三年
10. 贰石捌斗贰升
11. 合中至大□□黄米陆佰捌拾壹石伍斗贰升
12. 屯粮至大贰年大麦肆拾壹石捌斗玖升捌合
13. □(大)四年十一月内蒙
14. 省府差来官乞答
15. 大二年巳支口粮
16. 册内作至
17. 计黄米
18. 十二月内蒙

“亦集乃路广积仓具申季报粮斛并放支军人季粮事呈文”存一页，反映的时间是元代至正十九年，即公元 1359 年，文书宽 13.6 厘米，高 20.8 厘米，共有 11 行文字，写本，行书体，后部分残缺。收藏编号 OR8212—754，发掘编号 K.K.0150(b)。

1. 呈□□□禀亦集乃路广积仓照得至正十九年正月至三月终春季三个月季报现粮斛已行
2. 呈了当外据四月至六月终夏季三个月季报现粮斛未曾具申
3. 实有见在粮斛取八年保结开坐令行具申伏乞
4. 旧(营)粮壹阡陆佰壹拾石令二斗柒合玖勺叁抄
5. 小麦玖佰肆拾石壹斗
叁升捌合陆勺贰抄
五二七六
令陆升九合三勺一抄
6. 大麦肆佰柒拾石令陆
升玖合叁勺壹抄
7. 已支陆佰六拾柒石五斗柒升柒合六勺
一抄□作大麦
8. 麦柒拾石玖拾捌升陆合陆勺陆抄伍作
9. 一帖寒字柒拾壹号放支蒙古元帅府
10. 军人春季三月杂色大
麦壹拾柒石令壹升叁合
后缺

岭北行省打造军器用粮事呈文，存半页，反映的时间是至正二十七年正月十九，即公元 1367 年，文书宽 9.6 厘米，高 15.6 厘米，共有 6 行文字，写本，行书体，前后部分残缺。收藏编号 OR8212—755，发掘编号 K.K.0119(1)军事文书影印件(上图)3 官府文书影印件 9(下图)

1. □□(伍)拾硕
2. 大麦伍拾硕
3. 一帖元字二十一号放支至正二十柒年正月十九
4. 放支潜运岭北行省打造军器
5. □□(伯石)
6. (小麦)伍

二

英藏黑水城出土两件军粮呈文,一件官粮册,都是记载军队粮食供应和保存情况的重要文书。黑水城当地军队的粮食消耗量是相当大的,这些文书直接反映出元代初黑水城驻军和粮食供应状况,对研究额济纳绿洲谷物来源具有重要意义。

黑水城是河西走廊通往漠北的必经之路和交通枢纽,战略地位极为重要,是西夏和元朝时期设在北部边境的重要军事城堡。元朝建立后,黑水城一度空前繁荣,称"亦集乃路",设置了亦集乃路总管府,管辖这一地区及西宁、山丹两州。元朝派遣了大量军队来黑水城驻防,还从各地迁来许多汉族和蒙古族人,来这里与当地人共同发展农牧业生产,元朝时期的黑水城成为元朝西北地区的军事、政治、文化中心。元代黑水城军民的粮食需要由外地输入,元代黑水城属于甘肃行省管辖,所缺粮食由甘肃行省供应,后改由宁夏调运。史料记载,至治二年(1322)"乃蛮台任甘肃行省平章事,鉴于甘肃岁粮于兰州,多至二万石,距宁夏各千馀里至甘州,自甘州又千馀里始达亦集乃路(路治在黑水城)。而宁夏距亦集乃仅千馀里。乃蛮台下谕,令挽者自宁夏径趋亦集乃,岁省费六十万"[①]。

俄藏黑水城文书"黑水守将告近禀帖"对西夏时期宁夏调运粮食入黑水城有记载,俄国西夏学者克恰诺夫最早对"黑水守将告近禀帖"文书做了整理研究,"黑水守城管色持银牌赐都平宫走马波年仁勇禀。兹(有)仁勇有少出身学途,原籍鸣沙乡里人氏,因有七十七高龄老母在堂守畜产,今母病重,而妻儿子女向居故里,天各一方,迄不得见,故送次呈请转任,迄放归老母近处。彼时因在学与老弓都统相处情感不洽,未蒙见重,而原籍司院亦不获准,遂致离家多年。此后弓首(?)亦未呈报。今国基已正,对上之德暨诸大人父母之功已显,卑职亦得脱死难,当铭记恩德。惟仁勇原籍司院不准调运鸣沙窖粮,远边之人,贫而无靠,唯恃食禄各一,所不足当得之粮无着,今食粮将断,恐致羸瘦而死,仁勇不辞冒犯,以怜念萱堂等,迄加恩免除守城事,别遣军将□□□□□来此……仁勇则请遣往老母近处司(院)任大小职事,当尽心供职。是否允当,专此祈请议司大人慈鉴。干定申年七月,仁勇"[②]。文书中的鸣沙乡就是现宁夏的中宁县。这件文书也证明从宁夏调运粮食入黑水城。西夏学专家陈炳应做出这样的结论:"元初,由于黑水城地区(亦集乃路)划归甘肃行省管辖,因此,所缺粮食改由甘肃行省供应。但甘、肃二地粮食不够,粮食来源仍靠宁夏、辗转运输,路程和费用都比从宁夏直接运去要多得多。乃蛮台恢复了西夏暑期的供应路线,大大节省国家的费用。"[③]黑水城还从其他地区调入粮食吗?对这个问题史书中没有直接的史料。在黑水城文献的社会文书中,我们可以找到确

---

① 《元史·乃蛮台传》。

② [俄]克恰诺夫:《黑水守将告近禀帖研究》,《匈牙利东方学报》1971年第24卷第2期。

③ 陈炳应:《西夏文物研究》第六章,宁夏人民出版社,1985年。

切的结果。“黑水城屯戍支用官粮册”，共223字，记载当时黑水城屯戍部队食用粮食的官府帐目，原文献的全文如下：

前缺
1. 柒佰柒拾伍石肆斗捌升
2. 石捌斗玖升捌合
3. 二年黄米玖佰捌拾捌石伍斗一升贰(合)
4. □大三年黄米壹阡壹佰玖拾肆石(斗捌)□
5. □(大)四年宁夏运粮万户府推送到(屯)粮黄米贰阡
6. 大德十一年黄米壹阡柒佰柒拾伍石肆斗捌升
7. 至大三年黄米玖佰捌拾捌石伍斗壹升贰合
8. □一(项)至大三年七月□亦老合儿翼指除还官
9. 合行作数计合中至大三年
10. 贰石捌斗贰升
11. 合中至大□□黄米陆佰捌拾壹石伍斗贰升
12. 屯粮至大贰年大麦肆拾壹石捌斗玖升捌合
13. □(大)四年十一月内蒙
14. 省府差来官乞答
15. 大二年巳支口粮
16. 册内作至
17. 计黄米
18. 十二月内蒙

我们注意到，宋元时期的黑水城是西北经济发达的地区，李新贵在《西夏牧业经济若干要素的考察与分析》中写道：“西夏时，除弱水流人居延海形成绿洲外，河水两岸的牧场亦十分辽阔。……这是元末明初之事，距西夏已近百馀年。可见西夏时额济纳农牧兼营之盛。”①黄文弼在黑城附近的河道做过调查，记载道：“老人传说，此河初时水极大，居民亦众，故在此建城.为一蒙古王子所居，称西王。”②我们可以认定，元代初黑水城一带的生态环境比较适合人们居住，经过西夏时期修建灌溉渠道和迁来熟练劳动人口的开垦，这里的农牧业应该比较发达，具有满足一定数量人群生存需要的粮食生产能力。那么，为何黑水城还要依靠其他地区来供应粮食？我们分析主要有两方面的原因，一是元代初期黑水城居住的军民数量庞大，常驻人口超过万人，即便黑水城地区农牧业经济相当繁荣，仍然不足达到粮食自给自足的程度。

---

① 李新贵：《西夏牧业经济若干要素的考察与分析》，《青海民族研究》(西宁)，2004年，第3页。
② 黄文弼：《西北史地论丛》，上海人民出版社，1981年，第101页。

二是当地马匹消耗的粮食所占比例较大。元代黑水城是重要的驿站,牧养了大批的马匹,为驿站交通服务,这就需要提供大量的饲料用来喂养马匹,“广积仓所收大麦的绝大多数都用于充做马料,用来做粥的所剩无几。由本文书的纳粮数已经看出亦集乃路的税粮数很少,再除去三分之一的大麦充做马料,则本地的粮食就更少了”[①]。这种情况下,军队人员的粮食则需要从周边地区调拨,以维持黑水城庞大的军政开支。

三

黑水城文书中经常提到亦集乃路和广积仓的问题,但元代史书中均不见有对亦集乃路府仓的记载,我们对其情况了解不多。俄藏文献中保存一件有关“申亦集乃路总管府验粮文”的元代经济文书元写本,见《俄藏黑水城文献》第六册第15页,未染麻纸,高21.5厘米,宽33厘米,共九行,行15字,楷书,墨色淡,文书内容如下:

前缺
1. 六斗
2. 前申收粮一十五石□□
3. 小麦一十石□□
4. 大麦五石二斗
5. 今申二十九日实收粮三十二石七斗
6. 小麦二十一石八斗
7. 大麦一十石令九斗
8. 右具如前伏乞
9. 亦集乃路总管府
10. 照验谨具

根据文书的内容,初步判断应为一个收粮机构的验粮文书,马彩霞在《关于黑水城所出一件元代经济文书的考释》一文中,考证了这件文书,推断出广积仓是亦集乃路总管府的下属机构,“但《黑水城出土文书》中属,Fl:W32及后面的多个仓票均有广积仓副使、大使、监支纳的签名,都能说明广积仓为亦集乃路的府仓。因此,可以断定本文书为广积仓的申验粮文。这也证明了广积仓和亦集乃路总管府之间确实存在收粮、验粮的职能分工”[②]。本文中的“亦集乃路广积仓具申季报粮斛并放支军人季粮事呈文”则明文记载了“亦集乃路广积仓”的字样,从而直接证明广积仓属于亦集乃路,从文书内容看,“申亦集乃路总管府验粮文”是

① 马彩霞:《关于黑水城所出一件元代经济文书的考释》,《西域研究》2004年第4期。
② 马彩霞:《关于黑水城所出一件元代经济文书的考释》,《西域研究》2004年第4期。

亦集乃路广积仓征收税收时候的申验粮文书，本文中的“亦集乃路广积仓具申季报粮斛并放支军人季粮事呈文”是亦集乃路广积仓向军队发放粮食的文书，“呈禀亦集乃路广积仓照得至正十九年正月至三月终春季三个月季报现粮斛已行”，说明广积仓和亦集乃路总管府之间不但存在收粮、验粮的职能分工，还存在发放粮食的功能，从中进一步看出亦集乃路广积仓的重要性。

文书断代是整理研究文书的关键环节，马彩霞“申亦集乃路总管府验粮文”由于残破，文书本身没有纪年，马彩霞根据黑水城文书《元史·地理志》和《至正廿四年司吏刘融买肉面等物呈文》推定，“申亦集乃路总管府验粮文”的年代是至正廿四年(1364)前后的文书，“文书中提到了亦集乃路总管府据《元史·地理志》:‘亦集乃路……至元二十三年，立总管府。’因此，该文书的上限应为至元二十三年(1286)。关于文书的下限可从其背面的纪年文书略作推定。本文书为正反两面书写，背面为宣光二年(1372)正月的文书。据图版可以看出:正面文书书写较工整，且没有字洇到背面;宣光二年的文书字迹较潦草，且有多个字洇到文书正面。可见，正面文书应为宣光二年以前的文书。另《俄藏黑水城文献》第六册第135页收录的《至正廿四年司吏刘融买肉面等物呈文》文书，文书背面亦为宣光二年的文书，具体时间为宣光二年(1372)二月。两件文书的背面均有‘知事、经历李’的签名。两件文书的字体也极为相近，疑为一人所书，据此似可推断本文书很可能为至正廿四年前后的文书”[①]。元代设立亦集乃路总管府是在至元二十三年，即公元1286年。英藏黑水城文献中涉及亦集乃路总管府的文书保存相对完整，特别重要的是还有文书日期的记载，“亦集乃路广积仓具申季报粮斛并放支军人季粮事呈文”的第一行“呈□□□禀亦集乃路广积仓照得至正十九年正月至三月终春季三个月季报现粮斛已行”，明确记载文书的日期是至正十九年正月至三月，即公元1359年。这证明，亦集乃路广积仓早在亦集乃路总管府设立之前就存在，并开始承担向驻军发放粮食的职能。

我们对照俄藏“申亦集乃路总管府验粮文”和英藏“亦集乃路广积仓具申季报粮斛并放支军人季粮事呈文”，均是亦集乃路涉及粮食的官方文件，这两件文书合起来，较完整地反映出亦集乃路广积仓的情况，给黑水城文书中长期以来悬而未决的粮食供应问题一个准确的答案，也让我们对元代亦集乃路府仓的设置和运行情况有了更深入的了解。

---

① 马彩霞:《关于黑水城所出一件元代经济文书的考释》,《西域研究》2004年第4期。

《打剌赤碑记》考释

张玉海

《打剌赤碑记》又名《建怀戎堡碑记》，宋人张安泰书，所记内容涉及宋夏关系、宋边防军制及当时地理环境、西夏西寿监军司位置等诸多信息。原碑已湮没失考，唯明《嘉靖万历固原州志》[①]、清康熙年间《重修靖远卫志》[②]和清光绪三十四年手钞本《打拉池县志》有录。今学者多利用《嘉靖固原州志》卷二所辑录碑文来考证西夏西寿监军司位置[③]，但对其他记载利用不多。而《嘉靖固原州志》《重修靖远卫志》两志所录碑文略有差异，似也未引起学者注意。故笔者不揣简陋，结合相关文献，略做考释如下。

为方便起见，先将《嘉靖固原州志》卷二所载《打剌赤碑记》全文转录如下：

> 崇宁元年壬午岁，承朝旨筑打绳川。熙河帅姚雄驻兵会州，应副钱粮运使吴安宪，统制官熙河郭祖德、刘戒，泾原乔松，秦凤刘德，西筑水泉、正川二堡，通古会州。三月初，皆毕功。行打绳川，赐名怀戎堡，隶会州熙河第八将。后三年乙酉岁正月，割隶泾原改第十五将。将官张普统人马东筑通怀堡，接泾原、定戎，开护道壕。当年八月，却隶熙河，复第八将。
>
> 怀戎东南曰屈吴山、大神山、小神山，皆林木森茂，峰峦耸秀，山间泉流，数派以法泉禅寺为额，给田五十顷，岁赐拨放紫衣。西南白草原，通会州。北有宝积山，产石碳、甘铁。东北去西寿监军一百五十里。西北去马练城八十里。堡之西南百馀步，有泉眼湧出，泓澄甘冽，止而为湖，不徒有玩赏之景，民田灌溉实赖其利。
>
> 大观三年己丑春，废寨，主将兼领之。安泰自是年仲冬到官，布耳目，备战守。庚寅春，创瞻军园，补烽台，完城堞，更寨宇为怀戎堂，以延使节。置衙校场，建利威堂，阅武习射。秋润八月，与夏人分画界。辛卯春，展将厅便于管犒。孟夏创宝积堂，因山名之。仲夏，就堂之北葺书室，曰镇静

---

① 杨经纂辑，刘敏宽纂次：《嘉靖万历固原州志》，牛达生、牛春生校勘，宁夏人民出版社，1993年。

② 石一焯、李一鹏等纂：《重修靖远卫志》，台湾学生书局，1968年。

③ 鲁人勇、吴忠礼、徐庄：《宁夏历史地理考》，宁夏人民出版社，1993年，第155页。

斋。盖新制，择将深沉镇静、果敢有勇者，为将副，就而名焉。

创堡将已十年，殊无铭记。虑其岁久莫知始末，安泰昔任运司日，尝董筑事，今复官此，直叙其详，使后来者有所考实。政和元年辛卯岁六月壬辰八日己亥，巡检柳世雄、冯进、监押杜谓、唐昱，部队将假遇、赵普、崔恩，供备库副使第八将兼堡事武骑尉张安泰书。

《嘉靖固原州志》为明代杨经纂修、三边总制王琼裁正、陕西三边总制唐龙撰写序言并刊印，是现存固原地区最早的古代方志。该书卷二收《打剌赤碑记》，其后有杨勉所撰《重建靖虏卫打剌赤城记》称“打剌赤古城，按旧志不载兴废之由，或者以为宋御夏人之患所筑欤！是城东距西安州八十里，西去靖虏卫八十里，北临鲁寇冲突之地，南控居民耕牧之场”。其时城已废毁，其兴废之缘由已不甚清楚。清康熙年间所修《重修靖远卫志》则定名为《建怀戎堡碑记》，下注“即打剌赤”。按，打剌赤，即今甘肃省白银市平川区境内屈吴山正北山脚下打拉池。宋代先后有啰逋川、打啰城川、打绳川等名称。宋景祐三年(1036)元昊在啰逋川筑打啰城。《宋史·神宗本纪第十六》载，元丰四年(1081)，宋五路大军攻夏，李宪统军出熙河，9月败夏人于屈吴山，11月败夏人于啰逋川[①]。而《宋史·李宪传》中则记“元丰中，五路出师讨夏国，宪领熙、秦军至西市新城。复兰州，城之，请建为帅府。帝又诏宪领兵直趣兴、灵，董毡亦称欲往，宜乘机协助，入扫巢穴，若兴、灵道阻，即过河取凉州。乃总兵东上，平夏人于高川石峡。进至屈吴山，营打啰城，趋天都，烧南牟府库，次葫芦河还”[②]。结合两处记载，知宋军当时即曾到啰逋川，筑打啰城。《潮音观碑记》载“贞观大治，置打绳州府，啰逋川易名打绳川”[③]，“一说当地产芨芨草，可结绳索，故名打绳川”[④]。前引碑文有“崇宁元年壬午岁，承朝旨筑打绳川。熙河帅姚雄驻兵会州，应钱粮运使吴安宪，统制官熙河郭祖德、刘戒，泾原乔松，秦凤刘德，西筑水泉、正川二堡通古会州。三月初，皆毕功。行打绳川，赐名怀戎堡，隶会州熙河第八将”。另《宋史·地理志三》“会州”条“怀戎堡，崇宁二年筑，属秦凤路”。则知，宋代此地在立碑之时，先后有打啰城、啰逋川、打绳川、怀戎堡之称，又以怀戎堡为其最后正式名称。因此，原碑名当依《重修靖远卫志》所载，为《建怀戎堡碑记》。那么，“打剌赤”之称又从何而来呢？有说在蒙语里“达喇赤”意为牧场。1227年，成吉思汗灭西夏，怀戎堡为蒙古所占。此地为蒙人牧场，称为“达喇赤”。至迟在明嘉靖时

---

① (元)脱脱:《宋史》本纪第十六，中华书局，1977年，第306页。

② (元)脱脱:《宋史》列传第二百二十六，中华书局，1977年，第13639页。

③ 转引马全汉:《打拉池古城堡历史沿革考述》，[J]. http://hi.baidu.com/maquanhan/blog/item/2bd0e413ee43220a5baf5333.html

④ 李昭辉:《打拉池:古城新镇的几重解读》，http://www.tongzhuo168.com/Article/ShowInfo.asp? ID=231

即已音讹为“打剌赤”[①]。则“打剌赤”为元明时的称呼,宋代还无此说。

碑文首句“崇宁元年壬午岁,承朝旨筑打绳川”。标明宋人眼中的筑城之始与原因。崇宁元年壬午岁即公元1102年。崇宁是宋徽宗在位时的第二个年号,为公元1102年—1106年,共5年,取继承神宗,常法熙宁之意。宋哲宗初期,高太后主持朝政,重用司马光等人,对西夏采用“弃地弭兵”的消极防御政策。宋夏之间暂时相对和平。元祐八年九月,哲宗亲政,改元绍圣,“有复熙宁、元丰之意”。宋对西夏开始逐渐强硬,罢诸边划界,渐绝岁赐。与此同时,哲宗采纳章楶等人“择地筑垒”,“据形胜以逼夏”的建议,在宋夏沿边积极修筑堡寨,开边西北。经平夏城等一系列战役,至徽宗时,已经是“闻朝廷熙、秦、延、庆、泾原、河东六路进筑,五七年间,建置城若砦垒数十”[②]。“朝廷自近岁以来经营边事,无不如意”[③]。据吕卓民先生《宋夏陕北争战与北宋筑城》统计,宋新筑堡寨80馀,且绝大多数越宋夏分界而深入西夏境内[④]。但徽宗即位之初,皇太后权知朝政,拓边活动暂时告寂,两国处于和平期。至徽宗亲政,一方面改元崇宁,重用变法派诸人,变革朝政,已有重启边事之兆,如蔡京入相,贬章惇为武昌军节度副使,并以曾布为尚书右仆射兼中书侍郎,诏枢密院具曾任管军及堪充管军人姓名以闻[⑤]等等。另一方面,其时“对外形势”有了变化,青唐羌内乱,为宋新的开边活动提供了新的契机。

前述宋哲宗时积极筑堡开边,深入西夏境内,从而使得会州打绳川成为据宋泾原路与熙河路沟通交汇的战略要地。故元符元年(1098)九月,宋枢密院即筹划在熙河路会州打绳川等地“各进筑堡城寨,以期连通两路”[⑥]。次年六月,熙河兰会路经略使孙路奏报称“近据苗履踏逐到古会州、巴宁会中间地形宽广,北控黄河,可以置州。已依朝旨计置合用楼橹材植等赴新城,欲候今秋先筑会州,毕工即移兵了当打绳川东、北椤摩之间两寨”。提出先筑会州,再筑打绳川的施行步骤[⑦]。八月,诏“以打绳川系熙河路合进筑处,令熙河管认地分进筑”[⑧]。“诏熙河速相度筑打绳川”[⑨]。但其时会州新筑,尚未稳固,建置不全,几次兴废,主事者多着眼于城周诸寨的修筑,且熙河兰会路经略司指挥王赡等人领军进逼青唐,无暇顾及打绳川。九月,熙河兰会路经略司称“打绳川实系泾原、熙河两路要害之地,合行进筑”。宋廷

---

① 李昭辉:《打拉池:古城新镇的几重解读》,http://www.tongzhuo168.com/Article/ShowInfo.asp? ID=231

② 韩忠彦:《韩仪公丞相忠彦行状》,《琬琰集》,第1143页,转引韩荫晟:《党项与西夏资料汇编》,第5674页。

③ (宋)李焘:《续资治通鉴长编》,中华书局,1979年,卷五二〇,第18页。

④ 吕卓民:《宋夏陕北争战与北宋筑城》,西北大学出版社,1991年,第177页。

⑤ 《宋史》徽宗本纪一、《续资治通鉴长编》卷五二〇第21页下、《宋会要辑稿》第6907页。

⑥ (宋)李焘:《续资治通鉴长编》,中华书局,1979年,卷五〇二,第13页下。

⑦ (宋)李焘:《续资治通鉴长编》,中华书局,1979年,卷五一一,第9页下。

⑧ (宋)李焘:《续资治通鉴长编》,中华书局,1979年,卷五一四,第8页上。

⑨ (宋)李焘:《续资治通鉴长编》,中华书局,1979年,卷五一四,第17页下。

下诏"候青唐事宜就绪,抽本路兵马应副进筑"[①]。该年青唐内附,而其主事者熙河兰会路都监兼本路钤辖王赡又与孙路、王愍等内斗,筑城之事一拖再拖。后孙路被贬,胡宗回接任熙河兰会路经略使,认为等青唐事了,要"先将河北边冲要城壁修备,候明年相度河南,渐次修缮"[②]。打绳川筑城之事就此搁置。1100年,因青唐叛服不定,宋终于弃守青唐,王赡归湟州。韩忠彦等人又建议息边事,罢筑城[③]。建中靖国元年(1101),任伯雨又上书言驻守湟、鄯二州及陕西五路进筑堡寨之弊。其他诸人也有议弃二州者[④]。宋诏访姚雄言利弊,姚雄认为可以弃守。三月十六日,遂赐二州与青唐赵怀德,徙雄知熙州[⑤]。姚雄以雷秀为东路统制,将湟州兵马由京玉关以归;以蕃兵总领刘玠为西路统制,将兵护湟州居民商旅由安乡关以归[⑥]。这是宋议筑打绳川之背景与始末。

下句"熙河帅姚雄驻兵会州,应副钱粮运使吴安宪,统制官熙河郭祖德、刘戒,泾原乔松,秦凤刘德,西筑水泉、正川二堡通古会州。三月初,皆毕功"。言姚雄领筑水泉、正川二堡事。其中"应副钱粮运使吴安宪"句,《嘉靖固原州志》所录少"副"字,至语义不通,今据《重修靖远卫志》改。熙河路,其时全称熙河兰会路。《宋史·神宗本纪》称"置熙河路在五年十月"。《宋史·地理志三》"陕西路"条载,"庆历元年,分陕西沿边为秦凤、泾原、环庆、鄜延四路。熙宁五年,以熙、河、洮岷州、通远军为一路,置马步军都总管、经略安抚使。又以熙、河等五州军为一路,通旧鄜延等五路,共三十四州军,后分永兴、保安军、河中、陕府、商、解、同、华、耀、虢、鄜、延、丹、坊、环、庆、邠宁州为永兴军等路,转运使于永兴军、提点刑狱于河中府置司;凤翔府、秦、阶、陇、凤、成、泾、原、渭、熙、河、洮、岷、州、镇戎、德顺、通远军为秦凤等路,转运使于秦州、提点刑狱于凤翔府置司;仍以永兴、鄜延、环庆、秦凤、泾原、熙河分六路,各置经略、安抚司"。在熙宁五年始分陕西路沿边熙、河等五州军为熙河路。因所辖有兰州、岷州,故又称熙河兰岷路。直到"元丰五年,熙河路加'兰会'二字,时未得会州。元符二年,始建筑,割安西城以北六砦隶州"。《宋史·地理志三》"会州条"才开始称熙河兰会路。

"熙河帅"为宋对熙河路统军长官的称呼。一般而言,宋代经略使、安抚使均可称该路之"帅"。如1099年8月16日,熙河兰岷路经略使,宝文阁待制、知熙州孙路改河南府,以宝文阁待制、知庆州胡宗回知熙州。《曾布日录》记其事则称"孙路

① (宋)李焘:《续资治通鉴长编》,中华书局,1979年,卷五一五,第12页上。

② (宋)李焘:《续资治通鉴长编》,中华书局,1979年,卷五一六,第1页上。

③ (元)脱脱:《宋史》,中华书局,1977年,第358页及卷三一二《韩忠彦传》、《琬琰集》卷五《韩仪公丞相忠彦行状》第1143页。

④ (宋)赵汝愚:《宋朝名臣奏议》,北京大学中国中古史研究中心点校整理,上海古籍出版社,1999年,第1669页、2386页、4872页。

⑤ (元)脱脱:《宋史》,中华书局,1977年,第1106页。

⑥ (清)徐松:《宋会要辑稿》,中华书局,1957年,第6907页。

知西京,胡宗回帅熙州"①。孙路、胡宗回在《宋史》中均被称为熙河帅,两人都有熙河路经略使的头衔。有意思的是此时姚雄虽然因入援青唐王赡,"四战,获二千馀级,而亡失止三十八人"的战绩由秦州刺史、熙河兰会路兵马都监兼知河州、管洮西沿边安抚司公事,兼第三将升本路钤辖依前知河州兼洮西沿边安抚使,后又知熙州,特除正防御使臣等,仍非本路经略使或经略使一级的官员,其安抚使头衔也是"兼洮西沿边安抚使"②。而《宋史》姚雄本传称"熙河十八年间更十六帅,唯雄三至,凡六年"。也将其称为熙河帅。则可推知不仅熙河路经略使、安抚使可称"熙河帅",知熙州,任本路钤辖者似亦可称"熙河帅"。尤其是如上文提及的姚雄本身已至安抚使之位,而实任本路钤辖,被称"帅"自是情理中事。

姚雄,字毅夫,五原人,《宋史》有《姚兕附子雄传》,但略嫌简略。雄出身军人世家。父姚兕、叔父姚麟、弟姚古均以边功著称。他十八岁即随父征伐,曾为泾原、秦凤将,驻甘谷城,知通远镇戎军、岷州,官累左骐骥使③。元符二年(1099)"(八月)丁亥,诏'修复会州,就差四方馆使、秦州刺史、知镇戎军姚雄知会州兼管勾沿边安抚使,充熙河兰会路兵马都监'"④。绍圣中(1098—1099),两次平夏城之战,姚雄均率熙河军团参战,以军功先后擢东上阁门使、秦州刺史,徙知会州,领熙河钤辖。元符三年(1100)熙河兰会路兵马都监兼知河州姚雄统军援青唐王赡部,与王赡屡败叛羌⑤。由秦州刺史、熙河兰会路兵马都监兼知河州、管洮西沿边安抚司公事,兼第三将升本路钤辖,知河州兼洮西沿边安抚使。建中靖国初,宋议弃湟州,诏访雄利害。雄以为可弃,遂以赐赵怀德,徙雄知熙州,进华州观察使⑥。三年四月二日,宋弃青唐,自湟州撤军。姚雄又"四战皆捷","获(首)二千馀级,而亡失止三十八人"。"遂筑安乡关,夹河立堡,以护浮梁,通湟水漕运,商旅负贩入湟者,始络绎于道"。特除正防御使臣,升本路钤辖依前知河州兼洮西沿边安抚使及加复州防御使⑦。随后姚雄复知熙州⑧。而碑文所记,正是姚雄自湟州回撤熙河后这一段时间做得事情。崇宁元年(1102)五月,宋徽宗罢韩忠彦相,降复太子太保司马光为正议大夫,太师文彦博为太子太保,削元祐诸臣之秩,以翰林学士承旨蔡京为尚书左

---

① 《续资治通鉴长编》,中华书局,1979年,第8页下;《宋会要辑稿》,中华书局,1957年,第3775页;"姚雄授正任防御使制",《宋大诏令集》,中华书局,1962年,第789页。

② 《宋会要辑稿》,中华书局,1957年,第6907页、7002页;《宋大诏令集》,中华书局,1962年,第343页。

③ 《宋史》,中华书局,1977年,第11060页。

④ 《续资治通鉴长编》,中华书局,1979年,卷五一四,第11页上;《皇宋十朝纲要》会州条"以知镇戎军姚雄为知州"卷一四,第6页上。

⑤ 《宋会要辑稿》,中华书局,1957年,第6907页。

⑥ 《宋会要辑稿》,中华书局,1957年,第6907页、7002页。

⑦ 《宋史》,中华书局,1977年,第11060页;《宋会要辑稿》,中华书局,1957年,第6907页、7002页;《宋大诏令集》,中华书局,1962年,第343页"姚雄授正任防御使制"。

⑧ 《宋史》,中华书局,1977年,第11060页;徐松:《宋会要辑稿》,中华书局,1957年,第6907页。

丞[①]。蔡京用王厚复河湟，追究议弃青唐罪责，姚雄因此丢官[②]。

另外，还可注意者为其时姚雄所辖部队为"统制官熙河郭祖德、刘戒，泾原乔松，秦凤刘德"。自宋改太祖更戍之法为将兵法，熙河帅领熙河兵自无疑义，但为何还有泾原、秦凤兵马？这是因为熙河与西夏、青唐接壤，而熙河路一面派王赡等部入青唐，谋夺鄯、湟，一面又因筑会州及其周边堡寨而与西夏交恶，自然倍感兵力不足。因此，宋频频抽调与熙河相邻的泾原、秦凤两路兵马入戍熙河。《续资治通鉴长编》载，1099年，遣秦凤戍兵十指挥应副熙河新边戍守[③]。"（十月）乙卯，遣慕化、李忠杰将部落子及尽发秦凤战士赴熙河，讨定新边"[④]。"又诏泾原、环庆各选步兵三千、骑兵两千赴熙河路"[⑤]。《宋史》卷一九六兵志十"屯戍之制"条也有："（元符）三年八月，诏遣虎翼军六千戍熙河路，令代蕃兵及弓箭手还家休息。"可知当时驻守熙河的部队除本路厢兵、驻守禁军及部落兵、蕃汉弓箭手以外，还有自泾原、秦凤抽调的"友军"。实际上，据《长编》卷五一七记载，苗履、姚雄入援青唐时所率部队也非本路军马，而是秦凤兵[⑥]。所以，此时姚雄率熙河、泾原、秦凤三路兵马，恰恰反映了此时熙河路所面临的复杂形势和其边防驻军的真实状况。

至于其所筑水泉、正川二堡，《宋史·地理志三》"会州"条载，"水泉堡，系怀戎堡管下，距本堡二十里，不系守御处"。"正川堡。系德威城管下，啰迷谷口新移正川堡距本处二十五里，不系守御处"。二堡均无驻兵。

第三句"行打绳川，赐名怀戎堡，隶会州熙河第八将"。《重修靖远卫志》少"行"字。另后句少录"三"字。说明怀戎堡筑堡时间约为崇宁元年(1102)三月。"隶会州熙河第八将"则说明其时熙河路第八将驻会州。但是，根据《续资治通鉴长编》元符二年(1099)条，熙河兰会路经略使胡宗回言："今相度鄯州合置知州、通判、签判、司理、司户参军兼录事、司法各一员，兵马监押、巡检各二员，置保宁一指挥厢军，湟州、宁塞城共置一将，正将于湟州、副将于宁塞城驻扎，马军两指挥、步军三指挥，湟州北城一指挥厢军，本城一指挥。鄯州置一将，充熙河兰会路第八将；湟州、宁塞城共置一将，充第九将，所有将副，令经略司选官闻奏。"[⑦]则宋始置熙河第八将为1099年，原驻地为鄯州。碑文称"赐名怀戎堡，隶会州熙河第八将"，即熙河第八将此时驻于会州。说明，随着宋弃青唐，王赡等回撤，并未取消熙河路第八将的设置，而是自驻守鄯州移到会州驻守。

怀戎堡。《宋史·地理志三》"会州"条载，"怀戎堡，崇宁二年筑，属秦凤路。东

---

① 《宋史》，中华书局，1977年，第363－364页。

② 《宋史》，中华书局，1977年，第11060页。

③ 《续资治通鉴长编》，中华书局，1979年，卷五一六，第7页上。

④ 《续资治通鉴长编》，中华书局，1979年，卷五一七，第1页下。

⑤ 《续资治通鉴长编》，中华书局，1979年，卷五一七，第15页下。

⑥ 《续资治通鉴长编》，中华书局，1979年，卷五一七，第4页上。

⑦ 《续资治通鉴长编》，中华书局，1979年，卷五一六，第9页下。

至泾原路分界定戎砦地分二十二里半，西至本堡管下水泉堡二十里，由香谷至会州共六十里，南至会川城分界三十五里，北至柔狼山界堠四十里，系与夏国西寿监军地对境，经由枯柴谷至柔狼山，有险隘去处”。则言怀戎堡，属秦凤路管辖。结合碑文下文记载，我们似可推知，怀戎堡的隶属关系，可能为熙河路第八将—泾原路第十五将—熙河第八将—秦凤路，最终隶属秦凤路。

碑文第二段讲怀戎堡的地理位置与环境、物产。其中“西北去马练城八十里”，少“西”字，今据《重修靖远卫志》《宋史・地理志》改。就目前所见，《打剌赤碑记》是记载西夏西寿监军司确切地望的最早资料。学者一般多利用碑文此段中“东北去西寿监军一百五十里”之记载，来考证、确定西夏西寿监军司的位置，认为“对于西夏的西寿保泰军，连《西夏纪事本末》卷首的《西夏地形图》也未标出位置来。历来史籍也未叙述倒底在何处。而《打剌赤碑记》，是考证其详址的最好依据”①。另外，笔者前引《宋史・地理志三》“会州”条载怀戎堡地理方位时也有“西至本堡管下水泉堡二十里，由香谷至会州共六十里，南至会川城分界三十五里，北至柔狼山界堠四十里，系与夏国西寿监军地对境”的记载。此二者可为确定西夏西寿监军司的确切地点提供有力的证据。

碑文第三段讲大观三年(1109)，怀戎堡废与安泰重修事，其中《嘉靖固原州志》“己丑春，废塞”，“与夏人分画界”，“择将深沉镇静、果敢有勇者”三句，《重修靖远卫志》分作“己丑春，废寨”，“塞”为“寨”字；“与夏人分画地界”，多“地”字；“择将深沉镇静、果敢有为者”，“勇”为“为”字。据彭向前先生推测，“政和元年辛卯岁六月壬辰八日己亥”句，当在“六月壬辰”后脱落“朔”字。此处存疑待考。

碑文最后讲立碑缘由和落款。《嘉靖固原州志》仅存立碑缘由，在碑名后有“巡检柳世雄立石”，无落款。《重修靖远卫志》则有“政和元年辛卯岁六月壬辰八日己亥，巡检柳世雄、冯进，监押杜谓、唐昱，部队将假遇、赵普、崔恩，供备库副使第八将兼堡事武骑尉张安泰书”。但无“巡检柳世雄立石”字样。《重修靖远卫志》落款按照官职，从低到高排列，以其时最高长官张安泰收尾，符合宋代碑铭的一般格式，当为原碑落款，故从之。

结合上段，我们可以推知，怀戎堡的建制如下：堡早期设有专门官员，后由熙河第八将兼领，设有“将副”；设有巡检司衙门，有管捕盗事务的巡检和驻军官员如监押、队将等军职。按《长编》元符二年(1099)载“(八月)丁亥，诏‘修复会州，就差四方馆使、秦州刺史、知镇戎军姚雄知会州兼管勾沿边安抚使，充熙河兰会路兵马都监……其会州合置通判、职官、曹官、都监、监押、巡检等并依西安州例施行。除会州通判堂外，其馀员阙令经略司一面选差官权管勾’”②。说明会州设有通判、职官、曹官、都监、监押、巡检等官员，由本路经略司“选差官权管勾”。怀戎堡隶属会

① 鲁人勇、吴忠礼、徐庄：《宁夏历史地理考》，宁夏人民出版社，1993年，第155页。

② (宋)李焘：《续资治通鉴长编》，中华书局，1979年，卷五一四，第11页上。

州，其官员当亦为本路经略司派遣[1]。在这里还需要指出的是，据陈瑞青先生指出，该碑也是较早记载有巡检的宝贵资料。碑文落款出现的巡检，是宋沿袭唐、五代之制而广泛设置，是其社会治安网络中不可或缺的组成部分。这里的巡检，当是其在边疆所设，除一般防盗职能外，还当兼有国防之职责。宋代巡检制度不仅被宋人称之为“万世之良法”，而且影响后世，元明清均有承袭[2]。

综上所述，《打剌赤碑记》所包含的信息，不仅真实反应了1098年至1102年宋与西夏、青唐之间在熙河地区的复杂关系及其宋沿边政策的变化与边防形势，为我们研究这一时期宋、夏、青唐之间的复杂多变的关系提供了弥足珍贵的第一手资料，同时也为我们了解宋代边防的实际情况乃至军队建制、边防官职等提供了足够详细的信息。可以说，《打剌赤碑记》所包含的信息为我们细致地勾勒出这一时期宋与西夏、青唐三方在熙河路角逐的轮廓图。另外《打剌赤碑记》所记载怀戎堡周边地理环境，“林木森茂，峰峦耸秀，山间泉流数派……堡之西南百馀步，有泉眼湧出，泓澄甘冽，止而为湖，不徒有赏玩之景，民田灌溉实赖其利”。与今日现实相对照，除了解怀戎堡古今自然环境的变迁外，也深切感受到保护自然环境的必要与急迫。

原刊于《西夏学》第八辑

① （清）徐松：《宋会要辑稿》，中华书局，1957年，第4692页。

② 胡旭宁：《宋代巡检制度研究》，河南大学2006年硕士论文。

论党项西夏家族关系

孙广文

家族,《辞海》:"以婚姻和血缘关系结成的社会单位。"宗族:"谓同宗同族之人。"《尔雅·释亲》:"父之党为宗族。"很明显,宗族这个概念的外延要大于家族概念的外延,诸古代典籍,宗族出现的次数远比家族出现的次数要多,可指同一始祖的父系血缘群体。而典籍中所谓家族,则多指五服以内之宗族,比如欧阳修《论光化军叛兵家口不可赦札子》:"既败之后,不诛家族。"[①]党项西夏社会关系中也特别重视五服以内的家族关系,《圣立义海·美妇名义》中记载:"妇妖媚,害九亲;男轻佻,族不和。"[②]为便于讨论,本文将五服以内的家族群体都统称为"家族",而"宗族"则特指五服以外的家族群体。

一、党项时期的家族关系

早期党项主要分布在今青海省东南部、四川省西北部的草原和山地间,据《旧唐书·党项羌传》记载:自南北朝末期北周灭宕昌、邓至后,党项开始强大,"其种每姓别自为部落,一姓之中复分为小部落,大者万馀骑,小者数千骑,不相统一。有细封氏、费听氏、往利氏、颇超氏、野辞氏、房当氏、米擒氏、拓跋氏,而以拓跋氏为最强"。这里所提到的八大宗族部落,都是以男姓部落首领的姓氏为名,所以可以肯定,至此党项社会已经发展到以父系血缘关系为纽带的氏族社会阶段,宗族组织也已经成为党项社会的一种基本社会政治组织。他们将这样的宗族组织称为"氏"或"族",如"野利氏"也称"野利族",而"每姓别自为部落,一姓之中复分为小部落"则表明一个部落便是一个宗族,一些大的宗族又分出一些小的宗族,称门族或支族,如庆州大族野鸡族,《册府元龟》"其野鸡第七门族首领李万全及树夥等族受敕书领袍带"[③],门族或支族之下又有族帐,族帐是党项最基层的社会政治组织单位。这样在党项社会中就形成了"族—门族(支族)—族帐"或"族—族帐"这样的社会政治组织结构,"门族"是"族"的子组织,而"族帐"可为"门族"的子组织也可为"族"的子组织。党项人生活在这个组织当中,聚族而居,一家或一个家族为一帐,小族数百

① (宋)李焘:《续资治通鉴长编》,中华书局,1985年,第3497页。

② [俄]克恰诺夫著,李范文、罗矛昆译:《圣立义海研究》,宁夏人民出版社,1995年,第89页。

③ (宋)王钦若:《册府元龟》,中华书局,1960年。

帐，大族千馀帐，兵民合一，无事时各为生业，有事时迅速聚集。

党项各宗族和家族都有自己的首领，“其大首领为都军主，司帐已上者为军主，其次为副军主，又有以功次补者，其官职俸给有差。……泾原路熟户万四百七十馀帐，帐之首领，各有职名”[①]。同时党项人的正式职衔上还可以冠以“节亲主”，即家族或宗族首领[②]。由此可见，党项首领具崇高的政治地位和社会地位，是党项社会关系中的贵族，但问题在于，在党项社会中，贵族身份是继承的，首领有世袭的权力，“为首领者父死子继，兄死弟袭，家无正亲，则又推其旁属之强者以为族首”[③]。这样看来，党项社会中同一部落或宗族中贵族和平民其实是分离的，平民游离于贵族宗族组织之外，却又依存于贵族组织，也就是说“平民”是贵族组织中排斥出来的失去贵族身分的群众。平民的社会身份是农夫或牧民，是社会的基本劳动者，不但种田放牧，而且可能还要为贵族服杂役；平民是党项西夏社会的基层群众，他们的人身既不完全自由，也并非毫无保障，贵族首领保障他们不受外族攻击；平民对贵族有一定人身隶属关系，这种隶属关系是与血缘关系有关的，是贵族宗族组织的附属物，在一定程度上具有贵族宗族组织所具有的属性，即平民组织本身也具有一定程度的血缘特征。平民虽被排斥在贵族组织之外，成为社会的基层群众，但并不能摆脱贵族宗族组织的控制。正是由于这个原因，在整个党项和西夏几百年的历史当中，有很大一部分党项部落宗族不受党项政权的领道和控制，相反他们在本族首领的带领之下，可以为其他——比如说汉族、吐蕃、女真——等民族的政权出生入死[④]。同时也说明另一个问题，在党项人的观念中，相对于国家和政府，他们有更强的宗族和家族观念。

维系党项人宗族家族观念的基础是什么？如前文所述，早期党项部落宗族中的平民不能摆脱党项贵族的控制，那么宗族首领控制党项族帐的基础是什么？如何禁绝或减少弱小部落向强大部落的人口流动？可以确定的是这个基础不是武力，因为在党项社会组织结构中，兵民合一，无事时各为生业，有事时迅速聚集，这表明早期党项贵族并没有自己的私人武装，贵族不能以武力干预本族平民脱离本本族部落，而且直到北宋太宗时期党项拓拔族首领李继捧率族入宋后对太宗也说“戎人狡狠，臣但羁縻而已，非能制也[⑤]”。这说明，党项人都是自愿接受部落贵族控制的而部署贵族则是部落宗族的代表，所以维系早期党项宗族关系的就是党项人的宗族观念，那么这个宗族观念的基础是什么？

社会学家弗里德曼认为，宗族是与地方社会相结合，以族产为基础的继嗣团

① （元）脱脱：《宋史》，中华书局，1977年，第4750－4751页。

② 聂鸿音：《新集慈孝传研究》，宁夏人民出版社，2009年，第30页。

③ （元）脱脱：《宋史》，中华书局，1977年，第4755－4756页。

④ 宋人称这些归服北宋的党项族帐为熟户，他们是宋夏边境上防御西夏军事进攻的重要力量，《续资治通鉴长编》载北宋康定二年，仅泾原路熟户就有一万四百七十馀帐。

⑤ （宋）李焘：《续资治通鉴长编》，中华书局，1995年，第575页。

体,是宗族关系的纽带①。汉以后的党项人"不事产业,好为盗窃,互相凌劫……畜牛、马、驴、羊,以供其食"②。说明他们仍然不从事农业生产,但在同一部族内已经有了私有财产以及基于财产多寡等级关系,但是共同财产仍然存在,这就是土地及土地上所附着的自然资源。记载在《圣立义海》中党项人对大地的概念中,认为大地是一切有生物的支柱,认为大地是四四方方的,四面有四个海,有八座山,"蔚蓝色天空的支柱,压在红色的大地上"③。随着部落宗族的发展,党项人对属于自己部族的土地非常重视,《读史方舆纪要》记载:唐时党项内迁后其"在庆州者,号东山部;在夏州者,号平夏部;在灵、盐以南山谷中者,号南山部"。各部族族帐谨守其地,唯宗族首领马首是瞻,只认首领,不认官府④,个人所生活之地域就成为区别其族属的重要标志。所以从这个角度来分析,共同财产是维系早期党项宗族观念的基础。

另一个方面是宗族谱系认同。在此首先要注意一个问题:党项社会甚至建国后的西夏社会有一个特别的现象,那就是舅舅在家族关系中占有很重要的地位,在党项传说中,正是舅舅从嘌神手中救出了杀死嘌神儿子的白高国九兄弟⑤,所以在《圣立义海》中西夏人引用格言:"即使你快被淹死,也不要去抓舅舅的肩膀,即使你恼恨到极点,也不要对舅舅发泄。"这是党项人母系氏族阶段的深刻记忆,这也可能是西夏建国后的相当一段时间,后族专权的重要原因。但如前所述,党项社会在南北朝末期已进入父系氏族阶段,同时以父系血缘为基础的家族观念开始确立并逐渐变得根深蒂固,"兄弟们继承祖辈的土地,父辈的房舍",其时最理想的家族关系是兄弟们"不分你我""三代同堂",这些都是向土神崇祀的基础⑥。在这样的宗族观念的主道下,党项人很重视其谱系来源,如近代榆林地区出土的唐初拓跋守寂和五代后晋李仁宝墓志都用一定的篇幅来追本溯源⑦,其目的就在于谱系认同。

基于谱系认同的家族意识还表现在党项人复仇与婚丧习俗中。同古代很多民族一样,党项人有其传统的复仇习俗,《旧唐书·党项羌传》记载"尤重复仇,若仇人未得,必蓬头垢面跣足蔬食,要斩雠人而后复常",而党项人"俗尚武力,无法令,各为生业,有战阵则相屯聚"⑧。这表明党项社会中同一氏族人必须相互援助、保护,特别是在受到外族人伤害时,要帮助复仇,可见这种复仇习俗还保留着浓厚的原始

① [英]弗里德曼著、刘晓春译:《中国东南的宗族组织》,上海人民出版社,2000年,第175页。

② (后晋)刘昫等《旧唐书》,中华书局,1977年,第5290页。

③ [俄]克恰诺夫著,李范文、罗矛昆译:《圣立义海研究》,宁夏人民出版社,1995年,第8页。

④ 杜建录:《论党项宗族》,《民族研究》,2001年第4期。

⑤⑥ [俄]克恰诺夫著,李范文、罗矛昆译:《圣立义海研究》,宁夏人民出版社,1995年,第20页。

⑦ 周伟洲:《陕北出土三方唐五代党项拓跋氏墓志考释——兼论党项拓跋氏之族源问题》,《民族研究》,2004年第6期。

⑧ (唐)魏徵:《隋书》,中华书局,1973年,第1845页。

时期“血族复仇”[①]的传统。《辽史·西夏外纪》载:“喜报仇,有丧则不伐人,负甲叶于背识之。仇解,用鸡豕犬血和酒于髑髅中饮之,乃誓曰:‘若复报仇,则谷麦不收,男女秃癞,六畜死,蛇入帐。’有力小不能复仇者,集壮妇,享以牛羊酒食,趋雠家纵火,焚其庐舍,俗曰敌女兵不祥,辄避去。诉于官,官择舌辩气直之人为和断官,听其典直,杀人者,纳命价钱百二十千。”[②]

在婚姻制度上,为保持本氏族或家族生产力量的强大以及防止本族财产的流失而“妻其庶母及伯叔母、嫂、子弟之妇”,但同姓不娶。这与汉代西羌“氏族无定,或以父名母姓为种号”相比有所变化。党项的这种婚俗是党项社会从母系氏族阶段向父系氏族阶段过渡的一个标志,表现了党项社会随着经济的发展,社会风俗文化有了一定的演进。

二、党项西夏的社会变革及社会变革下的家族关系

党项社会缓慢发展,随着吐蕃等相邻民族政权的强大,党项相对落后的生产方式和松散的社会关系无可与抗,危机促使变革。党项西夏的社会变革,始于党项内迁。党项“自周氏灭宕昌、邓至之后,党项始强”[③]。至隋代“开皇四年(584),有千馀家归化”,此后的一百多年时间,不断内迁,至广德二年(764)唐王朝西北边帅郭子仪认为党项部落散处盐州(今陕西定边县)、庆州一带,“其地与吐蕃滨近,易相胁,即表徙静边州都督、夏州、乐容等六府党项于银州之北、夏州之东,宁朔州吐谷浑住夏西,以离沮之”。内迁后,党项部族散居庆、银、夏、盐等地,在经济上属于半农半牧区,而银、夏等地处在鄂尔多斯高原东南缘,自古以来是农耕民族与游牧民族争夺的焦点。以其自然环境而论,银夏地区的一些地域如夏州的乌水、银州的无定河、胜州的窟野河以及黄河界岸地区,因为有河流以资灌溉,有利于农业发展,另一些地域有水草丰饶的草原,则利于畜牧。因此内迁后的党项,其生存条件和发展条件得到了很大的改善,特别是最早内迁的党项羌,在唐政府的帮助下学会了农耕[④],其所居住的绥德、横山、葭芦、米脂等地区都是农业发达的地区,而党项拓跋氏后来以武力所据的灵、兴二州,更是历代垦辟的沃野。农业的发展促进党项社会

---

① 血族复仇(bloodrevenge,又译血亲复仇、血属复仇),是指当氏族或部落成员被其他氏族或者部落成员伤害时,受害方所属的氏族或部落认为是对其整体的侵犯与伤害,并对肇事者所在的氏族或部落进行集体性的报复行动,以获得相应的报偿。最早提出“血族复仇”一词的是美国民族学家摩尔根(1818—1881)。这里的“血族”,本义是指氏族,扩大到包括存在血缘关系的胞族、部落,同时包括氏族、胞族聚居的村落,所以既不包括比氏族更早的血缘家庭,也基本上不包括阶级社会中的家族和个体家庭。如受害者是被杀的,报复者则以杀死肇事者作为了结。肇事者一方不得再愤愤不平。这种以一命偿一命的报复方式称为“同态复仇”。当时人们把以命偿命、以牙还牙,以眼还眼的“同态复仇”看作一个可以普遍接受的原则,因此渐渐成为一种习俗。见摩尔根:《古代社会》,江苏教育出版社 2005 年,第 75 页。

② (元)脱脱:《宋史》,中华书局,1977 年,卷一一五,第 1524 页。

③ (唐)魏徵:《隋书·党项传》,中华书局,1973 年,卷八三,第 1845 页。

④ 杜建录:《西夏经济史》,中国社会科学出版社,2001 年,第 10 页。

经济的快速发展,同时也加快了党项与中原农耕文明的融合,这是党项社会变革的重要条件。

政治上,内迁后党项与中原王朝建立起更为牢固的隶属关系,党项各部落中的大姓宗族势力得到空前发展。其内迁前党项"每姓别自为部落,一姓之中复分为小部落,大者万馀骑,小者数千骑,不相统一"。内迁后唐王朝对党项部族内迁虽分地安置,但与秦汉时期不同,唐朝对边地异族除那些侵扰边境,采用"全其部落,顺其土俗"的政策,所以党项大族首领如拓跋氏、折氏都是以唐王朝节度使的身份统治其部落,而其下族帐首领也被授予蕃落使、防御使、团练使、都押牙、指挥使、刺史等职,实际上仍行使其族帐首领之职,而且可以世袭。唐末至五代时期,党项势力割据一方,在乱世中纵横捭阖,势力迅速发展。其中最为关键的是拓跋氏家族势力的壮大。唐天宝末年拓跋氏因"平夏部有战功,擢容州刺史天柱军使,其裔孙拓跋思恭,咸通末窃据宥州,称刺使"[①]。唐僖宗时,平夏部夏州节度使拓跋思恭因平黄巢起义有功,被唐王朝封为夏、绥、银节度使、夏国公。到唐朝灭亡时,拓跋氏占有银、夏、绥、盐、宥、延六州之地,"虽未称国,而自其王久矣"。在拓跋氏崛起并与中原王朝抗衡过程中,主动学习和吸收中原王朝及各周过民族政权的先进文化和制度,推动了党项社会变革,也正是这个原因,党项社会变革首先是从政治文明的变革开始,进一步打破了氏族社会,进入政治社会。

"政治社会必须奠基于地域和财产两者之上,它必须通过人们的地域关系来和个人打交道"[②]。《新五代史·四夷附录第三》载:党项"部有大姓而无君长,不相统一,散处邠宁、鄜延、灵武、河西、东至麟、附之间"。五代时期党项依旧处于各自为政的状态,而且仍然是以血缘关系为基础的氏族关系为主,但以地域关系为基础的统治集团已具雏形,如形成自唐末以来占据银、夏、绥、宥四州的定难军党项拓跋氏集团,五代初兴起于府、麟二州的党项折氏集团,另外如白马族,以庆州北白马川命名,延州金明县的金明族,庆州野鸡塞的野鸡族、泾州西北大虫前后巉的大虫族等其地域特征也很明显。可见五代时党项诸部内血缘关系进一步松懈,而地域因素开始加强,与此同时其政治形态也开始从以血缘关系为基础的部落政治向以地域关系为基础的官僚政治过渡。

党项西夏以地域名称命名的部分部族(根据刘建丽《北宋西北沿边党项部族》整理)[③]

① (宋)欧阳修:《新唐书·党项传》卷二二一,中华书局,1975年,第6218页。

② [美]路易斯·亨利·摩尔根,杨东莼,马雍,马巨译:《古代社会》,江苏教育出版社,2005年,第214页。

③ 刘建丽:《北宋西北沿边党项部族》,《西夏研究》,2012第2期。

年　代	部族名称	居住地和命名原因	材料来源
大中祥符七年(1004)	野家族	居地延州，近侧有野家店	《长编》卷八二 《宋史·周美传》
宋咸平二年(1002)	茭村族(东茭族)	居地永平寨在绥、延界，因居延州东，故称	《长编》卷四五 《宋史·赵振传》 《苏魏公文集》卷二九《茭村族军主李怀德可本族都军主》制文
五代后周广顺二年(952)	野鸡族	世居庆州，以野鸡峰而名族	《资治通鉴》卷二九一 《宋史·党项传》卷四九一 《武经总要前集》卷一八上
五代后唐长兴三年(932)	牛儿族	居环州(治今甘肃环县)界，以牛儿谷名族	《新五代史·药彦稠传》卷二七 《册符元龟》卷三九八
五代后唐长兴三年(932)	白马族	居环州洪德寨(今甘肃环县北60里洪德乡)，以州北境白马川名族。	《册符元龟》卷三九八 《长编》卷九九 《宋元宪公集》有"环州洪德寨熟户白马族勃拶"
五代后唐天成四年(929)	大虫族	居环州方渠(今甘肃环县南方渠镇)、青冈峡(亦作青冈岭，今甘肃环县西北)及原州(今甘肃镇原县)北部边境，以大虫巉名族。	《资治通鉴》卷二七六 《旧五代史·唐明宗纪六》卷四〇 《宋会要辑稿·兵》二七一二一。
太平兴国七年(982)	独家族	居环州(治今甘肃环县)东南，以独家名族	《宋史·郑文宝传》卷二七七 《太平寰宇记》卷三七"通远军东南至蕃部独家族十五里"
大中祥符九年(1016)	小力族	居地绥州(治今陕西绥德县)有小力山，故名族。	《宋史·党项传》卷四九一 《太平寰宇记》卷三八
宋淳化四年(993)	杨家族	世居麟州(治今陕西神木县西北杨家城)。麟州城，一名杨家城，故名族	《宋史·党项传》卷四九一 《神木乡土志》卷四 《乖崖集》卷八《麟州通判厅壁记》 《资治通鉴》卷二九一
宋元丰六年(1083)	麻乜族	居府州靖化堡(今陕西府谷县西北)，以麻乜乞寨与麻乜吃多讹寨名族	《府谷县志》卷二《宋折国公碑阴字迹》 《长编》卷五一〇、卷三一八 《宋会要辑稿》兵二七
宋咸平六年(1003)	府州八族	居府州(治今陕西神木县西北杨家城)，有八部	《宋史·夏国传》卷四九一

续 表

年 代	部族名称	居住地和命名原因	材料来源
宋庆历二年(1042)	娘岭族	居保安军顺宁寨(今陕西志丹县西北40里顺宁)北五里及延州(治今陕西延安市)界。以顺宁寨北三十里归娘岭名族	《宋史·夏国传》卷四八五 《武经总要前集》卷一八上。 《长编》卷一三七庆历二年(1042)六月
宋景德三年(1006)	妙娥族	居镇戎军(治今宁夏固原市)西界,三川寨(今宁夏固原县西北30里彭堡乡隔城子古城)西有妙娥山,故名族	《长编》卷六三景德三年五月 《武经总要前集》卷一八上 《临川集》卷九〇《曹穆公行状》

宋景祐四年,“元昊既悉有夏、银、绥、宥、静、灵、盐、会、胜、甘、凉、瓜、沙、肃……置十二监军司,委豪右分统其众”。同年,元昊称帝,正式建立起类似中原王朝的以地域关系为基础、以中央集权为主要特征的官僚政治体制。尽管元昊为别番汉,袭封后“始衣白窄衫,毡冠红里,冠顶后垂红结绶,自号嵬名吾祖”[①],同时突出党项民族特征,称帝后更下“秃发令”,然而随着西夏社会经济的发展,中央集权逐步加强,官僚体制也尽一步完善道致氏族社会关系加速解体。为适应这种政治体制,自元昊起就重视法律对西夏社会的规范作用,元昊称帝后号为“世祖始文本武兴法建礼仁孝皇帝”,改元“天授礼法延祚”。元昊之后的各朝皇帝不断修律,至少在崇宗贞观年间(1101—1113)就已有了称作“律令”的王朝法典:《贞观玉镜统》卷三规定对隐藏缴获财物者按“律令”中受贿从犯审断,这里所说的“律令”或许就是《天盛改旧新定律令》的前身[②]。西夏法律的修订至仁宗仁孝年间(1149—1169)的《天盛改旧新定律令》可称完备。

官僚政治的确立与一系列法律的制定,改变了党项传统的社会关系,在宗族家族关系方面,其变化尤剧,主要表现在宗族的社会基础功能减弱而家族和家庭的独立性增强。其原因有三:

一是西夏经济的发展,使家族和家庭在经济上逐渐独立从而取得社会关系上的独立。关于西夏经济特点,杜建录先生《西夏经济史》言:“就全国整体而言是农牧并重,一方面农业在整个社会经济生活中占有非常重要的地位,推动着封建文明的进步维系着西夏社会的稳定;另一方面,畜牧业的地位并不亚于农业,它在整个社会经济中举足轻重,马牛羊驼的肉、乳、酥是党项和其他少数民族牧民的主要食

---

① (元)脱脱:《宋史·夏国传》,卷四八五,第13993页。

② 史金波、聂鸿音、白滨:《天盛改旧新定律令·前言》,法律出版社,1999年。

品，皮、毛、绒则是民族手工业最丰富的原料，在对外贸易中又是大宗的出口商品”[①]。随着西夏农业经济的发展，西夏人在农耕区的社会生活方式上也逐渐由游牧方式转变为定居方式，家庭经济和家族经济更加独立，如《天盛律令》中规定“诸人父母不情愿，不许强谓而往别住，若违律时徒一年。父母情愿，则罪勿治”[②]。为适应这种新的生产生活方式，西夏统治者创制农迁溜的基层社会组织制度，农迁溜借鉴了中原地区乡里制，但仍然保留着浓重的部落传统[③]，即使如此，这种基层社会组织制度还是改变了西夏人的宗族观念传统，其人民也逐渐成为服从国家而非宗族部族的、向国家缴纳租税的国家编户，其结果是党项时期宗族的社会基础功能减弱而家族和家庭的独立性增强，而另外一个结果是以家族和家庭为经营单位的商业、手工业迅速发展起来，如俄藏黑水城文书中有一件相当完整的文书——《西夏光定十二年正月李春狗等扑买饼房契》[④]，充分反映了这一事实。

二是西夏统治者尊儒重礼，使宗法关系代替部落宗族关系成为维系家族关系的重要纽带。相对于党项时期，建国后的西夏更加重视儒家学说在中原王朝中治国方面的有益经验和维系社会关系的指道作用，元昊“自制蕃书……译《孝经》、《尔推》、《四言杂字》为蕃语”，谅祚“求《九经》、《唐史》、《册府元龟》及宋正至朝贺仪”，仁孝“重大汉太学，亲释莫”，“封孔子为文宣帝”，“建内学，选名儒主之”。“其设官之制，多与宋同。朝贺之仪，杂用唐、宋，而乐之器与曲则唐也”等等不一而足。虽然在元昊之后，番礼和汉礼曾有过一段时间的斗争，但结果是汉礼最终取得了统治地位。大致到仁宗仁孝时期，在西夏主流社会中最终确立以加强中央集权为目的、以家庭伦理为基础的等级制度，虽然其部落宗族传统仍然有一定保留，但其宗族部落的社会基础功能已大为转变，这一转变使在同一宗族内的贫富差距和道德差异更为明显，“族—门族（支族）—族帐”或“族—族帐”这样的社会政治组织结构逐渐解体，《宋史》载：“其大首领，上自刺史，下至殿侍，并补本族巡检，次首领补军主、指挥使，下至十将，第受廪给。岁久，主客族帐，混淆莫纪。”[⑤]其结果是党项时期宗族的社会基础功能减弱而家族和家庭的独立性增强。

三是引礼入法，使礼和法逐渐成为约束社会和家族行为的基本要素。随着家庭关系在西夏社会关系中的独立性增强，以传统道德和社会习惯来治国理政已不

---

① 杜建录：《西夏经济史》，中国社会科学出版社，2001 年，第 151 页。

② 史金波、白滨、聂鸿音：《天盛改旧新定律令·出典工门》，法律出版社，1999 年，第 390 页。

③ 杨蕤先生在其文章《论西夏的基层组织与社会》中认为：西夏境内的陕北地区、河西走廊、宁夏平原、六盘山以东的宋夏沿边地区基层社会组织为乡里制度，并引用史金波《西夏户籍初探——4 件西夏文草书户籍文书译释研究》通过翻译西夏文草书户籍文书，证实了农迁溜是西夏社会基层组织的结论，认为西夏乡里制度与中原地区的保甲法相似，只是西夏的农迁溜制度保留了明显的部落制以及其规模相对保甲法为小。

④ 黑水城出土大量西夏社会文书，其中就包括一百多号户籍和人口文书，虽多为残件，但在保存西夏户籍的第一手资料的意义上则显的弥足珍贵。见杜建录、史金波著《西夏社会文书研究》之西夏户籍初探。

⑤ （元）脱脱：《宋史·兵五·乡兵二》，卷一九一，第 5755－5756 页。

能适应社会发展,虽然国家引道社会尊儒重礼,宗法关系成为维系社会关系的重要基础,但很明显这是远远不够的。而引礼入法,礼法并用,是中国自汉代以来统治者治国理政的一贯思想。汉代的董仲舒、贾谊、陆贾感秦律严酷之失,主张“文武并用,长久之术也”,他们“用阴阳五行宇宙图式包装起来、承袭荀学传统、融德礼刑法为一体的新的统治思想,到武帝时,总算正式确立了”[①]。此后这一思想被历代统治者继承、发扬。西夏统治者学习中原地区政治文明,他们也顺理成章地继承了这一传统,制定法律,礼法并用,并特别强调忠孝[②],并以法律强制规范,谋逆为第一大罪,其次是失孝德礼。《天盛律令》规定“一欲谋逆官家,触毁王座者,有同谋及不同谋,肇始分明,行为已显明,不论主从,一律以剑斩,家门子、兄弟、节亲连坐”[③]。“一以直接贪财,对宗庙、地墓、堂殿等上动手盗毁,及盗窃隐藏毁官金抄等,不人主从,以剑斩杀,自己妻子、同居子女等当连,迁往异地,当入牧农主中”[④]。引礼入法的结果是进一步打击了宗族部落势力,个体家庭家族以遵守国家倡道的礼法为依据,逐渐放弃宗族部落的传统,使部落宗族的社会基础功能减弱而家族和家庭的独立性增强,部落宗族间人口流动已不受约束。一个“军首领”可以率领不同姓氏的人,而且最小军团单位“抄”也构成于不一样姓氏的正军和辅主[⑤]。

① 赵世超:《中国古代引礼入法的得与失》,《陕西师范大学学报》(哲学社会科学版),2011 年 1 月第 1 期。

② 李温:《西夏立法的指道思相和刑罚制度》,《第三届西夏学国际学术研讨会论文集》,2008 年,第 26 页。

③ 史金波、白滨、聂鸿音:《天盛改旧新定律令・谋逆门》,法律出版社,1999 年,第 111 页。

④ 史金波、白滨、聂鸿音:《天盛改旧新定律令・失孝德礼门》,法律出版社,1999 年,第 115 页。

⑤ [日]佐藤贵保:《西夏军“首领”——以两件黑水城文书为根据》,《第三届西夏学国际学术研讨会论文集》,2008 年,第 219 页。

宋元理学与西夏遗民的《龙祠乡约》

胡若飞

理学盛极于南宋与元、明时代，理学初起于北宋、是宋朝以后才发展出来的一种新儒学思想，此后在其更张的过程中还大量融入了佛老思想。宋以后七百年间，理学因与宗法体制十分适应，历代统治者将理学一直奉为正统。理学在促进人们的理论思维、普及教育、陶冶人们的情操、维护社会稳定、推动历史进步等方面，发挥了积极的作用。同时，它对中国封建社会后期的历史和文化发展，也有巨大的负面影响。

河南濮阳市柳屯镇西夏遗民杨氏先祖唐兀氏的族属是西夏主体民族党项羌，其地望为现甘肃武威。杨氏先祖唐兀氏入元以后被签征到内地，参加蒙古军，列入“色目人等”，因“收金破宋”立有军功而留居濮阳，在濮阳这一华夏民族农耕文化的腹心之地与汉族通婚是其家族加速汉化的一条重要途径，杨氏家族学习并践行“新儒家文化”，形成了独特的“家族文化”，也是杨氏家族彻底实现汉化的另一条重要途径。河南濮阳西夏遗民唐兀氏于元明鼎革之际，改姓杨姓。早在明代，就有人对杨氏家族文化的变迁作出了这样的评价：“夫氏也……西夷之人也，夷之变于夏者也。”[①]生活方式的改变以及对汉族传统文化的认同，使这个家族在百年的时间内，迅速汉化了。

《述善集》[②]是河南濮阳西夏后裔唐兀崇喜（杨崇喜）所编的文集，其成书经历了一段很长的时间过程。《述善集》自 1358 年杨崇喜初编成书后，经多次多人补编和续编，直到 1629 年，历经 271 年的时间，才完成我们现在所看到的《述善集》。这 271 年，大概也是杨氏家族比较兴盛时期，因此才有可能多人补编、重编《述善集》。此后《述善集》就成为杨氏（唐兀氏）家族的精神财富，在家族内部流传达 600 馀年。《述善集》共分三卷：一、《善俗卷》；二、《育材卷》；三、《行实卷》，内收记、序、碑铭、诗赋、题赞、杂著等共 75 篇，保存下来的元代西夏遗民资料相当丰富，近年杨氏家族愿将此“祖传秘宝”公之于世，成为中华民族的共有财富，真是可喜可贺。

本文主要就唐兀氏进入中原以后“订乡约”这一家族史上的大事来看宋元理学“新儒家文化”对这支西夏遗民文化融合进程中所产生的重要影响，所依据的文献

---

① 《述善集》，载王崇庆《序杨氏遗集》。

② 参见焦进文、杨富学：《元代西夏遗民文献〈述善集〉校注》，甘肃人民出版社，2001 年。

资料为《述善集》。

至正元年(1341)七月,河南濮阳县十八郎砦的党项族西夏遗民唐兀显忠[①]、唐兀崇喜与乡民共同商议制订了一个村规民约。因在此砦近南有一大堤,上有一古庙,名曰龙王殿,殿中塑有神像。传说该神十分灵验,屡求不爽。故把这个民约名为《龙祠乡约》。《乡约》共15款,1072字。

《述善集》之《善俗卷》有一篇潘迪撰写的《龙祠乡社义约序》,直接道明《龙祠乡约》与理学的师承联系。

"余观其条目详约备,颇增于吕氏,而其大致多与吕同"。又云"昔吕氏之学出于程子,今崇喜之学,实得之成均。宜其相去数百年,所见略同,而且能化其乡之父兄,能守是约云"。

引文中"多与吕同",指的是北宋年间陕西蓝田县三里镇乡五里头村的吕大均写定的《蓝田吕氏乡约》。吕大均为宋代关中理学代表人物之一,北宋大哲学家张载的弟子。他与吕大防、吕大忠、吕大临三兄弟所制订的《吕氏乡约》是目前可以见到的中国历史上第一部成文的乡约,对后世影响极为深远。

乡规民约的产生肯定远早于宋代,只是文本形式可能不如宋代及其以后完备严密和没有流传下来而已;若从成文的乡规民约来看,虽然《宋史·范仲淹传》载:"(范仲淹)为环庆路经略安抚、缘边招讨使"时,于北宋仁宗天圣八年(1030)为当地羌人立条约的史实,但范仲淹其时作为一个军事首领,单方颁布的条约算不上真正的乡规民约。

《蓝田吕氏乡约》中有许多教化意向,乡约中分四大纲领:一、德业相劝;二、过失相规;三、礼俗相交;四、患难相恤。四大项中,每一项都包含许多小的条目。

张载是宋代理学的宗师,使"新儒家文化"成为一代文化潮流功不可没,他以特立独行的学术风貌和规模宏大的思想系统赢得了一代学术宗师的地位。张载在总结自然科学的基础上,建立了以气一无论为基础的哲学体系,他提出"太虚无形、气之本体"的宇宙论。初,张载在关中讲学,附和者很少,吕大均是张载同年友,赞同张载的思想主张,遂拜张载为师,为关中学者以张载为中心形成关学学派做出重要贡献。为贯彻张载的主张,乃作《乡约》。吕大均所作《乡约》体现了张载"民胞物与"的伦理精神,对扩大其思想影响,改变关中风俗起了很大作用。

"昔吕氏之学出于程子",即指程氏两兄弟。程颢(1032—1085)、程颐(1033—1107),洛阳人。程颢,字伯淳,学者称明道先生。程颐,字正叔,学者称伊川先生。程氏兄弟就学于周敦颐,同为北宋理学的奠基者。

程颢在神宗时为太子中允、监察御史里行,反对王安石新政。在洛阳讲学十馀年,弟子有"如坐春风"之喻。程颐官至崇政殿说书,反对王安石新政。二程的学说

① 唐兀显忠:即唐兀达海(1280—1344),因历官忠显校尉,故被称为忠显公。

后来为朱熹所继承和发展，世称“程朱学派”。南宋后，朱熹重新发现了这个乡约，据此编写了《增损吕氏乡约》，再度使《吕氏乡约》名声鹊起。

“今崇喜之学，实得之成均”。“成均”，相当于现在的国立高等学府。潘迪，元代元城（今河北大名县）人，在《述善集》中多处署名“惬山”（其地也在今大名县）。博学能文，历官国子司业、集贤学士、致仕礼部尚书。

著有《易春秋学庸述解》、《格物类编》、《六经发明》。潘迪是唐兀崇喜在国子学的老师，在弟子的祖藏遗书《述善集》中所写文章最多，一人就占去了二至三成。在学术师承关系上，这里潘迪笔调写得既委婉，又谦虚。

唐兀崇喜，又称杨崇喜，字象贤。光绪《开州志》卷六有《杨崇喜传》，记载了他捐资助军与建崇义书院的业绩。结合各种文献，可以得知，杨崇喜曾袭任百夫长、受敦武校尉，并就读于国子学，为国子生。因他长期不仕，故又被称为处士，本武威人氏，后入左翊蒙古侍卫兵籍。他在元末避乱京师时，曾任过官职，惜未详其官职与官位。

从其交往的人士多为达官贵人或名重一时的学者这一因素看，当时他在京师是有着很高地位和声望的①。

《吕氏乡约》是中国历史上成文的乡约的蓝本，深得元代理学家的推崇和赞誉。潘迪在同一篇序中说：“故鲁斋先生许文正公取之，以列善俗十书之一，而左辖张公仲谦为锓梓以传世。呜呼！信可谓善俗矣。”

许文正公，即许衡（1209—1281）。河内人，字仲平，号鲁斋，为元代三大理学家之首，还是元代杰出的政治家、教育家和天文历法学家。作为一代理学宗师，他继承程朱理学，宽释其义，重在实践，使理学得行于世，并由私学变为官学，取得正统地位，被称为朱熹之后的第一人，是宋以后继往开来、人所不及的有功之臣。

张公仲谦，即张文谦（1216—1283），字仲谦，号颐斋，元顺德沙河（今河北邢台）人。早年为刘秉忠同学，经刘推荐，于 1247 年入忽必烈王府管教令奏笺。曾从忽必烈攻大理、鄂州等地，为中书左丞。至元元年（1264）以本官行西夏中兴府路事，用郭守敬等科学家开展水利建设。七年（1270）拜大司农。在宣抚大名（今河北大名东）期间，与名儒窦默上书奏请设立国子学，促成中央官学的建立，推动了元初文教事业的发展。晚年与许衡过从甚密，尤粹于义理之学。

唐兀崇喜更是在《述善集》中表明了他与理学的直接联系。《行实卷》之三《观德会》：“余尝读文公先生《小学书》。”

唐兀崇喜所说的文公先生，即指宋代理学的集大成者朱熹，他继承了北宋程颢、程颐的理学，认为理是世界的本质。朱熹学识渊博，对经学、史学、文学、乐律乃

① 杨富学，焦进文：《元代西夏遗民〈龙祠乡约〉探析》，载《述善集研究论集》（何广博主编），甘肃人民出版社，2001 年。

至自然科学都有研究。

唐兀崇喜在《行实卷》之三《劝善直述》一文中重点引朱子语:“善必积而后成,恶虽小而可成。”[①]在同一篇文章中再引程子语:“自暴者,拒之以不信;自弃者,绝之以不为,虽圣人与居,不能化而入。”[②]

唐兀崇喜所说的程子即指河南理学家二程(程颢、程颐),朱熹理学的渊源来自二程子。

《龙祠乡约》的出现,不能不说是我国民族文化深度融合的一段精彩插曲。元朝统一后,元朝统治者转而采用中原王朝的统治方式,依靠以许衡为代表的一批汉族大儒,大力宣扬以“程朱理学”为代表的新儒学,对元初北方地区的社会稳定起了极大的促进作用。

《龙祠乡约》的出现,是我们目前所知最古老的由古代少数民族在元代制定的乡规民约,具有承前启后的作用,对明末《南赣乡约》不无影响。明代,朝廷大力提倡和推广乡约,《南赣乡约》应运而生,影响最广。“嘉靖间,部檄天下,举行乡约,大抵增损王文成公之教”,体现了理学家王阳明的“知行合一”说,道义与事功相统一的思想。

《龙祠乡约》直接脱胎于《吕氏乡约》,但内容有较大的变更,表达方式也有相当程度的改变。与《吕氏乡约》相比,《龙祠乡约》、《南赣乡约》是民众自动的乡村组织,而《吕氏乡约》则是政府督促的一个乡村组织。《南赣乡约》不管在内容还是在表达方式上与《吕氏乡约》都有很大距离,却与《龙祠乡约》相类似。

宋元理学作为“新儒家文化”,表现出经世致用的实践理性精神。《吕氏乡约》的制定者吕大均是理学家张载的信徒,是张载理学思想的实践者,《龙祠乡约》的制定者唐兀显忠、唐兀崇喜等堪称理学杰出的追随者,《南赣乡约》的制定者更是中国历史上最伟大的理学家之一,说明乡约的制定与宋、元乃至于明的理学发展息息相关,乡约的制定本身就是理学理想在社会中的一种实践。

---

① 《朱子语类卷第十八》。

② (宋)程颢、程颐:《周易程氏传》卷四。

略谈河南濮阳西夏遗民的族属

胡若飞　薛　路

河南濮阳西夏遗民后裔主要分布于濮阳城东柳屯镇所属的杨十八郎等十馀个自然村落，均为杨姓居民[①]，杨十八郎村遗藏的《大元赠敦武校尉军民万户府百夫长唐兀公碑铭》(以下简称《唐兀公碑铭》)及杨氏族谱便是记录该支西夏遗民入元以后迁徙内地“族落”发展与周边民族主要是汉族融合的重要实证。

有关河南濮阳西夏遗民的族属问题，学者在理解上还有歧异，故而一直为国内外学术界所关注，希望在已有史料的基础上将有关河南濮阳西夏遗民族属论断和印证的线索变得更加切近、明晰一些。

西夏政权境内民族众多，除西夏主体民族党项羌外，还有汉、藏、回鹘、蒙古等族杂处。

这些民族都具有独自的识别特征，党项羌族自称为番，称汉族为汉，称藏族为“蕃”，称回鹘族为“回鹘”等，当时在主要民族的特征识别上无论西夏境内或境外的民族都不应该存在着互为混淆的情况。

元朝政权建立以后，蒙古贵族将被征服的民族区分为蒙古、色目、汉和南人四个等级。

四等人中色目人指西域地区的少数民族。色目人条目下有钦察、唐兀、阿速、秃八、康里、畏兀儿、回回、乃蛮、乞失速儿等三十一种(元陶崇仪《南村辍耕录・氏族篇》)。

又据《新元史》之《氏族表》、《蒙兀儿史记》之《氏族表》：“唐兀氏，故西夏国。太祖平其地，称其部众曰唐兀氏，仕宦次蒙古一等。”这里西夏故国的部众唐兀氏，不应理解为原西夏境内各民族的统称，而应理解为西夏的主体民族党项羌。

据以上引文，可确知蒙古人称西夏党项羌为唐兀[②]，显系族称。

---

① 杨十八郎村，史料又称作杨十八郎寨。现在居住杨姓族人的有杨十八郎、西杨十八郎、南杨庄、东杨庄、刘庄、焦庄、单十八郎、季十八郎、大寨、清头河、小集、陈庄等十馀村。其中以杨十八郎最为集中。

② 唐兀：又作“唐古”、“唐兀惕”，系元代蒙古语对“党项”一词的音译，兼指党项人及其所建立的西夏国。王国维《鞑靼考》：“唐古亦即党项之异译。”(《王国维论学集》，中国社会科学出版社，1997年)《元朝秘史》译出蒙古语复数词尾，作唐兀惕或唐忽惕。西夏领土主要在黄河以西，通过蒙古语转译后，河西有时又被音变作合申。元于其地设甘肃行省。元代唐兀人仍保留固有文化风习，通行西夏文。元朝时候唐兀人出任将军与官员甚多，并有由唐兀人组成的唐兀卫亲军都指挥使司。

汤开建先生从元明典籍浩瀚的史料中对元代西夏人物进行了较为全面的收录,大体将见于文献的三百七十多个元代西夏人物补齐。从中我们可以了解到唐兀不仅是西夏党项羌族的族称,而且唐兀族中仍有西夏当国时期党项羌族中原有的大姓望族,现节录如下[①],以资佐证:

1. 唐兀氏

沙喇臧卜、馀阙、卜元吉、福寿、观音奴、塔不台、丑闾、脱脱、阿荣、黄头、朵罗歹、保里、琏赤、六千、勃罗帖木儿、匝儿吉尼、五十六、买住、哈答儿、野倦、伯颜、以安达耳、也先帖木儿、伯帖木儿、明安帖木儿、也怜帖木儿、彻彻帖木儿、哈喇、拜帖木儿、明安帖木儿、宝宝、桑哥实理、美里吉台、昂吉、安笃剌、必申达儿、山马、顺昌、世式、添受、胆八、咬住、药僧、庆喜、闾马、道童、朵儿只班、安者不花、重福、恩宁普、安住、泼皮、勃罗、剌思朵儿只、囊加歹、弘家奴、完泽、忽都答儿、朵歹、捏古伯、仲保、史福胜、兀察罕那颜。

2. 唐兀乌密氏

察罕、木花里、塔出、宰牙、必宰牙、曲也怯祖、亦力撒合、立智理威、答哈兀、买纳、达理麻、韩嘉纳。

3. 唐兀嵬名氏

暗伯、秃儿赤、阿乞剌、亦怜真班、普达失理、桑哥八剌、哈蓝朵儿只、桑哥答思、沙嘉室理、易纳室理、马剌室理。

4. 唐兀西壁氏

西卑、阿束、仙仙、三哥儿、和实纳。

史载:“世祖以其(西夏)人刚直守义,嘉之,赐姓唐兀氏,俾附国籍,次蒙古一等。”

忽必烈赐姓唐兀氏,应理解为蒙元统治者对西夏主体民族党项族上层首领及其部众的“示好”政策。

公元1227年,成吉思汗率蒙古铁骑平灭以党项羌为主体的西夏王朝,世居西夏故地“贺兰山右”的杨氏先祖被蒙元签征到内地,以军功而受封爵得封地,成为濮阳当地社会地位较高的家族。据《唐兀公碑铭》记载可知,始来河南者为唐兀台之子闾马[②],他参加过元军于公元1273年攻取襄阳、樊城的战役。大战之后“始卜居于濮阳县东”。

杨氏先祖世居西夏故地“贺兰山右”,但贺兰山仅是一个象征性的地域方位,而不是确切地望。

---

① 参见汤开建:《元代西夏人物表》,载《述善集研究论集》,甘肃人民出版社,2001年。

② 闾马:即唐兀闾马(1248—1328),唐兀台之子。曾参加过元军1268—1273年攻取襄阳、樊城的战役。在元灭宋后,举家迁居濮阳,被尊为二祖。后以孙卜兰台“蒙塔塔里军民屯田万户府选保充本府百户,受敦武校尉”,而被追封为敦武校尉、本府百户。

《杨氏族谱》中保存有一篇危素撰写的《序文》，提供了一条珍贵的史料，《赠武威处士杨象贤序》，象贤为唐兀崇喜之字[①]，武威即西夏国的西凉州，亦称武威郡、凉州、凉州府。危素已是元末人，顺帝至正年间曾任参知政事，元末杨崇喜避居大都，二人交情甚笃，因此危素说杨崇喜是武威人应该是可信的。

《唐兀公碑铭》被发现后，当地媒体认为"唐兀氏"是元代蒙古族之姓，柳屯镇杨十八郎村的杨氏族人也认为自己的先祖是蒙古人，甚至想将现有的汉族成分改为少数民族。

关于杨氏族属，还有另一较早的推断。学者据引《新元史氏族表》："其俗从旧羌为汉河西，陷没人为汉河西，如小李、高、史、束、杨、刘、王、周、张诸位氏，皆汉河西也。然仕宦者，皆舍旧氏而称唐兀云。"认为杨氏的先祖即为"汉河西"，也就是汉人。此说若成立，则可证《元史》将唐兀列入第二等色目人的史料为非。

《祖遗藏书》即《述善集》，为杨氏四世祖杨崇喜编撰，现已刊布，书中多处出现公开赞美西夏的题咏如五言律诗的作者"西夏刘让"、"西夏李颜"等，这些题咏在落款中公开亮出西夏遗民的身份，弥足珍贵[②]。

入元后，唐兀氏"俾附国籍"，杨氏家族的一些成员随之也取得了合法的"蒙古人"的身份，如闾马唐兀氏、崇喜、卜兰台选充蒙古军户，但"唐兀人"丝毫不是蒙古人，而仍被划分为"色目人"之中。从杨氏家族成员的婚配关系上看，杨氏家族作为西夏党项人，与之通婚的非汉部族有哈喇鲁氏、旭申氏、乃蛮氏、怯烈氏、朵烈团人，在元代享有的社会政治地位也是大体相当的。

5. 哈喇鲁氏

为突厥原始部落之一。唐时，译作"葛逻禄"。北宋时，哈喇鲁人建有喀喇汗(黑汗)王朝。12世纪末，曾一度臣服西辽。公元1211年，归顺成吉思汗。蒙元时期，哈喇鲁人大批内徙中原。元世祖至元二十四年(1287)，召集哈喇鲁军人立万户府、屯田濮阳。

6. 旭申氏

系被称为"都儿鲁斤"(意为一般的蒙古人)的突厥部落之一。成吉思汗兴起以前，该部落已成为蒙古贵族的附属民。南宋庆元三年(1197)被成吉思汗击败后，该部一部分归附，并随从参与蒙元统一战争。

7. 乃蛮氏

原为突厥语族部落。乃蛮部乘回鹘汗国崩颓之时占领了阿尔泰山东西的广阔领域。乃蛮部善于吸收先进文化，曾任用畏兀儿官员进行统治，并采用畏兀儿语言

---

① 唐兀崇喜：又称杨崇喜，字象贤，《述善集》的编者。结合各种文献，可以得知，杨崇喜曾袭任百夫长，受敦武校尉，并就读于国子学，为国子生。因他长期不仕，故又被称为处士。本武威人氏，后入蒙古兵籍。他在元末避乱京师时，曾任过官职，惜未详其官职与官位。

② 罗矛昆等：《河南省濮阳地区西夏遗民调查》，《宁夏社会科学通讯》，1987年第3期。

文字。乃蛮人信奉景教,曾为辽金之属国。

由于"内讧",公元 1204 年,乃蛮人惨遭成吉思汗的亡国灭族之灾,部分乃蛮民众便陆续被派至成吉思汗划分的各个"千户"之中。

8. 怯烈氏

或译作克烈、客剌儿、客列亦惕等。为突厥原始部落之一,是漠北草原一个独立的大部落,东邻蒙古各部,西接乃蛮。怯烈人信奉景教,曾强大一时。成吉思汗年轻时,曾依附于该部。后因发生冲突,于公元 1203 年被成吉思汗所灭。

9. 朵烈团

通译为朵儿边,系被称为"尼伦"的突厥部落之一。该部落与蒙古兴起之前漠北草原最著名的塔塔儿部为邻,一度相互联合,公元 1201 年后,朵烈团曾投靠乃蛮人,乃蛮亡后,才降附于成吉思汗[①]。

随着河南濮阳西夏遗民族属研究的深入,有助于我们更多了解西夏后裔唐兀氏的历史和现状,这对元明史、少数民族史、民俗学的研究来说有着重要而积极的意义。

---

① 张迎胜:《杨氏家族婚姻关系刍议》,载《述善集研究论集》,甘肃人民出版社,2001 年。

宁夏旧志辑录西夏遗民史料汇考

张琰玲　沈剑侠

一、宁夏旧志辑录西夏遗民史料概况

《宣德宁夏志》(明)朱旃撰修,原书现藏日本国会图书馆,是宁夏现存的第一部志书,据复印本,经吴忠礼笺证,刘仲芳审校,《宁夏志笺证》由宁夏人民出版社1996年出版。该志书由卷上、卷下两部分组成,其中卷上第十七条"人物"辑录元代西夏遗民①"高智耀、沙览答里、论卜、也速迭儿、福寿"5人,明代西夏遗民"藏卜、冯答兰帖木"2人,第二十条"名僧"辑录明代西夏遗民"永济尚师、黑禅和尚"2人,全书共辑录西夏遗民9人。

《弘治宁夏新志》(明)胡汝砺编纂,成书于明弘治十四年(1501),该书先后三次编修补充,均未刊行。直到嘉靖十八年(1539),宁夏巡抚杨守礼主持,管律在三个月内对《弘治宁夏新志》未刊本进行重修完成,即《嘉靖宁夏新志》(明)胡汝砺编,(明)管律重修。弘治本与嘉靖本宁夏新志,人物卷所载西夏遗民内容相同,故本文以嘉靖本为主。《嘉靖宁夏新志》共八卷,分门别类记述了古代宁夏北部地区的政治、军事、经济、文化等历史状况。卷之二《宁夏总镇》第二十二条"人物"辑录元代西夏遗民"斡道明、斡玉伦徒、李禛、高智耀、高睿、李恒、星吉、沙览答里、论卜、也速迭儿、福寿、常八斤"12人,卷之三《所属各地·中路灵州》"人物"辑录明代西夏遗民"藏卜、冯答兰帖木"2人,卷之二《宁夏总镇》第二十七条"仙释"辑录明代西夏遗民"永济尚师、黑禅和尚"2人,共16人。

《乾隆宁夏府志》(下)(清)张金城修,(清)杨浣雨纂,陈明猷点校,宁夏人民出版社1992年12月出版。宁夏府志卷十三"人物·乡献"条辑录元代西夏遗民"斡道明、斡玉伦徒、李禛、高智耀、高睿、高纳麟、李恒、星吉、来阿八赤、杨朵儿只、杨卜花、拜延、喜同、沙览答里、论卜、也速迭儿、福寿、常八斤、迈里古思、亦怜真班"18人,宁夏府志卷十六"人物·仙释"条辑录明代西夏遗民"永济尚师、黑禅和尚"2人,"人物·列妇"条辑录元代西夏女性遗民"邢氏"1人,"人物·节妇"条辑录元代

---

① 一般来说,人们把西夏王朝灭亡后,原居住、生活于西夏境内的各民族统称为西夏遗民。元代将西夏称为"唐兀",既指西夏的党项族,又包括西夏的汉族、吐蕃、回鹘、沙陀各族。但是在有些文献中,西夏遗民仅指党项羌后裔。

西夏女性遗民"刘氏"1 人,共 24 人。

《宁夏志笺证》、《嘉靖宁夏新志》、《乾隆宁夏府志》辑录西夏遗民人物表

《宁夏志笺证》	《嘉靖宁夏新志》	《乾隆宁夏府志》
卷上·十七·人物 1. 高智耀 2. 沙览答里 3. 论卜 4. 也速迭儿 5. 福寿 6. 冯答兰帖木 7. 藏卜	卷之二·二十二·人物 1. 斡道明 2. 斡玉伦徒 3. 李禛 4. 高智耀 5. 高睿 6. 李恒 7. 星吉 8. 沙览答里 9. 论卜 10. 也速迭儿 11. 福寿 12. 常八斤	卷十三·人物·乡献 1. 斡道明 2. 斡玉伦徒 3. 李禛 4. 高智耀 5. 高睿 6. 高纳麟 7. 李恒 8. 星吉 9. 来阿八赤 10. 杨朵儿只 11. 杨卜花 12. 拜延 13. 喜同 14. 沙览达里 15. 论卜 16. 也速迭儿 17. 福寿 18. 常八斤 19. 迈里古思 20. 亦怜真班
卷上·二十·名僧 8. 永济尚师 9. 黑禅和尚	卷之三·人物 13. 冯答兰帖木 14. 藏卜	卷十六·人物·仙释 21. 永济尚师 22. 黑禅和尚
	卷之二·仙释 15. 永济尚师 16. 黑禅和尚	宁夏府志卷十六·人物·列妇 23. 邢氏
		宁夏府志卷十六·人物·节妇 24. 刘氏

从上表可以看出三本宁夏旧志分别辑录西夏遗民:《宣德宁夏志》即《宁夏志笺证》9 人、《嘉靖宁夏新志》16 人,《乾隆宁夏府志》24 人,共 49 人,嘉靖本比宣德本多辑录了斡道明、斡玉伦徒、李禛、高睿、李恒、星吉、常八斤 7 人。乾隆本又比嘉靖本多辑录了高纳麟、来阿八赤、杨朵儿只、杨卜花、拜延、喜同、迈里古思、亦怜真班、邢氏、刘氏 10 人。但乾隆志没有辑录冯答兰帖木、藏卜 2 人,这样三志辑录西夏遗

民除重复的，共 26 人，分别为高智耀、沙览答里、论卜、也速迭儿、福寿、冯答兰帖木、藏卜、永济尚师、黑禅和尚、斡道明、斡玉伦徒、李禛、高睿、李恒、星吉、常八斤、高纳麟、来阿八赤、杨朵儿只、杨卜花、拜延、喜同、迈里古思、亦怜真班、邢氏、刘氏。

二、宁夏旧志辑录西夏遗民史料整理与研究

> 1. 高智耀，宁夏人。世仕夏国。智耀登本国进士第。夏亡，隐贺兰山。元太宗访求得之。至元五年，擢为西夏中兴等路提刑、按察使。（《宁夏志笺证》卷上，页一三五）
>
> 高智耀，河西人。世仕夏，祖良惠为夏右丞相。智耀登本国进士。夏亡，隐贺兰山。元太祖召见，将用之。遽辞归，后入见宪宗，言儒者宜蠲徭役。世祖时，又言儒术有补治道。拜翰林学士，迁西夏中兴等路提刑按察使。卒，追封为宁国公，谥文忠。（《嘉靖宁夏新志》卷二，页一二九）

高智耀，《宁夏志笺证》对高智耀的事情记载比较简单，《嘉靖宁夏新志》与《乾隆宁夏府志》记载内容一样，只是乾隆志在高智耀信息后增加了子高睿、孙高纳麟的信息。如：

> 子睿年十六，授符宝郎，出入禁闼，详雅恭谨。历嘉兴路总管、浙西淮东廉访使，所至有政绩，两为南台御史中丞。务持大体，有儒者之风。子纳麟官至太尉。（《乾隆宁夏府志》卷一三，页四三六）

《元史·高智耀传》卷一百二十五·列传第十二，载高智耀，河西人。河西，春秋战国时原指今山、陕两省间黄河南段之西区。汉、唐以后，多指今甘肃、青海两省黄河以西，即河西走廊与湟水流域。唐景云元年（710）于凉州（今甘肃武威市）置河西节度使。西夏时，河西地区大部分入西夏版图，故谓高可称西夏人。西夏之国都在兴庆府，即今宁夏银川市。又可称高为宁夏人。元以后，往往称西夏遗民为河西人[①]。

> 2. 沙览答里，河西人，姓路氏。仕元至丞相、南台御史大夫。（《宁夏志笺证》卷上，页一三五；《嘉靖宁夏新志》卷二，页一二九；《乾隆宁夏府志》卷一三，页四三九）

宁夏旧志对此人记载内容一样，只是《乾隆宁夏府志》作沙览达里，“答”、“达”

---

① 吴忠礼：《宁夏志笺证》，宁夏人民出版社，1996 年，第 136 页、138 页、137 页。

二字有差异。沙览答里,《元史》无传,《元史·宰相年表二》卷一百一十三称沙蓝答里。至正二十五年(1365)任中书省平章,十月升为头平章。二十六年正月升左丞相,九月分省大同,十一月薨。

3. 论卜,河西人。仕元至司徒平章。元末守宁夏。(《宁夏志笺证》卷上,页一三五;《嘉靖宁夏新志》卷二,页一三〇;《乾隆宁夏府志》卷一三,页四三九)

对论卜记载,三本志书内容相同,只是《乾隆宁夏府志》少"河西人"三字。宁夏旧志间接涉及论卜的信息还有两条。

马鉴,任前军都督。孝陵甚宠眷之。洪武初,命守宁夏。时边境粗安,密迩胡寇。鉴率兵越贺兰,至地名五井,与伪平章论卜战,败之,杀伤甚众,军声大振,馀寇远遁,边人以安。(《宁夏志笺证》卷上,页一四五)

马鉴,前军都督,洪武初镇守宁夏,率兵出贺兰,至地名五井,与元故平章论卜战,败之,远遁,军声大振。(《嘉靖宁夏新志》卷二,页一〇四)

平章,作为官名,始于唐。元代于京中书省置平章政事,与丞相同居宰相之位。地方于行省置平章政事,则为一省最高长官。简称为平章。论卜,《元史》无传,宰相年表也查无论卜此人,是为宁夏平章[①]。

4. 也速迭儿,河西人。仕元至廉访使。(《宁夏志笺证》卷上,页一三五;《嘉靖宁夏新志》卷二,页一三〇;《乾隆宁夏府志》卷一三,页四三九)

也速迭儿,三本志书记载内容相同,只是《嘉靖宁夏新志》谓"河南人"有误,应是"河西人"。此人,《元史》无传,《元史·本纪·顺帝》对他有三处记载:(至正)至正五年十月"宣政院同知伯家奴、宣徽佥院王也速迭儿巡山北辽东道"。十二年六月"河南行省左丞匝纳禄、参知政事王也速迭儿,并以失误军需,左迁添设淮西宣慰使,随军供给。"十三年十二月"造清宁殿前山子、月宫诸殿宇,以宦官留守也先帖木儿、留守同知也速迭儿及都水少监陈阿木哥等董其役"。据《明史》,元亡,也速迭儿北遁,后归降。如:《明史·太祖三》载"元也速迭儿弑其主脱古思帖木儿而立坤帖木儿"。《明史·外国八》载"脱古思帖木儿既遁,将依丞相咬住于和林,行至土剌河,为其下也速迭儿所袭,众复散,独与捏怯来等十六骑偕。适咬住来迎,欲共往依

① 吴忠礼:《宁夏志笺证》,宁夏人民出版社,1996年,第136页、138页、137页。

阔阔帖木儿，大雪不得发。也速迭儿兵猝至，缢杀之，并杀天保奴”。

5. 福寿，河西人。仕元至南台御史大夫。（《宁夏志笺证》卷上，页一三五；《嘉靖宁夏新志》卷二，页一三〇；《乾隆宁夏府志》卷一三，页四三九）

福寿，三本志书对他的记载内容相同。《元史·福寿传》卷一百四十四·列传第三十一，明确记载福寿为唐兀人。另外《元史·宰相年表》卷一百一十三、《元史·顺帝本纪》卷四十四等，对福寿都有记载。

6. 冯答兰帖木，河西人。父藏卜，仕元至国公。来降居灵州卒。答兰以军功仕至都指挥。（《宁夏志笺证》卷上，页一三六；《嘉靖宁夏新志》卷三，页二〇八）

冯答兰帖木，《乾隆宁夏府志》未收录，《元史》无记载。父藏卜，《元史·宰相年表二》卷一百一十三有载，至正十四年（1354）任中书省参知政事，九月由将作院使除。次年迁右丞。十七年升平章政事，十一月分省太原。藏卜仕元至国公，《元史三公表》无载。冯答兰帖木《明史》称冯答兰帖木儿，《明史·列传第四十二·柳升传》载“出镇宁夏，讨斩叛将冯答兰帖木儿等”。《明成祖实录》载：“冯答兰帖木儿为前元降将，授灵州都指挥。永乐九年七月，率部叛明，寇扰黄河南地方。宁夏镇总兵官、安远侯柳升命陕西都指挥孙霖、王仪领军剿办，其部指挥王辅、仇智与叛军战于大坝，破敌擒斩叛将冯答兰帖木儿等。”

7. 永济尚师，河西人。通三学，为西夏释氏之宗，称为祖师焉。修建华严，斋会科仪僧徒，至今尊而行之。（《宁夏志笺证》卷上，页一七六；《嘉靖宁夏新志》卷二，页一五〇；《乾隆宁夏府志》卷一六，页五八八）

8. 黑禅和尚，河西人。深通禅观之学。年六十馀示微疾，先知死期。至日坐化。（《宁夏志笺证》卷上，页一七六；《嘉靖宁夏新志》卷二，页一五〇；《乾隆宁夏府志》卷一六，页五八八）

永济尚师：三本志书记载有差异，笺证本谓“通三学”，并且多“修建华严，斋会科仪僧徒，至今尊而行之”这些信息；嘉靖与乾隆本谓“通五学”，嘉靖本还有一字之误，“为西夏释氏之定”，“定”应是“宗”之误。三学，是佛教教义。学佛者必须修持的三种基本学业，即戒学、定学、慧学。用戒止恶修善，用定息虑澄心，用慧破惑证道。五学，指《乐》《诗》《书》《礼》《春秋》。嘉靖与乾隆本谓“通五学”应该有误。

三本志书对黑禅和尚记载相同。另外，此二人《元史》均无记载。

9. 斡道明、斡玉伦徒

斡道冲,字宗圣,灵武人。其先从伪夏主迁兴州,世掌夏国史。道冲通五经,为蕃汉教授,译论语注,别作解义二十卷,又作周易卜噬断,以其国字书之,行于国中。后官至其国之中书宰相而没。夏人常尊孔子为"至圣文宣帝",是以画公象列诸从祀。其国郡县之学,率是行之。夏亡,郡县废于兵,庙学尽坏,独甘州仅存其迹。兴州有帝庙门榜及夏主灵芝歌石刻。凉州有殿及庑。皇元至元间,公之曾孙云南廉访使道明奉诏使过凉州,见殿庑有公从祀遗象,欷歔流涕不能去,求工人摹而藏诸家。延祐间,荆王修庙学,尽撤其旧而新之,所像亡矣。廉访之孙奎章典签玉伦徒,常以礼记举进士。从子成钧于阁下又为僚焉。间来告曰:昔国崇尚文治,先中书与有功焉。国中从祀庙学之象,仅存兵火之馀,而泯坠与今日,不亦悲夫。先世元所摹象固无恙也。愿有述焉,以贻我后之人。乃为录其事而述赞曰:

西夏之盛,礼事孔子。极其尊亲,以帝庙祀。
乃有儒臣,蚤就典谟。通经同文,教其国都。
遂相其君,作服施采。顾瞻学宫,遗象斯在。
国废人远,人鲜克知。坏宫改作,不闻金丝。
不忘其亲,在贤孙子。载图丹青,取征良史。

(《嘉靖宁夏新志》卷二,页一二八;《乾隆宁夏府志》卷一三,页四三六)

斡氏,唐兀贵族。斡道冲为西夏宰相,朵儿赤是其曾孙。《元史·朵儿赤传》卷一百三十四·列传第二十一,载"朵儿赤字道明,西夏宁州人。父斡扎箦,世掌其国史。子仁通,为云南省理问"。

斡道冲,《宁夏志笺证》未录,《乾隆宁夏府志》记载很简略,只是他本人的简历。《嘉靖宁夏新志》记载详细,人物关系有,其曾孙云南廉访使"道明",廉访之孙奎章典签"玉伦徒"。斡玉伦徒史载,登进士第,历奎章典签、工部侍郎、山南廉访使,拜侍御史,修《宋史》,善书画,有诗名。

10. 李禛,西夏国族子。金末以经童中选。既长,入为质子,以文学得近侍。元太宗嘉之,后从伐金及下淮甸。累官广阳军马万户。(《嘉靖宁夏新志》卷二,页一二九;《乾隆宁夏府志》卷一三,页四三六)

李禛元史作李桢,有传,即《元史·李桢传》卷一百二十四·列传第十一。《乾隆宁夏府志》称李征,字干臣,其他记载与《嘉靖宁夏新志》内容一样。

11. 高睿，智耀子。年十六，授符宝郎。出入禁闼，详雅恭谨。历嘉兴路总管、浙西、淮东廉访使。所致有政绩，两为南台御史中丞。务持大体，有儒者之风。卒，赠太傅，谥贞简。子纳麟，官至太尉。（《嘉靖宁夏新志》卷二，页一二九；《乾隆宁夏府志》下卷，页四三六）

高睿，元史有传，附在父高智耀传后，即《元史·高智耀传》卷一百二十五·列传第十二。高纳麟，元史单独有传，即《元史·纳麟传》卷一百四十二·列传第二十九。

12. 李恒，西夏国兀纳城族子。生有异质。世祖时累官为益都淄莱万户，从取宋襄阳、江西及平崖山，累官中书左丞。后讨交趾，中毒矢卒。谥武愍，追封腾国公。（《嘉靖宁夏新志》卷二，页一二九；《乾隆宁夏府志》卷四三七）

李恒，元史有传，即《元史·李恒传》卷一百二十九·列传第十六。

13. 星吉，河西人。事仁宗于潜邸，以精敏称。累官江西行台御史大夫。克持风裁。历湖广、江西行省平章。诏守江西时，贼据州县，屡破之。中流矢而死。为人公廉明决，能以忠义感激人心，故能以少击众云。（《嘉靖宁夏新志》卷二，页一二九；《乾隆宁夏府志》卷四三七）

星吉，两本志书记载相同，乾隆本多“字吉甫”三字，此人，元史有传，即《元史·星吉传》卷一百四十四·列传第三十一。

14. 常八斤，夏人。以治弓见知，乃托于耶律楚材曰：“本朝尚武，而明公欲以文进，不已左乎?”楚材曰：“且治弓尚须弓匠，岂治天下不用治天下匠耶。”（《嘉靖宁夏新志》卷二，页一三〇；《乾隆宁夏府志》卷四三九）

常八斤，《元史》无传。《元史·耶律楚材传》卷一百四十六·列传第三十三有所涉及，“夏人常八斤，以善造弓见知于帝，因每自矜曰：‘国家方用武，耶律儒者何用。’楚材曰：‘治弓尚须用弓匠，为天下者岂可不用治天下匠耶?’帝闻之甚喜，日见亲用。”

15. 来阿八赤，宁夏人。至元七年南征襄樊，赤督军器械粮储运，二日而毕，世祖悦。后发兵开运河，督视寒暑不辍。调辽左招讨使，招来降附。

上征交趾,俾领中卫亲军千人,诩道皇子。至思明州,贼阻险据守,于是选精锐与贼战于女儿关,斩首万计,馀兵奔国走,于是大兵进至交州。陈日烜空其城而遁。(《乾隆宁夏府志》下卷,页四三七)

来阿八赤,元史有传,即《元史·来阿八赤传》卷一百二十九·列传第十六,载:宁夏人,父术速忽里,归太祖,选居宿卫,继命掌膳事。子寄僧,为水达达屯田总管府达鲁花赤。孙完者不花,同知潮州路总管府事;次秃满不花、也先不花、太不花。另外,还有《辽东志》卷五载:来阿八赤,宁夏人,累官同佥宣徽院事、辽左不宁,降虎符授征东招讨使,八赤招徕降附远近贴然,寻改湖广行中书省右丞,从征交趾卒于军。

16. 杨朵儿只,宁夏人。事仁宗于潘邸,甚见重命。只与丞相定议,迎武宗与北藩。仁宗还京师,只密致警备,仁宗嘉之,亲解所服带以赐。既佐定内难,论功为大中大夫,家令丞,日久侍侧,虽休沐不至家,众敬惮之。帝他日与李孟论元人才,孟以只第一。拜礼部尚书,为权臣铁木儿所害而死。死时权臣欲夺其妻刘氏与人,刘氏剪发毁容豁免。(《乾隆宁夏府志》下卷,页四三七)

17. 杨卜花,幼有才气,能以礼自持,好读书。仁宗欲以为翰林直学士,力辞。后以荫补武备司提点。转佥河东廉访司事。尝出按部民,有杀子以诬怨者,狱成,卜花谳之得其情,平反出之。河东民饥,先捐己赀以给。请命未下,即发公廪赈之,民赖以不死。除通政院判,将行,值陕西诸军拒诏,不花率众出御见杀。二仆亦见执,曰:"吾主既为国死,吾纵得生,何以见主于地下"?皆被杀。(《乾隆宁夏府志》下卷,页四三七)

18. 刘氏,礼部尚书杨朵儿只妻。权臣铁木儿害朵儿只死,欲夺其妻。刘剪发毁容获免。(《乾隆宁夏府志》下卷,页五九六)

杨朵儿只,子杨卜花,妻刘氏,元史有传,即《元史·杨朵儿只传》卷一百七十九·列传第六十六。《道园类稿》等古籍中的《御史中丞杨襄愍公神道碑》、《正议大夫江南湖北道肃政廉访使特赠宣忠效力翊戴功臣大司徒金紫光禄大夫上柱国夏国公谥襄敏杨公神道碑》、以及近年在北京石景山杨庄发现的《□□御史中丞夏国杨襄愍公墓志铭》碑[①],记载朵儿只,姓杨氏,世家河西宁夏,祖失剌,赠推忠佐运功臣、太保、金紫光禄大夫、柱国,追封夏国公、谥忠定。父失剌唐兀台,赠推忠翊戴功臣、太傅、开府仪同三司、上柱国、追封夏国公、谥康靖。

---

① 《杨朵儿只与杨庄的得名》双塔郫人,http://blog.sina.com.cn/u/1378193971

19. 拜延，河西人。以父火夺贵袭授千户。宋师侵成都，四川签省严忠范遣拜延迎击，大败之。又从攻嘉定、泸叙、重庆，数有战功。汪田哥用兵忠州，命延将兵往涪州策应，宋人以舟师邀于清江，拜延领兵驰赴，擒其部将十七人。泸州复叛，拜延领兵趋泸州，败其将，遂克泸州。行院副使卜花进兵围重庆，遣拜延将兵降之。制授宣武将军、蒙古汉军总督。（《乾隆宁夏府志》下卷四三八）

元史载，拜延，河西人。父火夺都，以质子从太祖征河西，太祖立质子军，号秃鲁花，遂以火夺都为秃鲁花军百户。火夺都卒，拜延袭。至元九年，制授征行千户，佩金符。元史称拜延父为“火夺都”，宁夏志为“火夺贵”。“都”与“贵”有差异。

20. 喜同，周姓，河西人。调达鲁花赤，居二岁，妖贼陷邓州，南阳无城及兵，贼入若虚邑。同以计获数贼，斩之。贼乘锐取南阳，同策励义兵与战，贼退去。明日复至，与战甚力，杀贼凡数百。贼知无后援，战愈急，南阳遂陷。同突围见杀。妻邢氏闻同死，帅家僮数人出走，遇贼夺刀斫之，且骂且前，亦见杀。（《乾隆宁夏府志》下卷四三八）

21. 邢氏，达鲁花赤喜同妻，妖贼陷南阳，同突围见杀。邢闻之，率家童数人出走遇贼，夺刀砍之，且骂且前，亦见杀。（《乾隆宁夏府志》下卷，页五九六）

喜同，元史有传，妻，邢氏，即《元史・忠义》卷一百九十四・列传第八十一。乾隆志与元史记载无差异。

22. 迈里古思，字善卿，至正十四年进士。授绍兴路录事司达鲁花赤。苗军在杭者纵抄掠，有至绍兴强夺人马者。迈里古思擒斩数人，苗军不敢至其境，声名大振。平处州山贼，擢江东廉访司经历，仍留绍兴。时浙东西郡县多残破，独迈里古思保障绍兴，境内晏然，民爱之如父母。会方国珍遣兵侵据绍兴，迈里古思欲率兵问罪，而御史大夫拜住哥与国珍素通贿赂，情好甚厚，愤迈里古思擅举兵，使人召之私第，命左右以铁钟挝死之，断其头掷厕中。城中民闻之，男女老幼无不恸哭者。部将黄中乃率其众复仇，尽杀拜住哥家人。拜住哥后为御史真童所纠，削官职，安置湖州，迈里古思冤始白。（《乾隆宁夏府志》下卷四四〇）

宁夏旧志对迈里古思籍贯没有说明，但迈里古思，元史有传，《元史・迈里古思传》卷一百八十八・列传第七十五载：“迈里古思者，宁夏人也，字善卿。至正十四年进士,授绍兴路录事司达鲁花赤。”另外,《南村辍耕录》载“迈里古思字善卿,西夏人,侨居松江。家贫,授徒以养母。性至孝,然落落不羁,善谐谑,名人士与游。至正甲午,进士及第,授绍与路录事司达鲁花赤”。

23. 亦怜真班,西夏人。性刚正,动有礼法。仁宗时为翰林侍读学士。至正六年拜御史大夫,尽选中外廉能之官置诸风宪,一时号为得人。迁宣政院使,出为甘肃行省平章政事。弭西羌之寇,民赖以安,立石颂之。历官银青光禄大夫,知枢密院事。卒,追封齐王,谥忠献。(《乾隆宁夏府志》下卷四四〇)

亦怜真班,元史有传,即《元史·亦怜真班传》卷一百十五·列传第三十二。宁夏旧志与元史记载内容相同。

宁夏旧志间接记载的西夏遗民相关信息:

1. 张文谦,邢州沙河人。至元间,以中书左丞行省西夏中兴等路。《宁夏志笺证》卷上,页一四三

2. 郭守敬,邢台人。以河渠副使、加银符,从张文谦行省西夏。(《宁夏志笺证》卷上,页一四三)

3. 唐来渠,拓跋氏据西夏已有此二渠,资其富强。迄元世祖至元元年,藁城人董文用为西夏中兴等路行省郎中,始复开汉延、唐来、秦家等渠,垦水田授民,寻以浑都海兵乱,渠复淤塞。张文谦荐邢台人郭守敬为河渠提举,因旧谋新,更立闸堰,渠复通,夏人利之。(《嘉靖宁夏新志》卷一,页二〇)

4. 甲子(1264)、理宗皇帝景定五年、蒙古世祖皇帝至元元年春正月,蒙古遣唆脱颜、郭守敬行观宁夏河渠。至元元年,命藁城县人董文用为西夏中兴省郎中。文用开汉延、唐来、秦家等渠。垦水田以授夏人。寻以浑都海作乱,渠复淤塞。至是,因张文谦荐邢台县人郭守敬为西夏河渠提举。守敬因旧谋新,更立闸堰,渠复通,夏人利之,遂立生祠以祀守敬。(《嘉靖宁夏新志》卷四,页二七〇)

通过上表及宁夏旧志辑录的西夏遗民史料可以看出:

一、宁夏旧志辑录西夏遗民 26 位,主要来自社会上层,他们的父辈就是西夏时期在宁夏的官宦。子辈到了元代,成为元代子民,他们能够顺应时代发展之变,或在宁夏或在外省,为元代的社会发展献计献策,建功立业。如“高智耀,宁夏人,至元五年,擢为西夏中兴等路提刑、按察使”。

二、宁夏旧志辑录西夏遗民26位，其中沙览答里、论卜、也速迭儿、冯答兰帖木、藏卜、永济尚师、黑禅和尚7人，这7位西夏遗民《元史》或无传、或无任何信息记载，因此，宁夏旧志辑录到他们的信息，弥足珍贵。

三、高智耀，至元五年，擢为西夏中兴等路提刑、按察使。路，为宋、金、元地方行政区划名称。宋、金路为省级，而元代于全国首制行省，降路为二级地方行政建制，置总管府，故亦称府路。至元五年置西夏中兴等路，《元史》无载，可补史之缺①。

四、中国古代史籍只给男性人物立传，女性事迹片言只语捎带附着在家族中男人的事迹中。宁夏旧志只辑录了两位西夏女性人物，但她们的事迹也彰显了古代妇女的勇敢与坚强，如"邢氏，达鲁花赤喜同妻，妖贼陷南阳，同突围见杀。邢闻之，率家童数人出走遇贼，夺刀砍之，且骂且前，亦见杀"。"杨朵儿只为权臣铁木儿所害而死。死时权臣欲夺其妻刘氏与人，刘氏剪发毁容豁免"。

五、公元1227年蒙古灭西夏后，西夏境内的各民族(含党项羌)大批迁往西藏、青海、四川、云南、河南、河北、安徽、山东、江浙等诸多地区。但也有许多留在原居住地，宁夏旧志有关西夏遗民信息，反映了这一情况，如"张文谦，邢州沙河人。至元间，以中书左丞行省西夏中兴等路"。"郭守敬，邢台人。以河渠副使、加银符，从张文谦行省西夏"。"守敬因旧谋新，更立闸堰，渠复通，夏人利之，遂立生祠以祀守敬"。从以上信息分析可知，到了元代，仍然称西夏故地宁夏为"西夏"，并且称这里的人民为"夏人"，说明这里有许多西夏遗民存在。

① 吴忠礼:《宁夏志笺证》，宁夏人民出版社，1996年，第136页、138页、137页。

西夏王陵对唐宋陵寝制度的继承与嬗变

——以西夏王陵三号陵园为切入点[①]

余 军

引 言

明安塞王朱秩炅《古冢谣》:"贺兰山下古冢稠,高下有如浮水沤。道逢古老向我告,云是昔时王与侯。当年拓地广千里,舞榭歌楼竞华侈。强兵健卒长养成,眇视中原谋不轨。岂知瞑目都成梦,百万衣冠为祖送。珠襦玉匣相后先,箫鼓声中杂悲恸。世更年远迹已陈,苗裔纵存犹路人。麦饭畴为作寒食,悲风空自吹黄尘。怪鸱薄暮喧孤树,四顾茫然使人惧。天地黯惨愁云浮,遥想精灵此时聚。君不闻,人

---

① 以西夏陵区 3 号陵园为切入点,基于两方面考量:一是 3 号陵在西夏诸陵中规模最大,陵园面积达 15 万平方米,其形制和结构最特殊,研究者的基本共识,认为 3 号陵为西夏建国皇帝元昊陵墓,处西夏陵实际上的祖陵的地位,此后诸陵园的形制布局基本以 3 号陵为范式而变化,大体形成定制,共性较强,3 号陵之后诸陵在规模和建筑形制结构上则逊避祖陵(开明十三陵"逊避祖陵"即长陵之先河)。3 号陵是西夏陵体系中真正的祖陵。孟凡人:《西夏陵陵园形制布局研究》,故宫博物院《故宫学刊》2012 年总第八辑,第 87、89、94 页。明十三陵逊避祖陵问题论述见氏著:《明代宫廷建筑史》第十三章第三节(明代宫廷史研究丛书),紫禁城出版社,2010 年 9 月,第 517 - 522 页。二是 3 号陵陵园地面建筑遗址经过全面的科学发掘。见宁夏文物考古研究所、银川西夏陵区管理处编著:《西夏三号陵——地面遗迹发掘报告》,科学出版社,2007 年 6 月。其他相关三号陵考古发掘材料:牛达生、韩子:《银川市西夏陵 13 号陵园东碑亭遗址》(案:西夏王陵初期调查时,3 号陵原编 13 号陵),《中国考古学年鉴·1988》,文物出版社,1989 年 10 月,第 259 - 260 页;宁夏文物考古研究所:《银川西夏陵区三号陵园东碑亭遗址发掘简报》(牛达生、韩小忙执笔),《考古与文物》1993 年第 2 期,第 38 - 51 页;沈自龙:《西夏陵考古又获重要成果》,《中国文物报》1998 年 11 月 4 日第 1 版;西夏陵考古队:《西夏陵 3 号陵园建筑遗址初露端倪》,《中国文物报》2001 年 2 月 14 日第 1 版;西夏陵考古队:《西夏陵 3 号陵园考古再现昔日皇家陵园平面布局》,《中国文物报》2002 年 3 月 1 日第 1 版;《西夏陵区 3 号陵园建筑遗址》,国家文物局主编《2001 中国重要考古发现》,文物出版社,2002 年 9 月,第 138 - 143 页;《西夏陵区 3 号陵园西碑亭遗址》,《中国考古学年鉴·1999》,文物出版社,2001 年 5 月,第 306 - 307 页;《西夏陵 3 号陵园月城东墙、陵城角阙及东门遗址》,《中国考古学年鉴·2001》,文物出版社,2002 年 12 月,第 317 - 319 页;《西夏 3 号陵园月城、陵城墙垣、角阙遗址》,《中国考古学年鉴·2002》,文物出版社,2003 年 10 月,第 395 - 396 页;《西夏 3 号陵园陵城门屋、献殿、陵塔基址》,《中国考古学年鉴·2002》,文物出版社,2003 年 10 月,第 396 - 398 页;宁夏回族自治区文物考古研究所、银川市西夏陵区管理处:《宁夏银川市西夏 3 号陵园遗址发掘简报》,《考古》2002 年第 8 期,第 25 - 40 页。

生得意须高歌，芳樽莫惜朱颜酡。百年空作守钱虏，以古视今还若何。”[①]它生动写照和万般感慨的就是西夏京畿现存最大的建筑遗址群西夏王陵。《弘治宁夏新志》卷之一、《嘉靖宁夏新志》卷二中记：“李王墓：贺兰之东，数冢巍然，即伪夏所谓嘉、裕诸陵是也。其制度仿巩县宋陵而作。人有掘之者，无一物。”[②]诗与文的记述表明了明代当时人们确知贺兰山下这些墓冢就是西夏陵墓，亦说明西夏王陵在明初之前就已颓败。弘治、嘉靖《宁夏新志》所说嘉、裕二陵袭《宋史·夏国传》所载陵号。

西夏自1038年元昊（元昊立国改姓“嵬名”，后又更名“胤霄”，又作“曩霄”，其后诸帝均以“嵬名”为姓）称帝建国，到1227年为蒙古所灭，传十主。加上元昊追谥的李继迁（唐赐“李”姓）、赵德明（宋赐“赵”姓），共传位12代。《宋史·夏国传》中，在载述继迁、德明及其以后诸帝事迹的篇末，多记有其庙号、谥号，关于陵墓，自继迁至安全并记有九座帝陵陵号：太祖继迁裕陵，太宗德明嘉陵，景宗元昊泰陵，毅宗谅祚安陵，惠宗秉常献陵，崇宗乾顺显陵，仁宗仁孝寿陵，桓宗纯佑（又作“纯祐”）庄陵，襄宗安全康陵。与这九主有陵号者外，襄宗安全后尚有神宗遵顼、献宗德旺、南平王（末帝）睍，史籍中遵顼仅有谥号、庙号，德旺只有庙号，均无陵号，而睍既无谥号、庙号，更无陵号。遵顼、德旺、睍在1226年、1227年先后死亡或被杀，一般认为，当时正值西夏败亡之际，人力、物力、财力皆用于战争，形格势禁，国事日蹙，这三位可能未及造陵。

西夏王陵从修筑到现在已近十个世纪，人为破坏和自然侵蚀，使陵区早已沦为废墟。但存留的夯土工程，如高大的夯土实心塔式陵台（陵塔）、各种形状的土冢及鹊台、角台、陵园墙体等陈迹，仍远望可见。这些夯土建筑从形制上可划分为夯土墙和夯土台两种：筑墙工程多用于陵墓的墙垣，如月城、陵城围墙；筑台工程有高台和低台之别，高台工程主要有帝陵的陵塔、鹊台、角台及陪葬墓的墓冢等高大建筑的台身基座；低台工程主要是殿宇、房舍等建筑的台基，如献殿、碑亭、门庑以及陵区北端院落式建筑的基址等。这些夯土建筑留存千年说明西夏对夯土技术运用之娴熟。正是这些夯土遗存，比较清楚地显示了陵园基本轮廓和布局。2000年与2001年度对陵区三号陵园地面建筑遗迹的全面清理，为西夏陵寝制度地探讨提供

---

① （明）王珣修、胡汝砺编纂，范宗兴签注《弘治宁夏新志》卷之八，宁夏人民出版社，2010年12月，第284－285页；（明）胡汝砺编、管律重修，陈明猷校勘《嘉靖宁夏新志》卷之七，宁夏人民出版社，1982年12月，第361－362页。

② （明）王珣修、胡汝砺编纂，范宗兴签注《弘治宁夏新志》卷之一，宁夏人民出版社，2010年12月，第57页；（明）胡汝砺编、管律重修，陈明猷校勘《嘉靖宁夏新志》卷之二，宁夏人民出版社，1982年12月，第179页。《西夏纪事本末》首卷所附《西夏地形图》中“兴庆府”“兴州”左侧标例“西夏祖坟”“木内”（或“大内”）。参见，陈炳应：《西夏文物研究》第十一章《〈西夏地形图〉初探》及两幅《西夏地形图》插页，宁夏人民出版社，1985年8月，第433－457页。李范文先生曾面示：“木内”即“木讷”、“木纳”、“母纳”、“穆讷”、“穆纳”、“木雅”、“弭药(mi-niag)”。

了基本素材。

一、秦汉、唐宋陵寝建置

西夏陵寝制度的产生和形成,与西夏王朝的建立和灭亡相始终。陵寝制度是中国古代帝王墓葬及其附属设施和丧葬活动的礼仪、法令等各种规范的总合。诸如地形堪舆、陵园建造、埋葬、祭奠、祔葬、陪葬及一些与陵寝规制有密切关系的等级制度、宗庙制度、灵魂观念等。陵寝制度是推尊皇权、加强封建统治的一种手段,是封建政治的一个组成部分。春秋至秦代是中国古代陵寝制度发轫、初步形成时期,秦始皇陵园奠定了中国古代陵寝制度的基础,汉代至魏晋南北朝在继承秦朝初创制度的基础上又有所变革发展[①],而唐、宋则为陵寝制度的成熟时期。西夏陵寝制度正是在这一成熟阶段的背景下出现的产物。唐宋帝王陵寝建置是考察西夏陵寝制度的基础。

(一) 秦汉、唐宋陵寝建筑的基本构成

陵墓地上建筑:指陵园墙垣、阙台(鹊台)、门阙、角阙、陵台及附属的石像生,甚至陵园周围种植的松柏。地上建筑中的礼制性建筑有宗庙、寺庙禅院、寝殿(献殿)等,它们是举行祭拜礼仪的地方。

陵墓地下建筑:指墓道、墓室及车马坑、兵马俑等地下设施。秦汉以后,在唐宋陵墓中已无车马坑和兵马俑。

祔葬与陪葬墓:祔葬是后陵的一种埋葬方法;陪葬是按一定等级、在一定区域埋葬于皇帝陵园附近的文武功臣和皇亲贵胄墓葬。祔葬制各朝代有一定区别,陪葬制自秦汉至唐宋有逐渐发展的趋势。

行宫和陵邑:行宫为陵园附属设施,是皇室、大臣上陵举办各类礼仪时临时驻行的地方。秦始创陵邑之制(秦称"丽邑"),陵邑是供奉陵园的一级建置。东汉明

---

① 所见秦汉陵寝制度研究,尚志儒:《秦始皇陵园布局结构渊源浅谈》,《文博》1987 年第 1 期,第 14 - 17 页;马振智:《试论秦国陵寝制度的形成发展及其特点》,《考古与文物》1989 年第 5 期,第 110 - 117 页下;刘士莪、马振智:《秦国陵寝制度对西汉帝陵的影响》,《文博》1990 年第 5 期(秦文化·秦俑研究特刊),第 147 - 150;李自智:《试论秦始皇陵园布局对后代帝陵的影响》,《文博》1990 年第 5 期,第 151 - 157 页;尚志儒:《秦陵及其陵寝制度浅论》,《文博》1994 年第 6 期(第四届秦俑研究学术讨论会专号),第 7 - 14 页;黄展岳:《秦汉陵寝》,《文物》1998 年第 4 期,第 19 - 27 页;张卫星:《略论秦代与西汉的陵寝》(汉唐陵墓制度国际学术研讨会论文),北京大学中国考古学研究中心、北京大学震旦古代文明研究中心编:《古代文明》第 4 卷,文物出版社,2005 年 11 月,第 131 - 139 页;赵化成:《从商周"集中公墓制"到秦汉"独立陵园制"的演化轨迹》,《文物》2006 年第 7 期,第 41 - 48 页;徐卫民:《秦帝王陵墓制度研究》,《唐都学刊》2010 年第 1 期,第 43 - 52 页;刘庆柱、李毓芳:《西汉诸陵调查与研究》,文物编辑委员会编:《文物资料丛刊》6 期,文物出版社,1982 年 7 月,第 1 - 15页;刘炜:《西汉陵寝概谈》,《中原文物》1985 年第 2 期,第 65 - 68 页;刘庆柱、李毓芳:《关于西汉帝陵形制诸问题探讨》,《考古与文物》1985 年第 5 期,第 102 - 109 页;曾青:《关于西汉帝陵制度的几个问题》,《考古》1987 年第 1 期,第 75 - 78 转 74 页下;马正林:《咸阳原与西汉诸陵》,《人文杂志》1987 年第 2 期,第 81 - 84 页;刘庆柱、李毓芳:《西汉十一陵》,陕西人民出版社,1987 年 7 月。

帝显节陵开始，不置陵邑，陵园四周以“行马”代替夯筑墙垣。

（二）唐代陵墓类别与陵园建制

唐代帝陵陵区中称为“陵”的唐代墓葬有29座，分为四类。第一类：追改坟墓为“陵”5座（唐高祖李渊追尊先世四祖建初陵、启运陵、永康陵、兴宁陵；武则天之母杨氏顺陵）；第二类：唐代历朝皇帝陵20座（除昭宗和陵在河南渑池、哀帝温陵在山东荷泽外，陕西关中盆地渭北地区有“关中十八陵”）；第三类：生前没有即位，但死后有皇帝称号且称为“陵”的2座（洛阳偃师太子李宏恭陵；让皇帝李宪惠陵）；第四类：“号墓为陵”者2座（懿德太子李重润墓、永泰公主李仙蕙墓，是乾陵的陪葬墓，不是帝陵级别）。唐陵的建筑方式分两种，一是因山为陵（北山山脉上），二是仿汉制封土为陵（渭北高原上）。因山为陵者选择形胜山峦，不拘形体，玄宫（墓室）开凿于山峰南面的山腰间，绕山筑城。依山而建成为太宗之后唐历代君主陵寝之定则。关中唐陵中有昭、乾、定、桥、泰、建、元、崇、丰、景、光、章、贞、简陵14座。唐陵之山陵模式首创于昭陵而完善确定于乾陵。其他唐陵是覆斗形土冢，即积土为冢，关中唐陵中有献、庄、端、靖陵4座。唐献陵等不同于太宗以山为陵的葬制，平地掏挖墓穴后覆土起冢，营造覆斗状封土是秦汉（西汉文帝霸陵例外）、魏晋南北朝的传统做法。[①]

唐陵规模宏大，帝后同穴合葬。陵园的构筑座北朝南，地势北高南低。在帝陵玄宫山峰或陵台的四周，筑垣为城。陵园“司马院”夯筑，平面形状多为方形，四隅筑有角阙，每墙中央各辟一门，按东青龙、西白虎、南朱雀、北玄武四神方位命名。依山为陵者，南、东和西三神门大多正对玄宫，而北神门多因地势而筑，方位不正；积土为冢者，四神门正对陵台。四门之外各有一对石虎或石狮。陵园主体建筑陵台位于司马院中部或北部，在陵园陵台南、南门内或外修筑寝殿（宋陵之献殿）。陵园南门朱雀门前为长长的主神道，设有三道门阙，由南而北的第二、三道门阙间夹列石狮、王宾像、石碑、石人、石马、鸵鸟、华表等石像生。唐陵陵园以南神门为正门，以南北为中轴线，东西对称布局，这不同于汉陵陵园多以东门为正门。唐陵下宫在陵园的西南部，文献称“陵下宫”，俗称“皇城”，是守陵官员和宫人居所。昭陵在陵园北门玄武门内建祭坛一座，是举行大典的场所，为唐关中十八陵所仅有。

---

① 所见唐陵调查研究，贺梓城：《“关中唐十八陵”调查记》，文物编辑委员会编：《文物资料丛刊》3期，文物出版社，1980年5月，第139－153页；黄展岳：《中国西安、洛阳汉唐陵墓的调查与发掘》，《考古》1981年第6期，第531－538页；刘庆柱、李毓芳：《陕西唐陵调查报告》，《考古》编辑部编：《考古学集刊》第五集，中国社会科学出版社，1987年3月，第216－263页；周明：《陕西关中唐十八陵陵寝建筑形制初探》，《文博》1994年第1期，第64－77转63页；沈睿文：《唐陵陵园布局的分类及演变》，荣新江主编：《唐研究》第六卷，北京大学出版社，2000年12月，第353－381页；陈安利：《唐十八陵》，中国青年出版社，2001年5月；刘向阳：《唐代帝王陵墓》，三秦出版社，2003年9月；沈睿文：《唐陵的布局：空间与秩序》，北京大学出版社，2009年4月；程义：《20世纪关中唐代墓葬研究的回顾与展望》，杜文玉主编：《唐史论丛》第十辑，三秦出版社，2008年2月，第295－310页；程义著：《关中地区唐代墓葬研究》（考古新视野丛书），文物出版社，2012年5月。

初唐帝陵建制理念仍与汉一脉相乘,正如献陵陵园制度,研究者常引用高祖李渊在遗诏中讲的一句话:“其园陵制度,务从俭约,斟酌汉魏,以为规矩。”[①]陪葬墓位置,高祖李渊献陵陪葬墓多在陵园北面和东北,这可能是受到了汉陵陪葬墓制度的影响(汉陵陪葬墓多在陵东)。从太宗李世民昭陵开始,诸唐陵(庄陵除外)的陪葬墓均在陵园南面和陵园东南部,这种变化是与唐陵坐北面南的总体设计有关。陪葬墓封土型制主要有覆斗形、圆锥形、象山形墓(墓为三冢相连,俗称“连三冢”)[②]。唐代陵墓制度导源于北魏,其直接承袭则多自东魏北齐。献陵、昭陵、乾陵等突出地集中了较多的陪葬墓,大约渊源于北魏洛阳北邙陵墓的布局[③]。

(三)北宋皇陵陵园建制

北宋皇陵位于河南巩义市(原巩县)芝田镇嵩山与伊洛河间丘陵上,埋葬有宋太祖至宋哲宗计七个皇帝及被追封宋宣祖的赵匡胤之父赵弘殷,故称“七帝八陵”,在南北约15公里、东西约10公里范围内可分为四个墓区,按照“五音姓利”的原则,墓主辈分尊卑自东南向西北递降:东南部西村区有宣祖永安陵、太祖永昌陵、太宗永熙陵三陵及七座皇后陵;中部蔡庄区有真宗永定陵一陵及三座皇后陵和永定禅院;东北部孝义区有仁宗永昭陵、英宗永厚陵二陵及两座皇后陵;西南部八陵区有神宗永裕陵、哲宗永泰陵二陵及五座皇后陵和宁神禅院。宋八陵在陵园规模建设上明显逊于唐陵,都采取“积土为冢”的形式[④]。

宋陵丧礼、陵寝制度开创于宣祖赵弘殷和昭宪杜太后合葬的永安陵,确立于太祖赵匡胤永昌陵。诸陵面向嵩山、背负洛水,由东南向西北依次排列,选址遵崇阴阳葬术中“角姓昭穆(贯鱼)葬”。各陵陵园建制、平面布局相同,皆由上宫[⑤]、下宫、

---

① (宋)宋敏求编,洪丕谟、张伯元、沈敖大点校《唐大诏令集》卷第十一《帝王·遗诏上·神尧遗诏》,(上海)学林出版社,1992年10月,第60页。

② 姜宝莲:《试论唐代帝陵的陪葬墓》,《考古与文物》1994年第6期,第74-80页;沈睿文:《唐昭陵陪葬墓地布局研究》,荣新江主编:《唐研究》第五卷,北京大学出版社,1999年12月,第421-452页,又《唐陵的布局:空间与秩序》(陆、唐陵陪葬墓地布局),北京大学出版社,2009年4月,第247-306页;程义:《唐代帝陵陪葬墓的分布及其规律》,樊英峰主编:《乾陵文化研究》(五),三秦出版社,2010年9月,第80-95页。

③ 宿白:《北魏洛阳城和北邙陵墓——鲜卑遗迹辑录之三》,《文物》1978年第7期,第51页、52页注释23,该文收入北京大学中国传统文化研究中心编:《北京大学百年国学文粹·考古卷》,北京大学出版社,1998年4月,第120-131页;又收入氏著:《魏晋南北朝唐宋考古文稿辑丛》,文物出版社,2011年1月,第25-39页。

④ 郭湖生、戚德耀、李容淦:《河南巩县宋陵调查》,《考古》1964年第11期,第564-577页;付永魁:《巩县宋陵》,《河南文博通讯》1980年第3期(总13期),第42-51页;河南省文物考古研究所编:《北宋皇陵》,中州古籍出版社,1997年8月。

⑤ 关于宋陵的“上宫”究竟指哪一部分,冯继仁先生归纳有五种不同见解:1. 门阙仪仗说,即南神门以南为上宫;2. 献殿说,即献殿为上宫;3. 神墙以内说,即围括献殿、陵台的宫城为上宫;4. 内篱说,即门阙仪仗与神墙以内共为上宫;5. 皇堂说,即地宫为上宫。冯先生认为以上唯第三种意见为正确。冯继仁:《北宋皇陵建筑构成分析》,北京大学考古系编《考古学研究》(二),北京大学出版社,1994年11月,第232页。另参见,孙新民、郭培育:《宋仁宗永昭陵上宫考古获丰硕成果》,《中国文物报》1998年10月14日第1版。

兆域(茔域)、皇后陵和陪葬墓组成。陵园地貌呈南高北低、东穹西垂之势,陵台置于地势最低处,一反古代建筑逐渐增高、置中心建筑于最高地位的惯例。宋陵上宫是举行祭拜典礼之地,下宫是供墓主灵魂日常奉飨之所。与关中唐陵下宫遗址多在陵墓西南方不同,宋陵遵照阴阳地理葬书的制度安排来选择吉地,下宫皆建于帝陵上宫西北部。

宋陵帝后同茔合葬,皇后单独起陵,祔葬于帝陵的西北方。皇室陪葬墓又葬于皇后陵西北部,以距离帝陵远近别尊卑之序。帝、后陵上宫均以平面方形的陵台为主体,"三重"陵台施色,四周围护神墙,神墙四隅建有角阙,每面神墙正中开门,门侧设有阙台,东、西、北门外各置石雕蹲狮一对;南神门是正门,门内、外置石雕宫人、武士、奔狮各一对。南门外为主神道,设阙两道,《宋会要辑稿》、《宋朝事实》、《宋史》等文献中称其南者为"鹊台",北者为"乳台"。乳台以北神道两侧依次列置望柱、石象及驯象人、瑞禽、甪端、仗马及控马官、虎、羊、客使、武将文臣石像生,与唐陵石像生数目和陈放位置缺乏定式不同,宋陵石像生(石作宫人)数目、排列顺序整齐划一。陵园兆域围植枸橘以为标记。宋陵上宫的平面布局基本因袭唐陵的"墓仪"制度,与关中地区积土为冢的唐高祖献陵、敬宗庄陵、武宗端陵和僖宗靖陵这四陵相仿。宋陵中尤其是宋太祖永熙陵的陵园布局与唐高宗太子李宏恭陵(改墓称陵)极为相似,神门、神墙、角阙、神道以及石像生的格局大体相同。北宋设县以奉陵寝,在宋陵四个陵区旁边,建置寺院为先皇荐福、祈祷,这些皇家寺院都位于陵区的西北部,一般距陵区很近,有的寺院与所在帝陵的上、下宫同时修造,是陵区的有机组成部分。宋陵离国都开封较远,为便于皇室祭祀,在陵区设有行宫。宋陵作"三重"陵台、皇后同茔祔葬和陵区设置寺院等葬制又与汉代帝陵相仿。宋陵是在汉、唐陵寝制度上的继承和发展①。

二、西夏陵寝建置

西夏陵寝建置概况:

1. 陵区地理

西夏王陵位于银川市西南郊贺兰山中段东侧山麓洪积扇中上部。陵区面积约50平方公里,地域南迄榆树沟、银(川)巴(彦浩特)公路、北至泉齐沟,东到西干渠(西夏早期开凿的"昊王渠")、西抵贺兰山,东西宽近5公里、南北长10余公里。这

---

① 冯继仁:《论阴阳勘舆对北宋皇陵的全面影响》,《文物》1994年第8期,第55-68页;冯继仁:《北宋皇陵建筑构成分析》,北京大学考古系编:《考古学研究》(二),北京大学出版社,1994年11月,第230-243页;孙新民:《试论北宋陵园建制及其特点》,河南省文物考古学会编:《河南文物考古论集》,河南人民出版社,1996年8月,第458-463页,该文内容亦见河南省文物考古研究所编《北宋皇陵》(结语),中州古籍出版社,1997年8月,第448-451页;刘毅:《宋代皇陵制度研究》,《故宫博物院院刊》1999年第1期,第67-82页;陈朝云:《北宋陵寝制度研究》,《郑州大学学报》(哲学社会科学版)2003年第4期,第73-77页;沈睿文著:《唐陵的布局:空间与秩序》附二《巩县宋陵陵地秩序》,北京大学出版社,2009年4月,第120-127页。

里西高东低,海拔在1150—1220米之间(银川市海拔1110米)。在此地形起伏的范围内,勘察帝陵9座、功臣贵戚陪葬墓253座,在陵区北端有一处规模颇大的院落建筑遗址,陵区东面有砖瓦窑址[①]。

2. 形胜堪舆

陵区靠山望水,西依高峻挺拔的贺兰山,东之远处有奔流不息的黄河,地势高亢开阔,背风向阳,地基良好,年降水量小、山洪频率低。山河之间,近有都城兴庆府相济。陵园居高临下,视野开阔,俯视银川平原。

3. 陵墓分布

西夏王陵的诸陵排序以陵园所在位置及其地形地势从南向北分为四个自然区域:一区二陵(编号1号陵、2号陵),存62座陪葬墓;二区二陵(编号3号陵、4号陵),发现65座陪葬墓;三区二陵(编号5号陵、6号陵),有108座陪葬墓;四区三陵(编号7号陵、8号陵、9号陵),附近残存18座陪葬墓。区域内陵墓相对集中。帝陵多居于近山地势较高的西侧,陪葬墓多处于地势较低的东侧;一区和四区的帝陵,彼此之间南北、左右相邻很近;二区和三区的各两座帝陵东西相距较远;一区、二区、三区陪葬墓较多。陪葬墓附葬于何陵,没有明显界限[②]。史载西夏九座帝陵陵号与陵区帝陵数相符,但史籍仅有陵名,不记方位,而陵园碑刻早年被毁,现存帝陵陵园与陵名尚难对应。一般说法,西夏帝陵按中国古代传统昭穆葬法堪舆取穴[③],推测九座帝陵陵主分别为:1号裕陵,太祖继迁;2号嘉陵,太宗德明;3号泰

① 西夏王室葬地,起初可能选址在现西夏陵区的南部。2000年与2001年,在西夏陵南20公里闽宁村发掘了西夏早期野利(野律)家族(至少与野利家族有关)的墓地。(宁夏文物考古研究所编著:《闽宁村西夏墓地》,科学出版社,2004年6月)。该处墓地更有可能涉及在西夏陵区入葬的标准问题,即佞臣贰将不得陪葬于帝王陵区。西夏建国后由于政治权利争斗,野利旺荣、野利遇乞兄弟被杀,元昊宪诚皇后(野利氏)废后亦遭杀。野利家族被诛灭。同时,野利(耶律)这一姓氏可能存在的契丹族背景也应考虑在内。野利家族墓葬被排斥在西夏陵区之外。另参见,张雯:《略论党项民族葬俗在西夏建国后的延续与演化——闽宁村西夏墓地与西夏陵的比较研究》,杜建录主编:《西夏学》第十辑(第三届西夏学国际学术论坛暨王静如先生学术思想研讨会专辑〈下〉),上海古籍出版社,2014年6月,第301-308页。

② 韩兆民、李志清:《宁夏银川西夏陵区调查简报》,《考古》编辑部编:《考古学集刊》第五集,中国社会科学出版社,1987年3月,第277-284页;《西夏陵考察测绘工作概述》,《宁夏社科情报》(内部发行)1990年第2期;牛达生、杜玉冰:《银川西夏陵》,《中国考古学年鉴·1990》,文物出版社,1991年9月,第327-328页;韩小忙著:《西夏王陵》(西夏研究丛书),甘肃文化出版社,1995年7月;许成、杜玉冰编著:《西夏陵——中国田野考古报告》,东方出版社,1995年8月;程实:《西夏陵又发现陪葬墓》,《历史教学》2000年第5期,第21页;钟侃、钟雅玲著:《东方金字塔——西夏皇陵》(中国百年考古大发现丛书),天津古籍出版社,2008年1月。

③ 研究昭穆制度的史学家有两种截然不同的意见。李衡眉先生认为:"古人宗庙之有昭穆,正是墓葬分昭穆的再现"。李衡眉:《昭穆制度与周人早期婚姻形式》,《历史研究》1990年第2期,第22页;《昭穆制度与宗法制度关系论略》,《历史研究》1996年第2期,第35页。此二文收入氏著文集:《先秦史论集》,齐鲁书社,1999年10月,第317-340页、341-358页。张富祥先生认为:"古代墓葬不列昭穆","昭穆制本是生人而不是死人的制度"。张富祥:《日名制·昭穆制·姓氏制度研究》(山东大学文史哲研究专刊),上海古籍出版社,2014年5月,第226-228页。(注转下页)

陵，景宗元昊；4 号安陵，毅宗谅祚；5 号献陵，惠宗秉常；6 号显陵，崇宗乾顺；7 号寿陵，仁宗仁孝；8 号庄陵，桓宗纯祐；9 号康陵，襄宗安全。这方面问题多有讨论①。

（续上页注）对西汉帝陵、唐陵陵地安排是否存在昭穆制度学术界尚有争议，一部分学者认为汉陵唐陵布局不存在昭穆问题，一部分学者认为汉陵唐陵已经实际运用到昭穆制度。关于西汉帝陵昭穆问题的讨论，时瑞宝：《西汉帝陵与昭穆之序》，《中原文物》1986 年特刊（总 7），第 76 - 89 页；叶文宪：《西汉帝陵的朝向分布及其相关问题》，《文博》1988 年第 4 期，第 41 - 42 页；李毓芳：《西汉帝陵分布的考察——兼谈西汉帝陵的昭穆制度》，《考古与文物》1989 年第 3 期，第 28 - 35 页；雷依群：《论西汉帝陵制度的几个问题》，《考古与文物》1998 年第 6 期，第 63 - 65 转 49 页；焦南峰、马永嬴：《西汉帝陵无昭穆制度论》，《文博》1999 年第 5 期，第 51 - 58 页；沈睿文：《西汉帝陵陵地秩序》，《文博》2001 年第 3 期，第 17 - 23 页，又氏著《唐陵的布局：空间与秩序》附一《西汉帝陵陵地秩序》，北京大学出版社，2009 年 4 月，第 99 - 119 页；秦建明、姜宝莲：《西汉帝陵昭穆与陵位探》，《文博》2002 年第 2 期，第 31 - 37 页；黄展岳：《西汉陵墓研究中的两个问题》，《文物》2005 年第 4 期，第 70 - 74 页；雷百景、李雯：《西汉帝陵昭穆制度再探讨》，《文博》2008 年第 2 期，第 48 - 51 页；刘瑞：《昭穆制度与西汉帝陵排序》，文化遗产研究与保护技术教育部重点实验室、西北大学文化遗产与考古学研究中心编：《西部考古》第三辑，三秦出版社，2008 年 12 月，第 186 - 196 页；焦南峰、马永嬴：《西汉帝陵选址研究》，《考古》2011 年第 11 期，第 76 - 82 页。

关于唐代帝陵昭穆问题讨论，秦浩：《隋唐考古》，南京大学出版社，1992 年 8 月，第 81 页；陈安利：《唐十八陵》，中国青年出版社，2001 年 5 月，第 14 - 17 页；王双怀：《关中唐陵的地理分布及其特征》，《西安联合大学学报》2001 年第 1 期，第 63 - 66 页；沈睿文：《关中唐陵陵地秩序研究》，荣新江主编：《唐研究》第九卷，北京大学出版社，2003 年 12 月，第 377 - 402 页，又氏著《唐陵的布局：空间与秩序》（贰、关中唐陵陵地秩序），北京大学出版社，2009 年 4 月，第 40 - 98 页；韩养民：《唐代皇陵风水》，李炳武、黄留珠主编：《唐代历史文化研究》（陕西文史研究丛书），三秦出版社，2005 年 12 月，第 416 - 431 页。

宋陵秩序依照昭穆（贯鱼）葬法（五音昭穆葬）基本已成考古学界的共识。

① 西夏王陵的陵墓位序与陵园分期缺乏可靠的统一认识，问题根源在于现存陵园遗址除 7 号陵外其它帝陵陵园（陵主）与史载陵号的对应关系不能座实。关于西夏陵区陵墓主人问题的讨论：李范文：《西夏陵墓出土残碑考释》（一、陵墓主考），氏著文集《西夏研究论集》，宁夏人民出版社，1983 年 10 月，第 116 - 129 页，收入《李范文西夏学论文集》，中国社会科学出版社，2012 年 9 月，第 386 - 394 页；宁夏博物馆发掘整理、李范文编释：《西夏陵墓出土残碑粹编》，文物出版社，1984 年 11 月，第 3 - 20 页；韩兆民、李志清：《关于西夏八号陵墓主人问题的商榷》，《考古》编辑部编：《考古学集刊》第五集，中国社会科学出版社，1987 年 3 月，第 316 - 326 页；杜玉冰：《关于西夏陵的几个问题》，附录于许成、杜玉冰编著《西夏陵——中国田野考古报告》，（北京）东方出版社，1995 年 8 月，第 145 - 154 页；拙文《关于西夏陵区 3 号陵园西碑亭遗址的几个问题》，《宁夏社会科学》2000 年第 5 期，第 72 - 77 页；《西夏陵区 3 号陵园西碑亭考古收获及相关问题》，《中国边政》（台）153 期，2001 年 9 月，第 31 - 39 页；岳键：《西夏 10 号帝陵的发现与思考》（论文提要），刊李范文主编《西夏研究》第 3 辑（《第二届西夏学国际学术研讨会论文集》），中国社会科学出版社，2006 年 12 月，第 632 页；岳键：《161 号陪葬墓应为西夏“10 号”帝陵》，《宁夏师范学院学报》（社会科学）2007 年第 1 期，第 119 - 122 页；岳键、王亮著：《追望西夏》（“中篇”中的相关内容），陕西旅游出版社，2008 年 11 月，第 42 - 63 页；黄震云：《西夏王陵鎏金铜牛石马和辽代兴平公主墓葬考》，杜建录主编：《西夏学》第五辑，上海古籍出版社，2010 年 10 月，第 241 - 245 页；孙昌盛：《西夏六号陵陵主考》，《西夏研究》2012 年第 3 期，第 23 - 33 页（宁夏文物考古研究所、银川西夏陵区管理处编著：《西夏六号陵》附录《西夏陵陵主考》，科学出版社，2013 年 9 月，第 419 - 431 页）；孟凡人：《西夏陵陵园形制布局研究》，故宫博物院《故宫学刊》2012 年总第八辑，第 86 - 87 页；牛达生：《西夏文字及文物中所见其使用情况》注释①②，《西夏研究》2013 年第 1 期，第 59 - 60 页；岳键：《西夏太后陵初探——关于 177 号墓主人身份的考述》，《西夏文物研讨会论文集》（打印稿）2014 年 7 月；岳键：《西夏六号陵陵主再考》（本论文集）。

其中7号陵仁孝寿陵是西夏王陵中唯一确定陵主身份的帝陵[①]。

4. 陵园格局

西夏陵区中的帝陵陵园建筑由鹊台、碑亭、月城、陵城、陵城内献殿、“鱼脊梁”式墓道封土、塔式灵台(陵塔)[②]、角台等几部分组成,有的陵园筑有外城。陵园建筑的命名,一部分借用了中原地区同类建筑的名称,如鹊台、碑亭、献殿、灵台及门阙、角阙等,一部分比较特殊的建筑,有的就其形而言,如月城、鱼脊梁等。西夏陵九座帝陵均坐北面南,陵园结构总体一致,但局部又有所变化。每座陵园占地面积十余万平方米,地面布局自南而北主要为:

鹊台两座,东西对称分列在陵园前(南)端,似取立阙为门之意。3号陵鹊台东西相距100米,现存呈截顶圆锥形的高台式夯土墩体,基部存草秸泥打底、再涂抹赭红色细腻墙皮双层遗迹。东鹊台底径10.8、存高8.35米;西鹊台底径12、存高7.35米。两鹊台上部都内收成二层台,凸起一圆柱体,顶面有中心柱洞。凸起的圆柱,似覆钵式塔顶上的塔刹。3号陵鹊台呈双塔态势。

鹊台之北为碑亭,数目两座、三座不等,凡两座者,东、西各一座,三座者,为两座位东、一座位西。1号陵、2号陵、5号陵碑亭三座;3号陵、6号陵、7号陵碑亭两座;4号陵存一座碑亭。3号陵两座碑亭南距鹊台35米,东西间距80米,形制相同,皆为方形夯土台基、台基面上筑圆形亭室。台基逐级收分,周壁包砖。台基底边见方21、顶面见方17、高2.2米左右。台基南侧正中有一斜坡漫道。台基面铺砖,中央圆形亭室内径7.5米,外侧环形砖砌墙基宽3米,墙基里、外砖面附石灰墙皮残迹,亭室门道南向正对台基斜坡漫道。亭室内东西横向排置四个方体石雕碑座。

碑亭以北为月城,平面呈东西向长方形,月城只有三面墙垣,东、西两墙与陵城南墙相接,北墙与陵城之南墙合为一墙,南墙正中辟门,门道两侧建有门阙。月城内神道两侧的东部和西部各置两列或三列(文臣武士)石像生。月城内石像生基址,1号陵、2号陵及5号陵东、西各三列,3号陵、6号陵东、西各两列。3号陵月城南距碑亭40米,月城东西128.5、南北53米,墙基宽2.5、残高不足1米,墙面先以草秸泥打底抹平,再涂抹一层赭红色细腻墙皮,内外侧地面沿墙基有成一线的滴水

---

① 1975年9月,在现编7号陵西碑亭发现西夏文篆体碑额残块,经拼合整理,译为:“大白上国护城圣德至懿皇帝寿陵志文”。“大白上国”是西夏的国号,“护城圣德至懿皇帝”为西夏第五位皇帝嵬名仁孝的谥号,“寿陵”是仁孝的陵号。见《介绍西夏陵区的几件文物》(二、二号陵残碑的碑额)(李范文执笔),《文物》1978年第8期,第83页,收入白滨编:《西夏史论文集》,宁夏人民出版社,1984年7月,第528-532页。

② 有关西夏灵台(陵台)的专题论述,李志清:《西夏墓封土形制、施色及置位探讨》,《考古》编辑部编:《考古学集刊》第五集,中国社会科学出版社,1987年3月,第327-330转343页;韩小忙:《西夏陵台建筑形制探讨》,《宁夏学刊》(内部发行)1991年第1期,第63-65页,又氏著《西夏王陵》,甘肃文化出版社,1995年7月,第90-98页;马文明:《西夏陵园陵台(灵台)称谓考》,《宁夏文物》(内部发行)1993年总第7期,第47-49页;马文明:《西夏王陵陵台名称研究》,宁夏回族自治区文史研究馆编《宁夏文史》(内部发行)第十二辑,1996年3月,第1-5页。

坑遗迹，表明墙顶铺挂瓦当、滴水；月城门的门道宽 9 米，两侧的门阙包砖，各由 3 个逐次缩小的近圆形夯筑墩体构成，平面呈三节葫芦形，长约 13 米，靠近门道的墩体最大，底径 6.5 米左右；月城内东部、西部各有两列置放石像生的南北向夯土基址，两列基址东西间距 8.8 米，神道两侧的基址东西相距 32 米，基址周壁包砖，南北长 41.5、东西宽约 4、残存最高 0.2 米。

月城之北为陵城，平面呈南北向长方形，南墙与月城衔接。陵城四面墙体正中各开一门，每门两侧建门阙，有些陵城仅南门畅通，而东、西、北三门虽有门阙，然在门道内以土坯砌成数米高的台体，无通行之意。城四隅筑角阙。陵城为陵园的主体建筑，占地面积超过整个陵园的一半。3 号陵陵城南北 181、东西 163 米，夯土墙基宽 3.7、残存最高 3.7 米，墙体夹柾木，墙面涂抹赭红色细腻墙皮方式结构与月城墙面一样。四面城墙正中皆辟一门，每处门址由长方形门道台基和其两侧的门阙组成。东门、西门、北门三个门址均长 37 米左右，这三处门址的门道台基形制相同，长 13.5、宽 9.5 米左右；南门建筑规格最大，东西长约 43 米，门道台基长 21.5、宽 12 米左右，南北两侧有斜坡漫道，漫道铺花纹砖。门道台基均高 0.9 米左右，周壁包砖，台基面上有柱础石和磉墩遗迹或存“胡墼”建筑墙体基础，原筑门庑。四个门道台基两边的门阙规制结构与月城门阙类同，南门的门阙间距约 17 米，其它三门的门阙间距近 10 米。陵城四隅角阙包砖，皆由相互连接的近圆形夯筑墩体构成，平面呈曲尺连弧形，东南和西南角阙各由 5 个墩体组成，东北与西北角阙各由 7 个墩体组成，角阙中间转角处的墩体最大，外侧呈半圆形鼓凸，底径 8 米多、残存最高近 6 米，分向折拐的墩体底径依次递减 0.5 米—1 米左右。门阙、角阙部位有陶制、琉璃质宝瓶、塔刹、相轮等构件及铜铎(风铃)出土，说明它们原为塔式建筑。

陵城内，建有献殿、夯土实心塔式陵台(陵塔)等建筑。献殿在陵城南部稍偏西处。陵塔夯土形制为接近半球状的覆钵，处在陵城西北部，是陵园中最高大的建筑，1 号陵、2 号陵、3 号陵的陵塔高达二十余米。陵塔层级，考古工作者调查判断，1 号陵、2 号陵九级；3 号陵、5 号陵、6 号陵、7 号陵、8 号陵七级；4 号陵五级。献殿与陵塔之间墓道填土隆起于地面，自南而北渐高，状如鱼脊。1 号陵、2 号陵陵城中央筑有中心台。3 号陵的献殿台基平面呈等边八角形；陵塔外观似馒头状，基面为规整圆形，直径 37.5 米，现存高 21.5 米，顶面有中心柱洞。塔基底部存涂抹草秸泥、石灰泥皮与赭红色细腻泥皮多重遗迹。在陵塔前方(南)6.2 米处有一圆形夯土遗址，其直径 5、残厚 0.3 米，周边有包砖迹象。墓道封土现存南北长约 45 米，南端宽 8、高 0.4 米，北端宽 9、高出地表 2 米余。

陵园茔域最外围的四角有角台，角台为兆域范围之标界。1 号陵、2 号陵及 7 号陵陵园以四个角台为准建封闭式外城，将除角台以外的所有建筑都围在外城之内，外城仅南墙中部开门，角台紧依外城，北面两座在外城的两角，南面两座角台约当外城三分之一处，位置与月城相对；5 号陵、6 号陵陵园在四个角台之内建有南面敞开的半封闭式外城(夹城);3 号陵、4 号陵陵园以四个角台为外城界域。3 号陵角台底径 5 米—6 米,存最高 2.4 米,东北与西北角台间距 272 米,东南与西南角台间距约 407 米,东北与东南角台相距约 463 米,西北与西南角台相距约 457 米,四座角台连线平面呈南宽北窄梯形。

5. 陪葬制度

陪葬是西夏陵寝制度的重要内容。西夏陵区大量存在的陪葬墓,在选址、规模、结构布局、封土的形制、建筑体施色、建筑材料的使用等方面与帝陵存在显著差异:陪葬墓一般所处的地势较低;墓园茔域面积绝大多数千平方米,仅有几座面积二万平方米左右;墓园建筑内容除极个别者外,无帝陵所必须具有的鹊台、献殿、角台等建筑物;墓冢主要分有夯土冢、土丘冢、积石冢三种,形制尺度远比帝陵陵塔为小,最高者十米上下;墓冢、墓垣墙外表涂抹以白灰泥皮罩面封护;极少用到瓷质、琉璃质建筑材料。这些差别反映出在西夏的埋葬制度中亦推崇皇权,具有严格的等级观念[①]。

6. 埋葬习俗[②]、遗物

上世纪七十年代初,发掘了 6 号陵(原编 8 号陵)[③]和 M177(原编 108 号)[④]、M182(原编 101 号)[⑤]等几座陪葬墓,墓葬均为有长斜坡或阶梯状墓道的土洞墓,墓室形制结构有多室与单室之别。6 号陵斜坡墓道长 49 米,墓室(即所谓地宫)三室,距现地表深近 25 米,由甬道、中室和左右耳室组成,土洞墓室不做砖室,而于墓室四壁立护墙木板,甬道、墓室地面以素面方砖平铺。陪葬墓为单室,墓壁为原生土,无护墙木板。这些陵墓虽然早已被盗掘破坏,但仍然出土了鎏金铜牛、石马、石狗、金银器饰、瓷器、竹雕、绫罗及汉文和西夏文碑文残块等珍贵文物,它们与地面

---

① 李志清:《西夏墓封土形制、施色及置位探讨》,《考古》编辑部编:《考古学集刊》第五集,中国社会科学出版社,1987 年 3 月,第 327 - 330 转 343 页。韩小忙:《西夏陵陪葬墓述略》,李范文主编:《首届西夏学国际学术会议论文集》,宁夏人民出版社,1998 年 11 月,第 347 - 354 页,又氏著《西夏王陵》,甘肃文化出版社,1995 年 7 月,第 37 - 53、86 - 89 页;孙昌盛:《略论西夏的墓葬形制和丧葬习俗》,《东南文化》2004 年第 5 期,第 37 - 43 页。

② 文献载记西夏的丧葬情况,韩小忙:《〈天盛律令〉与西夏丧葬习俗》,《青海民族学院学报》(社科版)1998 年第 2 期,第 17 - 22 页。

③ 宁夏回族自治区博物馆:《西夏八号陵发掘简报》(钟侃、李志清、李范文执笔),《文物》1978 年第 8 期,第 60 - 70 页,收入白滨编:《西夏史论文集》,宁夏人民出版社,1984 年 7 月,第 501 - 517 页。2007 - 2008 年该陵园除墓室外地面遗迹再次进行了清理,孙昌盛:《银川市西夏六号陵陵园地面遗迹》,《中国考古学年鉴·2009》,文物出版社,2010 年 10 月,第 452 - 453 页;宁夏文物考古研究所、银川西夏陵区管理处编著:《西夏六号陵》,科学出版社,2013 年 9 月。

④ 宁夏回族自治区博物馆:《西夏陵区一 0 八号墓发掘简报》(吴峰云、李范文执笔),《文物》1978 年第 8 期,第 71 - 76 页,收入白滨编:《西夏史论文集》,宁夏人民出版社,1984 年 7 月,第 519 - 527 页;收入吴峰云著:《文物考古收藏风云录》,学苑出版社,2013 年 10 月,第 3 - 9 页。

⑤ 宁夏回族自治区博物馆:《西夏陵区 101 号墓发掘简报》(吴峰云、李范文、杜玉冰发掘清理),《考古与文物》1983 年第 5 期,第 38 - 39 转 31 页,收入吴峰云著:《文物考古收藏风云录》,学苑出版社,2013 年 10 月,第 12 - 15 页。

建筑遗址中的各类石雕、建筑材料等一起，既体现了西夏文化的鲜明民族特点，也反映了与中原文化的密切联系，以及当时很高的手工业技术水平。3号陵陵园地面建筑遗址出土了筒瓦、板瓦、瓦当、滴水和条砖、方砖及莲花纹、忍冬纹花纹砖等大量建筑材料，建筑装饰构件主要有陶制和琉璃质迦陵嫔伽①、摩竭、海狮（狻猊）及套兽、鸱吻等。迦陵嫔伽出土于门址、角阙、陵塔、献殿等处，质地有灰陶、红陶和琉璃质三种，红陶和琉璃迦陵嫔伽型制又有大、小之分。嫔伽等的发现新增了西夏陵区装饰构件的品种，同时折射出陵园地面建筑浓厚的佛教信仰色彩。

7. 礼制建筑

西夏陵区北端庭院式建筑遗址，规模宏大，面积约十余万平方米。发掘者认为这处遗址为西夏晚期建筑②。该处遗址的性质，注家先后有“陵邑”③、“祖庙（宗庙）”④、“佛寺（禅院）”⑤及“圣容寺”⑥等解说。

---

① 敦煌莫高窟西魏第249窟与第285窟窟顶、隋代第401窟藻井中及盛唐第148窟壁画中有人面鸟身迦陵频伽形象。在佛教艺术中这种人首鸟身的神禽定名约有五种说法：“人首朱雀”、“羽人”、“禺强”、“迦陵频伽”、“千秋”。贺世哲：《莫高窟第285窟窟顶天象图考论》，《敦煌研究》1987年第2期，第3页。另参见，王恺：《“人面鸟”考》，《考古与文物》1985年第6期，第97－101页。关于鸟身人面形象的另一种解读，参见，芮传明、余太山著：《中西纹饰比较》（第四章第一节），上海古籍出版社，1995年11月，第128－137页。作为建筑装饰构件，“嫔伽”在《营造法式》卷十三“瓦作制度”、卷二十五“瓦作”、“窑作”、卷二十六“瓦作”、卷二十八“用钉数”、卷三十三“彩画作制度图样上”多有记述。（宋）李诫撰，邹其昌点校《营造法式》（文渊阁《钦定四库全书》），人民出版社，2006年9月，第91、164、168、173、183、347页。

② 宁夏文物考古研究所：《西夏陵园北端建筑遗址发掘简报》（杜玉冰执笔），《文物》1988年第9期，第57－66转77页；杜玉冰：《银川市西夏陵邑遗址》，《中国考古学年鉴·1988》，文物出版社，1989年10月，第258－259页。

③ 吴峰云：《西夏陵园及其建筑特点》，宁夏文物管理委员会编：《宁夏文物》1986年试刊号（总第一期），第27－28页，收入氏著文集：《文物考古收藏风云录》，学苑出版社，2013年10月，第41－52页。该文经修改，曾以《西夏陵园建筑的特点》为题，收入史金波、白滨、吴峰云编著：《西夏文物》，文物出版社，1988年3月，第1－8页；杜玉冰：《银川市西夏陵邑遗址》，《中国考古学年鉴·1988》，文物出版社，1989年10月，第258－259页。

④ 宁夏文物考古研究所：《西夏陵园北端建筑遗址发掘简报》（杜玉冰执笔），《文物》1988年第9期，第66页。韩小忙论证认为“该处遗址很可能是宗庙兼陵邑二重性质的建筑”。氏著《西夏王陵》（上编六、陵邑-宗庙遗址），甘肃文化出版社，1995年7月，第53－58页。

⑤ 牛达生、贺吉德：《西夏陵三题》，《宁夏社会科学》1995年第4期，第9－15转42页，该文收入牛达生著：《西夏考古论稿》，上海古籍出版社，2013年11月，第89－99页；牛达生：《西夏遗迹》（20世纪中国文物考古发现与研究丛书）（三、西夏陵墓），文物出版社，2007年1月，第80－83页；杨蕤：《浅析西夏陵北端建筑遗址出土的泥塑人像》，《宁夏社会科学》2005年第4期，第95－98页。钟侃先生认为西夏陵园北端建筑遗址“不是西夏皇帝生前经常来顶礼膜拜、焚香诵经的一般王室家庙，而是专为西夏皇陵修建、为葬于皇陵的历代西夏皇帝祈求冥福的皇陵禅院”。氏著《东方金字塔——西夏皇陵》（第七章，祈求冥福有禅院），天津古籍出版社，2008年1月，第83页。

⑥ 彭向前：《西夏圣容寺初探》，《民族研究》2005年第5期，第100－102页，收入杜建录主编：《西夏学论集》，上海古籍出版社，2012年2月，第46－52页；彭向前：《再论西夏陵区北端建筑遗址的性质》，收入李范文主编：《西夏研究》第3辑（《第二届西夏学国际学术研讨会论文集》），中国社会科学出版社，2006年12月，第68－73页，后该文删减刊《宁夏师范学院学报》（社会科学）2007年第1期，第115－118页。相关西夏圣容寺文章，牛达生：《西夏陵没有“圣容寺”》，《民族研究》2006年第6期，第89－91页；彭向前：《“圣（注转下页）

8. 窑址

西夏陵区东部沿"昊王渠"两侧的自然岗丘上,分布了砖瓦窑和石灰窑数十座[①],这些窑的形制与中原地区常见的同类窑基本相同,出土遗物与西夏陵区所见类同,它们应是专为修建西夏陵园而设置的建筑材料生产基地。

三、西夏王陵对唐宋陵寝制度的继承和嬗变

西夏偏霸西北一隅,先后与宋、辽、金对峙,名义上却始终是称臣而受册封的藩属国。不论北宋、南宋如何识辽金为蛮夷,但辽金的帝制王朝是独立确定的,且在辽金与宋双方的交往过程中都是互称南北朝。虽然元昊始自称为帝,又建年号,但于宋、辽、金而言,是"内帝外臣"模式。中原王朝的本位意识使西夏没有受到象辽金帝制王朝一样的礼遇[②]。孟凡人先生指出:"西夏王自称'皇帝',并将其死后墓地称'陵',凡此均不属于中国正统朝代和帝陵序列范畴。但是,从西夏陵来看,其形制布局不仅比拟于帝陵,而且还多有创制,并与唐宋帝陵形制布局有承袭演变关系,进而对后代帝陵形制布局也有一定影响。因此,在研究西夏陵独特的形制布局时,可将其纳入中国帝陵体系之中一并通盘考虑"[③]。

(一) 西夏王陵对唐宋陵寝制度的继承

党项羌族在深入汉族地区,并长期和汉族人民生活往来中,自觉或不自觉地受到汉文化即唐宋文化的熏染、洗礼。西夏立国前其先祖曾作为唐王朝的地方藩镇,唐制的影响不能排除。在中国历史发展过程中,不同阶段的中原周边各民族政权总是将汉文化的典章制度视为政治建设的重要依据。西夏的官制、刑律、选举、礼

(续上页注)容寺"还是"圣劝寺"》,《民族研究》2007年第2期,第84页;张笑峰:《圣容寺研究——以黑水城出土文书为中心》,《西夏研究》2011年第1期,第92-98页;梁松涛、杨富学:《西夏圣容寺及其相关问题考证》,《内蒙古社会科学》(汉文版)2012年第5期,第66-69页;杨富学、陈爱峰著:《西夏与周边关系研究》(中国北方古代少数民族历史文化丛书)(中编第六章《西夏"圣容寺"及相关问题》)(梁松涛执笔),甘肃民族出版社,2012年8月,第250-267页;党寿山:《永昌圣容寺的历史变迁探赜》,《敦煌研究》2014年第4期,第101-108页。

① 宁夏回族自治区博物馆:《银川缸瓷井西夏窑址》(董居安执笔),《文物》1978年第8期,第85-87页,收入白滨编:《西夏史论文集》,宁夏人民出版社,1984年7月,第555-559页;许成、杜玉冰编著:《西夏陵——中国田野考古报告》第二章第四节(四),(北京)东方出版社,1995年8月,第81-83页。

② 李华瑞:《元朝人不修西夏史刍议》,《河北大学学报》(哲学社会科学版)1996年第3期,第22-26转101页;李华瑞:《北宋朝野人士对西夏的看法》,《安徽师大学报》(哲学社会科学版)1997年第4期,第497-504页;王明荪:《北宋的中国观——以"中国"词称为主的讨论》(四、北宋与辽、夏的中国观),浙江大学宋学研究中心编:《宋学研究集刊》第二辑,浙江大学出版社,2010年7月,第27-37页。另参考,刘浦江:《德运之争与辽金王朝的正统性问题》,《中国社会科学》2004年第2期,第189-203页,收入中国人民大学书报资料中心复印报刊资料《宋辽金元史》2004年第2期,第3-17页;杨浣:《从交聘仪注之争看西夏的政治地位》,杜建录主编:《西夏学》第六辑,上海古籍出版社,2010年10月,第116-123页,又收入杜建录主编:《西夏学论集》,上海古籍出版社,2012年2月,第53-61页。

③ 孟凡人:《西夏陵陵园形制布局研究》,故宫博物院《故宫学刊》2012年总第八辑,第55、57页。

乐等许多制度都借鉴唐宋两朝。西夏文化的诸多因素根植于中华民族的普遍性当中。《宋史·夏国传》记西夏"夏之境土，方二万余里，其设官之制，多与宋同。朝贺之仪，杂用唐、宋，而乐之器与曲则唐也"①。《续资治通鉴长编》卷150中枢密副使富弼在上守御呈策里说辽、西夏"得中国土地，役中国人力，称中国位号，仿中国官属，任中国贤才，读中国书籍，用中国车服，行中国法令，是二敌所为，皆与中国等"②。西夏文——汉文对照词语集《番汉合时掌中珠》序言中说："兼番汉文字者，论末则殊，考本则同"③。西夏考古的诸多方面透视出西夏文化中的唐宋中原文化的因素④。作为一种文化要素，陵寝制度和丧葬习俗自然也受到唐宋文化的影响。《嘉靖宁夏新志》卷二中说西夏陵"制度仿巩县宋陵而作"，而宋陵制度承袭唐陵，是故毋宁说西夏陵形制布局追从于唐制。西夏王陵对唐宋陵寝制度的继承主要体现以下几方面：

首先，西夏帝陵依循中原历代皇陵的命名法则，陵号、庙号、谥号完备。西汉以后，历朝各代皇帝皆有陵名，与庙号、谥号等并行，形成定制。两汉、北魏、隋唐及五代十国帝陵均以单字名陵(东汉明帝显节陵、唐追封的太祖永康陵、世祖兴宁陵等例外)，如汉武帝陵名茂陵、唐太宗陵名昭陵；两晋及南朝的宋、齐、陈诸帝陵和两宋皇陵皆以双字名陵，如晋武帝陵名峻阳陵，其均有共用一字的现象，如西晋诸帝陵皆名"某阳陵"，东晋诸陵皆名"某平陵"，刘宋诸陵皆名"某宁陵"，萧齐诸陵皆名"某安陵"，两宋皇陵皆名"永某陵"；十六国帝陵单字、双字都有。西夏帝陵命名皆以一字，与庙号、谥号并行，帝陵之陵名与前代多有重复，如景宗元昊的泰陵与隋文帝、唐玄宗陵名相同，毅宗谅祚的安陵与西汉惠帝陵名相同，惠宗秉常的献陵与唐高祖陵名相同，崇宗乾顺的显陵与十六国前凉张重华、五代后晋高祖石敬瑭及辽世宗陵名相同，桓宗纯祐的庄陵与唐敬宗、南朝梁简文帝萧纲陵名相同，襄宗安全的康陵

---

① (元)脱脱等撰：《宋史》卷四百八十六、列传第二百四十五《外国二·夏国下》，中华书局点校本，第四十册第14028页。

② (宋)李焘撰：《续资治通鉴长编》卷一百五十，庆历四年六月条，上海师范大学古籍整理研究所、华东师范大学古籍整理研究所点校，中华书局出版，2004年9月，第六册第3641页。

③ 西夏·骨勒茂才著，黄振华、聂鸿音、史金波整理：《番汉合时掌中珠》，宁夏人民出版社，1989年12月，第5页。另参见，龚煌城著、杨占武译：《西夏文字中的汉字汉语成分》，《宁夏史志研究》1993年第5、6合期，第54-64页；《西夏语言文字研究论集——祝贺龚煌城教授七十华诞纪念文集》，民族出版社，2005年8月，第289-303页。李范文：《汉语对西夏语的影响》、《西夏文是汉文的继承和创新》，《李范文西夏学论文集》，中国社会科学出版社，2012年9月，第143-150页、170-176页。

④ 杨健：《西夏文化与汉文化的继承关系》，《宁夏社会科学通讯》1987年第6期，第30-37页；牛达生：《从考古发现看唐宋文化对西夏的影响》，《考古与文物》2001年第3期，第88-92转96页，收入杜建录主编：《西夏学论集》，上海古籍出版社，2012年2月，第413-419页。另，罗康宁：《西夏时期古代建筑对现代建筑设计的启迪》，《广东园林》2007年第6期，第12-13页。

与西汉平帝、东汉殇帝、十国南汉刘龑陵名相同。① 汉代皇帝陵墓一般是以地名为陵名,以后帝陵名称大多取自吉祥词语,以至后来陵名雷同者甚多②。西夏陵名除裕陵、嘉陵外多无创新,不以与前代陵名重复为忌讳。唐宋诸帝之有尊号,唐代开始的所谓皇帝尊号的制度形式,其历史渊源是内亚诸政治体的可汗号传统③。西夏太祖继迁、太宗德明有"尊号",景宗元昊、惠宗秉常、崇宗乾顺、仁宗仁孝既有"尊号",还有"城号"。"城号"疑是西夏人自己立的尊号制,以表皇帝生前之业绩④。唐宋间已有以陵名用作帝王的代称。以陵号代替庙号或谥号是指代皇帝的一种称谓⑤。西夏以"城号"替代庙号或谥号指代帝王。

---

① 相关内容参考,林黎明、孙忠家编著:《中国历代陵寝纪略》(附录一、中国历代帝王陵寝一览表),黑龙江人民出版社,1984 年 8 月,第 158 - 183 页;罗哲文、罗扬著:《中国历代帝王陵寝》(附录、中国历代帝王陵墓简表),上海文化出版社,1984 年 11 月,第 219 - 229 页;孙忠家、林黎明编著:《中国帝王陵寝》(附录一、中国帝王陵寝一览表),黑龙江人民出版社,1987 年 7 月,第 358 - 385 页。

② 李毓芳:《西汉陵墓封土渊源与形制》,《文博》1987 年第 3 期,第 41 页。

③ 相关内容参见,罗新:《从可汗号到皇帝尊号》,原载《唐研究》第十卷,北京大学出版社,2004 年,收入氏著《中古北族名号研究》,北京大学出版社,2009 年 3 月,第 225 - 237 页。

④ 西夏继迁"尊号":"运应法天神智仁道广德光孝皇帝";德明"尊号":"正净文武集业孝诸□恭敬东南谷关上皇帝";元昊"尊号":"世祖始文本武兴法建礼仁孝皇帝;圣文英武崇仁至孝皇帝",其"城号"是"风角城皇帝";秉常"尊号":"成德国主盛福正民大明皇帝",其"城号"是"面壁城皇帝";乾顺"尊号":"神功胜禄传德益民仁净皇帝",其"城号"是"白城皇帝;明城皇帝";仁孝"尊号":"奉天显道耀武宣文神谋睿智制义去邪惇睦懿恭皇帝;天力大治智孝广净宣德去邪纳忠永平皇帝",其"城号"是"珠城皇帝;护城圣德至懿皇帝"。李范文:《西夏皇帝称号考》,氏著文集《西夏研究论集》,宁夏人民出版社,1983 年 10 月,第 76 - 99 页,收入《李范文西夏学论文集》,中国社会科学出版社,2012 年 9 月,第 342 - 351 页;宁夏博物馆发掘整理,李范文编释:《西夏陵墓出土残碑粹编》(人物考),文物出版社,1984 年 11 月,第 12 - 15 页。陈炳应先生认为:西夏"这种带'城'字的尊号不一定都在死后使用。有的在皇帝死后使用,如西夏帝陵碑刻;有的则是生前就用,如感通塔碑和佛经上使用。所以,这种尊号的含义如何?值得研究。也许,从民族语言的角度去研究是可取的。例如,元代皇帝死后,除有一个按汉族历代王朝的习惯所起的庙号外,还必须有一个按蒙语所起的庙号。西夏的皇族也是少数民族,可能也会有类似的用法的"。氏著:《西夏文物研究》第三章(一、《凉州重修护国寺感通塔碑》),宁夏人民出版社,1985 年 8 月,第 119 页。另参见,崔红芬、文志勇:《西夏皇帝尊号考略》,《宁夏大学学报》(人文社会科学版)2006 年第 5 期,第 9 - 13 转 43 页;崔红芬著:《西夏河西佛教研究》(敦煌学研究文库)(第四章第四节《佛经中出现的西夏皇帝和皇后尊号》),民族出版社,2010 年 6 月,第 229 - 244 页;孙伯君:《西夏文献中的帝、后称号》,《民族研究》2013 年第 2 期,第 81 - 89 页;孙伯君:《西夏仁宗皇帝的校经实践》,《宁夏社会科学》2013 年第 4 期,第 92 页;崔红芬:《中英藏西夏文〈圣曜母陀罗尼经〉考略》,《敦煌研究》2015 年第 2 期,第 92 - 93 页。关于通常认为的西夏仁宗仁孝尊号"永平皇帝",聂鸿音先生"倾向于假定'永平皇帝'这个尊号是夏崇宗乾顺在他在位的某个时期使用的"。聂鸿音:《〈圣曜母陀罗尼经〉的西夏译本》,《宁夏社会科学》2014 年第 5 期,第 87 页。

⑤ 有关考述参见,刘毅著:《明代帝王陵墓制度研究》第四章第一节(二、明代皇陵对于前代陵寝制度的继承),人民出版社,2006 年 6 月,第 360 - 361 页。

第二，西夏遵循历代封建王朝建设陵区的做法，有“陵区制”[①]。贺兰山东麓西夏陵域占地五十多平方公里，西夏诸帝葬于同一陵域内，陵域内又分四区埋葬。历代封建帝王埋葬区往往选择在王朝的政治权力中心附近，距离京都不远是为了便于保护、管理、供奉以及朝拜、祭祀。西汉的陵区主要在都城长安东北到西北、渭河北岸的五陵原上（文帝霸陵、宣帝杜陵在西安东南）；东汉的陵区分布在都城洛阳西北（今孟津县境）和东南（今偃师市境）两个地区；北魏孝文帝迁都洛阳，以瀍河两侧的北邙山域兴建陵区；唐代陵区（关中十八陵）设置在关中盆地北部，由于五陵原早已为汉代陵区，唐陵区向北拓展，东西绵延百余公里，呈扇面式分布；北宋诸陵（八陵）建在南依嵩山北麓、北傍伊洛河水的黄土岗地上，陵区总面积达 150 多平方公里。陵区葬法既成制度，后世嗣皇帝若另择墓地，便被疑为“非正统”、“非法”。西夏王陵承袭秦汉、唐宋陵园的设计原则和思想，在地域上是作为其都城总体规划的一个部分而选定的，建陵园于兴庆府京畿之内，与都城（兴庆府）相望相济。

第三，西夏陵园堪舆择地与中原历代帝王陵园一样讲究“上吉之地”。西夏陵园处地势高阔的岗阜之地，西枕贺兰山，东瞰黄河，依山面水，风水学上有“后有走马岗，前有饮水塘”、“后靠明山当掌权”之说。

第四，西夏陵园座北朝南，与因山为藏的唐、宋陵园同向，即以面南为尊。陵墓朝向按当时的习俗、礼制取尊位，在中原文化发展史上由来已久，主要有座西朝东和座北朝南两种形式，封土为陵者如秦、西汉陵园等座西朝东[②]。陵园布局改为座北朝南始自东汉，东汉“上陵”典礼在殿堂举行祭拜礼仪是以座北朝南为尊。

第五，西夏陵园平面布局的根本基调源自唐代的“积土为冢”陵，更接近唐代

① 杨宽先生说：“从战国中期国君开始兴建陵墓起，同时就有陵区的设置，往往用两个以上的陵墓排列成一个陵区，这也是用来显示君王‘威势’，作为巩固统治的一种手段的”。氏著：《中国古代陵寝制度史研究》中编（十八、陵区的形成及其发展），世纪出版集团、上海人民出版社，2003 年 6 月，第 161 页。这大概是对“陵区制”的最基本阐释。相关专题论文，沈睿文：《唐陵陵区的形成》（汉唐陵墓制度国际学术研讨会论文），北京大学中国考古学研究中心、北京大学震旦古代文明研究中心编：《古代文明》第 4 卷，文物出版社，2005 年 11 月，第 245 - 261 页，又氏著《唐陵的布局：空间与秩序》（壹、四个陵区），北京大学出版社，2009 年 4 月，第 11 - 39 页。中国古代帝王陵墓的选址主要受到地理、风水、政治、礼制等几方面因素的制约。地理因素对于古代帝王陵墓选址的影响，指皇陵要卜选在都城附近。历代陵墓在选址过程中都要考虑到地理环境问题，风水术是一种带有迷信色彩的、比较系统的地理环境选择理论。历代皇陵所采用的风水理念并不完全一致，宋代以后风水术与皇陵卜选的关系更加密切。政治因素对皇陵选址的影响是偶然的，主要指一些特殊政治事件的影响。礼制规则对于帝王陵墓选址的影响，主要指各陵墓之间尊卑位次关系的制约，特别表现在北宋以后“陵区制”的限制上。参见，刘毅：《中国古代帝王陵墓的卜选规则》，周宁、盛嘉主编：《人文国际》第 5 辑（生态文学专辑），厦门大学出版社，2012 年 5 月，第 174 - 189 页。

② 关于秦陵“坐西向东”说，有专文提出质疑。孙嘉春：《秦始皇陵墓向与布局结构问题研究》，《文博》1994 年第 6 期（第四届秦俑研究学术讨论会专号），第 15 - 20 转 35 页下。该文从陵区地形地貌、秦陵布局、秦代政治制度、阴阳五行说、“天人合一”的法天思想、利于昭穆制度的实施、陵冢高度推断秦陵墓向、以“丽邑”（陵邑）的位置论、以交通形势和地望论等九个方面论证了秦陵“坐南向北”说。

“改墓为陵”的顺陵[①]及恭陵[②]。从墓仪上说，顺陵、恭陵这类墓显然比唐代“因山为陵”的帝王陵低一级，但其“制度尽用天子之礼”，履行“天子之制”，王制升格为帝制，陵园仪制对后期帝王陵的营建有深远的影响。顺陵、恭陵都是在陵台四周修方形的城垣，恭陵于陵城(司马院)四面各辟一门，它们的陵台不在陵城南北神门的中轴线上，而在陵城北半部偏西或陵城中部偏西处。西夏陵园中墓室及夯土实心陵台(陵塔)也偏居于陵城西北方。这似非偶然，应与某种规制有关，或是古人宗教思想意识的反映。西北为乾(天门)地，金、元时代人张景文撰《大汉原陵秘葬经》一书中，“天子皇堂”、“亲王坟堂”、“公侯卿相坟墓堂”、“大夫以下庶人坟墓”西北角位置均安蒿里老翁(公)[③]。古人所谓蒿里，是指人死后灵魂所归之处。

第六，西夏陵园建筑平面布局总体对称，与唐宋陵以中轴线左右对称格局基本一致；陵园建筑组群与唐宋皇陵多有类同，单体建筑如鹊台、神墙、神门、陵台、角阙、献殿等。西夏陵园筑外城(1号、2号、5号、6号、7号陵有封闭或半封闭式外城，3号、4号陵园外围四个角台以示外城界域)、在月城内神道两侧列置石像生、在月城南面置双碑亭(或三碑亭)又分别是“因山为陵”的乾陵在内城外有外城垣[④]、在上宫南神门(朱雀门)南面两侧置蕃酋像、在三出阙遗址南置“述圣记碑”和“无字碑”双碑亭的翻版[⑤]。西夏陵园碑亭相当于北宋皇陵的乳台位置。

---

① 陕西省考古研究所:《唐顺陵勘查记》(王世和执笔),《文物》1964年第1期,第34-39转48页;张崇德:《唐顺陵营建初探》,《泾渭稽古》总2期,1993年7月,第53-54转39页;权东计、赵荣:《唐顺陵遗址现状与规划营建探讨》,《西北大学学报》(自然科学版)2002年第1期,第93-96页;赵荣、权东计:《唐顺陵遗址现状与形制探讨》,《考古与文物》2002年第4期,第68-71页。

② 若是:《唐恭陵调查纪要》,《文物》1985年第3期,第43-45转47页;中国社会科学院考古研究所河南第二工作队、河南省偃师县文物管理委员会:《唐恭陵实测纪要》(徐殿魁、王竹林执笔),《考古》1986年第5期,第458-462页;陈长安:《唐恭陵及其石刻》,《考古与文物》1986年第3期,第32-36页;赵振华、王竹林:《东都唐陵研究》(汉唐陵墓制度国际学术研讨会论文),北京大学中国考古学研究中心、北京大学震旦古代文明研究中心编:《古代文明》第4卷,文物出版社,2005年11月,第223-244页。

③ 《永乐大典》卷八一九九、十九庚·陵,中华书局出版,1986年6月,第四册第3828页下栏、3829页。关于《大汉原陵秘葬经》一书的作者和年代,见徐苹芳:《唐宋墓葬中的“明器神煞”与“墓仪”制度——读〈大汉原陵秘葬经〉札记》,《考古》1963年第2期,第88页,收入氏著文集:《中国历史考古学论丛》,(台北)允晨文化实业股份有限公司,1995年7月,又氏著文集:《中国历史考古学论集》,上海古籍出版社,2012年5月,第180-214页。

④ 秦建明、甄广全:《唐代帝陵中第一次发现双重城垣——航拍显示乾陵外城跨山越谷气势恢宏》,《中国文物报》2000年4月5日第1版。

⑤ 孟凡人先生指出:“西夏陵阙台(乳台)、双碑亭(少数三碑亭)、月城及月城内两侧石像生的配置态势大体如唐乾陵。即西夏陵缩短了阙台至月城间神道的距离,在阙台后置二(或三)碑亭,将唐陵置于乳台后的石像生改置于唐乾陵六十一王宾石像处,又将唐乾陵南神门外双阙变成月城门阙,并在相当于六十一王宾像的外围砌墙,仿瓮城形制营建月城。月城内神道位置及东西两侧配置石像生的态势,亦如乾陵朱雀门前神道两侧六十一王宾像。……西夏陵陵园除陵塔之外的主要构成要素及其性质和配置状况几乎都与唐陵有关。其中特别是构成西夏陵主要特色的外城、夹城、阙台、双碑亭、月城及月城内石像生的配置形式均脱胎于唐陵”。氏著:《西夏陵陵园形制布局研究》,故宫博物院《故宫学刊》2012年总第八辑,第91、92页。

第七，西夏陵园照例唐宋陵在陵城南神门以内、陵台之前建造献殿[①]。西夏3号陵园献殿介于陵城南门与墓道封土之间，献殿夯土基址呈等边八角形，每边长9米，相对应的台边距离均22米，台基高1.2米，周壁包砖、基面方砖墁地。基面铺地砖下有内、外两组排列规律的柱洞，外围一周18个柱洞呈圆形分布，中部12个柱洞呈方形分布、每边4个。献殿外观可能为内室面阔进深均三间的攒尖顶圆形建筑[②]。台基南北相对应的两边中部有斜坡形墁道，南面墁道与陵城南门台基的北面墁道相对，北面墁道与墓道封土南端相接。

第八，西夏陵区沿袭汉、唐宋陵之陪葬制度。陪葬墓封土型制可分不同种类。

第九，西夏陵区中已发掘的帝陵和陪葬墓皆为洞室土葬墓，与中原帝王陵土葬习俗相同。

第十，西夏帝王陵丧仪中有墓幢。在西夏6号陵(原编8号陵)陵园发现有经幢[③]。这与从五代开始，中原帝王陵前置有经幢情况相一致。唐宋丧葬礼仪中墓幢的建立是项重要内容[④]。墓幢亦被列入西夏丧仪之中。墓幢的建立和佛教的地狱思想有密切的关联。

第十一，西夏陵园建筑表现出与唐宋陵建筑在工程作法和基本结构上的一致

---

① 唐陵献殿遗址无存。北宋皇陵献殿基本形制，据史料分析，“大抵为四面副阶周匝，厦两头造，即重檐歇山顶(包括副阶)”。冯继仁：《巩县宋陵献殿的复原构想》，《文物》1992年第6期，第64页。依实地勘查推测，北宋皇陵献殿位置如果在南神门以内陵台之前，“那么献殿一定覆压在墓道上，且须在安葬陵墓主人、回填墓道后才能进行”。河南省文物考古研究所编：《北宋皇陵》(结语)，中州古籍出版社，1997年8月，第453页。

② 岳键：《独特的西夏三号陵献殿》，《新消息报》(银川)2014年1月6日19版；岳键：《西夏三号陵献殿形制的探讨与试复原》，杜建录主编：《西夏学》第十辑，上海古籍出版社，2014年6月，第309-320页。

③ 西夏王陵6号陵(原编8号陵)经幢发现于灵台(陵塔)前盗坑的底部，计幢身一件，幢座三件。幢身八棱，通高34、每面宽16厘米，上下两端各有一圆形凸榫，径15、长7厘米，以插入石座和承接顶盖，但盖已失。幢身八方棱面分别竖刻“观世音菩萨摩诃萨”、“大势至菩萨摩诃萨”、“越三界菩萨摩诃萨”、“无边身菩萨摩诃萨”、“□上菩萨摩诃萨”、“药王菩萨摩诃萨”、“□□菩萨摩诃萨”、“□□菩萨摩诃萨”汉文经语。幢座三件，一件完好，两件残损。形制相同。通高22厘米，分二层，下层呈八边形，在一边雕出乌龟头部；上层圆形，周边雕莲瓣，平面中心有一圆孔，孔径17厘米。宁夏回族自治区博物馆：《西夏八号陵发掘简报》(钟侃、李志清、李范文执笔)，《文物》1978年第8期，第62-63页；许成、杜玉冰编著：《西夏陵——中国田野考古报告》第三章第一节(三)，(北京)东方出版社，1995年8月，第99页；陈永耘：《西夏碑(石)刻述要》，《文博》2010年第5期，第23页。据报道，再次清理的6号陵地面遗迹，在月城内又发现两块经幢残件。宁夏文物考古研究所、银川西夏陵区管理处：《西夏六号陵》，科学出版社，2013年9月，第180-181页。经幢的性质实际上是一种法身塔，更确实地说，经幢是揉和了刻经和塔所衍生出来一种特殊的塔。刘淑芬：《经幢的形制、性质和来源——经幢研究之二》，《“中央研究院”历史语言研究所集刊》第六十八本第三分，1997年9月，第643页提要、718页。另参见，阎文儒：《石幢》，《文物》1959年第8期，第47-48页；陈明达：《石幢辩》，《文物》1960年第2期，第22-26页；刘淑芬：《墓幢——经幢研究之三》，《“中央研究院”历史语言研究所集刊》第七十四本第四分，2003年12月，第673-763页。

④ 陕西省文物管理委员会：《陕西所见的唐代经幢》(王玉清执笔)，《文物》1959年第8期，第29-30页转26页；刘淑芬：《〈佛顶尊胜陀罗尼经〉与唐代尊胜经幢的建立——经幢研究之一》，《“中央研究院”历史语言研究所集刊》第六十七本第一分，1996年3月，第145-193页；夏广兴：《佛顶尊胜陀罗尼信仰与宋代丧葬习俗——以尊胜墓幢的建立为中心》，《世界宗教研究》2015年第1期，第59-65页。

性或延续性。陵园中一些主体建筑如鹊台、碑亭、门阙、角阙均衡对称布局;城垣墙体、亭殿台基、门阙和角阙的墩台、陵塔的台体等均为夯土构筑,为加强夯土的拉力和整体性,内以柾木为骨;墙垣、陵台(底部)粉饰红灰;碑亭、献殿、门阙、门屋、角阙等夯土基址外以砖甃面;殿堂亭室地面以砖铺地;建筑以梁柱承重,屋顶覆之以瓦;正脊安置脊兽鸱吻;梁头施套兽;墙头覆盖有两面坡的瓦顶;亭殿檐部饰以瓦当、滴水;以及陵墓石雕的技法等一如中原汉式建筑传统①。北魏时期出现琉璃瓦件,创造了带彩色的琉璃吻兽,西夏陵(特别是西夏3号陵园)出土的大量琉璃建筑构件,当是接受宋代成熟的琉璃工艺而生产②。3号陵园在西夏诸陵中其单体建筑形制最为特殊,主要为圆形与方形建筑形式③。"天圆地方"思想在中国古代根深蒂固,所谓"天圆地方"建筑并非仅指形状而言,它是由自然界的天地之形而引申出来的一种礼制思想。④ 西夏陵园陵城四面墙垣中部与北宋皇陵一样均将阙台设于神门两侧,门阙与宫城四周的神墙连成一体。2007—2008年清理的西夏6号陵门阙、东南角阙⑤与1992年试掘的宋真宗永定陵南神门(东阙台)、西神门(南阙台)、东南

---

① 相应部分内容参见,牛达生:《西夏陵和西夏鸱吻》,宁夏回族自治区文史研究馆编:《宁夏文史》(内部发行)第二辑,1986年7月,第60-67页;陈育宁、汤晓芳:《西夏官式建筑的文化特点——西夏王陵出土建筑构件之分析》,《西北民族研究》2006年第1期,第24-32页,收入杜建录主编:《西夏学论集》,上海古籍出版社,2012年2月,第368-375页;陈育宁、汤晓芳:《西夏官式建筑再探》(第二届西夏学国际学术论坛论文,2011年8月武威),杜建录主编:《西夏学》第七辑,上海古籍出版社,2011年12月,第12-33页。另参考,祁英涛:《中国古代建筑的脊饰》,《文物》1978年第3期,第62-70页;徐伯安、郭黛姮:《〈营造法式〉的雕镌制度与中国古代建筑装饰的雕刻》,《建筑史专辑》编辑委员会:《科技史文集》第7辑(建筑史专辑3),上海科学技术出版社,1981年6月,第34-42页。

② 李范文:《西夏陵出土琉璃建筑材料考释》,李范文主编:《西夏研究》第3辑(《第二届西夏学国际学术研讨会论文集》),中国社会科学出版社,2006年12月,第49-52页,收入《李范文西夏学论文集》,中国社会科学出版社,2012年9月,第409-412页。

③ 关于西夏3号陵陵园的圆形与方形建筑形式结构的概述,见宁夏文物考古研究所、银川西夏陵区管理处编著:《西夏三号陵——地面遗迹发掘报告》(后简称《报告》)第四章(二、夯筑方法与夯土建筑结构),科学出版社,2007年6月,第309-313页。该《报告》第二章第三节的执笔者杜玉冰先生说:"从阙台、门阙、角阙、献殿和陵塔的建筑形式看,都是圆形建筑,除献殿外,其他建筑都有塔刹的建筑构件,陵塔还可分辨出7层。这些圆形建筑实体,很可能都是塔的形式。再从阙的组成数字看,每侧门阙均是3座,陵城的角阙是由5座和7座组成,都是3、5、7的奇数,奇数为阳数,阳为天,中国自古即有天圆地方之说,所以三号陵多以圆形建筑为主,意寓天子之陵"。(《报告》第15页)。孟凡人先生认为:西夏3号陵园建筑设计以"天圆地方"为核心理念,"三号陵陵园月城长方形,陵城平面略呈方形,四角台连线为长方形之变体而呈梯形,碑亭基座亦呈方形,'方形'成为三号陵的基本框架。其次,碑亭方形基座上的亭呈塔式,门阙和角阙平面和立面呈圆形或圆弧形,其上建立体呈圆形的覆钵式塔;献殿台基八角形上建外圆内方形献殿,陵塔呈圆形覆钵式。上述情况表明,三号陵陵园设计在总体上乃是方与圆的结合,充分体现出中国传统的'天圆地方'的理念。具体言之,陵园主体建筑方形,其上的塔式建筑及门阙、角阙、阙台和角台等辅助建筑为圆形。'方'代表大地,具静态特征,'圆'代表天,具向上的动势,两者结合,重在表现长眠于陵宫的陵主灵魂升天的态势"。氏著:《西夏陵陵园形制布局研究》,故宫博物院《故宫学刊》2012年总第八辑,第88、94-95页。

④ 全锦云:《试论"天圆地方"式建筑的缘起》,《北京文博》1999年第2期,第79-84页。

⑤ 宁夏文物考古研究所、银川西夏陵区管理处编著:《西夏六号陵》第七章第一节、第二节,科学出版社,2013年9月,第190-310页。

角阙[1]在形制结构上都比较一致：门阙基址平面均呈双重凸字形，即两侧壁面做两次内收，邻靠门道处宽，逐次渐窄，应为三出阙结构；东南角阙平面为折角曲尺形，转角处基台最大，由此分别向北、向西的两侧壁面分两次内收后与神墙相接。门阙、角阙夯土筑成，外表皆包砖，包砖的垒砌方法相同，表砖用条砖顺砌，黄泥或白灰粘缝，表砖与夯土基台之间的填缝物有残砖、泥或是干填，表砖由下向上逐层内收。西夏3号陵献殿夯土基址为八角形，这类八角形夯土基座早先曾见于经考古发掘的武后明堂遗址[2]。

（二）西夏王陵对唐宋陵寝制度的嬗变

《嘉靖宁夏新志》中所谓西夏陵"制度仿巩县宋陵而作"，是指西夏陵的建置符合唐宋以来帝王陵寝的常规制度。受西夏政治、经济、文化传统、宗教信仰等多方面因素的影响，在主要摹仿、移植和兼采唐宋陵寝制度的同时，或加以改造，或在参照的基础上进行独创，西夏陵园的规划理念和建筑形制有明显的自身特点。西夏陵寝制度在因袭唐规宋制基础上有所嬗变。参酌时贤有关西夏王陵规制研究成果[3]，加上个人学习体会，拟归结出一些认识：

---

① 河南省文物考古研究所编：《北宋皇陵》第三章第一节，中州古籍出版社，1997年8月，第294-299页。

② 中国社会科学院考古研究所洛阳唐城队：《唐东都武则天明堂遗址发掘简报》（王岩、杨焕新、冯承泽执笔），《考古》1988年第3期，第227-230页。相关研究，辛德勇：《唐东都"武则天明堂"遗址质疑》，史念海主编：《中国历史地理论丛》1989年第三辑，第149-157页；王岩：《关于唐东都武则天明堂遗址的几个问题》，《考古》1993年第10期，第949-951页；杨鸿勋：《自我作古、用适于事——武则天标新立异的洛阳明堂》，《华夏考古》2001年第2期，第70-78页；张一兵：《明堂制度研究》（第五章第三节二），中华书局，2005年8月，第393-424页；张一兵：《明堂制度源流考》（深圳社会科学文库，第4辑）（第五章第三节、第四节），人民出版社，2007年2月，第186-213页。

③ 吴天墀：《西夏史稿》（增订本），四川人民出版社，1983年1月，第246页注释(20)；牛达生：《西夏陵园》，《考古与文物》1982年第6期，第104-107页；陈炳应：《西夏文物研究》第四章二《西夏帝陵》，宁夏人民出版社，1985年8月，第178-186页；吴峰云：《西夏陵园及其建筑特点》，宁夏文物管理委员会编：《宁夏文物》1986年试刊号（总第一期），第26-31转第9页，该文以《西夏陵园建筑的特点》为题，收入史金波、白滨、吴峰云编著：《西夏文物》，文物出版社，1988年3月，第1-8页；汪一鸣、许成：《论西夏京畿的皇家陵园》，《宁夏社会科学》1987年第2期，第82-87页，收入许成著：《宁夏考古史地研究论集》，宁夏人民出版社，1989年6月，第94-105页；牛达生、许成著：《贺兰山文物古迹考察与研究》（贺兰山自然保护区综合科学考察丛书）第二章三（二）西夏陵，宁夏人民出版社，1988年8月，第39-47页；许成、杜玉冰：《西夏陵园制度初探》（中国古都学会第六届年会论文，1988年安阳），收入许成著：《宁夏考古史地研究论集》，宁夏人民出版社，1989年6月，第106-129页，该文经删减，刊《宁夏史志研究》1989年第2期，第58-64页；韩小忙：《西夏陵在中国古代陵寝制度发展史上的地位》，《宁夏社会科学》1993年第6期，第51-57页，又氏著《西夏王陵》（"下编"中的相关内容），甘肃文化出版社，1995年7月，第73-86页；朱存世、李芳：《西夏陵六号陵园平面结构及其文化意义》，《固原师专学报》（社会科学版）2001年第1期，第57-60页；夏陵考：《西夏陵形制特点》（蒋忠义执笔），《中国文物报》2001年4月4日7版；李芳：《西夏陵平面结构文化成因的多维剖析》，《宁夏社会科学》2001年5月增刊，第81-84页；牛达生：《闲话西夏陵》，《寻根》2003年第5期，第30-38页；潘静、刘临安：《西夏王陵与北宋皇陵空间结构的比较》，《文博》2006年第1期，第68-71页；岳键、王亮著：《追望西夏》（"中篇"中的相关内容），陕西旅游出版社，2008年11月，第64-76页；杨浣、王军辉：《西夏王陵形制综论》，（注转下页）

第一,西夏陵园不置下宫。西夏各陵园附近没有发现祔葬的帝后墓葬及下宫遗址①。北宋皇帝和皇后实行“同茔合葬”制,即皇后单独营建陵园、“同茔不同穴”的埋葬制度,皇后陵位于帝陵上宫西北方。西夏不建帝后陵,可能与唐陵一样施行帝、后同穴合葬。唐陵下宫处各陵园南面或西南(鹊台西北),宋陵下宫在各陵园西北,西夏各陵园不建下宫。

第二,西夏陵园陵城平面呈前后两进院落形制。与唐宋陵上宫内城的方形平面不同,西夏陵园围墙为长方形,似为仿城门外筑瓮城,在陵城前增筑月城,月城和陵城组成的平面呈“凸”字形,月城拱卫陵城。唐宋陵园无月城。西夏 3 号陵园塔式建筑林立,鹊台、陵台为佛塔形制;陵城四面城垣中部筑殿宇式门庑,门庑两侧门阙各为三连坐塔;陵城四隅角阙,东南与西南角阙为五连坐塔,东北与西北角阙为七连坐塔;月城南门为乌头门②,门两侧各为三连坐塔;陵园最外围以四个角台作兆域标界的形式亦不见于唐宋陵。

第三,西夏诸陵园平面结构既有一定区别,又有完全相同的特例。北宋八座皇陵以统一规制营建,布局整齐。西夏陵园外观形式和单体建筑多则富于变化,陵园各有特征。陵园有无外城(夹城)、碑亭几座与石像生基址几列以及陵塔几级等均有所不

(续上页注)《西夏研究》2010 年第 3 期,第 56 - 61 页;许成、杨浣、董宏征著:《古都银川》第四章第三节,杭州出版社,2010 年 10 月,第 89 - 109 页;张雯:《西夏陵其制度不“仿巩县宋陵而作”》,杜建录主编:《西夏学》第七辑,上海古籍出版社,2011 年 12 月,第 210 - 219 页;孟凡人:《西夏陵陵园形制布局研究》,故宫博物院《故宫学刊》2012 年总第八辑,第 55 - 95 页。

① 关于西夏陵下宫,陈炳应先生认为:“西夏帝陵后面的所谓‘灵台’,应是宋陵灵台、下宫、佛寺的结合体,这样处理,一方面可以省去不必要的建筑、土地和日常供奉的人力;另一方面也是佛教在西夏的崇高地位所决定的。当然,这个建筑是夯土而成,里面是夯实的,实际上不能使用,只能起象征作用而已”。氏著:《西夏文物研究》第四章二《西夏帝陵》,宁夏人民出版社,1985 年 8 月,第 183 页。

杨宽先生推定西夏帝陵灵台为楼阁式的建筑,“相当于北宋陵园中的下宫,因为北宋陵园的下宫也建筑在陵墓的后面,与上宫(即献殿)建筑在陵墓前是不同的;它属于寝宫性质,是供墓主灵魂生活起居之用的。它和塔的建筑不同,用途也不一样”。氏著:《中国古代陵寝制度史研究》中编(二十、西夏陵园的布局),世纪出版集团、上海人民出版社,2003 年 6 月,第 169 页。

孟凡人先生认为,西夏陵区北端建筑遗址“形制布局与北宋帝陵下宫相似,故遗址的性质很可能即是下宫。也就是说,西夏陵各陵未建下宫,可是在西夏陵基本形成四陵区之后,即在仁宗仁孝七号陵之时或其后不久,则在陵区北端修建了一座为各陵所共用的下宫。下宫的位置虽然与北宋帝陵下宫在上宫西北略有区别,但却与南宋攒宫的下宫在上宫之北较相似(仁宗时与南宋有较多交往)”。氏著:《西夏陵陵园形制布局研究》,故宫博物院《故宫学刊》2012 年总第八辑,第 90 页。

② 乌头门是没有屋顶的门。《洛阳伽蓝记》“永宁寺”条:“北门一道,上不施屋,似乌头门。”(魏)杨衒之撰、周祖谟校释:《洛阳伽蓝记校释》卷一,中华书局,1963 年 5 月,第 24 页。关于乌头门,《营造法式》卷二“总释下”、卷六“小木作制度一”、卷二十“小木作功限一”、卷二十八“诸作用钉料例”、卷三十二“小木作制度图样”多有描述。《营造法式》卷六:“乌头门,其名有三:一曰乌头大门,二曰表楬,三曰阀阅,今呼为‘棂星门’。造乌头门之制……高八尺至二丈二尺,广与高方。若高一丈五尺以上,如减广者不过五分之一……”(宋)李诫撰,邹其昌点校《营造法式》(文渊阁《钦定四库全书》),人民出版社,2006 年 9 月,第 14、41 - 42、134 - 135、181 - 182、267 页。

同。1 号陵、2 号陵在陵城中央筑中心台，其他陵园没有。1 号陵与 2 号陵南北相邻、东西错开，平面布局似出自同一张设计蓝图，若将两座陵园测绘平面图重叠，陵园建筑遗迹大到外城、月城、陵城墙垣，小至角台、鹊台、碑亭、陵塔、献殿及中心台等单体建筑，两座陵园的墙体长度、单体建筑彼此方位间距、形制等均可重合①。两座陵园精准的一致性极为罕见，这在中国古代帝王陵园规划设计建造中是个孤例。

第四，西夏陵园神道两侧石像生列置于月城内、陵园规模远不及唐宋帝陵。西夏陵园月城内御道两侧各排放 2—3 列石像生，改变了唐宋陵园石像生列于阙台（或乳台）到南神门间漫长的御道两侧且一字排开的做法。月城内每列石像生置于黄土夯筑的长条形台基座上，台基四周包砖，同列石像生共用整体基座②，这种做法不见于唐宋陵。将石像生移进月城，大大缩短了神道长度，平面布局上陵园建筑纵深距离减小，陵园规模较唐宋陵大为缩小③。唐宋陵园神道石像生的组合与序列有比较完整的体系。唐陵石像生形制硕大，雄壮豪迈，雕琢精湛，它既继承发展了汉魏陵墓的石雕艺术传统，又吸收了西域、中亚和南亚地区的艺术因素④。宋陵石像生组合承上启下，镌刻技法纯熟，装饰题材丰富，构图造型准确，形象精美，生动写实⑤。西夏陵石像生残缺毁失，研究者通过对陵区出土石马、石狗及其它石制

---

① 许成、杜玉冰编著：《西夏陵——中国田野考古报告》第二章第二节，（北京）东方出版社，1995 年 8 月，第 13 - 19 页。

② 西夏陵园石像生基址，除 3 号陵园的清理外，6 号陵园（原编 8 号陵）石像生基址也经发掘，见宁夏文物考古研究所、银川西夏陵区管理处编著：《西夏六号陵》第六章，科学出版社，2013 年 9 月，第 151 - 153 页。

③ 孟凡人先生在解释西夏陵陵园前区形成独特布局的原因时说："由于西夏王陵规模较小，所以陵园前区神道和石像生行列不宜过长，其长度必须与陵园和陵城规模保持适度而恰当的比例关系。在这种情况下，西夏陵陵园的神道不仅较唐陵神道大为缩短，而且在依循宋陵缩短神道之制时，又较宋陵神道缩短。其次，石像生行列（调查资料估计，西夏陵石像生约 30 件左右）是缩短神道的最大障碍。为解决这个问题，遂仿唐乾陵六十一王宾像配置形式，将石像生行列分段置于南神门外神道两侧，并在其外围护月城。从而改变了宋陵石像生行列拥挤在乳台与南神门间短神道上的状况。此外，石像生行列分段置于南神门外神道两侧之后，从阙台至月城门间神道则过于空旷，所以又仿唐乾陵在乳台（阙台）之后置二碑亭（有的置三碑亭）。上述情况表明，西夏陵前区的独特布局形式，乃是在陵园规模较小、必须较以往帝陵缩短神道的前提下权变的结果。而这种权变又恰有唐乾陵碑亭和六十一王宾像配置模式可以借鉴，因而就形成了将神道按前后相连的两段设计，前段置阙台和碑亭，后段置月城和石像生的独特布局形式。这种布局形式，既达到了神道长度与陵园和陵城规模比例合宜的要求，又使神道空间序列层次疏密结合，错落有致。而神道以月城石像生组群凝重收尾，并与陵城相依，使二者相辅相成，则更增强了神道、月城和陵城应有的庄严、肃穆的纪念氛围"。氏著：《西夏陵陵园形制布局研究》，故宫博物院《故宫学刊》2012 年总第八辑，第 92 - 93 页。

④ 关于唐代陵园石刻，王仁波：《试论乾陵陵园石刻题材》，《文博》1985 年第 3 期，第 46 - 55 页；陈长安：《简述帝王陵墓的殉葬、俑坑与石刻》，《中原文物》1985 年第 4 期，第 72 - 77 页（文中有唐十八陵、乾陵石刻内容）；阎文儒：《关中汉唐陵墓石刻题材及其风格》，《考古与文物》1986 年第 3 期，第 91 - 96 页；张崇德：《唐代建陵及其石刻》，《考古与文物》1988 年第 3 期，第 41 - 44 转 20 页；马文良：《唐玄宗泰陵的石雕》，《文博》1991 年第 4 期，第 54 - 56 页；李毓芳：《唐陵石刻简论》，《文博》1994 年第 3 期，第 32 - 42 页。

⑤ 关于北宋陵园石刻，杨伯达：《古代艺术的瑰宝——巩县宋陵雕刻》，《河南文博通讯》1980 年第 3 期，第 22 - 26 页；傅永魁：《河南巩县宋陵石刻》，《考古》编辑部编：《考古学集刊》第二辑，中国社会科学出版社，1982 年 12 月，第 134 - 162 页；孟凡人：《北宋帝陵石像生研究》，《考古学报》2010 年第 3 期，第 323 - 360 页。

品的考察认为,西夏陵墓石刻既有唐陵石刻的浑厚和力度,又不失宋陵造像的细腻和严谨,同时亦不乏民族习俗的流露①。西夏陵月城内列置石像生、缩减神道长度的这种方式有可能隐射到南宋帝陵的神道格局②。

第五,西夏陵园鹊台呈双塔态势。鹊台(阙台)作为陵园建筑群入口的标志是入陵瞻拜起始点。唐宋皇陵陵园前左右对称的鹊台平面多呈方形、长方形或为三出阙楼阁式建筑,夯土筑成胎芯基址,外包砌砖石。西夏3号陵园鹊台为夯筑圆柱形胎芯塔式建筑。

第六,西夏陵园中的碑座是力士形象雕像石座。西夏陵园在鹊台之后、月城之前、大致在宋陵的乳台位置构筑碑亭。碑亭建筑在陵园前区规模较大,使得陵园在整体结构中建筑布局均衡。碑亭内列置的石碑座,迥然有别于唐宋陵墓前所常见的龟趺座而为方体力士形象雕像石座③。西夏陵园碑座的放置,是在碑亭的室内预先挖有碑座坑位,雕像石碑座下半截埋在亭室内铺地砖地面下,碑座仅出露雕像面部④。西夏碑座既已雕刻出人物面貌、前胸和肢体,而又不完整展示,这种置放碑座的诡异现象着实令人匪夷所思。唐宋陵碑座不论是龟趺还是方趺,均一座驮

---

① 韩小忙:《西夏陵墓雕塑文物略论》,《"国立"历史博物馆馆刊》(台)1994年7月(第四卷第三期),第32页,又氏著《西夏王陵》,甘肃文化出版社,1995年7月,第114页。

② 孟凡人先生曾指出:南宋帝陵上宫的神道,与西夏王陵神道有相似之处。氏著:《南宋帝陵攒宫的形制布局》,《故宫博物院院刊》2009年第6期,第51页。

③ 唐碑座形制有龟趺、方趺两类。《唐六典》卷四记载:"碑碣之制,五品已上立碑,螭音(音当作首)龟趺,趺上高不过九尺。七品已上立碑(碑当作碣),圭首方趺,趺上不过四尺。"(唐)李隆基撰,(唐)李林甫注,(日)广池千九郎校注,(日)内田智雄补订:《大唐六典》,三秦出版社,1991年6月,第96页上栏、下栏。唐陵中方趺的实例如乾陵武则天"无字碑"、高宗"述圣纪"(俗称七节碑)碑座。无字碑碑座边长2.9-3.3米、高0.75米;述圣纪碑碑座方形,边长2.97米,上有阴线刻瑞兽及花边图案。参见陕西省文物管理委员会:《唐乾陵勘查记》(杨正兴执笔),《文物》1960年第4期,第54页、55页图7图8;贺梓城:《乾陵〈述圣纪〉碑和它的现存文字》,《文物》1961年第3期,第33页。西夏王陵的方体碑座在形制意象、组合排列等方面与唐陵方趺有显著不同。参见,韩小忙:《西夏王陵》下编八,甘肃文化出版社,1995年7月,第100-102页;韩小忙、孙昌盛、陈悦新著:《西夏美术史》第三章第一节,文物出版社,2001年12月,第98-101页;拙稿《试论西夏雕像石座》,《华夏考古》2002年第3期,第83-88转109页;赵晓星:《西夏人像石座考》,郑炳林主编:《佛教艺术与文化国际学术研讨会论文集》,三秦出版社,2009年9月,第193-206页;杨蕤、董红征:《浅析西夏力士碑座的艺术风格》,《四川文物》2010年第5期(《艺术考古》总第五期),第54-57页。另参见,胡同庆:《论古代举重活动的表演性和娱乐性——兼论对敦煌、炳灵寺等石窟艺术中一些画面的定名》,《敦煌研究》2012年第3期,第23-26页。

④ 西夏3号陵园东、西碑亭雕像石座的座坑情况见宁夏文物考古研究所、银川西夏陵区管理处编著:《西夏三号陵——地面遗迹发掘报告》,科学出版社,2007年6月,第38-39页、54-56页及彩版五2、彩版七,另参见宁夏文物考古研究所:《银川西夏陵区三号陵园东碑亭遗址发掘简报》(牛达生、韩小忙执笔),《考古与文物》1993年第2期,第38-51页。西夏9号陵(原编1号陵)四个碑座出土时的原始照片见许成、杨浣、董宏征著:《古都银川》,杭州出版社,2010年10月,第106页,这张照片亦见银川西夏陵区管理处编:《西夏陵》,宁夏人民出版社,2013年12月,第169页。西夏6号陵(原编8号陵)东碑亭出土一件碑座的情况,原陵园发掘简报及陵园地面遗迹再次清理后的考古报告中均未明确指出有碑座坑。参见宁夏文物考古研究所、银川西夏陵区管理处编著:《西夏六号陵》,科学出版社,2013年9月,第56页、82页。上世纪七十年代在西夏陵区考古工作过的吴峰云先生曾告知,6号陵那件碑座出土时底部也埋在碑亭亭室地面下。

负一碑，而西夏陵区出土碑铭残碎，不易确定陵园碑铭形制大小，碑座上驮碑方式即几个碑座承托几块碑亦使人颇感费解。一般以为西夏 3 号陵园碑亭中是两个碑座承负一块石碑；又有研究者提出四个碑座驮负一块碑铭的看法①。

第七，西夏陵园的陵台（陵塔）与唐宋陵园陵台的形制和所处位置不同。西夏陵改唐宋陵"方上"封土台为不起土冢作用的夯土实心塔式建筑。西夏陵园陵塔形制符合佛陀耶舍等译《四分律》"佛言：（塔）应四方。若八角，若圆作"②的规定。陵园陵城内的主要建筑偏于陵园中轴线西侧，陵台（陵塔）既不在陵园的中心或中轴线上，也不在墓室的正上方（墓室一般位于陵塔前 10 米左右），而是偏居于陵城内西北处、墓室的正后方③。陵城内自南而北营建的献殿、墓道封土和陵塔所构成的一条轴线，与由陵园月城南门、陵城南门、北门三个门址的中心点连线所构成的陵园中轴线形成一定夹角。这种特殊的建筑格局，是西夏陵各陵园建筑布局的普遍定式。

第八，西夏陵园在陵塔与墓室位置之间设有祭台（祭坛）④。

第九，西夏陵园陵塔寓意陵墓主人是转轮圣王。陵园陵台建以塔形，这在中国陵园建筑中较为特殊，表现了一种中国帝王葬制与佛家瘗葬仪轨完美的耦合形式。远溯建塔（stupa，窣堵波）风气之开端，实由佛家纪念佛陀为其滥觞。原始安塔有其三意：一表人胜（表扬道高德重远胜他人者），二令他信（令他人起信念者），三为报恩（为报佛、君、亲、师恩者）。早先塔的形状是半球状的覆钵，是礼佛的象征物，因此它是实心的，信徒不仅在事实上不能进入其内部，在愿望上一般也无由产生这样的要求。真谛三藏引《十二因缘经》云："有八人得起塔：一、如来，二、菩萨，三、缘觉，四、罗汉，五、阿那含，六、斯陁含，七、须陁洹，八、轮王"（即转轮王，据佛典说："此王身具三十二相，在人寿自无量岁乃至八万岁时乃出世；即位时，由天感得轮宝，转其轮宝而降伏四方，故曰转轮王"。）《长阿含经》卷三云："有四种人应起塔：

---

① 韩小忙：《西夏王陵》下编八，甘肃文化出版社，1995 年 7 月，第 101 - 102 页。岳键：《西夏寿陵残碑龙纹残片复原研究》（打印稿）。

② 姚秦·佛陀耶舍、共竺、佛念等译：《四分律》卷第五十二（第四分之三），《大藏经》（新文丰出版公司影印）第二十二册（律部一），第九五七页下栏。

③ 佛塔中心柱（塔柱、刹柱）下面的"龙窟"是奉藏舍利发爪、经卷佛像及施舍珍宝的处所。这应是西夏陵墓室回避陵塔正下方的原因所在。西夏王陵及陪葬墓的墓室置位于陵园及墓园内西北方、中轴线西侧，李志清先生考证认为："是按照他们的传统信仰跋焦占卜定位法而置墓穴之位……这种依据占卜信仰的葬俗，显然亦是西夏的固有葬俗。"氏著：《西夏墓封土形制、施色及置位探讨》，《考古》编辑部编辑：《考古学集刊》第五集，中国社会科学出版社，1987 年 3 月，第 330 页。

④ 西夏陵 3 号陵在陵塔正前方、盗坑北边缘发现一圆形夯土基址，它北距陵塔 6.2 米。圆形夯土基址以黄土夯筑，直径 5、残厚 0.3 米，周边有包砖迹象。宁夏文物考古研究所、银川西夏陵区管理处编著：《西夏三号陵——地面遗迹发掘报告》第三章第九节一（四），科学出版社，2007 年 6 月，第 287 页。这处遗址的性质功用，孟凡人先生认为："陵塔更重要的是将死去的西夏皇帝比附佛教的'涅槃'。陵塔前的圆形建筑基址可能就是供养象征'皇帝涅槃'的佛塔并与西夏'皇室'世俗祭祀活动相结合的'祭台'或'祭坛'。"性质相类同的遗址在经考古发掘的 6 号陵（原编 8 号陵）陵塔前也存在。氏著：《西夏陵陵园形制布局研究》，故宫博物院《故宫学刊》2012 年总第八辑，第 88、93 页。

一、如来，二、辟支佛，三、声闻，四、轮王。”这似与《十二因缘经》所云有异，实则《长阿含经》所云之如来，可括《十二因缘经》中之如来及菩萨；所云之声闻，可括罗汉、阿那含、斯陁含与须陁洹，以四概八而已。“若立支提，有其四种：一、生处，二、得道处，三、转法轮处，四、涅槃处”[①]。塔与丧葬的关联，一是以塔埋葬遗体或尸骨，二是墓旁建塔作追福之用，三是墓旁建塔作墓记之用。佛塔的功能是为生者增福延寿禳灾，为逝者净除地狱恶趣、护持他顺利往生于善趣天界或净土世界。塔的延伸意义还是佛陀生涯中最后的大事涅槃的象征。塔是佛法尊崇和永恒的视觉标志，而且它还可以被看作佛主的化身。总之，尽管塔是诸多象征性概念的具体化，作为皇家纪念物，主要的似乎还是转轮圣王之象征[②]。所谓“转轮王”，就是以佛教治国、或以佛教治国意识形态统治天下的帝王称号。北亚游牧民族固有宗教及王权的观念恐怕也有若干影响。佛教东传以来，佛教文化作为被吸收的外来成分，其轮回转世、地狱、净土等思想和信仰对中国传统的冥世观、灵魂观产生了深刻影响。中国中古时期的君主利用、撷取佛教的资源，原先转轮王观念中“一佛一转轮王”的模式在传入中国之后，由于传统政治思想与大乘佛教的影响，逐渐转变成“转轮王即佛”的模式。“转轮王即佛”此一观念，首次见于记载在北魏道武帝时。武则天时“转轮王即佛”的观念有了具体的落实，她是第一个公开宣称自己就是转轮王的君主[③]。西夏3号陵园出土的建筑装饰构件中，有不同种类的迦陵嫔伽，它们在质地、规格、形象等方面有别，数量较多，主要安装在陵园角阙、门庑门阙、献殿、陵塔等处。聂鸿音先生认为：迦陵频伽是佛和西方净土的象征，西夏人把这种神鸟形象用

---

① (唐)释道世撰，周叔迦、苏晋仁校注：《法苑珠林校注》(中国佛教典籍选刊)卷第三十七、敬塔篇第三十五、兴造部，中华书局，2003年12月，第三册第1188－1189页。

② 相关内容参见，震华：《佛塔考略》；憨园：《中国佛塔之规制》，该二文收入《中国佛教寺塔史志》(张曼涛主编，现代佛教学术丛刊59，第六辑九)，(台北)大乘文化出版社印行，1978年10月，第293页；312－313页；孙机：《关于中国早期高层佛塔造型的渊源问题》，《中国历史博物馆馆刊》1984年总第六期，第42页；刘淑芬：《唐代俗人的塔葬》，燕京研究院《燕京学报》新七期，北京大学出版社，1999年11月，第80页；李崇峰：《塔与支提窟》，原载《中国博士后社科前沿问题论集》，经济科学出版社，1997年，收入北京大学中国传统文化研究中心编：《北京大学百年国学文粹·考古卷》，北京大学出版社，1998年4月，第691－701页，又氏著《中印佛教石窟寺比较研究·以塔庙窟为中心》第二章，北京大学出版社，2003年12月，第25－62页(该书繁体字版由台湾新竹觉风佛教艺术文化基金会于2002年7月出版)。

③ 康乐：《转轮王观念与中国中古的佛教政治》，《“中央研究院”历史语言研究所集刊》第六十七本第一分，1996年3月，第109－143页。另参见，古正美著：《从天王传统到佛王传统——中国中世佛教治国意识形态研究》(第五章，武则天的《华严经》佛王传统与佛王形象)，(台北)城邦文化商周出版社，2003年6月初版，第223－274页；张文卓：《从转轮王到顶轮王——佛教轮王思想盛行的政治因素剖析》，《青海社会科学》2013年第3期，第137－141页；吕博：《明堂建设与武周的皇帝像——从“圣母神皇”到“转轮王”》，《世界宗教研究》2015年第1期，第42－58页。陈寅恪先生曾追本溯源地详论武则天为何提高佛教地位以及佛教教义对其政治地位的重大影响。氏著：《武曌与佛教》，《中央研究院历史语言研究所集刊》第五本第二分，1935年12月，第137－147页，收入《金明馆丛稿二编》，生活·读书·新知三联书店，2001年7月，第153－174页。

于王陵，其目的是为了召告世人，安葬在这里的皇帝就是大夏的佛[①]，亦即转轮王[②]。西夏帝王在国丧中已完全被神圣化。

第十，西夏陵园契合“陵、庙、寺”建筑功用于一体。

唐宋皇陵的奉祀场所既设有献殿(广义或谓上宫)用于敬献牲醴、举行祭拜之礼，同时建有寝宫(下宫)用于侍奉墓主衣冠画像，饮食起居如常日。唐陵“寝宫”包含寝殿、便殿等建筑，其中寝殿为寝宫正殿，应是供奉先帝神座之场所。寝宫这组建筑群可总称为“庙”或“署”[③]。唐人颜师古注《汉书》中说：“寝者，陵上正殿，若平生露寝矣”，汉代寝与庙两者的关系，“日祭于寝，月祭于庙……寝，日四上食；庙，岁二十五祠”[④]。唐宋时期上宫与下宫的祭祀性质有着明显的差异，《宋史·礼志·上陵》将上下两宫祭祀之区别讲得十分清楚：“凡上宫用牲牢、祝册，有司奉事；下宫备膳羞，内臣执事，百官陪位”[⑤]。也就是说，上宫(献殿)之祭由品官行事，供奉太牢(牛、羊、豕三牲)少牢(羊、豕二牲)，奉祝读册，为国家之公祭；下宫(寝宫)之祭则由宦官操持，供奉饮食，百官陪祭，如宫内之私祭。西夏陵园只设上宫，不建下宫，亦即没有供奉墓主魂灵日常衣食起居的仪礼之地，取消了事死如生的祭祀活动。献殿本义即“献祭之殿”、“陵上之庙”。西夏陵园献殿处在墓室、墓道之前，这种布局附和宗庙前庙后寝的建制。献殿作为西夏陵园中的主体祭祀建筑，祭祀礼仪趋同于宗庙，具有宗庙相同的功能和象征意义，使得宗庙和陵墓结合了起来。西夏陵园中的祭祀场所惟有献殿一处，不设下宫(寝宫)，强化陵上祭祀，凸显陵上祭礼地

---

① 聂鸿音：《迦陵频伽在西夏王陵的象征意义》，《宁夏师范学院学报》(社会科学)2007年第1期，第112-114页。聂先生认为：这种象征意义的出现是阿弥陀佛净土信仰在河西地区传播的结果。持相同看法，黄春和先生说：“关于西夏人与迦陵频伽的关系，笔者认为与佛教净土信仰密切相关，是阿弥陀佛净土信仰在河西地区传播的结果，因为迦陵频伽是西方净土世界的象征，佛教净土经典《阿弥陀经》和《观无量寿经》中都有此鸟的记载……西夏人将这种神鸟用于王陵，目的就是为西夏皇帝的归宿营造一个真正的西方净土世界，而事实上西夏王陵在整体布局和建筑结构上都融入了佛教净土思想，体现了浓郁的佛教净土思想色彩”。氏著：《汉传佛教时代与风格》(一、〈六〉3、西夏造像)，文物出版社，2010年5月，第169页。另，在密教造像的背景定式中也有迦陵频伽，如佛像的背景一般是菩提树或双树，左右上方诸天散花，好鸟盘旋，好鸟一般为迦陵频伽、鹦鹉等。吕建福著：《中国密教史》，中国社会科学出版社，1995年8月，第189-190页。

② 关于西夏转轮王与转轮王塔，杜斗城先生曾考证认为：崇宗乾顺实际上是以印度的阿育王为榜样，用佛教治国的转轮王；仁宗仁孝以转轮王姿态统治西夏。贺兰山拜寺口双塔的西塔“是一座密教性质的塔，是衣着完整的曼陀罗(坛城)”。氏著：《西夏的转轮王塔——宁夏拜寺口西塔之建造背景》，附录于杜斗城等著：《河西佛教史》第九章“西夏时期”后，中国社会科学出版社，2009年12月，第567-576页。

③ 周明：《陕西关中唐十八陵陵寝建筑形制初探》，《文博》1994年第1期，第73页；沈睿文著：《唐陵的布局：空间与秩序》，北京大学出版社，2009年4月，第162-165页。

④ (汉)班固撰、(唐)颜师古注：《汉书》卷七十三、韦贤传第四十三，中华书局点校本，第十册第3115-3116页、3116页注[三]。

⑤ (元)脱脱等撰：《宋史》卷一百二十三、志第七十六、礼二十六，中华书局点校本，第九册第2883页。

位的重要,如是则启明代帝王陵墓取消下宫寝祭[①]之先声。

西夏3号陵园诸塔林立,陵城及陵园形成塔院和塔林。《魏书·释老志》:"塔亦胡言,犹宗庙也,故世称塔庙。"[②]"塔意是何?复有几种?"《法苑珠林》卷三十七中记:"所云塔者,或云塔婆,此云方坟;或云支提,翻为灭恶生善处……西梵正音名为窣堵波,此云庙。庙者,貌也,即是灵庙也。"《摩诃僧祇律》卷三十三中云:"初起僧伽蓝时,先规度好地,将作塔处。不得在南,不得在西,应在东,应在北。不侵佛地僧地,应在西在南作僧房……"[③]西夏兴修塔庙,广泛流布。经全面揭露的3号陵园地面建筑基址,其月城门址两侧的门阙、陵城四面门址两侧的门阙和四隅的角阙均为塔式建筑,这些遗址出土的琉璃建筑装饰构件浸染佛教色调。陵园以高大雄伟的塔状陵台为中心,四周围绕高低错落有序的佛塔群,在大佛塔周围构建小佛塔,大体趋同于金刚宝座塔[④]样式;而陵园前的鹊台呈双塔耸立姿态,也是一种塔寺配置[⑤]。佛塔在陵园中占据了显著地位。寺之与塔,本身就息息相关,互为发

① 关于明代取消下宫(寝宫)之设、明将唐宋陵寝上下二宫制度合而为一的论述,见刘毅著:《明代帝王陵墓制度研究》第四章第一节(一、关于南宋皇陵〈攒宫〉对明代皇陵的影响)、第四节(二、关于明代陵祭几个问题的讨论),人民出版社,2006年6月,第337-338页、477-490页。另参见孟凡人著:《明代宫廷建筑史》第十二章第二节(五、明孝陵构成要素与配置序列源于前代帝陵)(明代宫廷史研究丛书),紫禁城出版社,2010年9月,第467-471页。

② (北齐)魏收撰:《魏书》卷一百一十四《释老志》十第二十,中华书局点校本,第八册第3028页。

③ (唐)释道世撰,周叔迦、苏晋仁校注:《法苑珠林校注》(中国佛教典籍选刊)卷第三十七、敬塔篇第三十五、兴造部,中华书局,2003年12月,第三册第1187-1188页、1189页。

④ 《续高僧传》卷二十六《隋京师静觉寺释法周传》:"韩州修寂寺……寺有砖塔四枚,形状高伟,各有四塔镇以角隅,青瓷作之上图本事"。按法周奉杨坚(隋文帝)之命,送舍利到韩州(今山西省河津、万荣二县间)修寂寺置立舍利塔时,系在仁寿四年(604年),则寺的建造当在隋代以前。法周当时曾目睹寺中有砖塔四座,形制高大,每塔四周附造青瓷小塔,小塔上并有佛本生故事图。固不问小塔的形状怎样,但塔基上列以五塔之制则一。据此史料,现在所称"金刚宝座塔"创始自明代,实则早在一千三百六十年前已经出现在我国疆土上了。引自:宗雯:《金刚宝座塔小考证》,收入《佛教文史杂考》(张曼涛主编,《现代佛教学术丛刊》第一〇〇辑),(台北)大乘文化出版社印行,1979年5月,第187-188页。敦煌莫高窟北周第428窟西壁绘有金刚宝座式塔,有关论述参见,萧默著:《敦煌建筑研究》(塔-砖木混合塔),文物出版社,1989年10月,第170-174页。莫高窟428窟西壁的五塔,又有研究者认为应称"如来五分法身塔","五分法身塔是中西合璧之作"。施萍婷:《关于莫高窟第四二八窟的思考》,《敦煌研究》1998年第1期,第2-3页及8页。

⑤ 尝考我国佛寺建筑上的采用双塔,在现存遗物上看,要算河南安阳宝山灵泉寺大殿前的双石塔为最古(据《河朔访古新录》的记载,谓该双塔均有初唐时期的题名石刻)。如果从文献上或雕刻上去观察,则佛寺双塔之风,早在北魏时期已开其端。引自:孙宗文:《南朝四百八十寺》,收入《中国佛教寺塔史志》(张曼涛主编,现代佛教学术丛刊59,第六辑九),(台北)大乘文化出版社印行,1978年10月,第50页。西夏双塔寺院的典型范例,现存有建于西夏中、晚期的拜寺口双塔。牛达生:《宁夏贺兰山拜寺口西夏古塔》,《考古与文物》1986年第1期,第61-65页;牛达生:《再论贺兰山拜寺口古塔为西夏原建》,《考古与文物》1987年第1期,第108-110转103页,牛氏二文收入氏著:《西夏考古论稿》,上海古籍出版社,2013年11月,第100-106页、107-112页。牛达生、许成著:《贺兰山文物古迹考察与研究》第二章三(三)拜寺口双塔,宁夏人民出版社,1988年8月,第48-53页。另可参考,宁夏回族自治区文物管理委员会办公室、贺兰县文化局:《宁夏贺兰县拜寺口双塔勘测维修简报》(于存海、雷润泽、何继英执笔),《文物》1991年第8期,第14-26页;扬佛光。有考"塔寺"的原语为stupa,通过对"塔寺"译语语源学上的追溯,"塔寺"宁夏回族自治区文物管理(注转下页)

译语可能指“佛塔”与“佛塔管理者”的总称①。10世纪末期至11世纪—13世纪藏地佛寺布局有主体大殿建在佛塔之南边，与佛塔位于一条轴线上，大殿平面形制呈“凸”字形（如扎达县格林塘佛寺），又有寺院围墙的四角凸出呈圆形角楼和碉堡式（如噶尔扎西岗寺）②。汉地寺院兴建殿堂、塔，塔或建于殿后，主院前两侧双塔对峙，以佛塔为主的佛寺布局，佛塔为主要建置③。塔作为崇拜偶像的建筑形式本是外来的，是佛寺独特的建筑符号。正如整个佛教石窟的历史演变一样，汉地寺庙经历了由塔中心到塔像并重再到殿中心的历史演化。佛塔佛像崇拜变成汉文化的偶像崇拜是佛寺汉化的一个方面④。魏晋以后至隋唐，佛寺受都城宫殿官署建筑规制影响，采取院落式格局，平面布局依中轴线作纵深展开，以殿堂廊庑等组成的院庭为单元。凡此这些，在3号陵园建筑布局、形式、风格中均有所反映，陵园月城相当于寺院前院。陵城四面墙垣中部门庑为殿堂形制，除陵城南门外，其它三面门道台基两侧没有漫道，表明陵城东、西、北三门只是象征而无出入陵城的实际作用。以门道台基面分布的磉墩（或柱础）及残留“胡墼”墙体基础分析，陵城南垣门庑为面阔五间、进深两间的殿堂，其它三面门庑为面阔三间、进深两间殿堂。3号陵园中对佛塔的礼拜无疑转化为了对长生不死的崇拜。佛教题材元素（诸如迦陵嫔伽、摩竭、海狮）与佛的神圣象征物（塔）被运用到陵墓建筑环境中，佛教意象融入帝陵，这使陵园充满尊崇佛法的浓重氛围和恢宏气势，在帝陵仪规空间突显佛法与皇权的结合，将一座墓葬转变成为死者的天堂⑤。西夏王陵的陵园规制充分发挥了佛

（续上页注）委员会办公室，雷润泽、于存海、何继英编著：《西夏佛塔》（中国古代建筑）维修篇三《贺兰县拜寺口双塔》（于存海、何继英执笔），文物出版社，1995年7月，第76－101页；宿白：《西夏佛塔的类型》，初稿刊《西夏佛塔》（研究篇一），文物出版社，1995年7月，第1－15页，后以《西夏古塔的类型》为题收入氏著《藏传佛教寺院考古》，文物出版社，1996年10月，第305－321页。

① 湛如、丁薇：《印度早期佛教的佛塔信仰形态》，《世界宗教研究》2003年第4期，第30－31页。

② 霍巍：《古格与冈底斯山一带佛寺遗迹的类型及初步分析》，《中国藏学》1997年第1期，第83－101页。

③ 关于中国古代佛寺布局研究，宿白先生发表系列文章：《东汉魏晋南北朝佛寺布局初探》，刊《庆祝邓广铭教授九十华诞论文集》，河北教育出版社，1997年，第31－49页；《隋代佛寺布局》，《考古与文物》1997年第2期，第29－33转28页；《试论唐代长安佛教寺院的等级问题》，《文物》2009年第1期，第27－40页；《唐代长安以外佛教寺院的布局与等级初稿》，氏著《魏晋南北朝唐宋考古文稿辑丛》，文物出版社，2011年1月，第270－285页。前三篇文章收入《魏晋南北朝唐宋考古文稿辑丛》第230－247页、248－254页、255－269页。

④ 张法：《佛寺：从印度到南亚和汉地的演变》，《长春市委党校学报》1999年第2期，第71－76页，收入中国人民大学复印报刊资料《宗教》1999年第4期，第107－112页。

⑤ 孟凡人先生认为西夏3号陵陵城恰似“涅槃城”。“由于佛塔与涅槃密切相关，故陵塔与陵城相结合，又可将陵城喻为‘涅槃城’。以使死者不生不灭，到达安乐解脱之圣者所居；命终，往生极乐世界”。“其陵城门阙和角阙上诸塔与陵塔相得益彰，形成了更加浓厚的‘涅槃’色彩，所以三号陵的陵城较其他诸陵陵城更似‘涅槃城’”。“三号陵园诸塔林立，以佛教涅槃信仰为主线，将元昊之死比附于‘涅槃’，将陵城喻为‘涅槃城’，使整个陵园仿佛置于‘佛国净土极乐世界’之中，充分体现出三号陵陵主希望死后往生佛国净土极乐世界的强烈夙愿”。参见孟凡人：《西夏陵陵园形制布局研究》，故宫博物院《故宫学刊》2012年总第八辑，第94、95页。是可谓文意相投。

教对皇权的辅翼功能。

墓与庙之两立、合一,在三代至汉、晋、北魏反反复复[①]。而帝王陵上建佛教禅寺,据说始于东汉[②]。东汉开始佛教文化因素进入中国墓葬文化中。陵园与佛寺、宗庙相结合,即发现把佛堂、祠庙等共同建于陵园最早的实例,见于大同方山北魏冯太后永固陵[③]。永固陵之前造永固堂(陵庙),具有祠庙的性质;"思远灵图"建在永固堂之前,"灵图"有"浮图"、"浮屠"的意思,当是一座佛堂建筑;思远灵图之西有斋堂。考古资料显示,永固陵地表现存高 22.8 米的封土,坟丘前有平面长方形的建筑基址和有回廊环绕的方形佛塔基址。佛教信仰使佛堂、斋堂和祠庙相结合,在思想上一方面采用儒家的传统思想,强调"忠孝"、"贞顺",另一方面又崇尚佛教,这是北魏统治集团强烈信奉佛教的一种表现[④]。西夏陵园将"陵、庙、寺"建筑功用契合在一起之构建理念折射出北魏方山永固陵格调的影子。永固陵的陵、庙(永固堂)、寺(思远佛寺)这些单元建筑前后依次分布,而西夏王陵的陵园即同佛寺,陵园(寺)中有宗庙(献殿)。如果说永固陵集陵、庙、寺三者为一体是"形似",那么西夏陵园融陵、庙、寺为一体可称得上是"神似"。

第十一,西夏陵园墓道预示着两方向途径。西夏陵园中陵台(陵塔)与献殿之

① 巫鸿:《从"庙"至"墓"——中国古代宗教美术发展中的一个关键问题》,《庆祝苏秉琦考古五十五年论文集》编辑组编:《庆祝苏秉琦考古五十五年论文集》,文物出版社,1989 年 8 月,第 98 - 110 页,收入巫鸿著,郑岩、王睿编:《礼仪中的美术——巫鸿中国古代美术史文编》,生活·读书·新知三联书店,2005 年 7 月,第 549 - 568 页。

② 常被引用一条的材料,《洛阳伽蓝记》卷四中记:"明帝崩,起祇洹(殆即精舍也。精舍者,修行者所居)于陵上,自此以后,百姓冢上或作浮屠焉。"(魏)杨衒之撰,周祖谟校释:《洛阳伽蓝记校释》卷四"白马寺",中华书局,1963 年 5 月,第 150 - 151 页。另参见,冉万里:《帝陵建寺之制考略》,西北大学考古学系、西北大学文化遗产与考古学研究中心编:《西部考古》第一辑(纪念西北大学考古学专业成立五十周年专刊),三秦出版社,2006 年 10 月,第 433 - 441 页。

③ 关于永固陵调查发掘研究,宿白:《盛乐、平城一带的拓跋鲜卑-北魏遗迹——鲜卑遗迹辑录之二》,《文物》1977 年第 11 期,第 42 - 43 页;大同市博物馆、山西省文物工作委员会:《大同方山北魏永固陵》(白玉珍、刘绪发掘,解廷琦执笔),《文物》1978 年第 7 期,第 29 - 35 页;徐苹芳:《中国秦汉魏晋南北朝时代的陵园和茔域》,《考古》1981 年第 6 期,第 525 页,该文以《秦汉魏晋南北朝时代的陵园和茔域》为题收入氏著文集:《中国历史考古学论丛》,(台北)允晨文化实业股份有限公司,1995 年 7 月,又收入氏著文集:《中国历史考古学论集》,上海古籍出版社,2012 年 5 月,第 114 - 131 页;中国社会科学院考古研究所编著:《新中国的考古发现和研究》第五章二(八),文物出版社,1984 年 5 月,第 537 页;张庆捷:《北魏永固陵的考察与探讨》,北京大学古代文明研究中心编《古代文明研究通讯》(2003 年)总第 19 期,第 16 - 29 页;胡平、解廷琦、焦强:《大同思远佛寺遗址考古发掘成果斐然》,《中国文物报》2004 年 10 月 1 日第 2 版;大同市博物馆:《大同北魏方山思远佛寺遗址发掘报告》(胡平执笔),《文物》2007 年第 4 期,第 4 - 26 页;沈睿文著:《唐陵的布局:空间与秩序》附三《陵墓与政治》(三、胡汉杂糅的永固陵),北京大学出版社,2009 年 4 月,第 315 - 317 页;王飞峰:《关于永固陵的几个问题》,《中国国家博物馆馆刊》2012 年第 11 期,第 19 - 30 页。元昊自称元魏(鲜卑拓跋)后裔,祖源攀附意在赋予政权之正统性。北魏永固陵构筑理念影响到西夏陵园制度是否与元昊自称元魏后裔有涉,是个值得探究的问题。

④ 杨宽著:《中国古代陵寝制度史》(上编五"5、永固陵的构造"),上海人民出版社,2008 年 5 月,第 49 页。

间的墓道上方高高隆起填土，这种昭示墓室方位的情况在中国历代陵园中极为少见。考古发掘表明，深埋是西夏陵墓的一大特点：上世纪七十年代发掘的几座西夏陵墓，6 号陵（原编 8 号陵）墓室深达 24.6 米①；M182 号（原编 101 号）陪葬墓墓室深 21 米②；M177（原编 108 号）陪葬墓墓室深 12.5 米③；依照 3 号陵墓道南端的解剖情况，推测 3 号陵墓室亦深达 20 多米④。1990 年在洛阳东郊邙山发掘的元代赛因赤答忽墓，墓底距地面深 19.8 米，还被发掘者认为是"洛阳市及全国较深的古墓"⑤。深埋应该是类似中国古代"潜埋虚葬"的另一种形式。"虚葬"（即伪葬）、"潜埋"（墓葬秘密的实际葬地）是在十六国——北朝时期游牧民族统治阶层内普遍施行的葬法，这种虚葬、潜埋到隋朝渐失⑥。潜埋的方式是不起坟，地表不留任何痕迹。据说早先党项贵族也施行潜葬。明《陕西通志》卷四"榆林卫"中记："红石峡山在卫北十里红山墩左，峡中有水自沙漠来，水从石流下，斗落数千仞。旧传李继迁葬其祖彝昌，障水别流，而凿石为穴以葬。及葬毕，仍引水流于故道。今俗传墓在水中石穴云。"⑦《西夏书事》卷七中也袭其说，党项贵族建国之前李继迁（赵保吉）于咸平六年（1003）建都西平（灵武），"寻葬其祖于红石峡，障水别流，凿石为穴，既葬，引水其上，后人莫知其处"⑧。党项统治阶层的潜埋、深埋，本意无非都是为了预防挖坟盗墓。西夏陵园的墓道填土高高隆起在地面上，这种明示墓室位置的做法似与常理不合，一方面出于当时技术能力、陵地地质状况的条件，因为是深埋，体现了西夏统治阶层对墓室防盗的某种自信。且在西夏律法中对发冢盗棺、毁尸

---

① 宁夏回族自治区博物馆：《西夏八号陵发掘简报》（钟侃、李志清、李范文执笔），《文物》1978 年第 8 期，第 64、65 页。

② 宁夏回族自治区博物馆：《西夏陵区 101 号墓发掘简报》（吴峰云、李范文、杜玉冰发掘清理），《考古与文物》1983 年第 5 期，第 39 页。

③ 宁夏回族自治区博物馆：《西夏陵区 108 号墓发掘简报》（吴峰云、李范文执笔），《文物》1978 年第 8 期，第 71 页。

④ 宁夏文物考古研究所、银川西夏陵区管理处编著：《西夏三号陵——地面遗迹发掘报告》第三章第十节一，科学出版社，2007 年 6 月，第 300 页。

⑤ 洛阳市铁路北站编组站联合考古发掘队：《元赛因赤答忽墓的发掘》（王支援、张剑、刘富良执笔），《文物》1996 年第 2 期，第 22 - 33 页。相关文章，赵振华：《元〈赛因赤答忽墓志〉考》，《内蒙古社会科学》（文史哲版）1994 年第 2 期，第 64 - 70 页；《元赛因赤答忽墓被发掘》，《内蒙古社会科学》（文史哲版）1996 年第 3 期封三。

⑥ 曹永年：《说"潜埋虚葬"》，中华书局编辑部编《文史》第 31 辑，中华书局，1988 年 11 月，第 79 - 86 页；朴汉济著、李椿浩译：《魏晋南北朝时期墓葬习俗的变化与墓志铭的流行》，故宫博物院《故宫学刊》2010 年总第六辑，第 272 - 275 页。

⑦ （明）赵廷瑞修，马理、吕柟纂：《陕西通志》（董健桥总校点，李之勤、阎琦、徐兴海、王世平校点）卷之四、土地四、山川下、榆林卫，三秦出版社（上、下册），2006 年 6 月，上册第 168 页；（清）李熙龄纂修，陕西省榆林市地方志办公室整理：《榆林府志》卷八，建置志・坟墓，上海古籍出版社（全二册），2014 年 11 月，上册第 143 页。

⑧ （清）吴广成撰、龚世俊等校证：《西夏书事校证》卷七，甘肃文化出版社，1995 年 5 月，第 86 页。

灭骨、破坏墓葬、墓碑等行为有严格处罚条文①。但另一方面,通过对3号陵地面遗址的全面清理,发现的遗迹现象、出土遗物反映出整座陵园修饰的绚丽辉煌,如陵园墙体及鹊台、陵塔涂抹赭红色细腻墙皮,墙顶挂瓦当、滴水,陵塔外罩木构建筑;碑亭、献殿、门屋夯土基址包砖,建筑地面铺砖,屋顶安置鸱吻;角阙、门阙以砖甃面等。这些单体遗址均发现大量陶制、琉璃质建筑装饰构件等。如若在纵贯陵城中央的显眼位置惟独留下一道光秃秃的墓道封土,这既与整座陵园荣耀灿烂的氛围光景不相协调,也不符合陵园彰明较著的虔诚水准,墓道封土上面亦应有(装饰性的)建筑基础设施。同时我们注意到,3号陵园献殿北面斜坡墁道正与墓道封土南端相对接,预示墓道封土顶面存在走向"祭台"行祭祀追荐仪式之路道的可能性。凸起于地面的墓道填土自南向北增高,直向"祭台"(或"祭坛")陵塔,墓道是途径走向,其寓示墓道下方通向阴间世俗世界,上方通向往生佛国净土极乐世界。

第十二,西夏王陵丧葬礼俗中有汉俗、佛俗及党项游牧民俗。自先秦至两汉,丧葬礼俗经历了装殓礼俗、埋葬礼俗演变,由庙祭到墓祭所引起的陵寝制度的演变②。唐代丧葬观念习俗深受等级制度、法律条文、政治争斗、风俗信仰等影响。唐代墓葬在八世纪中期有了变革,变化的关键在于整个丧葬中的丧、祭地位被提升,使得葬的直接表现形式墓葬变得简陋起来③。北宋整个皇陵区按"五音姓利"安排,各种礼制相当严格,不仅有明确的规定,而且在实际当中被严格遵守,表现了皇家对礼法的严格追求。皇陵中不再用当朝的臣属来陪葬,只以赵氏宗族的人陪葬,体现了在丧葬中对宗族、姓氏的重视④。在此演化进程背景下,西夏王陵中的葬俗藉其考古发掘中相关涉之残余断片信息,推知一二。西夏王陵埋葬习俗中有:1.汉俗:曾发掘过的帝陵和陪葬墓,皆为有长斜坡(或阶梯状)的洞室墓,帝陵三室(主室与左右二室),墓室周壁立护墙板。陪葬墓单室,墓壁是原生土、无护墙板,

---

① 西夏法典中有律令:"不准诸损毁地墓、陵、立石、碑记文等。违律时,于殿上座节亲[王公皇亲]、宰相、诸王等所属地墓上动手者徒六年,至棺椁上则徒十二年,棺椁损坏至尸者当绞杀。以下臣民等所属地墓上动手,徒三年,至棺椁上徒六年,损坏棺椁而至尸则徒八年。又损坏无尸之坛、台、陵、立石、碑文、石兽时,一律当依前比损坏地墓罪减三等。若以暴力进行数次损坏,贪取地墓中物,则按强盗、偷盗法则及毁损罪,依重者判断。""诸人损毁地墓、丘坟、陵等时,当准许他人举告……"史金波、聂鸿音、白滨译注:《天盛改旧新定律令》卷三"十三,盗毁佛神地墓门"(中华传世法典),法律出版社,2000年1月,第184-186页。参见(苏)Е·И·克恰诺夫俄译,李仲三汉译,罗矛昆校订:《西夏法典——天盛年改旧定新律令(第1-7章)》第三章"盗毁墓祠圣物(160-166条)",宁夏人民出版社,1988年12月,第83-85页;史金波、聂鸿音、白滨译:《西夏天盛律令》卷三"十三,盗毁佛神地墓门"(刘海年、杨一凡总主编,中国珍稀法律典籍集成甲编第五册),科学出版社,1994年,第82-83页。

② 高崇文:《试论先秦两汉丧葬礼俗的演变》,《考古学报》2006年第4期,第447-472页。

③ 齐东方:《唐代的丧葬观念习俗与礼仪制度》,《考古学报》2006年第1期,第59-82页。

④ 秦大树:《宋代丧葬习俗的变革及其体现的社会意义》,邓小南、荣新江主编《唐研究》第十一卷("唐宋时期的社会流动与社会秩序研究"专号),北京大学出版社,2005年12月,第313-336页。

陵、墓均有人骨与棺板朽木出土，说明是土葬。佛教亦有土葬①，然与中原汉式洞室墓土葬不同。2. 佛俗：西夏 3 号陵园体现佛塔崇拜、“转轮王”以佛教治国的信仰等。唐陵有佛教因素②，宋陵也多有佛教元素，③但全然不及西夏 3 号陵园中佛教题材内容之丰富直观。譬如 3 号陵园发掘出土的建筑装饰构件中的迦陵频伽是一种人鸟混合的形象，佛经记载它以其美妙声音和优美舞姿娱悦佛、供养佛，佛教利用它来宣传其教义④；装饰构件中的摩竭是“龙首双翼鱼身”形象，系出自印度神话和佛经的摩竭鱼王或摩竭舟，摩竭是法力无边的一种海怪，既可兴妖作恶，又能滋养人民，使之得以生息繁衍，被视为辟邪的吉祥象征⑤。诸种考究的琉璃建筑装饰构件，唐宋帝王陵园还是比较少见。而陵园出土花纹砖上的莲花纹、忍冬纹，同样具有佛教方面的神圣意义。在佛教中，莲即佛，佛即莲，佛教中有众多的莲花比喻和故事传说；佛教视莲花洁净溢香，庄严至圣，佛经称之为“法华”，又是佛国净土的象征。忍冬纹是在南北朝时期开始流行的一种由荷叶变形后形成的纹样，这种缠枝植物纹的发展也受了西亚佛教艺术的影响，同时又是与中国古代传统的云纹相

---

① 佛教“葬法：天竺有四焉。一水葬谓投之江河，以饲鱼鳖。二火葬谓积薪焚之。三土葬谓埋岸傍取速朽也。四林葬谓露置寒林饲诸禽兽”。（北宋）道诚辑《释氏要览》卷下，河北禅学研究所编辑、中华全国图书馆文献缩微复制中心出版：《佛学三书》（中国佛学文献丛刊），一九九五年十二月，第 886 页下栏。西夏党项葬俗火葬、土葬、水葬、天葬的较早论述，见汤开建：《党项风俗述略》，《西北民族研究》1986 年试刊号，第 285 - 287 页。

② 张建林：《唐代丧葬习俗中佛教因素的考古学考察》，李炳武、黄留珠主编：《唐代历史文化研究》（陕西文史研究丛书），三秦出版社，2005 年 12 月，第 241 - 261 页，又载西北大学考古学系、西北大学文化遗产与考古学研究中心编：《西部考古》第一辑（纪念西北大学考古学专业成立五十周年专刊），三秦出版社，2006 年 10 月，第 462 - 472 页；冉万里：《略论佛教地狱观念对隋唐时期丧葬习俗的影响——以各类追冥福行为为中心》，文化遗产研究与保护技术教育部重点实验室、西北大学文化遗产与考古学研究中心编：《西部考古》第四辑，陕西出版集团、三秦出版社，2009 年 12 月，第 224 - 250 页；李星明：《佛法与皇权的象征——论唐代帝陵神道石柱》，《复旦学报》（社会科学版）2011 年第 1 期，第 21 - 31 页；李星明：《隋唐墓葬艺术中的佛教文化因素——以唐陵神道石柱为例》，巫鸿、郑岩主编：《古代墓葬美术研究》第一辑（2009 年“古代墓葬美术研究国际学术讨论会”论文集），文物出版社，2011 年 9 月，第 245 - 270 页。

③ 冉万里：《宋代丧葬习俗中佛教因素的考古学观察》，《考古与文物》2009 年第 4 期，第 77 - 85 页。北宋永定陵、永定禅院、元德李皇后陵及宋陵砖瓦窑厂等地发现陶制嫔迦，均为残破头像或身像。河南省文物考古研究所编：《北宋皇陵》，中州古籍出版社，1997 年 8 月，第 307、311、337、423、444 页，图版六五：1、2，七五：3，八0：6，八七：4。嫔迦于宋代用于装饰宫庙屋檐的实物报道，汤毓贤：《傧伽振翼，妙音绕檐——福建云霄下营庙瓦饰》，《中国文物报》2004 年 3 月 10 日第 7 版。

④ 陈雪静：《迦陵频伽起源考》，《敦煌研究》2002 年第 3 期，第 9 - 13 页。

⑤ 岑蕊：《摩竭纹考略》，《文物》1983 年第 10 期，第 78 - 80 转 85 页下；孙机：《摩羯灯——兼谈与其相关的问题》，《文物》1986 年第 12 期，第 74 - 78 页；杨伯达：《摩羯、摩竭辨》，《故宫博物院院刊》2001 年第 6 期，第 41 - 46 页。另参见，牛达生：《自成体系的西夏陵屋顶装饰构件》，氏著文集《西夏考古论稿》，上海古籍出版社，2013 年 11 月，第 72 - 88 页，亦刊杜建录主编：《西夏学》第十辑，上海古籍出版社，2014 年 6 月，第 280 - 290 页。

结合的产物[①]。西夏陵园又将供奉和膜拜佛陀、菩萨的寺院与拜谒和祭奠帝王的陵墓相互渗透而融结在一起。3. 党项游牧民族自身的葬俗:陪葬墓随葬品有铜牛、石马、石狗之类大型家畜仿制品,表达的意趣为在畜牧生活的民族中牲畜是生存之根本、相伴始终。

第十三,虽然我们将西夏陵寝纳入到中国帝陵体系中作考察,但西夏陵寝倾向于王侯陵墓规制,而非帝王皇陵规格。西夏陵具备秦汉、唐宋帝陵陵寝建置的一些基本要素,有陵墓地上建筑的陵园墙垣、鹊台、门阙、角阙、献殿、陵台及石像生,有陵墓地下建筑的墓道、墓室,有陵区制、陪葬制等。然而在陵园布局规模等诸多方面西夏陵与唐宋帝王皇陵的陵寝规制存在相当差距。前文已指出,西夏陵的陵园平面布局更接近唐代"改墓为陵"的顺陵、恭陵,顺陵系武曌母杨氏坟墓,恭陵为唐高宗太子李宏墓(俗称"太子冢"),这类墓本身就比唐代"因山为陵"的帝王陵低一等级。其次,西夏陵园不置下宫,各陵园格局中没有相应独立的礼制性建筑。再次,西夏陵的陵区地域与陵园的建构规模远不及唐宋帝王陵。唐陵区东西延展百余公里,气势宏大,北宋陵区总面积亦达 150 多平方公里,西夏陵区面积仅 50 余平方公里。在唐宋陵墓等级序列中,陵园的面积与神道的长度,具有重要的等级标示性意义[②]。陵寝茔地规模上,以陵城筑墙为例,有唐陵之冠的乾陵内城南墙、北墙基长 1450 米,东墙基长 1582 米,西墙基长 1438 米[③];即便是顺陵与恭陵,顺陵陵园范围南北 1264 米、东西 866 米,平面方形的内城南墙 286 米、东墙基 291 米[④];恭陵陵园见方 660 米[⑤],另一说恭陵陵园"长、宽均 440 米"[⑥]。宋太宗永熙陵上宫保存最好,其平面呈方形的宫城边长 240 余米[⑦]。而西夏 3 号陵园陵城南北 181 米,东西仅 163 米。此外,西夏陵园陵城虽四面辟门,但除南神门外,其它三门封堵而无实际通行意义。乾陵以后诸唐陵及宋陵均于陵园四神门外各列置石狮一对,四门畅通。西夏陵园极度压缩陵城前建筑间距,3 号陵园鹊台北距碑亭(宋陵乳台位置)仅 35 米,碑亭北至月城仅 40 米,而宋永熙陵鹊台北至乳台 140 米,乳台向北与

---

① 柳涵:《漫谈中国古代的莲荷图案》,《文物》1959 年第 9 期,第 62 - 65 页;马倩、潘华顺:《古代莲文化的内涵及其演变分析》,《天水师范学院学报》2001 年第 1 期,第 24 - 28 页。关于西夏文物所反映的宗教性论述,参见史金波:《西夏文物的民族和宗教特点》,《中国历史文物》2005 年第 2 期,第 26 - 40 页。另参见,牛达生:《西夏遗迹》三(五)"党项族葬俗的演变",文物出版社,2007 年 1 月,第 99 - 103 页。

② 王贵祥等著:《中国古代建筑基址规模研究》上编第十一章第二节"唐宋时代的墓葬茔域规模",中国建筑工业出版社,2008 年 6 月,第 172 - 176 页。

③ 杨正兴:《乾陵勘查情况》,《文物》1959 年第 7 期,第 73 页;陕西省文物管理委员会:《唐乾陵勘查记》(杨正兴执笔),《文物》1960 年第 4 期,第 58 页。

④ 陕西省考古研究所:《唐顺陵勘查记》(王世和执笔),《文物》1964 年第 1 期,第 35 页。

⑤ 若是:《唐恭陵调查纪要》,《文物》1985 年第 3 期,第 45 页。

⑥ 中国社会科学院考古研究所河南第二工作队、河南省偃师县文物管理委员会:《唐恭陵实测纪要》(徐殿魁、王竹林执笔),《考古》1986 年第 5 期,第 459 页。

⑦ 河南省文物考古研究所编:《北宋皇陵》第二章第一节三,中州古籍出版社,1997 年 8 月,第 58 页。

宫城之间排列石像生的神道长 142 米；唐陵从鹊台到乳台距离更长，两处间距通常二千多米，少者也在一千五百米左右，乳台与南神门距离山陵一般 600 米以上。乾陵鹊台北至乳台 2350 米。西夏陵园又将石像生裹进月城，3 号陵园月城南北 53 米，神道大为缩短而窄。唐陵神道两侧相向而立的石刻东西间距一般 60 米，最宽达 160 米；宋永熙陵东西分列的石像生间距 44.5 米；西夏 3 号陵靠近神道的两侧石像生基址东西间距 32 米。西夏王陵的陵园规模和神道长度与唐宋帝陵相较是不可企及的。这些亦应视为西夏陵寝规格降格为王制的表现。综上几方面，西夏陵园规划仅是仿冒"天子之制"，陵园建制不是帝王皇陵规格，实际为王侯陵墓级别。但这并不影响我们对西夏王陵研究与关注程度。

四、小结

西夏汲取中原智慧，开拓本土资源。西夏王陵在唐宋陵寝制度深厚背景的影响下，采纳取舍、兼收并蓄而有所创建衍化。西夏陵寝制度借鉴、融入了秦汉以来特别是北魏、唐宋陵园之规制、因素，既有唐风宋行，又有佛教样式，还颇具自身特色。在物态层面上，西夏陵园形制以唐宋帝陵陵园建筑平面布局为蓝本，但不是帝王皇陵的陵寝规格，属王侯陵墓级别；在精神层面上，西夏陵园以北魏方山永固陵把佛寺、祠庙共建在陵园的建制理念为依托，输入与糅合传统祠庙建筑的祭祀功能，引进和融合佛教寺塔建筑的纪念碑性，陵园建筑中无论是形制还是装饰都深深烙上了佛教色彩的印迹，从而自成有"陵、庙、寺"于一体的建筑格调，与之相适应的丧葬习俗，就是集汉俗、佛俗及党项游牧民族自身的葬俗于一身，使汉族儒家文化、佛教文化与党项民族文化三者有机地结合在一起，反映了在佛教信仰浓厚的气氛下，中原传统文化与西夏民族文化在陵寝制度方面的叠加和交融，令人耳目一新。西夏王陵为西夏时期建筑技艺的研究提供了可贵的实物材料。明安塞王朱秩炅《古冢谣》诗中有"世更年远迹已陈，苗裔纵存犹路人"，然以今视古，透过西夏王陵，我们领略到西夏特色的建筑艺术成就，感受到西夏党项民族的精神境界。西夏王陵为中国古代陵寝制度发展史书写了可圈可点的一页。

（附记：本文原为 2012 年 9 月至 2013 年 7 月作为中组部"西部之光"访问学者期间的研修作业。原刊《宋史研究论丛》第十六辑。收入本论文集后作了补正。真挚感谢中国社会科学院人事教育局（专家与职称处）在生活和学习考察方面的安排；诚恳感谢接收单位中国社会科学院考古研究所及中国社会科学院研究生院给予的便利条件；特别感谢导师孟凡人先生在习作撰写当中的施教、帮助。再次感谢十多年前西夏 3 号陵地面遗迹发掘过程中，中科院考古研究所蒋忠义、徐殿魁、杨国忠三位先生的现场指导。）

西夏六号陵陵主再考

岳　键

关于西夏陵陵主归属之争，特别是六号陵陵主的考证，可谓旷日持久，从二十世纪七十年代迄今已近40载，学者们各抒己见，各有所据，一直难有定论。刊登在1978年《文物》第八期的《西夏八（六）号陵发掘简报》（钟侃、李范文执笔）最早提出了六号陵陵主应是西夏第八代皇帝李遵顼的观点①。此后，《宁夏文物》在1986年试刊号（总第一期）刊登了吴峰云《西夏陵园及其建筑特点》的论文②，提出了西夏陵择穴是"平原起塚"和"依山起塚"的观点，推测出六号陵陵主为神宗遵项。继而，1987年《考古学集刊》第五集又刊登了韩兆民、李志清《关于西夏八（六）号陵墓主人问题的商榷》一文③。作者根据西夏曾被宋朝赐予赵姓，首次提出西夏陵是按宋之左昭右穆葬法择穴，并以此为据，为西夏陵已知的9位陵主排序。从而推测出西夏六号陵陵主是李乾顺。此文发表后，引起反响，并被学界所接受。在沉寂了10多年后，2012年《西夏研究》第三期发表了孙昌盛《西夏六号陵陵主考》一文④（以下简称《陵主考》），再次引起热议。笔者认为《陵主考》一文商榷之处颇多，须做更深入的探讨。在此，笔者不避浅陋，结合近几年本人的研究成果，从西夏陵的修建时间；西夏陵的去宋化背景；西夏陵的始祖选位；六号陵碑亭遗迹的复原；六号陵残碑的梳理诸方面作了进一步的论证，得出拙见：六号陵陵主为崇宗嵬名乾顺。

一、贺兰山下的裕陵、嘉陵与横山县的继迁德明墓

西夏陵园建于何时？史载不一，但有一点是清楚的，即：西夏陵最早的入葬者应是西夏太祖李继迁，只要确定了李继迁的建陵时间，也就确定了西夏陵园的修建时间。史载：（继迁）"景德元年（1004）正月二日卒，年四十二，子德明立，祥符五年（1012），德明追上继迁尊号曰'应运法天神智仁圣至道广德孝光皇帝。元昊追谥曰'神武，庙号太祖，墓号裕陵'。德明小字阿移，母曰顺成懿孝皇后野利氏，即位于柩

---

① 宁夏回族自治区博物馆：《西夏八号陵发掘简报》，《文物》1978年第8期。

② 吴峰云：《西夏陵园及其建筑特点》，《宁夏文物》1986年试刊号（总第一期）。后该文略有增改，以《西夏陵园及其建筑特点》为题，收入《西夏文物》，文物出版社，1988年。

③ 韩兆民、李志清：《关于西夏八号陵墓主人问题的商榷》，《考古学集刊》第五集，中国社会科学出版社，1987年。

④ 孙昌盛：《西夏六号陵陵主考》，《西夏研究》2012年第3期。

前,时年二十三"[①]。

上述记载表明,继迁卒于1004年正月,其葬期也应是1004年,葬于何处没有明确记载,只知墓号为裕陵。又据清吴广成《西夏书事》卷八载:"景德元年(公元1004年)春正月,保吉(继迁)卒。……秋七月葬保吉于贺兰山下,在山西南麓。宝元中(1039),元昊称帝,号为裕陵。"[②]从这条史料看,继迁应该是1004年秋七月葬于贺兰山下,西夏陵园的修建也应始于这一年。但仔细分析,却与历史事实不符。西夏陵园位在兴州境内,陵园的建设只能是在西夏营建兴州之后,而兴州的营建始于天禧四年(1020)[③],是德明在原怀远镇的基础上营建的,这要比继迁修墓下葬的时间晚16年,因此,不可能是1004年修的陵。那么是否是德明在营建兴州期间为继迁修的陵呢?也不是。因为我们所见的继迁陵是由元昊追封的,庙号太祖墓号裕陵,这就是说德明并没有在兴州为其父继迁修陵。那么在兴州为继迁修陵的只能是元昊了。

元昊在宋明道元年(1032)十月,德明病故后嗣位。同年为德明修陵,那么,继迁陵是否有可能修于此时,即与德明陵同修同葬呢?清吴广成《西夏书事》卷十一载:"明道元年(1032)……冬十月,夏王赵德明卒,年五十一。……葬于嘉陵,在贺兰山下,元昊称帝后追号。"[④]根据文字理解,德明卒后,直接葬于贺兰山下的嘉陵,元昊称帝后追了号,而同时追号的还有其祖父继迁。看来德明1032年葬于贺兰山是没有多大问题了,其祖父继迁也同时修陵重葬。可是当我们将这段文字与《宋史·夏国传》原文献对照时就会发现,其实两段文字表述内容完全相左。《宋史·夏国传》原文为:(天圣)"九年十月,德明卒,时年五十一,追谥曰光圣皇帝,庙号太宗,墓号嘉陵。"[⑤]这段文字写得很清楚,德明的帝号、庙号、墓号均为"追谥",并不是德明卒年的谥号。同时追谥的还有德明的妻子、元昊的生母:卫慕氏惠慈敦爱皇后。而1032年卫慕氏尚健在,她是在1034年被其子元昊所鸩杀[⑥],此时元昊不可能为其活着的母亲追谥;而德明卒年,史载不一。《宋史·夏国传》云"天圣九年十月";《续资治通鉴长编》卷一一〇云"明道元年十月"。此处宋史有误,因为同书又载,德明景德元年继位,年二十三,卒时五十一。依此推算,德明卒年应以明道元年(1032)为是。也就是说,如果1032年元昊在贺兰山为德明修了陵的话,绝不会等到6年后(即1038)才为其追谥封号,由此,我们可以断定,1032年为德明修的墓不在贺兰山下,那么它去了哪里?前述的1004年为继迁修的墓又在哪里?难道在贺兰山之外,另有继迁和德明的墓葬?经查史料这一推测得到了证实。在陕北横山

---

① 韩荫晟:《党项与西夏资料汇编》上卷第一册,宁夏人民出版社,2000年。

②④ 杜玉冰:《关于西夏陵的几个问题》,《西夏陵》,东方出版社,1995年。

③ 《续资治通鉴长篇》卷九十六,天禧四年润十二月,《西夏通史》,人民出版社、宁夏人民出版社,2005年。

⑤ 韩荫晟:《党项与西夏资料汇编》上卷第一册,宁夏人民出版社。

⑥ 李范文:《西夏通史》,人民出版社、宁夏人民出版社,2005年。

县确有继迁和德明的两处墓塚。据横山县志载:“西夏李继迁祖墓在县麒麟沟山巅,西夏李德明墓在县北纳令河西王埋墓湾,大塚二。”[①]这就明确告诉我们横山县的两处大塚,一为继迁麒麟沟之墓,一为德明西王埋墓湾之墓。

接下来的西夏陵的断代问题,就简单了许多。天授礼法延祚元年(1038),元昊举行了立国称帝大典,接受了百官奉册。“谥祖保吉曰神武皇帝庙号太祖,妣野利氏曰顺成懿孝皇后,父德明曰光圣皇帝庙号太宗,妣卫慕氏曰惠慈敦爱皇后”[②]。同时追谥祖陵为裕陵,宗陵为嘉陵,而位于贺兰山东麓两处形制一样的大陵以其自身的存在证明了,其就是史书记载的西夏陵园的始祖(太祖继迁)、始宗(太宗德明)二陵。由此证明裕、嘉二陵修建的时间当在1038年。西夏陵园即建于这一时期。

二、西夏建陵的去宋化背景

元昊是在弃宋自立、坚持蕃化的背景下建立的大夏国。因此,陵园规制皆与宋制不同。袭位伊始,元昊就去掉了唐宋所赐李、赵姓氏,改姓嵬名氏[③],第二年,即夏显道二年(1033),元昊又下秃发令[④]。升兴州为兴庆府定为首都。紧接着大兴土木,修建具有党项风格的宫城殿宇,定制具有党项特色的衣冠服饰,就连朝仪、礼乐也要标新立异,另搞一套。夏大庆元年(1036)元昊又亲自主持,命野利仁荣创制了纪录党项语言的西夏文字,使西夏文化自立迈出了实质性的一步[⑤]。

天授礼法延祚元年(1038),元昊在兴庆府南部筑坛受封,称帝建国,定国号为“大夏”,进而大封百官,然后授意百官奉册为其祖父继迁上谥号为:神武皇帝,庙号太祖,墓号裕陵;父德明谥光圣皇帝,庙号太宗,墓号嘉陵[⑥]。由此拉开了西夏陵园建设的序幕。

西夏陵选址关乎西夏王朝皇嗣龙脉的传承延续,它与西夏定都兴庆府密不可分,陵园由元昊主持修建,其葬俗葬制具有典型的反传统性,并深深打上了元昊时期的烙印。

元昊所处时代佛教盛行,净土信仰风靡西夏全境。元昊立国后,以佛教九级浮屠规模修了大塚两座。将其祖宗葬于贺兰山东南谷。贺兰山是西夏人眼中的西方圣山,这里坡高地阔,视野开阔,近可视银川平原,远可望黄河波涛,是建陵最理想的西方净土。西夏陵是西夏人的精神象征。在这块净土上,既有贺兰山遮风挡雨,又有嵬名始祖关怀护佑,更有佛祖的护持关照;西夏人相信,将祖陵修建于贺兰山下一定会国泰民安、子嗣繁衍、大夏永续延年。西夏陵选址于贺兰山是西夏佛教信

① 《横山县志》(东顺斋石印本)卷二页二六上。
② (清)吴广成《西夏书事》卷十二。
③ 《宋史·夏国传上》,《党项与西夏资料汇编》上卷第一册,宁夏人民出版社,2000年。
④ 《西夏书事》卷十一。《西夏通史》,人民出版社,宁夏人民出版社,2005年。
⑤ 《宋史·夏国传上》,《党项与西夏资料汇编》上卷第一册,宁夏人民出版社,2000年,第62页。
⑥ 李范文《西夏通史》,人民出版社,宁夏人民出版社,2005年,第159页。

仰的必然结果，亦可视为元昊“西方净土”情结的表现。

建双陵于贺兰山东南麓，不但满足了西夏人朝谒祭拜的需要，又聚合了全民向心力，提振了西夏人的民族精神，西夏立国之初，需要这种精神依托。毋庸置疑，西夏陵这种标新立异、独出心裁且与中原王朝截然不同的陵园风格，彰显了西夏文化独有的民族特色。

三、嵬名祖陵与东南姓翁

西夏陵区一、二号陵位于贺兰山东麓西夏陵区的最南端。陵塔以9级浮屠，二位一体的形制，高耸挺立，格外引人注目。长期以来，人们对其陵主身份多有揣测，认为是太祖继迁和太宗德明的可能性较大，而《陵主考》却认为：“一号、二号陵为李继迁和李德明之陵墓仅仅是根据其地理位置位于最南端，并无直接或间接证据。”[①]笔者以为，除地理位置具有不可替代的最有地标意义的方位证据外，亦有多处文献记载和出土残碑碑文都直接或间接表述了一二号陵就是太祖继迁和太宗德明的陵墓。

六号陵出土西夏文残碑M8E2∶17、M8E2∶25均有“东南氏（族、姓）”之语[②]，俄藏西夏官阶封号表也多处出现“文孝恭敬东南姓官……”、“武孝恭敬东南姓官……”之语[③]，西夏辞书《音同》序文亦有“恭敬东南姓上皇座嵬名德照”之语[④]，李范文先生将其译为“恭敬东南族关上德照嵬名皇座”；史金波先生译为“恭敬东南姓关上皇座嵬名德照”；贾常业先生译为“恭敬东南族翁上皇座嵬名德照”。三人所译虽有一定差异，但属大同小异，何为“东南氏（姓、族）”，“氏”者，姓也，“东南氏”即“嵬名氏”，此处当特指埋葬于贺兰山东南谷的“嵬名吾祖”，即太祖嵬名继迁和太宗嵬名德明。此前多有学者将元昊“自号嵬名吾祖”[⑤]理解为“元昊改姓嵬名氏自称兀卒（吾祖）”，实乃大误，此处兀卒（吾祖）不指元昊，乃指继迁与德明，笔者理解这句话的本意应是“元昊自称祖宗是嵬名氏”而不是自称是嵬名氏的祖宗。这样就理顺了元昊与太祖继迁与太宗德明之间的关系。继迁是嵬名始祖，德明是嵬名始宗，嵬名祖宗葬于贺兰山东南谷被尊称为“东南族翁”，即嵬名先祖。“翁”者父也，普通百姓之“翁”与东南姓翁之“翁”的寓意有很大的不同。百姓之翁仅有“父”的含义，而东南姓翁之翁却含有一个“圣”字，这与嵬名氏均含有一个“圣”字的寓意是一样的，即它们只能属于皇族。“东南族翁上皇座嵬名德照”即指位于贺兰山东南谷的嵬名德明之陵塚。其中，“东南族翁、上皇座”是同位语，均指代“嵬名德照”；“皇座”是对已

---

① 孙昌盛：《西夏六号陵陵主考》，《西夏研究》，2002年第3期，第25页。

② 李范文：《西夏陵墓出土残碑萃编》，文物出版社，1984年，第66、67页。

③ 史金波：《西夏社会》上，上海人民出版社，2007年，第295页。

④ 李范文：《同音研究》，宁夏人民出版社，1986年，第202页。

⑤ 《宋史·夏国传上》，《党项与西夏资料汇编》上卷第一册，宁夏人民出版社，2000年，第60页。

故皇帝的尊称，西夏开国皇帝是元昊，其陵理所当然地被尊称为“皇座”，而元昊的父亲德明也就被尊称为“上皇座(即太宗)”，其祖父继迁也就自然被尊称为“太皇座(即太祖)”。我们注意到，西夏文“皇座”的本义并不指“皇座”而是特指“皇榻”，即皇帝睡觉的地方。这就明白无误地告诉我们：皇座就是陵寝的意思。由此，我们得到了一个最为直接的证据：贺兰山东南谷关首，即今之三关口头道关之关首，葬有嵬名德明、嵬名继迁的陵寝，这就完全证实了西夏陵之一、二号陵就是裕、嘉二陵。其陵主就是太祖嵬名继迁、太宗嵬名德明。那么嵬名德明与嵬名德照是同一人吗？回答是肯定的。《辽史·西夏外纪》载：“西夏，本魏拓跋氏后，唐季受赐姓曰李……子德明，晓佛书……赐姓曰赵……十八年，授继迁子德明朔方军节度使……二十一年，继迁薨。其子德照遣使来告……二十八年，遣使册德照为夏国王。……重熙元年……李德照薨，册其子夏国公元昊为王。”[①]以上录文揭示了继迁之子、元昊之父李德明又名李德照的全过程。元昊即位后，自认祖姓为嵬名氏(自号嵬名吾祖)，李德照又由此被称为嵬名德照，即上皇座嵬名德照(正因为如此，嵬名氏中绝不可能再出现第二个嵬名德照)，又因德照与继迁同被葬于贺兰山东南谷，因此又同被尊称为东南族翁。这也就解释了诸多西夏文献中为什么会多次出现“文孝恭敬东南族翁……”、“武孝恭敬东南族翁……”的敬语了。

通过以上考证，西夏一、二号陵陵主身份已很明确，一号陵就是西夏太祖嵬名继迁之裕陵；二号陵就是西夏太宗嵬名德照(德明)之嘉陵无疑。

四、六号陵陵主考

根据西夏陵由南向北排列之顺序，六号陵当属崇宗嵬名乾顺之显陵。六号陵部分出土文物也支持这一观点，而大量的残碑记述又多与乾顺有关，直接或间接地证明了该陵陵主为崇宗嵬名乾顺。

(一) 出土残碑考

六号陵东西碑亭出土了大量的西夏文、汉文残碑。《陵主考》仅根据几块汉文碑的只言片语就断定该陵为西夏太宗李德明的嘉陵，而对众多具有分期、断代意义的西夏文碑信息却不予采信，使其可信度打了折扣，根据对残碑内容的梳理分析，我们获得了足够的新证据，认定六号陵陵主是西夏第四代皇帝崇宗嵬名乾顺。

1. 首先，我们以《陵主考》提供的六号陵出土的汉文残碑 T0914:5 为例[②]，碑上刻有“……有二岁，在位三十……”(见图 1)。《陵主考》认为，这是记述墓主人年岁及在位时长的，通过碑文知道墓主人在位三十年或三十几年。而“西夏十帝中没有一位皇帝的在位时间与六号陵残碑记载的时间相符或接近。……只有李德明的在

① 《辽史·西夏外纪》,《党项与西夏资料汇编》上卷第一册，宁夏人民出版社，2000 年，第 119 页。

② 孙昌盛：《西夏六号陵陵主考》,《西夏研究》,2012 年，第 3 期，第 26 页。

位时间与残碑记载六号陵墓主人在位时间相符。……《续资治通鉴长编》《宋史》《辽史》等均载德明卒于宋明道元年(1032)。宋咸平六年(1003)到明道元年,正好是30年。李德明自己也称其在位达30年。……李德明嗣位于1003年,时年23岁,卒于1032年,其年正是52岁,而非《宋史·夏国传》中的51岁。由此还原六号陵残碑缺文应为'……(时年五十)有二岁,在位三十(年)……'可以肯定,六号陵为太宗李德明之嘉陵"①。

图1 T0914:5

笔者认为,以上论证有误,其误有三:一是对帝王在位概念的误解;二是对所引文献的误读;三是对所引时间的误算。众所周知,德明是元昊称帝后才追封的皇帝,其在世时是大宋赐封的朝廷命官,臣宋28年连一天皇帝都未做过,又何来在位三十年之说。因此,此说不成立。另据《宋史·夏国传》载:"吾族三十年衣绵绮,此宋恩也,不可负。"《东都事略·西夏传》、《隆平集·夏国赵保吉传》载:"国中三十年不披皮毛,而衣绵绮之衣。汝无负天子也!"上述两处引文中都解读不出德明在位三十年的信息。显然,无论是"吾族三十年……"还是"国中三十年……"都不是指德明在位三十年,而是指党项归宋三十年的概念。这其中既包括了德明奉职的二十八年,也包括了继迁附宋的数年。而所谓德明在位三十年或德明自称在位三十年,都只是《陵主考》的一个误读,根据李范文先生主编的《西夏通史》附录1:《党项西夏世袭表》,太宗德明奉职时间为1004—1032年,只有28年;史金波、白滨、吴峰云先生主编的《西夏文物》、《党项西夏帝王世袭表》,太宗德明奉职时间为1004—1032年,也是28年;而韩兆民、李志清先生发表在《考古学集刊》上的《西夏世袭简表》所注时间为1004—1031年,仅有27年。因此,《陵主考》所说的"只有李德明在位时间与碑文相符"②的说法是立不住脚的。

《宋史·夏国传》载"(天圣)九年(1031)十月,德明卒,时年五十一",在同传中又载,德明即位时年二十三。其中的(天圣)九年(1031)有误,其前早已被学界发现并纠正。现已改为(明道)元年(1032),调整后的文义应为:李德明嗣位于1004年,时年23岁,卒于1032年,其年51岁。与《宋史·夏国传》记载完全相符。《陵主考》将1031年改为1032年,又将1004年改为1003年,这样一来就与还原的"……(时年五十)有二岁"一致了。但实际上却无法自圆其说。

其一:如按德明在位30年算,嗣位年龄是23岁,再加30年,那么德明的卒年

①② 孙昌盛:《西夏六号陵陵主考》,《西夏研究》,2012年第3期,第27页。

就应该是53岁,而不是52岁;

其二:如按德明卒年是52岁算,减去嗣位时的23岁,则实际在位只有29年,并不是30年;

其三:残碑还原后的文句,不符合古文或西夏人的书写习惯。比照甘肃武威西夏墓出土的墨书汉文:"故考西经略司都察刘德仁,寿六旬有八,于天庆五年次戊午四月十六日亡殁。"文中的"寿六旬有八"与"有二岁"行文规式完全相同。如将52岁换为墨书格式,则为"寿五旬有二"或"年五十有二",或直书"年五十二",绝不会出现"年五十有二岁"。古人行文,讲求精炼,书写时,"年岁"二字均单独出现,绝不重复,故"年五十有二"之后,不会再出现"岁"字,而"……有二岁"之前也绝不会再出现"(时年五十)"的字样,如《宋史·夏国传》就直书"德明卒时年五十一"。

图2 M8:CHB:1+275

很明显,《陵主考》之还原不可取,那么,"……有二岁,在位三十……"所指为何?笔者以为,乃指墓主人生卒事迹,大概是说其幼年嗣位时只有2岁,在位30多年的时间所发生的事。虽然碑文只有不甚完整的两句话,但墓主人的身份特征已很清晰:① 嗣位时只有2岁;② 在位三十年以上;能满足此两项者即为墓主人。与此碑内容相近的另一汉文残碑M8:CHB:1+275载"……有司令于……/……齐王以孺慕……/……叩地之伤哀……"[①]两碑应属同一方碑的两块残片(见图2)。经梳理碑文,大意是……有司于(柩前)主持了(嗣位仪式)……(百官)齐聚(致哀),幼主依恋于先王……(于柩前)叩头伤泣。(时年幼主)有2岁,在位三十……根据文义,应是追述墓主人幼年柩前继位的事。这与德明23岁继位,奉职28年的历史事实不符。而西夏自继迁起,至睍亡,共历12主,以孺子嗣位者仅3人,一是元昊之子谅祚,即位时不满周岁,在位20年,与碑文不符;二是谅祚长子秉常,即位时7岁,在位18年,亦与碑文不符;三是秉常子乾顺,2岁父卒立嗣,3岁册封继位,"在位三十……"与碑文相符。乾顺在位53年,经历了两个历史发展时期(前期与辽宋;后期与金宋)。而碑文所述,主要是与辽的纠葛。乾顺从二岁继位至元德七年(1122)派兵救辽,其在位三十(六年的时间),主要做了三件大事:(1) 和睦邻邦;(2) 建立国学;(3) 实行分封。乾顺的一系列政策

① 李范文:《西夏陵墓出土残碑粹编》,文物出版社,1984,图版陆玖。

调整，使当时的西夏社会出现了政治开明、经济发展、文化繁荣的新局面。残碑“在位三十……”当指这一时期乾顺的执政功绩。上述3人中只有乾顺的年龄与碑文相符，记述的事情与碑文相关。

那么碑文“有二岁”与史书记载的三岁继位相差一年作何解释？笔者以为二者并不矛盾。“有二岁”是指幼主2岁立嗣，即先王临终前对其子作为接班人的指定；而“三岁继位”是指朝廷对其接班人的正式册封，如乾顺天祐元年（1086）嗣立，天祐二年（1087）宋册乾顺夏国主，即是。综上所述六号陵陵主当属崇宗嵬名乾顺。

2. 其次《陵主考》提供的六号陵为太宗德明之嘉陵的另一佐证是汉文残碑M8：CBH－148“……洪恩沾……/……星宫食钱……/回天阙军动……/太宗……/……城……”[①]。见图3(1)。

《陵主考》认为，碑文中的太宗系指西夏太宗李德明。笔者认为不排除这种可能性，但是指宋太宗赵炅的可能性更大。因碑文追述的是淳化五年（994），宋太宗下令平毁夏州城的事，而同碑的MBCHB：7中确有“……道……/淳化以……/……道……”的内容。见图3(2)。“……星宫食钱……”是指观测的对党项不利的天象。“……回天阙军动……”是指宋朝大军出动一事，其中的“天阙”指宋王朝，“太宗”指宋太宗，“城”指平毁夏州城。梳理碑文，其大意是：淳化五年（994）夜观天象，星宫食钱……宋朝大军出动……太宗下令，平毁夏州城……史载：“太宗下诏，堕夏州；居民并迁于绥、银等州。削保吉新赐姓名，复为李继迁。”[②]堕毁夏州城，是宋王朝对党项的一次重大军事行动。上述残碑内容与史料相符，但与德明无关，追述的是发生在继迁时期的一件大事。而同碑M8：CBH－40中所存二字“……讳继……”即“讳继（迁）”的存在，支持了对上述内容的考证，见图3(3)。

图3(1)　M8：CBH－148

图3(2)　M8：CBH－7

图3(3)　M8：CBH－40

① 李范文：《西夏陵墓出土残碑粹编》，文物出版社，1984，图版陆玖。

② 《东都事略·西夏传》，《党项与西夏资料汇编》上卷第一册，宁夏人民出版社，2000年，第101页。

图 4　M8:CBH－292

3.《陵主考》提供的第三个佐证依然是残碑，在 M8:CBH－292，中有两字:“……圣皇……”见图 4。《陵主考》认为，元昊称帝后，曾追封李继迁谥曰神武皇帝，李德明谥曰光圣皇帝。M8:CBH－292 中的“圣皇”二字当为光圣皇帝之“圣皇”。笔者以为《陵主考》的分析有一定道理，不排除这种可能性，但这并不是唯一答案。还有一种可能性似乎更大，即残碑“圣皇”所指应为崇宗乾顺的母亲“德圣皇太后”即梁太后。参见史金波《西夏社会》[①]。在残碑 M8:CBH－HB:0667 中有几行字“……卷，华□经二十卷……/……十一卷，菩萨内□……/……论十三卷□□□……”[②]M8:CBH－312 中有“……异□……/……译通……/……破□……”[③] M8:CBH－28 中有“……□……/……僧法……/……”[④]。

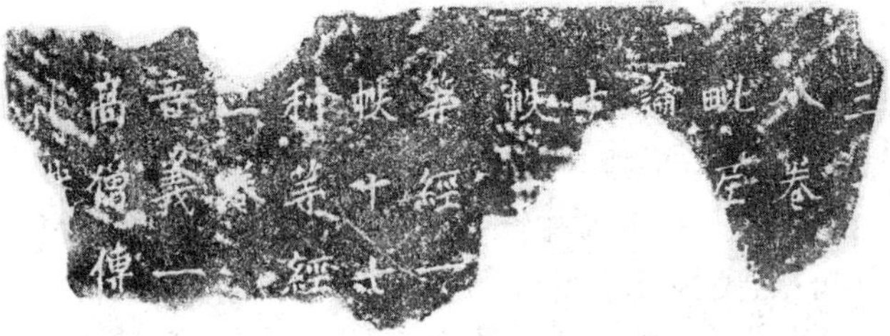

图 5(1)　T1412:16

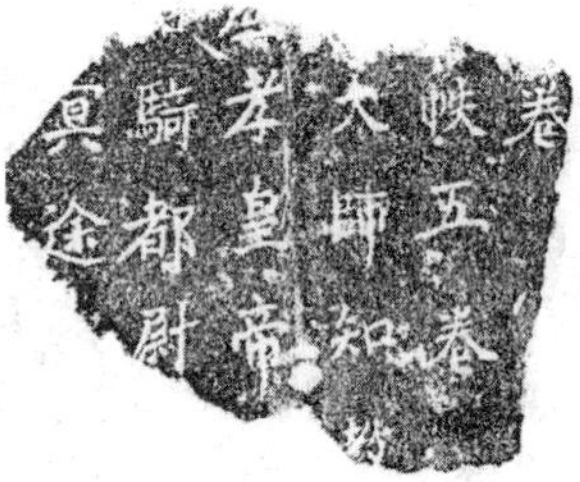

图 5(2)　T0911:6

上述残碑的断文记述了西夏王朝曾有几代帝王和太后参与的大事，即“译经”。西夏是一个崇信佛教的国度，西夏文字创造不久，即开始了大规模译经活动。根据西夏文《过去庄严劫千佛名经》发愿文的记载，至天祐民安元年(1094)，西夏前四朝(元昊、谅祚、秉常、乾顺)53 年共译经 362 帙，812 部，3579 卷[⑤]。传世的西夏文佛经《佛说宝雨经》、《地藏菩萨百八名经》等题款为“胜智广禄，治民集礼，德圣皇太后，梁氏御译，神功胜禄，习德治庶、仁静皇帝嵬名御译”，其中的“仁静皇帝”和“德圣皇太后梁氏”即为崇宗乾顺和他的母亲梁氏。这与西夏译经史相符。六号陵月城出土的经幢残文 T1412:16 有“三/八卷/毗臣/论/十/帙□/等经一/帙十七/利等径/二卷/音义一/高僧传/札□”、T0911:6 有“卷/帙五卷/大师知教/孝皇帝/骑都尉/冥途”。见图 5 (1、2)。其中的“孝皇帝”即指“圣文英武崇仁至孝皇帝嵬名元昊”，元昊是最早组织译经的皇帝，上述内容是对译经活动的回顾，表明，墓主人正

①⑤　史金波:《西夏社会》下，上海人民出版社，2007 年，第 558 页。

②　中国藏西夏文献编辑委员会:《中国藏西夏文献》(19)金石编 西夏陵残碑 卷，第 103 页。

③　中国藏西夏文献编辑委员会:《中国藏西夏文献》(19)金石编 西夏陵残碑 卷，第 100 页。

④　中国藏西夏文献编辑委员会:《中国藏西夏文献》(19)金石编 西夏陵残碑 卷，第 86 页。

处于译经活动的频繁期。而德明时期,西夏文字尚未创立,不存在译经的可能。此处元昊皇帝名号的出现至少表明了两层意思。其一:表明此墓不是德明墓,至少应是元昊以后的帝陵;其二:西夏文字已很流行。故笔者认为 M8:CBH－292 中的“……圣皇……”二字当指“德圣皇太后”之“圣皇”,而非光圣皇帝之“圣皇”。而六号陵残碑中多处提到的“梁”、“太后”与此碑互相印证,也有力地支持了此“圣皇”为“德圣皇太后梁氏”的观点。这又一次证明了六号陵陵主为崇宗嵬名乾顺。

4.《陵主考》提供的第四个佐证是残碑 M8:CBH－4“……食邑三……/……皇太后也,仁……/……当龆龀之年……/……长曰志和镇国……”[①]见图 6。《陵主考》认为残碑中的“皇太后”不是指西夏崇宗乾顺之母梁太后,而是宋“皇太后”,“仁”为“宋仁宗”。并据“食邑三”推论陵主生前不曾做过皇帝,并多次接受宋王朝分封食邑,进而证明六号陵陵主是太宗德明。笔者认为《陵主考》的结论与残碑原意多有不符。首先德明所封食邑中,从没有“食邑三(千户)”或“食邑三(百户)”的记载,由此而推测德明为六号陵陵主,言之不确;其次“龆龀之年”是指儿童时期,“长曰志和镇国”是指长大后一表人才,文章、音乐超群。而这种年龄与技能均与德明无关,更与宋“皇太后”和“宋仁宗”毫无关系。笔者以为此处的“仁”当指当朝太子乾顺的长子仁爱。据《西夏书事》卷三十三,“仁爱,幼聪颖,长多才艺。……”生于宋大观二年(1108 年),死于宋宣和七年(1125 年),活了十七岁。但何年封太子未见记载。残碑内容与文献记载相符。此处“食邑三”,疑指给太子仁爱所封食邑三(千户)。“……皇太后也,仁……/……”或为:……乾顺母梁氏,即:“胜智广禄,治民集礼,德圣皇太后也,仁(爱之祖母)……”此残碑只有指仁爱时,才能上下贯通,文义通达,内容释然,可见碑文内容是指乾顺时期的事。

图 6 M8:CBH－4

5. 六号陵东碑亭出土西夏文残碑 M8E:1 载有三字:“……甲戌年……”[②]见图 7 。而“甲戌年”有四:一为元昊开运元年(1034);一为乾顺天祐民安五年(1094);一为仁孝天盛六年(1154);一为遵顼四年(1214)。

图 7 M8E:1

元昊是开国皇帝,因此,不排除六号陵追述元昊时期的事情,那么元昊“甲戌年”做了什么呢? 史载:元昊“母米氏,

① 中国藏西夏文献编辑委员会:《中国藏西夏文献》(19)金石编 西夏陵残碑卷,第 83 页。

② 李范文:《西夏陵墓出土残碑萃编》,文物出版社,1984 年,第 64 页。

族人山喜谋杀元昊,乃觉,元昊杀其母,而山喜之族皆沉于河”(《东都事略西夏传》卷一二七)。第二年又杀了其妃卫慕氏母子。对这种杀母弑妻灭子,有违人伦的事情,西夏人是不会刻上墓碑当做功德来宣扬的。因此,“甲戌年”不可能指元昊时期发生的事;而仁孝是七号陵陵主,晚于六号陵,因此也不可能是仁孝时期发生的事;至于六号陵陵主是嵬名遵顼的观点又早已被学界所否定[①]。故“甲戌年”只能是乾顺时期的天祐民安五年(1094)了。史载:惠宗死,子乾顺三岁继位,惠宗后梁氏(乞逋妹)摄政,乞逋擅权恣横。免兵权后,日渐不满,阴谋篡政。天祐民安五年(即甲戌年,1094 年)十月,大将嵬名阿吴、仁多保忠等计杀梁乞逋及其全家[②]。这是发生于乾顺朝的一件大事,此碑所载,当指其事。显然,六号陵陵主又一次指向了崇宗乾顺。

6. 六号陵出土残碑,多处提及“契丹”与“金”,这说明残碑所述史事,正处于契丹与金的朝代更替期:夏、辽、金三国共存的时间很短,正逢乾顺执政期。历史上西夏与契丹关系密切,至乾顺朝,关系更是达到极盛,就连乾顺亲执国政,也是靠辽的扶持才得以实现[③]。因此,在金灭辽的战争中,才有乾顺 3 次派兵救辽的行动[④]。见(图 8—图 16)。

图 8 HCM**8:29**

图 9 HCM**8:34**

图 10 HCM**8:91**

图 11 HCM**8:23**

图 12 HCM**8:41**

图 13 HCM**8:113**

---

① 韩兆民、李志清:《关于西夏八号陵墓主人问题的商榷》,《考古学集刊》第五集,中国社会科学出版社,1987 年,第 316 - 326 页。

② 李范文:《西夏通史》,人民出版社、宁夏人民出版社,2005 年,第 712 页。

③ 李范文:《西夏通史》,人民出版社、宁夏人民出版社,2005 年,第 272 页。

④ 李范文:《西夏通史》,人民出版社、宁夏人民出版社,2005 年,第 284—286 页。

图 14 HCM8:124　　图 15 HCM8:125　　图 16 HCM8:95

残碑:HCM8:29"……无救契丹……"(见图 8);HCM8:34"金等四军"(见图 9);HCM8:91"…… 先遣使 ……"(见图 10);HCM8:23"…… 摄三万……"(见图 11);HCM8:41"…… 金目……/…… 性惠……"(见图 12);HCM8:113 "…… 子爱 ……"(见图 13);HCM8:124"…… 等军/ 山 ……"(见图 14);HCM8:125"……所 ……/…… 窜……/…… 中 ……"(见图 15);HCM8:95"…… 明暗谷 …… "(见图 16)等字句,均与历史上乾顺救辽的史事有关。

此处,"……金等四军……"疑指金国四路大军攻辽的战事;"……金目……"疑指辽天祚帝逃至阴山后,金的耳目探子四处打探之事;"……山……"疑指阴山;"……明暗谷……"疑指天德境之野谷;"……摄三万……"疑指夏将李良辅率兵三万救辽之事;"……子爱……";"……性惠……"疑指乾顺之子仁爱哭谏救辽之事。据李范文先生考,《西夏书事》卷三十三载:"仁爱,幼聪颖,长多才艺。初金兵破辽,辽主西走,即恸哭,请兵赴援。宣水之败,咄嗟者累月,及乾顺臣金,泣谏不听,悒郁而卒。"将上述断句联系起来,似可对残碑作如下释读:金国派四路大军攻辽,天祚帝败亡,逃至阴山夏境。金国派出探子寻访,得知辽帝行踪后,即派出先遣使与夏交涉。夏帝乾顺之子仁爱,泣求父王救辽。乾顺派大将李良辅率兵三万赴救,但未能成功,终以"无救契丹"而告终。

历史上西夏三次救辽行动均发生于乾顺执政期。也是西夏臣金弃辽的历史转折期。史载"保大二年(1122)。天祚播迁,乾顺率兵来援,为金师所败,乾顺请临其国。六月遣使册乾顺为夏国皇帝。而天祚帝被执归金矣"①。又载:"天辅六年(1122)金破辽兵,辽主走阴山,夏将李良辅将兵三万来救辽,次天德境野谷,斡鲁、娄室败之于宜水,追至野谷,涧水暴至,漂没者不可胜计。"②历史上继迁、德明、秉常、乾顺均受过辽之册封;继迁、元昊、乾顺均娶过辽之公主为妻。因此,最让乾顺纠结而难以释怀的事情莫过于"无救契丹",连续数年的救辽行动,不但没有救了契

① 《辽史·西夏外记》,《党项与西夏资料汇编》上卷第一册,宁夏人民出版社,2000 年,第 122 页。
② 《金史·夏国传》,《党项与西夏资料汇编》上卷第一册,宁夏人民出版社,2000 年,第 125 页。

丹,反而失去了自己的爱妻辽成安公主[1]和爱子仁爱太子[2]。上述碑文意在歌颂乾顺舍家护国的大德。

以上转引文字,与残碑文字互相印证,证实了乾顺派兵救辽的史实,也证实了乾顺是最后一位与契丹交往、并最终将契丹送上不归路的帝王。有力地证实了六号陵就是崇宗嵬名乾顺之显陵的事实。

7. 东碑亭西夏文小字残碑则断断续续记述了与乾顺有关的另一件大事。M8E2:38 有:“……不……/……悟度……/……助持……”(见图 17);M8E2:21 有:“……治顺亲国……”(见图 18);M8E2:40 有:“……梁……/……佐……”(见图 19);M8E2:52 有:“……恶去……/……梁……”(见图 20);M8E2:54 有:“……恶心……/……圣……”(见图 21);M8E2:218 有:“……酒头终……”(见图 22);M8E2:71 有:“……昭简……”[3](见图 23)。其中的“……治亲顺国……”,依其义应为“顺亲治国”,意为“乾顺亲理国政”:“梁”应为“梁氏”或“梁太后”;“……酒头终……”意为“酒后卒”;“……昭简……”是乾顺之母“昭简文穆皇后梁氏”的谥号。梳理以上残碑,从中可归纳出陵主如下信息:乾顺欲亲执国政,梁氏不允,仍助持辅佐,辽帝深感厌恶,派遣使者,以毒酒除掉了梁氏,谥曰“昭简文穆皇后”。

图 17 M8E2:38

图 18 M8E2:21

图 19 M8E2:40

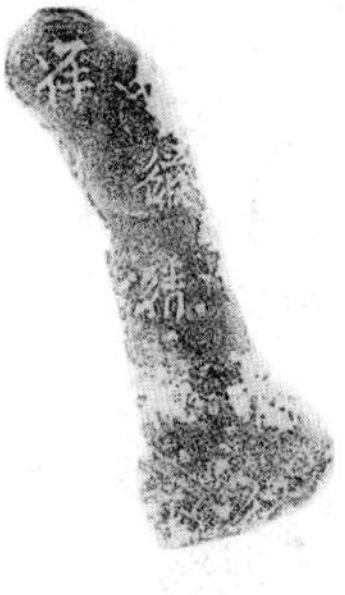

图 20 M8E2:52

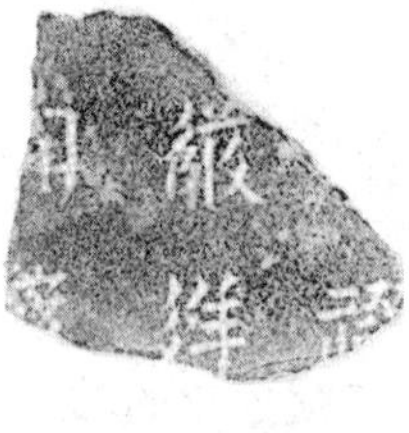

图 21 M8E2:54

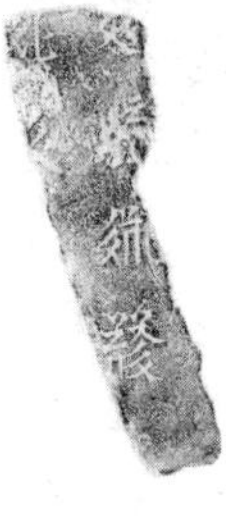

图 22 M8E2:218

图 23 M8E2:71

① 李范文:《西夏通史》,人民出版社、宁夏人民出版社,2005 年,第 715 页。
② 李范文:《西夏陵墓出土残碑粹编》,文物出版社,1984 年,第 8-9 页。
③ 李范文:《西夏陵墓出土残碑萃编》,文物出版社,1984 年,第 67-68 页。

以上文义与史书记载完全相符。史书记载：元符二年(1099)二月，因梁氏恣意不让乾顺亲执国政，“辽主素恶之”，遣人至夏国鸩死梁氏。命乾顺亲国政(《西夏书事》卷三十一)。而新编纂的《西夏通史》记述更详：“夏永安二年正月，乾顺年满16岁，但梁太后仍然不许他亲政。辽道宗对梁太后一直非常厌恶，多次拒绝西夏请援。这时，梁太后又向辽国上表，因为言辞不恭，辽道宗大怒，派遣使臣前往夏国，用毒酒将梁太后毒死，扶持乾顺执掌了夏国的国政。”(《西夏通史》272页)

综上所述乾顺为六号陵陵主，已成为不争的事实，因此六号陵当为崇宗嵬名乾顺之显陵无疑。

(二) 碑亭遗迹考

六号陵东西碑亭共出土了夏汉两种文字的残碑一千多块。《陵主考》认为，西夏文碑要晚于汉文碑，是元昊称帝后增加的陵碑。两座碑亭形制不同，西碑亭为木构方形亭式建筑，为早期所建；东碑亭为圆形砖券结构的建筑，为晚期所建。李德明初葬时，仅建了西碑亭(汉碑亭)。元昊为李德明封号后，又建了东碑亭。同时，在东西碑亭室内树立西夏文碑①。事实果真如此吗?

鉴于上述推测是建立在六号陵陵主是太宗德明这一前提上的推论，虚拟因素较多，其可信度须考证。其主要观点是：

两座碑亭有早晚关系，西碑亭早(1032年初建)，东碑亭晚(1038年补建)；

汉文碑早(1032年立)，西夏文碑晚(1038年立)。

根据实测的六号陵平面分布图②(见图24)，我们可以看出：整个陵园结构紧凑，布局合理，规划整齐划一，所有建筑物及附设构筑物均以献殿为中心轴线呈东西对称状布设，给人一种庄重、大气又不失严谨的视觉冲击。陵园主体位于北侧，由陵城、月城和外城对称构筑而成；陵园的碑亭、阙台位于南侧，对称而立，就像人的两条腿支撑着人体一样，其位置、功能十分关键，不可或缺。可以想象，六号陵如真像《陵主考》所描述的那样有过两次建设，那么，整个陵园布局将失衡。东碑亭的缺失，就像锯掉一条大腿的瘸子，不但外观十分难看，而且支撑功能尽失，对这种自残式的做法，西夏人没有任何理由、任何可能去做。由此我们得出结论1：六号陵东西碑亭的建设，没有早晚关系，属一次性规划，一次性建设完成。

另据实测的六号陵西碑亭平面布局图③(见图25)我们得知：碑亭为面阔三间、进深三间的亭式建筑。亭室中心部位有一处长径2.45米、短径2.2米的大坑，坑之东北侧亦有一处长1.6米，宽1米的小坑。根据亭之功能及出土的夏、汉残碑推

---

① 孙昌盛：《西夏六号陵陵主考》，《西夏研究》，2012年第3期，第28页。

② 宁夏文物考古所、银川西夏陵区管理处：《西夏六号陵》，科学出版社，2013年，第8页。

③ 宁夏文物考古研究所、银川西夏陵区管理处：《西夏六号陵》，科学出版社，2013年，第81页。

测，这两个坑应是立放西夏文和汉文碑的碑座坑。根据碑坑位置不难判断，中心大坑应为立放主碑的地方；东北侧小坑应为立放次碑的地方。如果汉文碑早于西夏文碑，那么，汉文碑将被立于碑亭中心坑位，而西夏文碑只能立于东北侧的小坑位。否则，结果将相反。根据西碑亭已出土的夏、汉两种残碑，做量化分析：

西碑亭共出土西夏文残碑 388 块，每字规格为 4 cm×3.5 cm；以每字面积为计算单元，则一百字单元面积为 4 cm×3.5 cm×100＝1400 cm^2；

西碑亭共出土汉文残碑 321 块，每字规格为 3 cm×2.5 cm；以每字面积为计算单元，则一百字单元面积为 3 cm×2.5 cm×100＝750 cm^2。

通过百字单元面积的量化分析，我们得出西碑亭西夏文碑面积体量远大于汉文碑面积体量，又知中心碑是大体量碑，那么由此推论：碑亭中心坑位所立只能是西夏文碑。由此得出结论 2：六号陵西碑亭西夏文碑位于中心位置，汉文碑位于边侧位置；因六号陵属一次性规划建设，所以西夏文碑与汉文碑没有早晚关系，均为同期所立（见图 26）。由此得出最后结论是：六号陵东西碑亭均为同一时期所建；两碑亭的夏汉文碑均为同一时期所立。

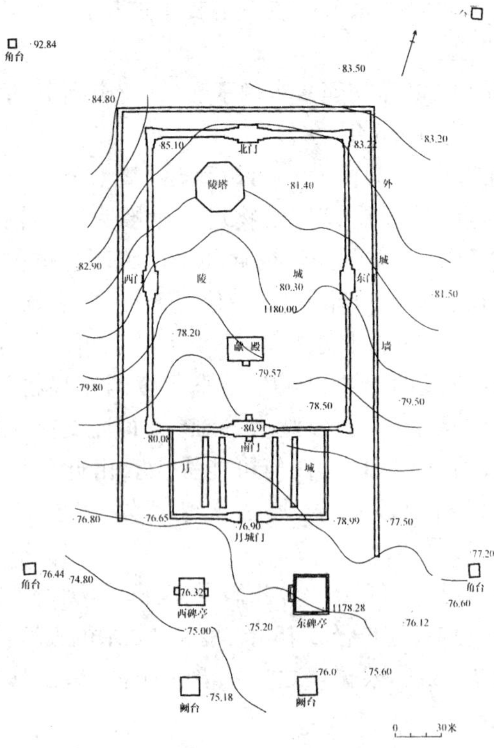

图 24　六号陵平面分布图

图 25　六号陵西碑亭平面图

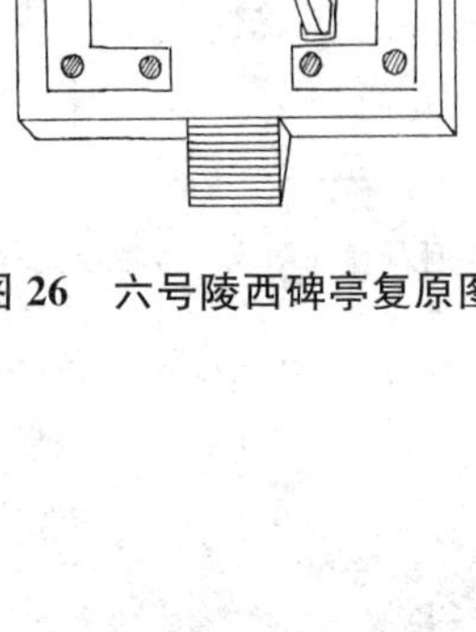

图 26　六号陵西碑亭复原图

通过对碑亭遗迹的量化分析，我们得知，墓主人所处时代，西夏文字作为主体文字已经得到广泛应用。另从六号陵东门出土的一块编号为：(T2203②:8)[①]的西夏文草书筒瓦得知，这一时期西夏文字已很成熟，就连民间工匠也能信手书写，显然陵碑所处时代已是西夏中、晚期。

(三) 文臣头冠考

根据最新考古发掘，六号陵月城出土了两尊石像生头像(见图 27)。之所以引起我们的关注，是因为，这两尊头冠为我们第一次所发现。这种冠帽属幞头冠的一种，其样式，既不同于大唐的软脚、硬脚幞头，也不同于五代的展脚幞头，亦与北宋的直脚幞头冠和南宋的无脚幞头冠相异，更与辽代的高脚幞头冠相去甚远。幞头冠由最初的民间用包头布演变成衬有固定帽身骨架的帽子，前后经历了上千年的历史。该幞头冠是直通冠，没有两脚，没有帽阶(像台阶一样的帽子)。这是与唐宋、五代、辽幞头冠的最大不同(见图 28—32)，应是西夏礼制成熟期的文官首服。这表明，作为帝王陪臣的石像生所处时代，已处于西夏中晚期，亦符合乾顺时期服饰特征，间接证明了六号陵是崇宗乾顺之显陵。

图 27　六号陵月城出土石像生头像

图 28　唐代幞头

图 29　五代幞头冠

图 30　辽代幞头冠

---

① 宁夏文物考古研究所、银川西夏陵区管理处：《西夏六号陵》，科学出版社，2013 年，第 257 页。

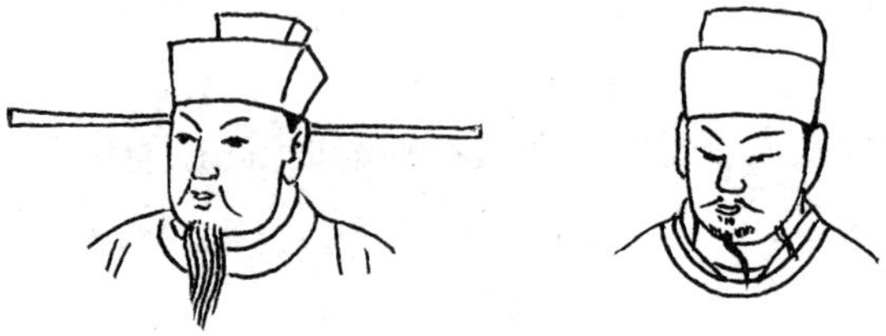

图 31　宋代幞头冠

图 32　西夏幞头冠

六号陵还出土了部分文物,如:钱币、柱础等,亦能间接证明六号陵陵主为崇宗乾顺的事实,但因前述证据已很充分,无须再增加篇幅赘述,故略之。

综上所述,我们从西夏祖陵的选位,残碑文字的梳理考证,碑亭遗址的复原分析及文臣头冠的比较研究,已形成了一个完整的证据链,足以认定:西夏六号陵应是崇宗嵬名乾顺的显陵。

西夏文"马"字比较的若干历史文化意涵

胡若飞　薛　路

西夏文是解读西夏历史文化的重要工具，其本身也成为后人研究的对象。

西夏文"马"字是值得重视的分析线索，在《俄藏黑水城文献》第十册"俄3NHB.NO.214 215 216 217 218 685 4777 番汉合时掌中珠(甲种本)(37—7)"中明确标注了"马"字的西夏文发音与汉字的双解(附件1)①。

在西夏学研究初期，《番汉合时掌中珠》的出土与刊布，改变了人们通过只言片语苦苦揣摸西夏古字的状况。

马象征着勇往直前，生机勃勃，奔腾不息和灵动睿智，马在中华民族的文化地位极高，具有一系列的象征和寓意，龙马精神是中华民族自古以来所崇尚的奋斗不止、自强不息的进取向上的民族精神，在祖先的世界观中已经把"龙"、"马"等同于刚健、明亮、热烈、高昂、升腾、饱满、昌盛、发达的代名词，中原汉族为代表的马文化也必然对西夏王朝的各族人民产生极大的影响。早在公元200年左右的"雷台汉墓"，就位于西夏王朝管辖区域的重镇今甘肃武威，其中的铜奔马现在已经成为了中国旅游的标志，铜奔马亦称"马超龙雀"，马如闪电般的飞奔状，三条腿腾空疾驰，右后腿脚踏一展翅奋飞回首惊视的"风神鸟"龙雀。我们在出土的黑水城文献中也看到了来自西夏时期的图腾"白画天马"(俄 TK321 .2)②，马文化同样在敦煌的石窟艺术中有所表现，融汇为汉文化与西夏文化的共同遗产。

笔者尽量利用第一手文献资料，从西夏文"马"字这一多棱镜面展开西夏主体民族党项羌文化到西夏文化，再从西夏文化到周边民族的文化对比，其中涉及西夏文产生的政治诉求和社会背景等因素。

一

1. 西夏文是人类创造的诸多文字系统中的一种，本节尝试将重点放在文字、文化传播的社会因素上，在历史长河中，民族间相互间的文化交融与影响是其主流。

---

① 俄罗斯科学院东方研究所圣彼得堡分所，中国社会科学院民族研究所：《俄藏黑水城文献》(第十册)，上海古籍出版社，1999年。

② 俄罗斯科学院东方研究所圣彼得堡分所，中国社会科学院民族研究所：《俄藏黑水城文献》(第七册)，上海古籍出版社，1997年。

依据《俄藏黑水城文献》第十册有关各民族的介绍,俄 NHB.NO.741 新集碎金置掌文(甲种本)(13—5)是西夏文,译作汉文是“弥药勇健行,契丹步速慢,藏(番)多敬佛僧,汉皆爱俗文,回鹘饮酸乳”,印证了多元民族文化在西夏时期的一些特征。

西夏文的创制模仿了汉字和其他周边的文字,特别分析了汉字声、韵、调所采用的反切的表示方法,西夏文的架构、笔画与汉字相近,但两者区别的差异还是很大的,西夏文是一种与其他文字完全不同的、全新的文字。例如,汉字的“骑”字在《说文解字》中是:“骑”跨马也。从马奇声。切渠羁。”[①]西夏文的“骑”字在《文海》原文见于《俄藏黑水城文献》第七册俄 NHB.NO.221 213,史金波、白滨、黄振华三先生在《文海研究》中的汉文注解为:“骑(人)下(马)全此者乘也载也驮也。”西夏文的“人”字在上,西夏文的“马”字在下,组成了一个“骑”字(附件 2),表意明显,与汉字的“骑”字表音有了本质的区别[②]。仅就“骑”字而言,西夏文在创制时,并不是简单的参考与模仿,或许仅仅是借鉴了汉字的方块字的结构形式,而是一种全新的创造,故而才有远看如汉字,近看一个都不认识的现象。

2. 汉族文字在西夏地区的传播与流行,等于说西夏文直接跨过了汉地中原文化早期衍变的记录符号系统。

关于汉字的“马”,在文化的理解上,古代与现代不同,《说文解字》传承文字方面居功甚伟,使今人了解古字省去很多周折和时间。

汉字(体)衍变的时序:甲骨文(商用甲骨)—金文(商用铭文)—小篆(周)—隶书(秦汉)—草书(汉)—楷书(隶书演变)—行书(楷书演变),楷书在魏晋时开始出现。汉字一定是经历了一个少用到完全不用的逐步被淘汰的过程,将古文字中的图画式的、圆曲纷乱上而又下,左而复右、逆顺倒笔、杂沓多变的笔划,变更为横、竖、撇、点、捺、折等六种基本笔划所组成的部首偏旁,几乎完全改变了圆曲的笔划走势。而当西夏文创制时期,汉字走向了稳定的模式,商代的甲骨文,代表了汉语的书写系统的古老形态,甲骨文“马”字把马的头、鬃、眼、腿、尾的特点,很形象地表现出来,此“马”字取自徐中舒先生主编的《甲骨文字典》卷十(附件 3)[③],春秋战国古玺文字中的“马”字的造型很杂,此“马”字取自《金文编》第十(附件 4)[④],在各个时代的古文字中,“马”的形象较多,仅举有代表性的列出。汉文中“马”字亦为部首字,凡是由“马”字所组成的字多与马或是牲畜有关,如“驭”、“驹”、“驾”、“驴”、“骡”等。

《俄藏黑水城文献》(第三册)俄 TK121 佛说圣大乘三归依经发愿文(8—7):“仍敕有司,印造斯经,番汉五万一千馀卷,彩画功德大小五万一千馀帧。……时白

① (汉)许慎:《说文解字》,中华书局,1963 年。
② 史金波、白滨、黄振华:《文海研究》,中国社会科学出版社,1983 年。
③ 徐中舒主编:《甲骨文字典》,四川辞书出版社,2003 年。
④ 荣庚编著:《金文编》,科学出版社,1959 年。

高大夏国乾祐十五年岁次甲辰九月十五日，奉天显道耀武宣文神谋睿智制义去邪惇睦懿恭皇帝施。"[①]依据史金波先生《西夏社会》中"西夏纪年表"乾祐十五年为公元1185年[②]。此文献说明即使在西夏文已经使用、流行一百多年后，汉字所承载的历史和灿烂文化依然在西夏大行其道。

中华文化正是通过汉字这个媒介扩展到中原汉地以外的诸多民族政权和地区，也就是我们现在所说的汉字文字圈。尽管周边民族政权和地区语言不同，但统治阶级至少使用汉语或是汉字，其历史多是以汉字来记录的。由于战乱的原因，关于西夏王朝的历史文献无论在数量、质量上都比较欠缺，汉语的文献数量也不丰富，随着新出土的文献的刊布，一段神秘的历史在几代学人的共同努力下必将逐步充实起来。

人类社会发展到高级阶段，才发明了文字，西夏文似乎跨越一个逐步的演化过程，直接借鉴了其他已经很成熟的文字加以创新，但至今丝毫没有减弱西夏文放射的光芒。

3. 1916年美国语言学家劳费尔(B.Laufer)根据伊凤阁提供的材料选了200多字，通过比较研究，确定西夏语与印支(汉藏)语系中的罗罗(彝)语、么些(纳西)语最为接近，因而，名为西罗么语组[③]。

纳西族是中国一个古老的民族，是古羌人向南迁徙的一个支亲，纳西族历史上曾经被称作摩沙、么些、么些蛮等，中华人民共和国成立后，改称纳西族，纳西族主要聚居云南省丽江(原丽江纳西族自治县)维西、中甸及蒗县的永宁区、德钦、永胜、鹤庆、剑川、兰坪等县和四川省盐源、盐边、木里等县，西藏的芒康县也有分布。

纳西族使用纳西语，属汉藏语系藏缅语族彝语支，纳西族历史上有几种民族文字，分别为东巴文、哥巴文、玛丽莎文和阮可文。其中，巴东文是世界上保存下来为数不多的一种古老文字符号，被称为"活着的象形文字"。东巴文因东巴教的祭司掌握并用来书写东巴经而得名，东巴文是象形文字或称为图画文字，它比原始记事的图画文字进步，但又比能系统记录语言的表意文字原始，东巴文由象形符号、标音符号和附加符号构成，以象形符号为主。

位于祖国西南丽江的纳西族与位于西北地区的党项羌族虽然地域相隔，共同点是同为羌人，但两者文字却大不相同。纳西族的巴东文传承有序，我们很容易就可以找到巴东文的"马"字。此巴东文"马"字分别取自《巴东象形文常用字词译注》编号696，(附件5)[④]、《纳西象形文字谱》编号367，(附件6)[⑤]巴东文字的形体来源

① 俄罗斯科学院东方研究所圣彼得堡分所，中国社会科学院民族研究所：《俄藏敦煌黑水城文献》(第三册)：《佛说圣大乘三归依经》，上海古籍出版社，1999年。

② 史金波：《西夏社会》，上海人民出版社，2007年。

③ 劳弗尔(B.Laufer)：《西夏语—印度支那语言学研究之一》，《通报》(第17卷)，1919年第1期。

④ 赵净修：《巴东象形文常用字词译注》，云南人民出版社，2001年。

⑤ 方国瑜编，和志武参订：《纳西象形文字谱》，云南人民出版社，1981年。

于大多是通过描摹具体事物而来的图形。可见,西夏语若与纳西语同支,文字却有很大的本质区别。在巴东文中,“马”字有类似汉文部首的意思,在马字上增加些符号就组成了与马或牲口有关的单词或是词组,如“骏马”、“野马”、“骡”、“驴”(附件7)等。

4. 这里还有必要就相关的彝文彝语做几点简单的介绍。彝族是中华各民族中一名古老的成员,具有悠久的历史和灿烂的文化。古彝族语言为汉藏语系藏缅语族彝语支,彝族有着悠久的文化传统,是中国古羌戎或氐羌的遗裔,彝族的族源包括来源于西北的羌人,其迁到西南地区后,又与当地居民逐渐相融合而形成。主要分布在金沙江南北两侧,是四川、云南、贵州的主要原住民,他们用自己民族的文字写下了许多历史书籍和宗教经典以及优美的诗歌等,不仅有自己的语言文字而且大部分人还兼通汉语汉字,这有益于民族间的良好的沟通和广泛交流。

彝文和汉字、西夏文相似的是均为方块字,彝文是单音表意,同样符合“六书”造字之规律,可分笔画、部首等,即有象形也有会意[①]。

关于彝文的介绍,在《大定县志》卷十三“风土志”中有这样的记载:“夷文,安国享所译夷书九则,内载阿田可唐时纳垢居巖谷,撰爨字,字如科斗,三年始成字母一千八百四十,号韪书,即今夷字。文字左翻倒念,亦有象形会意诸义。”同文还记载了其广泛的运用,其文类为:“书籍有曰理命,言性理者也;有曰苴载,记世系事迹者也;曰补第,巫祝书也;曰弄思,雅颂也、风歌也;又有舆禄命书。”[②]

彝族文字在人民的生产、生活中也有着重要的作用,特别是在彝族有着有别于汉族的历法:十月太阳历法,它是以 3 个 12 属相周,36 日为一个月,30 个属相周为一年,一年有 10 个月,一年为五季,每季两个月共 72 日,一个属相 12 日为一个节气,30 个属相周为一年,一年有 30 个节气。《西康综览》第六章彝族中中也有记载:夷人计日,用鼠、鸡、龙、虎等字。其次序日子与汉人所用属相同,惟以三十六日为一个月,十个月为一年[③]。

依据贵州省毕节地区民委彝文翻译组 1978 年 6 月编写的《彝汉字典》初稿所录的与汉字相对应的“马”字,其发音为“mux—mu—1”(附件 11)[④]。

由于彝族居住地域分布广阔,在语言和文字上也有地域之区别,我们再录一个彝文“马”字,它流行于玉溪市的峨山、新平、沅江、易门、通海等县;昆明市的西山区、晋宁县;红河的石屏、建水、红河;楚雄州的双柏县;以及思茅市的江城县。此“马”取自《峨山彝文识字教材》(附件 12)[⑤]。

---

① 周有光:《六书有普遍适用性》,《中国社会科学》,1996 年第 5 期。

② 赵显国集编:《大定县志》(1926),国家图书馆藏。

③ 李亦人编著,左永泽、郭宇屏校订.:《西康综览》,南京正中书局,1947 年。

④ 贵州省毕节地区民委彝文翻译组:《彝汉字典》,贵州省毕节地区民委彝文翻译组(印刷品),1978 年。

⑤ 李增华主编:《峨山彝文识字教材》,岷山县民族宗教事物局(印刷品),2005 年。

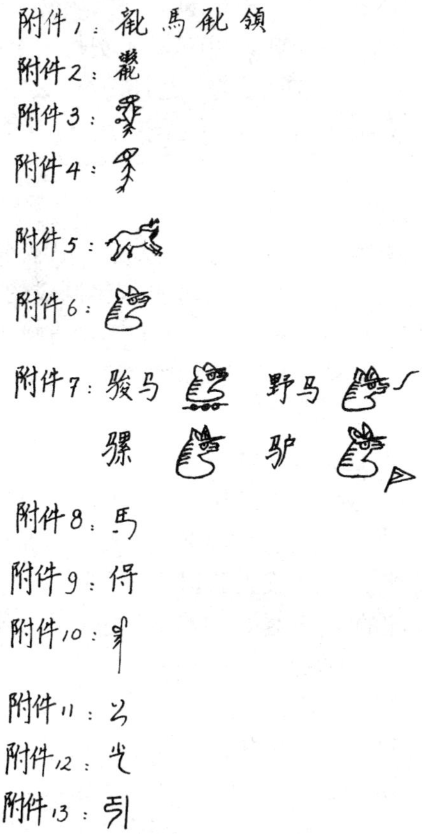

5. 契丹族是中古出现在中国东北地区的一个“逐水草而居”的民族。契丹族源于东胡后裔鲜卑的柔然部。它以原意为镔铁的“契丹”一词作为民族称号。历史文献最早记载契丹族开始于公元389年，柔然部战败于鲜卑拓跋氏的北魏。其中北柔然退到外兴安岭一带，成为蒙古人的祖先室韦。而南柔然避居今内蒙古的西喇木伦河以南、老哈河以北地区，形成契丹民族。唐为防御契丹，加强东北边防兵力，建立范阳、平卢两节度，重用胡人安禄山，结果酿成安史之乱。两百多年后，公元916年，契丹族首领耶律阿保机创建契丹国。以今内蒙古赤峰地区为中心，疆域东至于海西至金山（阿尔泰山）和流沙，南至河北中部和山西北部，北至外兴安岭。设置五京，上京临潢（今林东）、中京大定（今宁城），西京大同、南京析津（今北京）。跟五代（907—960）和北宋（960—1279）对峙，长达两个世纪以上，后改称辽，统治中国北方。辽末，女真族起事，辽帝国迅速走向灭亡，公元1125年为金所灭。

契丹文字早于西夏文创制100多年,与西夏文不同,契丹大字、契丹小字都是拼音文字,至少这两种文字都有一个共同点,就是与汉族文字的外形有着很大程度的相似。《辽史》(卷二,本纪第二,太祖下)中记载了契丹文字中的大字的创制准确时间:神册"五年春正月乙丑,始制契丹大字,九月壬寅,大字成,诏颁行走"①。辽大祖神册五年即公元902年,而此时,党项羌已经与契丹有了密切的交往,同年又载:"秋八月乙未,巳未朔,党项诸部叛。"

契丹小字,没有记载确切的制字年代。

在《契丹小字研究》一书中有这样的表述:"从历史记载中,我们可以明显地看到,契丹在制字过程中是有汉人参与,并且是参照汉字制成的。我们再从契丹文字本身来考查,证明史载不误。两种契丹文字除了有不少直接借用汉字的字形外,即使是与汉字不全相同的字,其形体特征,笔画走向,也是套取汉字而来,很像汉字的偏旁部首。"②

契丹文实行"双文"制度,辽国灭亡之后,契丹字还在有限范围内使用近一个世纪,金初借用契丹字,《金史》(章宗明昌二年,1191):"诏罢契丹字。"从创始到废弃,历时270年(921—1191)③,但是契丹文的典籍一本也没有留下来,只有宋人王易的《燕北录》中收录了五个契丹字,成为无人认识的古文字。

《比较文字学初探》标注的契丹文大字"马"字与汉字的马字明显相似,可见有借源汉字的倾向(附件8),而与西夏文的差别较大④。

6. 女真族首领阿骨打(金太祖)公元1115年建立金国,大祖弟吴乞买(金太宗)公元1125年灭辽国,公元1126年灭北宋,虏徽钦二帝。公元1153年建都北京(原为燕京),统治淮河以北半壁江山直至公元1234年被蒙古大军所灭。

女真原来没有文字,借用契丹字,金太祖命完颜希尹和叶鲁创制女真字,天辅三年(1119)颁行,《金史·完颜希尹传》:"希尹乃依汉人楷字,因契丹制度合本国语,制女真字。"又说:"希尹依仿契丹字制女真字。"二十年后,熙宗天眷元年(1138)又另创一种女真字,皇统五年(1145)颁行,前者被称为女真大字,后者被称为女真小字,仿照契丹双文制度。

蒙古灭金以后,中原女真人不再用女真字,东北女真人继续使用200年,后来成为无人认识的文字,从创始到完全遗忘经历了三个世纪。

明代永乐年间编辑的《华夷译语》,其中的《女真馆来文》、《女真馆杂字》是女真字和汉语字的双语字汇,给后世解读提供了线索。我们在《女真文辞典》看到标注明确的译文为"马"的女真文(附件9),看似与西夏文有近亲的关系,也与汉字有某

① 《辽史·本纪》卷二,中华书局,2011年。

② (清)格尔泰、刘凤翥、陈乃雄、于宝林、邢复礼:《契丹小字研究》,中国社会科学出版社,1985年。

③ 《金史·本纪》卷九,中华书局,1985年。

④ 周有光:《比较文字学初探》,语文出版社,1998年。

些结构上的近似[①]。

7. 历史上回鹘文曾对周围其他民族的文化发展有过很大的影响，十三世纪初，回鹘文为蒙古族所采用，经过若干变化后成为现代的蒙古文。十六世纪以后，满族又从蒙古族那里接受了这种字母形成了满文。维吾尔族是中华民族大家庭中的少数民族之一，其在不同历史时期的汉文文献中被译为"袁纥"，在范文澜、蔡美彪等著的《中国通史》第三编第五章第一节中介绍："袁纥有乌护、乌纥、韦纥等名称，唐时称为'回纥'亦称'回鹘、畏兀儿'等。均为古代部族——维吾尔族的别称。维吾尔族语属于阿尔泰语系突厥语族，维族人民在九世纪以前的几个世纪中曾使用过突厥文。"[②]麻赫穆德·喀什噶里认为，"回鹘人的语言是纯粹的突厥语"。其后大约从九世纪下半叶开始改用以粟特文字母为基础的回鹘文，从十一世纪起，因受伊斯兰教的影响，新疆南部维吾尔人民开始转用阿拉伯文字母，而吐鲁番、哈密一带直到十六世纪仍然使用着回鹘文。

早在唐朝时受中原文化的强大影响，回鹘文化取得了巨大的进步与发展，他们有着悠久的历史，先游牧于蒙古草原，后定居在西域、河西走廊一带，信仰佛教人数众多，西夏王朝时期回鹘高僧被西夏皇室所推崇。

在西夏文字典《文海》中，"嵬"、"恶"均被释作"族姓回鹘之谓"。甘州回鹘和沙洲回鹘政权相继灭亡后，河西完全成了西夏政权的一统天下，除了部分外逃外，其遗民大都沦为了西夏的居民，回鹘文化与西夏主体党项羌的文化交流也就在情理之中。

高昌（回鹘）文汉译"马"字，取自《北京图书馆古籍珍本丛刊 6》（第九页）（附件10）[③]。

西夏王朝初期，回鹘僧人是当时西夏文译经的主要人员，他们不仅精通佛理，善于译经，还是演经、传道的高僧，在当时这些高僧有着很高的社会地位，天祐民安五年（1094）西夏王朝向辽朝所进的贝叶经即回鹘僧人所译，可见倍受西夏王朝礼遇的回鹘高僧已经能熟练掌握西夏文、汉文等多种文字和语言。

《天盛改旧新定律令·卷十·司序行文门》："任职人番、汉、西番、回鹘等供职时……"这表明，在西夏王朝有大量的回鹘人，在民族排名上位于番（西夏）、汉、西番（吐蕃）之后[④]。

8. 早在七世纪初，松赞干布统一了西藏高原诸部落，建立了奴隶制的吐蕃王朝，八世纪中叶，吐蕃北扩西进逐渐成为了藏区和西北地区的主要统治者，并对西北地区的民族构成、民族关系与分布都产生过极大的影响。

---

① 金启孮编著：《女真文辞典》，文物出版社，1984 年。

② 范文澜、蔡美彪等：《中国通史》（第三编），人民出版社，1978 年。

③ 北京图书馆古籍出版编辑组：《北京图书馆古籍珍本丛刊》之六，书目文献出版社，1990 年。

④ 史金波、聂鸿音、白滨译注：《天盛改旧新定律令》（第十九"畜利限门"），法律出版社，2000 年。

在藏族历史上,佛教和苯教的学者一直都对藏文的起源持有不同的观点,佛教学者认为藏文是公元七世纪松赞干布的文臣吞米·桑布扎仿照天竺梵文进行创制的,而苯教学者则认为藏文是由象雄文演变来的。

佛教认为:松赞干布从继位开始,就想创制吐蕃人自己的文字,他重用吞米·桑布扎,他从小聪明伶俐,又有吃苦精神。松赞干布特意把他召进红山宫,嘱咐说,我们吐蕃没有文字,好比一个人没有眼睛,一个武士没有刀剑,走夜路没有灯。你一定要把造字的方法学回来,这是造福子孙后代的大事情.

吞米·桑布扎和他的同伴,离开了吉雪沃塘,经历千辛万苦,翻过冰雪覆盖的喜马拉雅山,骑着大象走出了老虎出没的森林,走遍南亚各地,最后找到了精通声韵和文字学的大师婆罗门李敬,献上金砂金粉,恭恭敬敬地提出了创制文字的请求。婆罗门李敬被他的热诚和意志所打动,答应收他为徒。吞米·桑布扎在李敬身边整整 3 年,学会了梵文、乌尔都文等南亚文字,又学习了文字的创制方法,最后带着宝云经、宝箧经、大悲莲花经等经书佛典回到了吐蕃。

松赞干布热烈欢迎吞米·桑布扎学成归来,亲自把他送进北郊的工噶玛如宫堡,让他在那里边集中精力创制文字。他像喇嘛修禅一样,独自一人在那里边待了很多个夜晚和白天。他仿效兰扎文(天城体梵文)创制了藏文楷书体,仿效(哇什都)乌尔都文创制了藏文草书体,以梵文 50 个声韵字母为蓝本,结合吐蕃语言实际,创造藏文声母 30 个,韵母 4 个及拼音造句之法,在 30 个藏文声母中,有 24 个字母仿照梵字制成,其馀 6 个是吞米·桑布扎自创,能拼写出藏人所有的语言,表达藏人所有的意思。

从此以后,松赞干布不但学会和精通了藏文,还和吞米·桑布扎一起制定了十善法,这是用吐蕃文字写成和颁布的第一个法律条文,也是藏人遵循的道德规范。

苯教则认为藏文是由象雄文演变来的。象雄,汉文文献称其为"羊同",是西藏高原最早的文明中心,并且还是西藏的本土宗教——苯教的发源地,苯教史籍也视象雄为西藏文明的中心和圣地,其宗教和文字都对西藏文化产生过巨大的影响。

八世纪中叶,赞普赤松德赞在西藏山南扎囊县境内建立了第一座寺院桑耶寺,专门从事宗教文化的学习,并聘请了 13 位僧侣为教师,挑选了 25 名学僧学习藏文及佛教典籍,这便是藏史上最早出现的藏式教育①。

藏传佛教寺院凭借着宗教和政治上的双重权威,控制着整个藏区的政治、军事、经济、文化、教育、艺术等各个领域,寺院内的学经机构,就是一套有序的教育系统,寺院教育是当时唯一的教育渠道,每个寺院就犹如一所学校,这也印证了法尊大师所说的"西藏教育就是佛法,离了佛法也就没有了教育了"。也为我们指明了古老的藏文能有效传播到今天的主要原因。

---

① 周润年:《藏传佛教寺院与藏族教育》,《法音》,1991 年第 6 期。

我们在《英藏汉对照词典》中选录了与汉字的马字所对应的藏文(附件 13)[①]。

一个"马"字,在西夏王朝的周边就有多种文字,而且互不相认。很多的文字都有一个基本的类型,尽管也有很多是跨类型的,常见的有五种文字的基本类型,形意文字、意音文字、音节文字、辅音文字、音素文字,与其对比我们可以清晰地看到,西夏文的大方向是表意,少有表音。既没有学习契丹或是女真的"双文"制度,也没有参照和接受回鹘的文化,更没有采纳同语系的(并非来源于汉字而跟汉字原理基本相同的"异源"而"同型"的)少数民族传统文字东巴文和彝文。仅仅是借鉴了来自中原的汉文化,因为汉文化在这个地区传播的历史已经很久远了。其实,我们完全没有必要把西夏文的创制看作是对汉字六书的借鉴,然后硬性的诠释,西夏文就是西夏文而已。

二

1. 当公元 1038 年前后西夏创制本民族文字时,大中华汉字圈的思想已趋于成熟,汉字成为中华文化和文明的标志,周边民族已经很成熟的文字无疑是西夏文创制的最有益的借鉴。

大量的汉文书籍,记载着汉文化几千年的文明发展,涉及到各个方面,如军事、政治、经济、宗教、医学、天文、地理、农耕等等。通过探寻西夏党项羌族的迁徙、发展的轨迹,西夏文的文字应用的历史相比汉字就显得有些短暂、甚至苍白也是正常的。

史载,公元 584 年党项羌有千馀家"归化",公元 585 年大首领拓跋宁丛率领部落到旭州即今甘肃省临潭县境内,请求定居下来,隋政府予以大将军的官号,自此,党项羌族中部分人便开始与当地的汉族人民共同生产、生活在这片土地上并繁衍生息[②]。

宁夏南部地区的文明史是与周、秦等同步的,唐朝军事力量强大,有几个大的著名民族突厥、铁勒、吐谷浑被安置在古代宁夏地区,党项羌拓跋等部的两次迁徙都是从发生战乱的地方迁走,唐时宁夏南部也是安置党项羌的主要地区,这里汉族居民所掌握的如冶炼、农耕等先进生产技术、生产工具及其所处的封建生产关系,都必然对党项羌的社会生产发展起到极大的推动作用,而汉族也同样受到了他们的影响[③]。

虽然西夏王朝在建国初期就已颁布西夏文,但西夏文的普及和广泛的应用,要达到完善程度必然需要较长的过渡时间和实践,才能完成西夏文替代其他文字,而这个过渡期的暂时性文字必然在汉字和藏文中做选择,不然,政令则无以为凭。

以我们所经历过的简化汉字的经验来看,由于民众有一个对文字运用的强烈

---

① 伊西拉姆措:《英藏汉对照词典》,甘肃民族出版社,2005 年。

② 《隋书·列传》卷八十三,中华书局,1985 年。

③ 杜建录:《西夏与周边民族关系史的绪论》,载《西夏与周边民族关系史》,甘肃文化出版社,1995 年。

需要,从繁到简也要 20 多年的时间才得以全面完成,而这段时间民众则是繁、简混用。

西夏王朝所采取的解决方案就是将原汉文的经典书籍,快速而大量的翻译为西夏文,特别是随着上层统治阶级及社会民众对宗教信仰的增强,仅佛教庞大的信众就需求大量的佛经,这就必然促进了印刷业的发展。西夏活版印刷的出现改变了原雕版印刷的雕版时间长、版中某字损坏则影响整版使用的弊端。活版印刷是由一个个单字组成,经过拣字、拼版后即可印刷,印毕,单体字仍然可以继续使用,快速便捷。可见这一个"活"字,堪称提高印刷效率的一场变革,使西夏文借助宗教的发展之势得以迅速传播和运用。

汉地中原地区自古有私塾与官学之分,那么,西夏文作为一种新的文字,而且笔画繁多,除借助宗教的发展契机外,西夏文的传播及普及教育,究竟还有哪些途径,值得做进一步的深入探讨。

虽然藏文产生的确切年代已无从考证,但可以肯定的是松赞干布时期已经发展成为一种比较成熟的文字,并有许多关于藏族古代神话和历史的记载。尽管藏文的具体创制时间在学界仍有不同观点,我们姑且依其最晚的一说,即松赞干布内臣吞米・桑布扎仿照天竺文字创制了藏文。在西夏文字创制前,西夏主体民族党项羌族没有自己的民族文字,而是使用中原的汉字,以及吐蕃的藏文,因为早期党项羌族是由邻近藏区或藏区迁移而来的,故有些民众也能使用藏文。

西夏王朝在建立之前很长的一段时间,党项羌隶属于汉地中央政权的管辖,汉字和藏文同样在民间广为流行和使用。

《旧唐书》(吐蕃上、卷一百九十六上、列传第一百四十六)记载:贞观八年,其赞普弃宗弄赞始遣使朝贡。弄赞弱冠嗣位,性骁武,多英略,其邻国羊同及诸羌并宾伏之。太宗遣行人冯德遐往抚慰之。见德遐,大悦。闻突厥及吐谷浑皆尚公主,乃遣使随德遐入朝,多赍金宝,奉表求婚,太宗未之许。使者既返,言于弄赞曰:"初至大国,待我甚厚,许嫁公主。会吐谷浑王入朝,有相离间,由是礼薄,遂不许嫁。"弄赞遂与羊同连,发兵以击吐谷浑。吐谷浑不能支,遁于青海之上,以避其锋。其国人畜并为吐蕃所掠。于是进兵攻破党项及白兰诸羌,率其众二十馀万,顿于松州西境。遣使贡金帛,云来迎公主。又谓其属曰:"若大国不嫁公主与我,即当入寇。"遂进攻松州,都督韩威轻骑觇贼,反为所败,边人大扰。太宗遣吏部尚书侯君集为当弥道行营大总管,右领军大将军执失思力为白兰道行军总管,左武卫将军牛进达为阔水道行军总管,右领军将军刘兰为洮河道行军总管,率步骑五万以击之。进达先锋自松州夜袭其营,斩千馀级。弄赞大惧,引兵而退,遣使谢罪。因复请婚,太宗许之。弄赞乃遣其相禄东赞致礼,献金五千两,自馀宝玩数百事[①]。

① 《旧唐书・列传》卷一百九十六,中华书局,1985 年。

贞观十五年的唐蕃通婚之事，地近吐蕃归附唐朝的羌族部众却为此蒙受了损失。

党项羌族内徙前，长期生活在青藏高原东部，其居住地曾一度处于吐谷浑的领地之中，因而和鲜卑吐谷浑相互融合，并在融合中发展壮大起来，大约在北周时就开始摆脱吐谷浑的直接控制，随后活动范围一度深入到南山（今昆仑山）附近，和西藏高原上的吐蕃保持了一段相当密切的关系。

吐蕃与党项羌族在长达多个世纪的交往中，军事、政治、民族、文化的相互交流极为密切，唐朝时，吐蕃和党项羌各部的战争，大批的党项羌人归属于吐蕃政权，两族民众呈部分混居、杂居，而当党项羌族在建立西夏王朝以后，也有很多的吐蕃人在河陇、河湟一带与党项羌族人民混居、杂居在一起，接受党项羌为主体的西夏王朝的统治，真可谓是“你来我往、水乳交融”。

依据《伯希和西夏语文评论四种》一文中提供的聂历山对《西藏文字对照西夏文字抄览》的评论（原载《通报》第 24 卷 1926 年第 399 至 403 页）所述：“距甘肃甘州十里路的一座小庙中一直还保存着一块石碑，上面刻着西夏仁宗皇帝给黑水河诸神的敕令。我在 1908 年春天亲自看到这件碑铭，我可以肯定碑阴是西夏字。……1176 年碑铭背面的高质量拓片的好处是或许这个碑阴是藏语的，可是藏语碑铭文献在 12 世纪毕竟极为罕见，何况更为重要的是，既然此前已经有了西夏文的创制，西夏君主就不应该直到 12 世纪下半叶还继续习惯用藏语来书写非佛教文献，或许仅仅其文字是西藏字，而记录的语言则是西夏语。”[①]

因此可见，藏文对西夏民众的影响还是很大的。文字作为记载语言的符号系统，从理论上讲具有多种可能的选择。借用现成的外来字母拼写本民族的语言，古代民族文字历史上这样的例子较多，如在满族及其先世女真族的历史上就曾经先后出现过两种文字系统：一为女真文，创制于公元 1119 年，时值北宋徽宗时期，与辽、金对峙。据《金史》卷七三《完颜希尹传》：“金人初无文字，国势日强，与邻国交好，乃用契丹字。太祖命希尹撰本国字，备制度。希尹乃依仿汉人楷字，因契丹字制度，合本国语，制女直字。天辅三年八月，《字书》成，太祖大悦，命颁行之。”公元 1234 年金朝灭亡后，女真文仍在中国东北地区使用，至公元 15 世纪中叶失传，改用蒙古文。

西夏人在没有自己的文字前，在河西地区是否曾有过以藏文拼音方式来记录党项羌族的语言？是否也曾借用藏文表现过蕃羌文化历史上两族文化密切相互影响的关系？甘州可能遗有藏文转写的碑铭当是重要而合理的推测。

2. 大家公认，考古学是一门从物质遗存来研究古代文化和历史的学科。一个世纪以来的考古资料为探索西夏的历史与文化提供了重要线索。仅仅靠出土的文

① 聂鸿音：《伯希和西夏语文评论四种》，《书品》，2003 年第 4 期。

献资料中的辞句,而没有实物的印证,无法达到全面证实的完美。

在1977年2月至11月宁夏博物馆的考古人员对编号为M177的陪葬墓所进行的发掘中,发现位于墓穴甬道西侧的一件圆雕大石马,其长约130厘米,重355千克,体型硕大,比例恰当,头部稍微下垂,颈部呈弯曲状,神态自然,马鬃整齐流畅地披散在脖子上,雕刻手法十分细腻,艺术地再现了马的生动形象并通过对马局部和细节的展示,那精湛的刻工,显示了西夏时期的工匠已经具备了丰富的艺术修养和娴熟的雕刻技巧,使得原本很普通的石马给人无限遐想的空间,极富吸引力[①]。

在中原汉地,车马坑是帝王或是大臣墓葬的陪葬坑,车马坑有两种,商周时以真车真马作为埋葬品,另一种则是以模型车马为埋葬品,秦汉时为多。用石马陈设于墓地有悠久的历史,秦始皇陵的兵马俑坑和咸阳杨家湾汉墓的兵马俑,其数量、规模之庞大都令人叹为观止!西汉霍去病墓前的立马、卧马和跃马是目前所知陵墓前最早的石马。帝陵置石马,有可能始于东汉光武帝原陵。特别是从与西夏接触频繁的唐代,其帝陵除唐高祖献陵外,均置石马,唐陵神道设置仗马之制,为宋、明、清诸帝陵所沿袭。

我们知道,每一个艺术品即是现实环境中物质与非物质的反映与折射,又是人类思想的再创造,石马的造型不是西夏艺人凭空臆造的,应该是源于对自然界生灵的认识和感受[②]。

每件文物或文献所能提供的知识点是孤立的、有限的,每件文物所能提供的信息量也是有限的,但是如能将这些信息集中到一起,就可以建立起立体交叉的认知之网。如果再加入其他古籍的相关信息,将它们千丝万缕的内在联系全面连贯打通,则西夏文字相关古籍、西夏学研究相关资料、西夏出土文物三者相结合,或许可以为西夏学研究不断走向深入打开新的知识点及新的关联。

透过只言片语,我们希望能对西夏文"马"字有一个小小的诠释,在西夏王朝的文字变革中,总要有一个或长或短的过渡期,在已经发现的西夏历书中,史金波先生在《西夏社会》一书中就刊发了两幅"西夏文—汉文合璧历书"(图版164和图版165)。其中西夏文与中原汉字搭配混用就与作者的观点相吻合。

有时西夏古文字也会为我们带来疑惑,例如在黑水城出土的文献中有一件西夏文记录的"天盛二十二年卖地契",而西夏仁宗的年号只有天盛二十一年即己巳至乙丑(1149—1169)。

西夏文献保留了大量西夏文佛经,让我们了解到当时社会的宗教发展情况,在俄藏黑水城文献"俄A11密教念诵集34—20"中有:"奉此良马大宝故远离轮迴。"

西夏《天盛改旧新定律令》透过文字留给了我们一部完整的法律,几乎包括了那个时代生活的各个方面,本文多次援引,不得不说这是西夏文字留给后世的一大

① 黄振云:《西夏王陵鎏金铜牛石马和辽兴平公主墓葬考》,《东北史地》,2010年第5期。

② 汤卓炜:《环境考古学》,科学出版社,2004年。

宝贵遗产。

历史的发展是多种复杂因素交互作用的结果，其中决定性的因素是生产力的发展。

《俄藏黑水城文献》(第十册 俄 NHB.NO.214 215 216 217 218 685 4777 番汉合时掌中珠甲种本页 37—28)”，从中我们了解到，在西夏王朝的政府机构中设有“马院”，大概是专司马匹之职。

在俄探险队发掘的文献中，有部西夏王朝的法典《天盛改旧新定律令》，在这部律令中，对马匹的饲养、繁殖以及宰杀与盗窃都有非常详尽的规定，并对违反者所获刑期与惩罚都标注明确，显示出西夏政府对马匹的重视和保护。

在西夏的法律中多见有“财产刑”的规定，官员出现违法之行为，可以马代罚，大概的比例是一匹马抵消若为庶人的十三杖，两匹马抵消若为庶人的十五杖。

作为国家财产的这些马匹(称“官马”)也需要专人的饲养和管理，《天盛改旧新定律令・卷十九・畜利限门》中规定：“官牧场之马不好好养育而减食草者，计量之，比偷盗法加一等。未减食草，其时检校失误致马羸瘦者，当视肥马已瘦之数罚之，自杖罪至一年劳役，令依高低承罪。”在《天盛改旧新定律令卷十》“司序行文门”标注马院司是专门负责马匹管理的政府机构，其列位于下等司。

3. 在西夏王朝时期，西夏的马匹(党项马)曾作为重要物资以贡品的形式向中原进贡，可见马匹在西夏亦很珍贵。

据现在文献记载，西夏统治者们在其建国前后的四十多年，至少有过五次向北宋购买佛经以及经帙签牌等，照例西夏进马七十匹，作为印造一部大藏经的纸墨工本，北宋有时不收马匹，全部作为赠送，表示优待。

《续资治通鉴长编・卷一九〇》天圣八年(1030)十二月载：“丁未，定难军节度使西平王赵德明遣使来献马七十匹，乞赐佛经一藏，从之。”①

《续资治通鉴长编・卷一一五》景祐元年(1034)十二月载“癸酉，赵元昊献马五十匹，求佛经一藏，诏特赐之”②。

《西夏纪事本末・卷二〇》嘉祐三年(1058)载“赐夏国主赎大藏经诏曰：所载请赎大藏经并经轶签牌等令印造，候嘉祐七年正旦进奉人到阙，至时给付”。

嘉祐七年，夏国主乞赎大藏经，诏曰：“其请赎经文，已指挥印经院印造，候嘉祐十一年正旦进奉人到阙给付。”③

《宋史・夏国传下》熙宁五年(1072)十二月载：“遣使进马，赎大藏经，诏赐之而还其马。”④

---

① 《续资治通鉴长编》卷一九〇，中华书局，1985 年。

② 《续资治通鉴长编》卷一一五，中华书局，1985 年。

③ 《西夏纪事本末》卷二〇，龚世俊等点校，甘肃文化出版社，1998 年。

④ 《宋史・夏国傳》卷四八五，中华书局，1985 年。

此外,北宋王朝主动赐经一次,《续资治通鉴长编·卷一七九》至和二年(1055)四月载“庚子,赐夏国大藏经”(《宋会要辑稿·礼》)[①]。

《西夏书事·卷一九》:“没藏氏(谅祚母)因阿讹等还,感中国恩,遣使入贡,仁宗赐大藏经慰之。”[②]

西夏以珍贵的马匹所换得的三藏经即指佛教典籍的丛书,又名一切经、契经、藏经或三藏。内容包括经(释迦牟尼在世时的说教以及后来增入的少数佛教徒——阿罗汉或菩萨的说教在内)、律(释迦牟尼为信徒制定必须遵守的仪轨规则)、论(关于佛教教理的阐述或解释)。大藏经的编纂,始于释迦牟尼涅盘不久,弟子们为保存他的说教,统一信徒的见解和认识,通过会议方式的结集,形成一致公认的经、律、论内容。其后又增加了有关经、律、论的注释和疏解等“藏外典籍”,成为卷帙浩繁的四大部类。

西夏是以游牧为主发展起来的民族,马、牛、羊这类家畜的饲养需要广阔的草场放牧,而西北地区正为西夏的游牧民族提供了一个宜牧宜农的地理环境,两者相互依赖。游牧人需要农耕业出产的谷物一类的产品,农耕业则渴望获得游牧人拥有的马匹和皮革。定居在黄河流域的西夏党项羌族不仅拥有强大的畜牧业,也拥有同汉地一样的农耕业马匹,马匹在西夏不仅仅是财富的象征,而且在人们的生活中有着很重要的作用,在没有机械化运输代步工具的年代,一匹良马可日行150公里,在西夏所辖的广阔区域中,很多地带是成片的草原或是戈壁滩,人们主要依靠马匹这种速度快、耐力好而且通人性的家畜来完成货物的运输和骑乘。更为重要的是在战争等军事活动中,马匹也有着获得优势性的因素,马匹是作为一项重要的军事潜力来考量的,西夏军队的“铁鹞子”就是以骑兵为主的精锐部队。据说,西夏党项羌所特有的“党项马”比蒙古马要高大,负重也比蒙古马大,在战场冲锋时“党项马”具有明显的优势,在军队“招兵买马”时,原产地为西夏王朝的“党项马”即是代表最优良的马匹。

早在汉唐时期,元稹就在其诗作中写有“北买党项马”,可见,在唐朝时“党项马”已经是最重要的“边贸”商品之一[③]。

公元1038年,西夏王朝应运而生,这是个统一的多民族的地方政权,西夏文的出现使西夏人有了强烈的民族归属感。

据《宋史》卷四百八十五 列传第二百四十四 外国一 夏国上 记载:(元昊)“晓浮图学,通番汉文字,案上置法律,常携《野战歌》、《太乙金鉴诀》”;“元昊自制蕃书,命野利荣仁演绎之,成十二卷,字形体方整类八分,而画频重复。教国人纪事用蕃书,

① 《宋会要辑稿》第一九零册,中华书局,1957年。

② 《西夏书事》卷一九,龚世俊等点校,甘肃文化出版社,1995年。

③ 《元稹集校注》,上海古籍出版社,2011年。

而译《孝经》、《尔雅》、《四言杂字》为蕃语"①。

西夏文字具有其独特的社会作用、历史作用，是我们今天研究西夏社会、文化与政治等诸多方面的一把钥匙。

古文字学是一门涉及历史文献、古代史、考古学和语言文字等多门学科的边缘学科。西夏文的创制，渗入了当时很强的政治需要，区别于汉地(宋)所采取的措施，如:文字、乐礼、秃发、服装等，在元昊给宋朝的国书中已经表达的清清楚楚，《宋史》卷四百八十五 列传第二百四十四 外国一 夏国上记载：

"臣祖宗本出帝胄，当东晋之末运，创后魏之初基。远祖思恭，当唐季率兵拯难，受封赐姓。祖继迁，心知兵要，手握干符，大举义旗，悉降诸部。临河五郡，不旋踵而归；沿边七州，悉差肩而克。父德明，嗣奉世基，勉从朝命。真王之号，夙感于颁宣；尺土之封，显蒙于割裂。臣偶以狂斐，制小蕃文字，改大汉衣冠。衣冠既就，文字既行，礼乐既张，器用既备，吐蕃、塔塔、张掖、交河，莫不从伏。称王则不喜，朝帝则是从，辐辏屡期，山呼齐举，伏愿一垓之土地，建为万乘之邦家。于时再让靡遑，群集又迫，事不得已，显而行之。遂以十月十一日郊坛备礼，为世祖始文本武兴法建礼仁孝皇帝，国称大夏，年号天授礼法延祚。伏望皇帝陛下，睿哲成人，宽慈及物，许以西郊之地，册为南面之君。敢竭愚庸，常敦欢好。鱼来雁往，任传邻国之音；地久天长，永镇边方之患。至诚沥恳，仰俟帝俞。谨遣驽涉俄疾、你斯闷、卧普令济、嵬崖祢奉表以闻。"

北宋文学家沈括所著笔记体著作《梦溪笔谈》大约成书于 1086 至 1096 年，收录沈括一生所见所闻和见解，被西方学者称为中国古代的百科全书。在该书也有同样的记载，《梦溪笔谈》卷二十五:"未几，元昊果叛，其徒遇乞先创造蕃书，独居一楼上，累年方成，至是献之，元昊乃改元，制衣冠礼乐，下令国中悉用蕃书，胡礼，自称大夏。"②

在《续资治通鉴长编》"景祐元年十月丁卯条"记载:"赵元昊自袭封，即为反计，多招纳亡命，峻诛杀，以兵法部勒诸羌。始衣白窄衫，氈冠红里，顶冠后垂红结绶。自号嵬名吾祖，凡六日、九日则见官属。其伪官分文武，或靴、笏、幞头；或冠金帖镂冠，绯衣，金涂银黑束带，佩蹀躞，穿靴，或金帖纸冠，间起云银帖纸冠，馀皆秃发，耳重环，紫旋襴，六垂束带，佩解结锥、短刀、弓矢韣，乘鲵皮鞍，垂红缨，打跨钹拂。民庶衣青绿，用此以别贵贱。元昊初制秃发令，先自秃发。及令国人皆秃发，三日不从令，许众杀之。"③

正是这些历史文献已经明确地记录了西夏文创制的主要政治诉求及其他因素。

---

① 《宋史·夏国傅》卷四百八十五，中华书局，1985 年。

② 《梦溪笔谈》卷二五，四川人民出版社，2009 年。

③ 《续资治通鉴长编》卷一百十五，中华书局，1985 年。

结 语

我们可以通过《番汉合时掌中珠》了解到,西夏所使用的语言有别于汉地中原的语言。中国有“六书”(指事、象形、形声、会意、转注、假借)说,六书不仅能说明汉字,同样能说明其他民族古文字。“六书有普遍适用性”,这是比较文字学的重大发现。但就西夏文“马”字,并没有套用“六书”。“六书是文字大备以后,人们归纳出的条例,造字之初是没有的”。我们试图通过西夏文“马”字延展相关点的联系,加深我们对以党项羌族为主体的西夏社会的认识和了解。我们研究西夏文“马”字并没有选择孤立的就字论字,而是把西夏文的研究放回到产生它的年代中,从政治、经济、军事、法律制度等诸多的社会背景综合考量,以期接近历史变革的真实轨迹。

限于认识水平,西夏文“马”字研究或许还存在不足,这将在后续的研究工作中逐步弥补。

昔李钤部家族研究述论

张琰玲

本文主要依据《元史》、明清史籍、文集、方志、碑铭等资料系统梳理了昔李钤部家族文献、研究动态,整理出《昔李钤部家族人物表》。昔李氏先祖仕夏,1226年降元,到元朝末年,其家族一直世袭大名路达鲁花赤与肃州达鲁花赤,长期活跃在元朝军事政治舞台上,居于元代上层社会,家族有迹可寻的人物63人,男性人物七世,41人;女性人物六世,22人。昔李钤部家族本姓"李",仕夏后,为了同其国主李姓加以区分,谓"小李",后演变为"昔李"或"昔里"。为沙陀人,唐兀氏(唐兀人)、西夏人、河西人的称呼是不同时代背景下对西夏故地民众的泛称,不涉及其族属。

一、文献来源

昔李氏家族文献是研究元代西夏遗民融合以及去向等问题的珍贵资料之一,记载昔李钤部家族史料的文献有以下几种。

(一) 史书

1.《元史》:《世祖本纪》卷五、卷九有小钤部信息;卷六、卷十四有爱鲁信息;卷四、卷五、卷八、卷十四有阿沙信息;

《成宗本纪》卷二十一有爱鲁信息;

《武宗本纪》卷二十二有教化信息;

《兵志二》卷九十九有阿沙信息;

卷一百二十二《昔里钤部传》附《爱鲁传》。

2.《新元史》:卷一百三十一《昔里钤部传》附《爱鲁传》及小钤部信息。

3.《蒙兀儿史记》:卷四十七《昔里钤部传》附《爱鲁传》。

4.《元史类编》:卷二十《昔里钤部传》附《爱鲁传》。

(二) 文集

1.《秋涧先生大全文集》:卷五十一《大元故大名路宣差李公神道碑铭并序》;卷八十一《中堂事记》有爱鲁被黜的信息。

2.《牧庵集》:卷十九《资德大夫云南行中书省右丞赠秉忠执德威远功臣开府仪同三司太师上柱国魏国公谥忠节李公神道碑》。

3.《雪楼集》:卷二《特进平章政事教化特加开府仪同三司太子太保太尉平章军国重事上柱国封魏国公制》、《特进平章教化故曾祖父答加沙特赠效忠翊运保德功臣开府仪同三司太傅上柱国追封魏国公谥康懿制》、《故曾祖母梁氏追封魏国夫人制》、《故祖父昔李特赠推忠佐命宣力功臣开府仪同三司太师上柱国追封魏国公谥贞献制》、《故祖母田氏追封魏国夫人制》、《故父资德大夫云南等处行中书省右丞赠银青荣禄大夫平章政事谥毅敏爱鲁加赠秉忠执义威远功臣开府仪同三司太师上柱国追封魏国公改谥忠节制》、《故母王氏追封魏国夫人制》,卷二十五《魏国公先世述》、《跋魏国公碑阴》。

4.《元文类》:卷四十一《经世大典序录政典招捕》有爱鲁信息。

5. 虞集《姚天福神道碑》含小钤部因罪被处死之信息,载胡聘之编《山右石刻丛编》卷三十四,《石刻史料新编》第1辑第21册,台北新文丰出版公司,1982年。

(三) 方志

1.《正德大名府志》:卷六有昔李益立山信息,卷十《元大名监郡昔李公神道碑》[①]、《元大名达鲁花赤昔李公墓志铭》、《元礼仪院判昔李公墓志铭》。

2. (清)《广西通志》:卷五十二有爱鲁信息。

3. (清)《云南通志》:卷十九有爱鲁信息。

4. [越]《安南志略》:卷四《征讨运饷》有爱鲁信息。

5.《正德云南志》:卷二十六《赛典赤赡思丁德政碑》有爱鲁信息。

6.《至顺镇江志》:卷十九有教化信息。

7.《弘治保定郡志》:卷九有黑厮信息。

(四) 墓碑

1.《大元肃州路也可达鲁花赤世袭之碑》。1962年发现于酒泉市,现存酒泉市博物馆。碑高2.36米、宽0.91米;碑阳汉文、碑阴回鹘文。系唐兀氏举立沙墓碑,记载了元太祖初至元末,唐兀氏举立沙一家13人的事迹[②]。

2.《大元故资善大夫、云南行尚书省右丞、赠银青荣禄大夫、平章政事毅敏李公墓志》。1990年河北大名县旧治乡陈庄村出土。墓志长71厘米、宽58厘米,厚16厘米,青石质,系李爱鲁墓碑,其子教化为父所立。主要记载李爱鲁生平事迹及其家族人物关系[③]。

3.《宣差大名路达鲁花赤小李钤部公墓志》。2013年河北大名县陈庄村出土。墓志宽35厘米、高60厘米、厚11厘米,碑座宽47厘米、高32厘米、厚26.5厘米。

---

① 该碑文与《大元故大名路宣差李公神道碑铭并序》(《秋涧先生大全文集》卷五十一)为同一碑文,但两个版本所记载内容详略有所不同,《正德大名府志》所载碑文内容更详细。

② 白滨,史金波:《大元肃州路也可达鲁花赤世袭之碑考释——论元代党项人在河西的活动》,《民族研究》1979年第1期。

③ 朱建路,刘佳:《元代唐兀人李爱鲁墓志考释》,《民族研究》2012年第3期。

墓志两面书写，一面为西夏文，共两行11个字；一面为汉文，顶部有篆书“小李钤部公墓志铭”8个字。小李钤部，即昔李钤部，去世后，长孙教化，至元十五年(1278)二月五日，立碑悼念。记载小李钤部生平事迹及子孙情况①。

二、研究动态

昔李钤部家族已知文献为研究元代西夏遗民问题提供了大量弥足珍贵的信息，尤其是近年该家族墓碑的不断发现，进一步推动了学界对唐兀昔李氏家族的研究。目前，学界围绕出土墓碑涉及的相关问题，如该家族姓氏、族源、世系、文化等诸多方面作了详尽探讨，揭示了进入元代上层社会的西夏遗民在元代的地位、作用、去向、民族融合等重要问题。

(一) 大元肃州路也可达鲁花赤世袭之碑研究

1976年，白滨、史金波先生对酒泉市文化馆珍藏的两条石碑碑文进行了研究，并于1979年撰文《大元肃州路也可达鲁花赤世袭之碑考释——论元代党项人在河西的活动》(以下简称《肃州碑》，发表在《民族研究》1979年第1期)，公布了《肃州碑》，引起学界重视，开启了学界对唐兀昔李钤部家族研究之端。该文首先对碑石的发现做了介绍，指出此碑记录一个党项家族自西夏灭亡至元朝末年130多年间，历六代(13人)的职官世袭及其活动。第二，对碑阳的汉文碑文做了录文，结合耿世民《〈大元肃州路也可达鲁花赤世袭之碑〉回鹘文部分译释》②，补充完善碑文所记人物信息。对碑名、立碑时代与立碑人、碑记人物阿沙之史证等做了研究。第三，认为《元史》与碑文各从不同的角度记述了成吉思汗征西夏取肃州事，碑文提供了西夏灭亡后河西、陇右一带党项人居留活动的重要资料。从政治、军事、文化、经济生产等方面对元代党项人在河西地区的活动做了细致分析研究。第四，认为直到元朝末年仍有相当数量的回鹘人居住在肃州一带，并使用回鹘文。

汤开建《大元肃州路也可达鲁花赤世袭之碑补释》(《中国史研究》1983年第4期，又收入《党项西夏史探微》，商务印书馆，2013年)，在白、史二位先生考释《肃州碑》的基础上，做了许多研究。一是对碑主之族属进行了研究，认为不能因有“唐兀”二字，就确认“唐兀氏举立沙”为党项人。二是对举立沙一族姓氏研究，指出白、史二位先生认为昔里、举立音相近，可能为音转，这个结论是错误的。李姓“以小大称”，为了与西夏王室李姓相区分，“小李”是对西夏王室的一种屈称，“昔里”为“小李”之讹，“小李”源于沙陀李姓。三是对举立沙献城和战死事迹辨析；四是对阿沙甘布事迹辑补，指出《肃州碑》之阿沙，即《新元史》所载阿沙。《新元史·太祖纪》载

---

① 刘广瑞，朱建路：《大名新出夏汉文合璧墓志铭的价值和意义》，《光明日报》2014年5月21日。

② 已故突厥—回鹘语文学家耿世民先生，对《肃州碑》碑阴回鹘文做了译释，译文收录在白滨、史金波《大元肃州路也可达鲁花赤世袭之碑考释——论元代党项人在河西的活动》一文中。1986年，新疆人民出版社出版的《向达先生纪念论文集》也收录了此文。

“(太祖二十年六月)帝亲征西夏初,西夏主伪降,请纳质子,且言愿助兵西讨,及征兵于西夏,其大将阿沙敢卜对使者曰:俟大国兵败,吾师方出。帝怒,西夏主乃阴结漠北诸部酋拒守之计”。又“(二十一年)三月,自将诸军拔西夏黑水等城,败其将阿沙敢卜于贺兰山,获之”。阿沙应为西夏国主身旁大将,归降元朝后,阿沙统领由西夏人组成的河西军、唐兀卫。诸多学者认为这两位阿沙不是同一人,这一争论还有待进一步研究探讨。五是对沙陀昔李氏世系研究,即昔李氏一家入元以后,分为三支:一支为《肃州碑》所载世袭肃州路也可达鲁花赤的举立沙系,一支为大名路世袭达鲁花赤的益立山系,一支为欧阳圭《元礼仪院判昔李公墓志铭》所记勃兰奚系。

(二) 李爱鲁墓志研究

1990 年 3 月,河北省大名县旧治乡陈庄村出土一方墓碑,系元代唐兀人李爱鲁墓碑,其子教化为父所立,主要记载李爱鲁生平事迹及其家族人物关系,收入朱献东、陈振山编《大名石刻选》卷六《元李毅敏墓志》。2012 年,朱建路、刘佳撰文《元代唐兀人李爱鲁墓志考释》对该墓志做了详细研究(《民族研究》2012 年第 3 期)。该文对墓志做了录文,并依据墓志内容,结合大名昔里氏家族已知史料,对大名昔里氏家族人物关系进行了一些考证,指出李爱鲁墓碑弥补了大名唐兀昔里氏家族未曾发现实物证据的缺憾,也为昔里氏家族其他碑传资料校勘及人物关系研究提供了新史料。赵生泉《〈元代唐兀人李爱鲁墓志考释〉补正》(《宁夏社会科学》2015 年第 4 期)指出了朱文在释录中存在的两处疏漏以及在断句方面存在的一些小疏误。朱建路《元代唐兀人李爱鲁墓志释补》(《宁夏社会科学》2016 年第 1 期)对此进行了回应。

(三) 达鲁花赤小李钤部公墓志研究

2014 年 3 月 30 日,邯郸学院和大名县历史文化研究会联合召开了“元代夏汉文合璧墓志铭研讨会”,学者围绕新出《宣差大名路达鲁花赤小李钤部公墓志》的内容、特点、学术价值等相关问题进行了讨论。刘广瑞、朱建路《大名新出夏汉文合璧墓志铭的价值和意义》(《光明日报》2014 年 5 月 21 日)对墓志作了录文及介绍。刘广瑞《河北新出西夏文墓志铭简释》(《西夏研究》2014 年第 3 期)对墓志中西夏文 11 字进行了释读,第一行对译为“田氏,夫也,阿母”,意译为“阿妈,田氏也”;第二行为“小李统军大”,意译为“小李大钤部”,认为“小李大”与“小李”为同一姓氏,只是翻译有所不同。指该墓志铭为学界提供了一件夏汉文合璧碑刻史料,第一次以西夏文形式记载西夏姓氏“小李”,是研究西夏遗民史的实物资料。朱建路《元代〈宣差大名路达鲁花赤小李钤部公墓志〉考释》(《民族研究》2014 年第 6 期)对墓志汉文做了录文及详细考证,指出传世文献中记载小李钤部担任的“也可扎鲁火赤”、“天下断事官”等,都是燕京行省的断事官;元代的“钤部”一词由西夏文音译而来,在西夏时期的含义是“统军”。

史金波《河北邯郸大名出土小李钤部公墓志刍议》(《河北学刊》2014 年第 4 期)对该墓碑进行了研究。将西夏文第一行翻译为“田氏夫人母亲”,第二行“小李将军大人”,认为墓志用西夏文记小李钤部和其夫人田氏两人称谓,应是两人合葬墓。小李钤部卒后已归葬肃州先茔,大名只是虚墓,在大名建立家族墓地,始祖就是小李钤部。提出应对墓地进行抢救性发掘,对出土墓志相关地区从民族学、社会学的角度予以调查,以便进行更深层次的研究。

(四) 世系与族属研究

王颋《元代大名路达鲁花赤唐兀人昔李氏世系考》(《北方民族大学学报》2009 年第 1 期)对昔李钤部家族已知文献进行了梳理,指出其世系:第一代“柬南玉绀部”、“举立沙”、“益立山”。其父辈三人“玉里止吉住”、“答加沙”、“小李玉黑”。第二代“小李玉”、“阿沙”、“爱鲁”、“罗合”、“小钤部”。第三代“乞答哈”、“剌麻朵儿只”、“管固儿加哥”、“教化”、“帖木儿”、“忽都答儿”等。其族属,是东迁至“河东”又回迁“河西”的“沙陀”。其袭爵,“益立山”、“爱鲁”、“小钤部”、“教化”、“万奴”、“忽都答儿”、“野速普花”、“普颜”。昔李氏家族几代世袭大名路达鲁花赤,应与当地为窝阔台系封邑有关。此外,该文也讨论了:袭职大名路达鲁花赤的爱鲁,在去云南前,曾两次被黜之事;昔李野速普花长女忽都帖,适粘合中书孙禄同之事;《新元史》卷三《太祖纪》所载“阿沙敢卜”与《大元肃州路也可达鲁花赤世袭之碑》所记“阿沙”不是同一人等问题。

敖特根《西夏沙州守将昔里钤部》(《敦煌学辑刊》2004 年第 1 期)主要从姓氏、族属、世系家谱以及生平事迹等方面,对昔里钤部信息做了详细梳理及系统研究,认为西夏沙州守将昔里钤部为突厥沙陀部后裔,举立沙遇害只是举立沙一人,并非其全家。蔡家艺《辽宋金夏境内的沙陀族遗民》(《民族研究》2004 年第 5 期)对沙陀族解体后其族人去向进行了研究,认为大都散居于辽、宋、金、夏境内。流入西夏境内的沙陀人也为数不少,“昔里钤部”先世,有可能是李克用叔父李友金。李正宇《以千骑降夏的瓜州王是谁?》(《敦煌研究》1991 年第 2 期)对《宋史·夏国传》“(天圣)八年,瓜州王以千骑降夏”进行了详尽的分析,认为瓜沙地区沙陀部首领“小李氏”有可能就是以千骑降夏的瓜州王。此外,“敦煌遗书 S. 4358 抄有《李相公叹真身》诗一首,诗题中的李相公,大约就是七世相夏的沙陀李氏的某一位相公”。邓如萍《昔里钤部及沙陀后裔的神话:宗谱的忧虑与元代家族史》(《西夏研究》2015 年第 4 期)以昔李钤部家族存世文献及新出土碑刻文献为主,对这些文献及其背景作了梳理介绍,重点分析研究了昔李氏家族“族属、姓氏、降蒙”三大问题,认为教化虚构了其家族的沙陀血统,同时还试图以“昔里”攀附唐朝皇家的“李”姓。但是,两方面的尝试都没能使其免于 1308 年的罢黜及随后在元代史料中的销声匿迹。

(五) 家族文化

专门探讨昔李钤部家族文化的文章,是张沛之《元代色目人家族的文化倾向——以唐兀昔里氏为例》(《历史教学》2009 年第 3 期),从婚姻、丧葬祭祀、宗教信仰、汉化与蒙古化方面探讨了昔李钤部家族文化倾向,认为唐兀昔李氏家族留居西夏故地的一支基本保持了自身原有文化,同时也受到汉和蒙古文化的影响;进入汉地的两支则兼具汉化与蒙古化的倾向。指出形成昔李钤部家族这种复杂文化倾向的原因:该家族的官僚身份以及怯薛背景是其蒙古化的重要原因;在西夏或汉地的生活与居住环境是其汉化及保持唐兀人原有文化的客观条件和依据;家族的仕宦领域对其文化选择也有一定影响。除此文外,还有一些专家学者的研究成果从某一方面也涉及昔李钤部家族的文化倾向[①]。

三、家世

综合文献记载,可以大致梳理昔李氏家族人物关系。昔李氏远祖信息比较模糊笼统,家族兴旺始于西夏时期,有姓名记载的先祖始于玉里止吉住、答加沙、小李玉黑三兄弟,他们后代各支的发展延续,有迹可寻的人物信息相对丰富,这些信息相互补充印证,勾勒出昔李氏整个家族发展脉络。昔李氏家族,由西夏灭亡前至元代末,玉里止吉住这支有迹可寻的人物 15 人,其中,男性 8 人、女性 7 人。答加沙这支有迹可寻的人物 48 人,其中,男性 33 人、女性 15 人。小李玉黑这支文献无记载。研究昔李氏家族世系,主要依据《元礼仪院判昔李公墓志铭》、《元大名达鲁花赤昔李公墓志铭》、《大元肃州路也可达鲁花赤世袭之碑》、《元代唐兀人李爱鲁墓志》所载人物信息以及结合昔李氏家族其他文献,比较清晰地梳理出唐兀昔李氏家族人物关系,见下表。

第一代	第二代	第三代	第四代	第五代	第六代	第七代
玉里止吉住	束南玉绀部	小李玉	乞答哈	益怜真		
				孛兰奚	道安	观僧
				妻萧氏、宋氏	女五人	

① 白滨、史金波:《大元肃州路也可达鲁花赤世袭之碑考释——论元代党项人在河西的活动》,载《民族研究》1979 年第 1 期。该文指出从举立沙之后已不用党项人所习用的姓名,大部分代以元代蒙古人常用的名字。碑文的内容充满了儒家精神。史金波:《河北邯郸大名出土小李钤部公墓志刍议》,载《河北学刊》2014 年第 4 期。该文谈到昔李钤部夫人为田氏,可能是汉族。若是则为族际婚。这种族际婚在元代西夏后裔的有关资料中比比皆是。而民族间的通婚则不仅从血缘上,还从文化、习俗、语言等方面更深刻地改变着民族特征,弱化原有的民族属性。朱建路:《元代宣差大名路达鲁花赤小李钤部公墓志考释》,载《民族研究》2014 年第 4 期,认为西夏遗民在汉化或蒙古化的过程中往往也极力保存自己的民族文化。

续　表

第一代	第二代	第三代	第四代	第五代	第六代	第七代
答加沙，又作达加沙。妻梁氏。	举立沙，一名昔李都水。	阿　沙	剌麻朵儿只	贯努普□	帖信普	定者帖木儿
						赤斤帖木儿
				耳玉		
				管布		
				令只沙	普达实理	
					善居	
			管固儿加哥			
	昔李钤部，一名益立山，又译疾立沙，一名小李钤部。妻田氏、白氏。	爱　鲁 妻王氏	教化	阿丁		
			也先帖木儿	黑斯		
			忽都答儿	元元		
			西止(女)	四人(女)		
			曰某(女)			
			也先帖儿(女)			
		罗　合		野速普化		
		小钤部	万　奴	妻威弥氏	玉立沙	
					舍利威	
					普颜	
					僧加奴	
					连德沙	
					波若奴	
					忽都帖(女)	
					也先帖尼(女)	
					宝寿奴(女)	
小李玉						

昔李氏男性人物：第一代 3 人，第二代 3 人，第三代 5 人，第四代 7 人，第五代 10 人，第六代 10 人，第七代 3 人。这些人物信息相对清楚，只有第四代万奴的身份

文献记载有差异,一说万奴为爱鲁之子,一说为爱鲁之侄。据 1990 年 3 月出土的河北大名县李爱鲁墓志记载,李爱鲁有“子男三人:长曰教化,次曰帖木儿,次曰忽都答儿;侄一人,曰万奴”,由此可以明确万奴之身份为爱鲁之侄。第五代,李爱鲁墓志记载爱鲁孙三人,即阿丁、黑斯、元元,孙女四人。这几人的父辈关系不明确,他们应该是教化、帖木儿、忽都答儿的后人,但具体是哪位,无法判断。《弘治保定郡志》卷九载:“黑厮公,本唐兀氏,以小子黑厮行故名。至元四年以内史府咨议出任保定路总管,首以劝农兴学扶弱抑强为本,公勇于有为,英谟独断,不三月而政声赫然,积年奸宄闻风敛迹。五年秋,河朔诸郡,紫蝗生发食穗啮叶,伤残过半,公与邑尹密祷于神,翌日蝗已扑灭矣,人皆以公为神明。”这条信息所记保定路黑厮,为唐兀氏,疑为爱鲁之孙黑斯。则墓志文与志书所记黑斯信息,相互补充,完善了黑斯(或厮)这个人物履历,丰富了昔李钤部家族史料。昔李氏女性人物:第一代 1 人,第二代 2 人,第三代 1 人,第四代 3 人,第五代 7 人,第六代 8 人。嫁入昔李氏家族女性 7 人,其中梁氏既是汉姓也是西夏大姓,只从姓氏无法判断梁氏的族属。田、白、王、萧、宋为汉姓,威弥氏为典型的西夏姓。嫁入昔李钤部家族的女性,只从姓氏判断汉姓为多。生女 15 人,其中 5 人有名字,即西止、也先帖儿,忽都帖、也先帖尼、宝寿奴。从表中可以看出,昔李氏家族七代,无论男性还是女性,他们的名字绝大多数都带有明显的少数民族文化特征。另外,对婚姻关系的探讨,能揭示昔李钤部家族社会关系、民族融合等信息。历史上民族融合的最主要形式,便是各民族密切相处,互通婚姻①。

四、民族归属

(一) 关于姓氏“李”、“小李”、“昔李”、“昔里”的演变

元代王恽、姚燧分别为昔李钤部、爱鲁撰写的神道碑名都冠以“李”姓,不过姚燧对“李”姓进一步作了解释,同其王李姓,以小大区别。如《秋涧先生大全文集》卷五十一《大元故大名路宣差李公神道碑铭并序》载:“钤部李公其人也。公讳益立山。”《牧庵集》卷十九《资德大夫云南行中书省右丞赠秉忠执德威远功臣开府仪同三司太师上柱国魏国公谥忠节李公神道碑》载:“康懿之先,七世相夏,同其王李姓,以小大称。”还有,1990 年 3 月,河北省大名县出土《大元故资善大夫云南行尚书省右丞赠银青荣禄大夫平章政事毅敏李公墓志》②,这里平章政事毅敏为“李”姓。2013 年 9 月,大名县陈庄村出土《宣差大名路达鲁花赤小李钤部公墓志》③,是一方夏汉合璧的墓碑,墓主人为小李钤部,即昔李钤部。碑文不仅汉文署名姓氏“小李”,而且首次用西夏文书写了西夏姓氏“小李”。《雪楼集》卷二十五《魏国公先世述》载:“夫人梁氏,追封魏国夫人,实生昔李钤部,是为贞献公。”《雪楼集》卷二《故

①② 史金波:《河北邯郸大名出土小李钤部公墓志刍议》,《河北学刊》2014 年第 4 期。

③ 朱建路:《元代宣差大名路达鲁花赤小李钤部公墓志考释》,《民族研究》2014 年第 4 期。

祖父昔李特赠推忠佐命宣力功臣开府仪同三司太师上柱国追封魏国公谥贞献制》标题中称故祖父为“昔李”。《至顺镇江志》卷十九载:“昔李教化的,河西人。”《正德大名府志》卷十《元大名达鲁花赤昔李公墓志铭》载:“公讳野速普花,字从善,姓昔李,唐兀氏。”又《元礼仪院判昔李公墓志铭》载:“惟太常公讳勃,小字孛兰奚,字天广,姓昔李氏。”这里称其家族人姓“昔李”与《宣差大名路达鲁花赤小李钤部公墓志》对照可知,昔李即小李。就目前存世资料看,姓氏“李”、“小李”、“昔李”见于元代文人之著述。至于“昔李”演变为“昔里”始见于明清文人的著述。从《元史》起始称“昔里”,《新元史》、《蒙兀儿史记》也称“昔里”。如《元史》卷一百二十二载:“昔里钤部,唐兀人,昔里氏。”《新元史》卷二十八《氏族表》载:“昔里氏,唐兀世族,以别于国姓称小李,讹为昔李。”《蒙兀儿史记》卷一百五十四《氏族表》载:“昔里氏,本氏李,别于国氏称小李,语讹为昔里。”综上可知,昔李钤部家族本姓“李”,仕夏后,为了同其国主李姓加以区分,谓“小李”,后演变为“昔李”或“昔里”。当前学界从其姓氏渊源、同音异译、音转等方面进行了论述①。

(二) 族属

昔李钤部家族的族属争议较多,大致有沙陀人、唐兀氏、西夏人、河西人四种记载。《正德大名府志》卷十《元大名监郡昔李公神道碑》载:“公讳益立山,其先系沙陀贵种,唐亡,子孙散落陕陇间。远祖曰仲者,与其伯避地遁五台山谷,复以世故徙酒泉郡之沙州,遂为河西人。”《李爱鲁墓志》载:“公讳爱鲁,其先沙陀贵种,唐末之乱,余裔流寓陇右。”这两则史料明确追溯昔李钤部为唐代沙陀人后裔,后迁居河西走廊,“公钤部,其先河西肃州之世系,祖茔在焉”,故称“河西人”。即河西人之称为地域泛指,与族属无关。如《至顺镇江志》卷十九载:“昔李教化的,河西人,居镇江。累官至开府仪同三司、太子太保、太尉、平章军国重事,上柱国、魏国公。”而西夏时期,河西属西夏领地,昔李钤部祖先几代仕夏,又被称为“西夏人”或“夏人”。如《正德大名府志》卷十《元礼仪院判昔李公墓志铭》载:“其先夏人,五世祖讳某,生三子,长玉里止吉住,为夏国经略使。” 这里的夏人即指西夏人,是指其朝代国别而言,同样不涉及其民族族属。还有《正德大名府志》卷六《昔李益立山传》载:“元昔李益立山,本西夏沙州钤部。”由于元人常称西夏人为唐兀人,造成时人对昔李家族的称呼亦“与时俱进”,“时有唐兀氏举立沙者,肃州阀阅之家”。但是这里的唐兀氏是等同于唐兀人,指称意义与西夏人一样,不涉及族属。这一点可以从《正德大名府志》卷十《元大名达鲁花赤昔李公墓志铭》、《元史》卷一百二十二《昔里钤部传》的记载看出。前者称“公讳野速普花,字从善,姓昔李,唐兀氏”,后者载“昔里钤部,唐兀人,

---

① 参考汤开建:《大元肃州路也可达鲁花赤世袭之碑补释》,载《中国史研究》1983 年第 4 期;朱建路、刘佳:《元代唐兀人李爱鲁墓志考释》,载《民族研究》2012 年第 3 期;刘广瑞:《河北新出西夏文墓志铭简释》,载《西夏研究》2014 年年第 3 期;史金波:《河北邯郸大名出土小李钤部公墓志刍议》,载《河北学刊》2014 年第 4 期;邓如萍:《昔里钤部及沙陀后裔的神话:宗谱的忧虑与元代家族史》,载《西夏研究》2015 年第 4 期。

昔里氏”,都明确了其姓氏为昔里,唐兀氏等同唐兀人。所以,我们知道《弘治保定郡志》卷九载“黑厮公,本唐兀氏,以小子黑厮行故名”中的“唐兀氏”不过是明人沿袭元人对西夏人、唐兀人的称呼。综上可知,昔李钤部家族为沙陀人,唐兀氏(唐兀人)、西夏人、河西人的称呼是不同时代背景下对西夏故地民众的泛称,不涉及其族属。昔李钤部家族从唐末至元末,一直在中国西北部繁衍生息,由沙陀人到唐兀人,既反映了昔李钤部家族的演变发展过程,同时也反映了昔李钤部家族与其所处时代、民族的密切关系,以及与其他民族融合发展的轨迹,其家族发展史也是中华民族几千年发展融合史的组成部分之一。

黑水城汉文文献研究叙录

张琰玲

自 1908 年黑水城文献出土以来，对它的整理、翻译与研究就受到学术界的重视，尤其是 20 世纪 90 年代以来，随着俄藏、英藏、日藏、中国藏黑水城文献的公布，学界掀起了黑水城文献整理与考释研究的热潮，甚至有学者提出了“黑水城文献学或黑城学”的倡议。在研究中，由于语言的限制，对西夏文文献的研究相对薄弱，而汉文文献研究全面展开，精品佳作，层出不穷。本文则将检索、搜集到的 2012 年以前(含 2012 年)出版或公开发表的黑水城汉文文献研究著作 10 部、论文 240 馀篇简要叙录如下。

著　作

1.《黑水城出土文书》(汉文文书卷)

李逸友著，科学出版社 1991 年出版。1983 年和 1984 年内蒙古文物考古研究所先后在黑水城两次发掘，共得文书 3000 件，其中汉文文书数量最多，计 2200 件，本书刊印 760 件，内容涉及军政、农政、站赤事务等。通过细致的归纳总结，该书将 760 件文书按内容进行分类排列。上编主要是针对部分出土文书所做的综合性论述：(一) 黑城出土文书概况；(二) 亦集乃路的居民和建制；(三) 亦集乃路的农牧业和商业；(四) 亦集乃路的财政经济；(五) 亦集乃路的站赤；(六) 亦集乃路的社会情况；(七) 亦集乃路的儒学和文化；(八) 亦集乃路的宗教信仰及其他；(九) 元代的诏敕律令；(十) 元代的票引契券；(十一) 北元初期的新史料。下篇钞录了经过整理的文书，根据文书出土时的保存状况分为“整”“缺”“残”“屑”四种，将 760 件文书依其内容分为十九类：宗教类、人事类、民籍类、礼仪类、军政事务类、农牧类、钱粮类、俸禄类、诸王妃子分列类、军用钱粮类、官用钱粮类、律令与词讼类、站赤类、票据类、契约类、书信类、儒学与文史类、杂类、佛教类。书末还配有文书索引及黑白图版，便于检索利用。《黑水城出土文书》详尽地勾勒出元代及北元初期亦集乃路的历史概貌，具体而又全面地反映了亦集乃路的政治、经济、文化等社会状况，对于研究元史及北元时期的历史提供了不可多得的珍贵实物资料。

2.《黑城出土汉文遗书叙录》

[俄]孟列夫著，王克孝译，宁夏人民出版社 1994 年 11 月出版。1909 年柯兹洛

夫率俄探险队,在我国的黑城(今内蒙古自治区额济纳旗南)遗址挖掘并运走大量文物。这批珍贵的文物包括大量古代书面文献和器物。书面文献除了举世闻名的8千馀件西夏文刊本和写本外,还有不少汉文、藏文、回鹘文、突厥文、叙利亚文、女真文、蒙古文等书籍和文卷,以及元代纸币。俄罗斯学者孟列夫负责对这批黑城汉文遗书进行系统的整理分类和编写全面的叙录。他们从众多的文献中整理出488件,拼合成375个序号,著录为《黑城出土汉文遗书叙录(柯兹洛文藏卷)》一书,由莫斯科科学出版社东方文献编辑部于1984年出版。这本书是对柯兹洛夫从黑城所发掘的11—14世纪的汉文写本和木刻本的首次完整叙录。这批黑城出土的汉文遗书包括各种不同的佛、道、儒学典籍、文学、历史著作、字书、医书、占卜书,以及社会经济文书和元代纸币等,特别是一些罕见的宋、金、西夏版印书籍和主要是西夏书籍卷首的木版画,它们不仅是研究西夏、宋、金、元朝政治、经济、科技、文化、艺术、法律、军事、宗教、语言、文字和风俗习惯的宝贵文献,也是研究党项族与汉、藏、蒙等兄弟民族相互关系和相互影响的宝贵资料,具有很高的文献价值。本书主要由两部分内容构成:第一部分,道言。篇幅约占全书的四分之一,反映了俄罗斯学者的研究成果。对藏卷的叙录采用了科学的分类研究方法,从十一个方面进行了分类研究,内容涉及佛教作品、儒家和道家的作品、医书、历书、占卜书、历史著作、字书、文学作品、木版画、印章、文书、以及关于书籍和印刷史的资料、黑城出土汉文遗书中发现的历史资料、书籍业技术方面的资料等。并且对藏卷的年代、性质、用途的考释及纸质、书法、术语、人名、地名、印章诸方面,也与历史文献进行了对比。第二部分,黑城汉文遗书叙录。内容含佛教经典作品、汉文佛教原著、儒家和道家的作品、历史著作和文学作品、字书、木版画、装饰图案、彩色画、素描、印章、医书、历书、占卜书、纸币、文书。本书在某些方面填补了许多空白。译著内容含:汉文本序言、道言、黑城汉文遗书叙录、附录、译者后记。

3.《俄藏黑水城文献》(汉文部分)

俄罗斯科学院东方研究所圣彼得堡分所、中国社会科学院民族研究所、上海古籍出版社合编,上海古籍出版社1996年12月出版。《俄藏黑水城文献》1—6卷是汉文部分。全书各卷连续编号,共有八千多个编号,每一部分自成体系,卷首有总目、编例、内容提要及涵盖部分文献的精华的彩页,书后收本部分文献的专题叙录、年表、分类目录、索引等。《俄藏黑水城文献》是宋、夏、金、元时期的写本和刻本,其中绝大部分是西夏文献,也有相当数量的汉文及小部分其他民族文字文献,距今有七百至九百年的历史,均属珍本、善本或孤本。六卷本的《俄藏黑水城文献》基本是按俄藏各类编号的顺序号编辑出版。由于不同时期参与整理者的选择,使文献编号与时代顺序、内容不相适应,在每一卷中都包容了不同时代不同内容类别的文献。俄藏汉文文献从大类上可分为佛经文献和世俗文献两大部分。以佛经文献为主,内容包括经、律、论三藏,密宗经典等中国佛教史上著名经典的刊本和罕见的钞本。世俗文献中包括儒家和道家经典;医书、历书、占卜书;史书、字书、文学、版画艺术及文书、纸币等。据详细统计,《俄藏黑水城文献》第一册至第六册共收录西夏时代的汉文文献 313 件,另有疑似文献 15 件(均为历书或是佛教文献),在 313 件汉文文献中有佛教书籍 249 件,世俗文书 63 件;佛教书籍中佛经最多,共 160 件,涉及 31 种佛经,此外另有陀罗尼、心咒类文书 12 件;仪轨类文书 37 件;注、疏、论类文书 32 件;版画 6 件;禅宗文献 2 件。在 63 件世俗文书中,大致包括政务类 5 件,经济类 32 件,军事类 1 件,律刑类 4 件,书籍类 5 件,医药类 2 件,占卜类 3 件,书信类 10 件,祭文 1 件。

4.《黑水城出土等韵钞本〈解释歌义〉研究》

孙伯君著,甘肃文化出版社 2004 年 11 月出版。《解释歌义》是一部关于汉语等韵门法的著作。据考证,写本年代当在 12—13 世纪初期,作者联系金代等韵学空前繁荣的大背景和此书中的众多线索,推测《解释歌义》是金朝女真人撰作,然后传入西夏。它的面世证实了韵书关于门法创自智公的记载,为我们解决了等韵门法创始人是智邦这一音韵学史上悬而未决的问题。它的主体部分为王忍公等韵门法歌诀,据考证,很可能就是《郡斋读书志》记载的王宗彦《四声等第图》。歌诀部分归纳了等韵各个门法的具体内容,蕴涵了元明等韵门法的主要形式,其详细程度可以说没有哪一部现存书可与之相比。其中对智邦《指玄论》的吟咏,在客观上保存了等韵门法的源头经典之作《指玄论》的内容,为我们了解早期等韵门法及等韵学上的相关概念提供了不可多得的材料。无名氏注释以"义曰"形式与王忍公歌诀隔开,是现存关于《切韵指玄论》和《四声等第图》的惟一注本。《〈解释歌义〉研究》内容涉及此书的成书年代、歌诀作者考证、等韵概念的解释、歌诀所蕴涵的反切体例的注释和说明、与《广韵》反切之比较等诸多方面。

5.《英藏黑水城文献》(4 册)

西北第二民族学院,英国国家图书馆,上海古籍出版社编,上海古籍出版社 2005 年 3 月出版。《英藏黑水城文献》为英国探险家斯坦因 1914 年从内蒙古黑水城遗址所得,现藏于英国国家图书馆。以西夏文为主体的写本和刻本,总量 4000 多件,汉文文献 230 多件,还有少量梵文、藏文等其他语种的文献,文献年代可确定为西夏和元朝时期,保存有较丰富的社会文书,内容包括历书、医书、卜卦书,契约、账册、户籍册,律书、诉讼文件、官府呈文等,是研究宋夏元时期宗教、政治、军事、社会生活等各个领域的第一手资料。

6.《斯坦因第三次中亚考古所获汉文文献(非佛经部分,全二册)》

沙知、吴芳思编,上海辞书出版社 2005 年出版。本书编写以斯坦因三探行程为序,依次收入各遗址搜集的汉文社会内容类文书。内容涉及政治、经济、文化、民族、语言、中西交通等,有诏敕、书信、户籍、田簿、古籍、医书、童蒙读物、符咒等。年代上起魏晋,下迄西夏、元,以晋、唐居多。全书 1500 幅图片,原样影印,图文对照。

沙知先生对照馆藏原件逐字释读辨认,仔细录文,并依据图照原样一一标注比例,还历史文献原貌。斯坦因第三次中亚探险所获汉文文书写本残件 864 个号,件数超过千件以上。在汉文写本 864 个编号中,经统计佛经残件占半数以上,有 567 个号,世俗内容写本残件仅占三分之一左右,有 297 个编号四百馀件残件。这批未刊写本残件的年代,从纸质、书法及内容分析,与马斯伯乐刊布的 607 件属于同一时期,上起东汉末年,下迄元代,以晋唐时期为最多。内容上大多数是写经。社会内容的写本有信件、诉状、牒文、田薄、账历、契约、官文、医方、典籍残片等。汉文写本残件约四百馀件,分别出自麻扎塔格、和田、楼兰、敦煌、黑城子和吐鲁番六个地区。从时间上看,以敦煌所出几枚木简年代为早,系东汉木简。黑城子写本残件下限较晚,在宋元时期。黑城子文书 79 件。黑城子文书已经马斯伯乐刊布者计 134 件。其馀未经刊布者,大多为很残的小碎片,大者七八行,小者仅一、二字残留,以佛经居多,但尚有一部分社会内容的文书、刻本残件,有一定研究价值,这 79 件文书,年代上亦与马斯伯乐已刊布者一致,大致上属于西夏宋元时期。其中有年代者仅两件。这二件文书的发现,对于揭示西夏在黑城子的统治年代,以及黑城子文书的历史背景,应该是有助益的。文书内容较杂,主要有残公文,残账目、残人名簿、药方、祭文、信札和古刻本典籍等。残公文从内容看主要是元代的。残账目有马料账、粮用账、衣物账等。除此之外,黑城子文书中较值得注意的是几件刻本和钞本古典籍残件。

7.《黑水城出土音韵学文献研究》

聂鸿音、孙伯君著,文物出版社 2006 年出版。本书就 1909 年在内蒙古额济纳旗西夏黑水城遗址发现的四种汉语语音韵学资料给予详尽的校勘,包括:《广韵》(北宋本残卷)、《平水韵》(宋本残卷)、《韵格簿》半页、《解释歌义》(金本残卷)。

8.《中国藏黑水城汉文文献》(10 册)

塔拉、杜建录、高国祥主编,国家图书馆出版社 2008 年 11 月出版,8 开精装。本书收集中国藏黑水城汉文文献 4213 件,其中社会文献 2800 件,占绝大多数,宗教文献只是很少一部分。在社会文书中,有公文,有民间文书,有票据、印本等等。根据种类和数量编成 10 卷,卷一为农政文书,212 件;卷二为钱粮文书,387 件;卷三为俸禄与分例文书,203 件;卷四为律令与词讼文书,415 件;卷五为军政与站赤文书,600 件;卷六为票据、契约、卷宗、书信,277 件;卷七为礼仪、儒学、文史,278 件;卷八为医算历学、符占秘术、堪舆地理及其他,99 件;卷九为佛教文献,233 件;卷十为图画、印章及其他文书,1509 件。中国藏黑水城汉文文献,和已经公布的俄藏黑水城文献与英藏黑水城文献一起,成为宋夏金元史与宋元佛教、中古社会、宋元科技、古代医药、丝路贸易、回族形成、法律制度、文书制度以及文献版本学等研究领域十分珍贵的原始资料。

9.《俄藏黑水城所出〈宋西北边境军政文书〉整理与研究》

孙继民著,中华书局 2009 年 3 月出版。该书对《俄藏黑水城文献》第六册第

164 页至 272 页刊载的一组宋代文书进行文书学整理，主要是释录和校勘文字，主要包括定名、题解、录文及标点、校记和参考文献等的系统整理，并分专题加以深入研究。整理篇主要包括凡例，宋西北边境军政文书，文书编年与缀合复原，附录有两件伪齐文书、五件灵石所出宋代文书、一件江苏金坛所出文书。研究篇包括专题研究论文 12 篇，研究探讨《宋西北边境军政文书》的论文 9 篇、俄藏黑水城金代文书 2 篇、《俄藏黑水城文献》汉文文献的年代构成 1 篇。

10.《俄藏黑水城汉文非佛教文献整理与研究》(上、中、下)

孙继民著，北京师范大学出版社 2012 年 3 月出版，16 开精装，入选国家哲学社会科学成果文库。本书分为整理编和研究编两大部分：整理编是对《俄藏黑水城文献》第 1—6 册所有非佛教汉文文献进行文书学的整理，主要是释录和校勘文字，包括定名、题解、录文、标点、校记和参考文献等；研究编主要是汇集主持人及研究团队近年来研究《俄藏黑水城文献》汉文非佛教文献的论文，分为综合研究、宋代文献、西夏文献、金代文献、元代文献等五个部分。

论　文

(一) 通论

1. 罗福苌《俄人黑水访古所得记》(《国立北平图书馆馆刊》第四卷第三号，西夏文专号，1930 年)。对俄柯兹洛夫所获文献中的 34 种文献作了简要的内容、版本描述，指出西夏刊印的汉文书中佛经最多，且多为李仁孝及其后罗氏写刊。

2. 向达《斯坦因黑水获古纪略》(《国立北平图书馆馆刊》第四卷第三号，西夏文专号，1930 年)。1914 年斯坦因由肃州至黑水城，对黑水城内外进行了全面发掘，本文详细介绍及描述了斯坦因发掘经过及收获。文末附有斯坦因黑水城所获西夏文书目。

3. 斯文赫定著、侯仁之译《黑城探险记》(《禹贡》第 1 卷第 9 期，1934 年)。记载了 1931 年至 1932 年斯文赫定亚洲探险队在黑水城一带考察纪录，是一篇调查与考古研究成果。

4. 黄文弼《略述内蒙古、新疆第一次考古经过及发现》、《河西古地新证》(载《西北史地论丛》，上海人民出版社 1981 年)。1927 年，以瑞典人斯文赫定和我国学者徐炳昶等组成的中瑞西北科学考察团在考察以黑水城为中心的额济纳河下游地区时，中方黄文弼发掘了文书残页数百件，该二文就是黄先生对此次考察的纪录。

5. 陈炳应《黑城新出土的一批元代文书》(《考古与文物》1983 年第 1 期)。本文对 1978 年和 1979 年从黑水城遗址发现的一批元代文书共 24 件，进行了考释与研究。全文从以下五个问题对这批文书涉及的内容作了论述：亦集乃路的建置和社会组织、驿路交通、经济和社会关系、元代的公文制度及更换库官事件、元代官府的代用币。

6. 郭治中、李逸友《内蒙古黑城考古发掘纪要》(《文物》1987 年第 7 期)。本文详细介绍和纪录了黑水城发掘经过和发现:一、查明黑城遗址为早、晚两座城址叠压在一起;二、分布在城内的上层建筑物;三、黑城出土遗物,绝大部分是清理上层(元代)建筑遗址时发现的,下层(西夏)的出土物数量极少,并只限于陶瓷片;四、黑城出土的文书,已经编号的近二千件。文字多为汉文,也有一部分为西夏文、畏兀体蒙古文,还有少量藏文、八思巴字以及其他文字写印的文书。作者按文书性质分类作了介绍,并指出,黑城文献不仅包含着西夏和元代,也部分包含了北元时期一段历史。

7. 郭锋《大英图书馆藏未经马斯伯乐刊载之斯坦因第三次中亚探险所获汉文文书》(《敦煌学辑刊》1990 年第 2 期)。本文对汉文写本残件的内容作了概要介绍,指出大英图书馆藏未经马斯伯乐刊布之斯坦因第三次中亚探险所获汉文文书写本残件 864 个号,这批未刊写本残件的年代,从纸质、书法及内容分析,与马斯伯乐刊布的 607 件属于同一时期,上起东汉末年,下迄元代,以晋唐时期为最多。内容上大多数是写经。社会内容的写本有信件、诉状、牒文、田簿、账历、契约、官文、医方、典籍残片等。

8. 李逸友《黑城出土文书续释》(载《北方民族文化遗产研究文集》,内蒙古教育出版社 1995 年)。该文从以下五个方面对几件文书进行了考释与研究。一、亦思替非字题署。《黑水城出土文书》(汉文文书卷)收录有用亦思替非字题署的文书 5 件。这 5 件有亦思替非字的公文,都是有关财政收支的重要文件,由甘肃行中书省下达给亦集乃路总管府执行,因此负责主管财务的官员要在公文末尾用亦思替非字题署。二、惩治印造伪钞罪律令钞本。编号为 F114:W1 文书,是一件惩治印造伪钞罪的律令钞本。本文对这件残文书进行了复原,并作了移录及分析论述。三、《大元通制·条格》残本。对 1963 年黑水城出土的一件残件文书,经过核对,确定此件文书为《通制条格》卷十八“和雇和买”条中第 6 件律令的残段。四、站赤只应账册。1963 年在黑城采集的另 1 件文书:63:02,是一件站户记录只应过往使臣的账册。

9. 金滢坤《俄藏敦煌文献中的黑水城文书考证及相关问题的讨论》(《敦煌学》2003 年第 24 期)。本文对《俄藏敦煌文献》第十六和十七册中的文书进行了辨析,共考证出十七件黑水城文书,其中官文书九件,记账和残历四件,契约文书两件,性质不明者两件,辽代文书一件,西夏的两件,元代的十四件,并对相关问题进行简要的说明。

10. 白滨《俄藏黑水城文献中的宋代文献》(《宋代历史文化研究(续编)》,人民出版社 2003 年)。本文扼要介绍了《俄藏黑水城文献》前 6 卷汉文部分中的宋代文献。按其内容区分为佛经文献、非佛经文献和世俗文献三个部分。佛经文献主要简要介绍了佛经、经论、残经版面三部分的版本和经名。非佛经文献介绍了几份道家、韵书、史书、历书及其他文献的版本情况和内容。世俗文献介绍了宋朝边境军政文书,约有30馀件,计109纸。

11. 杨晓华《黑水城汉文文献的发现及其学术价值》(《图书与情报》2005年第6期)。该文简略介绍了国内外对黑水城遗址的发掘情况,即1908年和1909年,俄国兹洛夫两次抵达黑水城进行发掘;1914年英国人斯坦因对黑水城发掘;1962年和1963年,内蒙古自治区文物队两次到黑水城遗址进行考古调查;1976年和1979年,甘肃省考古队对黑水城及周边地区进行了考古调查和发掘;1983年到1984年,内蒙古考古研究所联合阿拉善盟文物工作站对黑水城遗址进行了全面发掘。

12. 孙继民《黑城学:一个更为贴切的学科命名》(《河北学刊》2007年第4期)。该文对黑水城文献的朝代构成和学科定名问题进行探讨,认为黑水城文献的朝代构成中可确定的是唐、五代、辽、宋、西夏、金、伪齐、元(包括北元)诸朝;提出目前流行的"西夏学"一语不足以涵盖黑水城文献的性质,围绕黑水城文献而兴起的专门学问用"黑城学"或"黑水城文献学"定名更为恰当。

13. 白滨《黑水城文献的考证与还原》(《河北学刊》2007年第4期)。该文从黑水城文献出土地辨析与文献甄别、文献缀合以及文献残卷的拟题与断代等三个问题入手,以现有的研究成果为个例对黑水城文献整理与研究过程中应该注意的问题作了解析。

14. 史金波《创建黑水城出土文献研究新的里程碑》(《河北学刊》2007年第4期)。本文从文物、文献、史料以及学术等方面对黑水城出土文献价值进行了探讨,同时指出在录文、定名和断代过程中需要注意的问题。

15. 陈瑞青《开创黑水城宋代文献研究的新局面》(《中国史研究》2008年第4期)。本文分析黑水城宋代文献主要集中在俄藏部分,其内容涵盖佛经、经部、子部、史籍、笔记、历书、音韵著作以及"宋西北边境军政文书"等,指出黑水城宋代文献研究仍处于起步阶段,尚有诸多疑难问题亟待解决。

16. 陈瑞青《黑水城宋代文献性质刍议》(《第三届国际西夏学研讨会论文集》,2008年)。本文首先介绍了黑水城宋代文献的构成、纪年问题;其次,梳理了学术界关于"宋代西北边境军政文书"如何传入西夏之讨论。

17. 魏琳《俄藏黑水城宋代文书的拼合问题》(《第三届国际西夏学研讨会论文集》,2008年)。本文主要对俄藏109页"宋代西北边境军政文书"中第37页与第23页文书;第45页、15页、95页、48页与第80页文书;第109页与第55页文书作了摘录和缀合。

18. 白滨《关于黑水城文献研究的两个问题》(《中国史研究》2008年第4期)。黑水城文献的公布,对研究宋、辽、夏、金、元史起到了极大的促进作用。随着研究的深入,弄清黑水城遗址的挖掘次数以及文献数量成为黑水城文献研究中亟待解决的两个问题。

19. 孙继民、刘广瑞《黑水城文献发现的始年及在近代新材料发现史上的地位》

(《中国史研究》2008年第4期)。主要论述了黑水城文献研究与西夏学的关系,确立黑水城文献的发现在中国近代新材料发现史上的地位等问题。

20. 刘广瑞《黑水城所出元代带编号文书初探》(河北师范大学硕士论文,2009年)。对《俄藏黑水城文献》《斯坦因第三次中亚考古所获汉文文献(非佛经部分)》《中国藏黑水城汉文文献》及《黑城新出土的一批元代文书》中元代带编号文书进行文书学的整理,从文书类别及蕴涵的意义和黑水城文献出土地点对文书作了阐述。

21. 孙继民《敦煌学视野下的黑水城文献研究》(《南京师大学报》2009年第3期)。该文认为黑水城文献研究与敦煌学的学科性质相近,都是中国近代新发现的五大材料的重要组成部分,而且是五大新材料中学缘最近的两大学科。

22. 邢铁《准确把握黑水城文书的史料价值》(《民族研究》2010年第3期)。指出在宋史研究中并不缺乏史料,所缺少的实际上只是文书(实物)种类,黑水城文书弥补了这一缺项。研究宋朝及元朝历史问题的时候,黑水城文书可以用来补充说明某项制度在执行过程中的具体情况,即"活的制度史"、制度的灵活性;如果用黑水城文书资料来补充和校正宋元王朝的统一令制,则需要慎重。对于归宗改姓的问题,应该注意到一个时代背景。还有《至正二十五年巴都麻改嫁合同婚书》记载了一个寡妇改嫁的过程,本来只是蒙古人的婚嫁习俗,有的文章称之为反映了元末下层民众的社会生活,显然是誇大了。在使用黑水城文书、特别是用来研究宋代历史问题的时候应该慎之又慎,力争准确判断和把握其史料价值。

(二) 军政

1. 陈高华《"亦集乃路河渠司"文书和元代蒙古族的阶级分化》(《文物》1975年第9期)。该文指出这件文书是亦集乃路河渠司向该路总管府上报执行拘收蒙古子女情况的保结文书,反映了元代蒙古族平民分化、流散现象的严重与普遍。

2. 孙继民《黑水城宋代文书所见荫补拟官程序》(《历史研究》2004年第2期)。本文对《俄藏黑水城文献》第6册收录的一件宋徽宗时期有关赵德诚拟补承节郎的文书内容作了移录,针对文书涉及的若干人名、官名进行了考释与探讨。进一步揭示了该文书对宋徽宗时期荫补制度及其公文运转流程的反映。

3. 张春兰、陈瑞青《宋建炎二年(1128)德靖寨牒某指挥为招收延安府脱身官兵事考释》(《延安大学学报》2004年第6期)。《俄藏黑水城文献》第六册收录有一组"宋西北边境军政文书"的图版,该组文书共109件,作者对其中第69件文书内容进行了考释,重新定名与研究。

4. 陈瑞青《从勾集札看援西军的命运》(《承德民族师范专科学校学报》2005年第1期)。《俄藏黑水城文献》第六册汉文部分共收录宋代西北边境军政文书109件,其中第63件原题为《靖康二年四月十八日付第七将札》,作者对此件文书进行了考释与研究,认为该文书写作的时间是两宋之交,集中反映了两宋之交,范致虚组织入援勤王诸路军的命运以及各种政治势力在历史动荡时期碰撞、角逐的场面。

5. 张春兰《宋靖康二年某路经略安抚司牒为施行赦书事考释》(《文物春秋》2005 年第 2 期)。《俄藏黑水城文献》第六册汉文部分共收录宋代西北边境军政文书 109 件,其中第 28 件为一件宋代军事文书,本文以为应定名为《宋靖康二年某路经略安抚司牒为施行赦书事》,对其内容、年代及撰拟主体进行了分析考证,认为该文书所提供的资料可印证、补充史籍所载北宋末年宋将范致虚战败西京、兵溃潼关的历史事实。

6. 张春兰《俄藏黑水城宋代"御前会合军马入援所"相关文书研究》(河北师范大学硕士论文,2005 年)。该文对《俄藏黑水城文献》第六册收录的宋西北边境军政文书中,涉及到"御前会合军马入援所"四件文书进行了考释,并且对相关情况的文书进行系统性梳理。

7. 孙继民、陈瑞青《试释几件俄藏黑水城宋鄜延路公文草稿》(《西夏学(第 1 辑)》2006 年)。在《俄藏黑水城文献·宋代西北边境军政文书》中,有 4 页首行为"检"或"捡"字的文书,它们是第 9 页原题为《靖康元年正月吴湛碟》、第 72 页原题为《宣和七年正月某日张泽令》、第 79 页原题为《促保捷第二十一指挥碟》和第 102 页原题为《建炎二年十二月潘定碟》的文书。这 4 页文书对于宋代的公文制度,特别是军事文书制度极有价值,本文对这四页文书分别进行了移录和考释、研究。认为这 4 件文书为宋代鄜延路安抚经略司所属军队的公文草稿。

8. 陈瑞青《从俄藏黑水城宋代文献看北宋收复燕山府之役》(《宋史研究论丛》第七辑,河北大学出版社 2006 年)。《俄藏黑水城文献》第六册汉文部分共收录宋代西北边境军政文书 109 件,其中第 87 件文书原题为《第七将队第七副将下属仕千申状》,这件文书涉及北宋收复燕山府之役,作者对此件文书进行了考释研究,认为文书内容对于研究北宋收复燕山府之役具有很高的史料价值,文书中清楚地记载了宋军收复燕山府的过程。

9. 杨浣《黑城〈西北诸地马步军编册〉考释》(《中国史研究》2006 年第 1 期),孙继民、杜立晖《俄藏黑水城所出一件金代军事文书再探——对杨浣先生〈黑城西北诸地马步军编册考释〉一文的正补》(《中国史研究》2007 年第 4 期)。杨浣对黑城出土的一件军事文书进行了考释,并指出其为金代军事文书。孙继民、杜立晖在肯定杨浣一文断代正确的基础上,纠正了其在页码编号、录文行数统计、录文缺字标示、录文释读、录文官名地名解释等方面的失误,并进一步对该文书所涉及的金代猛安谋克制度、士兵的民族构成、仿宋军制等问题进行了解读。

10. 孙继民《俄藏黑水城宋代文书所见宋高宗建炎二年(1128)王庶被拘事件》(《宋史研究论丛》第 3 辑,河北大学出版社 2007 年)。在《俄藏黑水城文献》第 6 册收录"宋西北边境军政文书"中,有五页建炎二年(1128)十二月形成的文书,分别是第 14 页原题为《建炎二年十二月刘广吕敦礼申第七将状》、第 22 页原题为《建炎二年十二月呈状》、第 69 页原题为《德靖寨呈状》、第 84 页原题为《建炎二年十二月具领状》和第102页原题为《建炎二年十二月潘定牒》的文书。作者对这五件文书做了录文及研究,认为这五页文书反映南宋初年曲端拘禁王庶事件,展现陕西抗金战场宋军内部矛盾。

11. 孙继民《俄藏黑水城文献宋代小胡族文书试释》(《中华文史论丛》2007年第2期)。《俄藏黑水城文献》第6册所收《宋西北边境军政文书》中有两页共三处出现"小胡等族""小胡族"字样。本文通过对这些文书的考释,指出文书提供了有关宋代小胡族地区分布的佐证资料、小胡族内部民族构成的具体资料、有关的民族地区分布的确证资料和小胡族兵员构成的直接资料。本文还刊布了宋代石刻《正将李公重修石空寺记》。

12. 杨倩描《黑水城宋代军政文书与宋史研究——以鄜延路为中心》(《河北学刊》2007年第4期)。认为《俄藏黑水城文献》第6册有关宋代西北边境军政的文书共有109页,内容涉及到两宋之际以鄜延路为中心的西北地区的重要事件、公吏制度、军事制度、司法诉讼、社会风俗等内容。俄藏黑水城宋代西北边境军政文书不仅可以对两宋之际以鄜延路为中心的西北地区史料作一定的补充,而且对一些具有普遍意义的宋代制度、事件、人物的研究也有相当的价值。

13. 陈瑞青《关于一件黑水城宋代军政文献的考释》(《文物春秋》2007年第4期)。本文对《俄藏黑水城文献》第6册收录的宋代西北边境军政文书第102件《建炎二年十二月潘定牒》文书中的关键词语及其历史背景进行了考释,认为此牒对于反映陕西抗金战场宋军内部矛盾及军将势力发展等情况有极高的历史价值。

14. 孙继民、杜立晖《俄藏黑水城金代毛克文书初探》(《历史研究》2007年第4期)。该文对《俄藏黑水城文献》第6册第308、309页的一件金代汉文毛克文书进行了考释和定名,并利用文书提供的信息研究探讨了金代猛安谋克制度。

15. 孙继民《火器发展史上的重要文献——新刊伪齐阜昌三年(1132)文书解读》(《敦煌吐鲁番研究》第10卷,2007年)。该文对新刊伪齐阜昌三年(1132)文书进行了定名,探讨了两宋之际管型火器之外的抛射型火器手炮的发展问题以及宋、金、伪齐之间的战争。在此基础上,冯金忠的《新刊黑水城阜昌三年文书所见伪齐职官制度》(《文献》2010年第1期),探讨了孙先生未涉及的伪齐职官制度问题。

16. 郑彦卿《黑水城所出一件元代职官文书考释》(《宁夏社会科学》2007年第5期),对李逸友《黑水城出土文书》中一件职官品级表进行了考证与研究,认为该文书为我们提供了部分元代职官的名称和品级情况,提出这件文书最早产生于元代晚期。

17. 杨倩描《从俄藏黑水城文献看宋代的"背嵬"》(《宋史研究论丛第九辑》,河北大学出版社2008年)。《俄藏黑水城文献》第六册汉文部分共收录宋代西北边境军政文书109件,本文对其中第92页文书进行了研究,俄藏"叙录"将其定名为《某年正月统制司吴湛状》,作者认为这是一件很有史料价值的文书,它证明了在北宋末年,在西北宋军的建制中已经有了"背嵬队"。这种"背嵬队"的性质与南宋的"背嵬军”基本相同，且有承袭关系。

18. 张春兰《俄藏黑水城宋代军政文书所见西军溃散兵员问题探析》(《边疆考古研究》2008 年第 7 辑)。本文对《俄藏黑水城文献》第 6 册收录的宋代西北边境军政文书中的第 4、39、44、63、64 和 73 页进行了考释和研究，认为这几页文书涉及“西军”溃散兵员问题。

19. 许生根《英藏黑水城出土四件元代军政文书初探》(《宁夏社会科学》2008 年第 2 期)。本文对英藏黑水城出土《黑水城屯戍支用官粮册》《亦集乃路广积仓具申季报粮斛并放支军人季粮事呈文》《岭北行省打造军器用粮事呈文》《岭北行省打造军器用粮事呈文》4 件元朝军政文书内容进行了初步的整理研究。

20. 马顺平《北元宣光二年甘肃等处行中书省亦集乃分省咨文考释》(《内蒙古大学学报》2008 年第 2 期)。本文对《俄藏黑水城文献》中编号为 TK204V 的题名《宣光二年甘肃等处行中书省亦集乃分省咨文》的文书做了录文、考释和研究。指出这件文书所记载的亦集乃分省是此前文献中从未提到的，可以弥补《元史》的不足，记录洪武五年冯胜北征甘肃行省的部分，纠正并补充了《明太祖实录》中相关史料的阙失。

21. 陈艳《俄藏黑水城文献宋保安军金汤城文书诸问题研究》(河北师范大学硕士论文，2009 年)。该硕士论文以《俄藏黑水城文献》中一件宋西北边境军政文书为中心，对宋西北边境军政文书的研究现状作了介绍和分析；对魏琳在其文章《关于几件俄藏黑水城宋代文书的拼合》中缀合的一件由第 15 页、第 45 页、第 48 页、第 80 页和第 95 页组成的文书进行分析；对文书所见的“会子”“交旁”与请粮程序与请粮标准进行了探讨。

22. 潘洁、陈朝辉《黑水城出土元代亦集乃路选官文书》(《宁夏社会科学》2009 年第 3 期)。本文对 1983—1984 年由内蒙古文物考古研究所发掘出土的黑水城文书中的几件罕见的北元时期举保人推荐任官文书、保存基本完整的选任仓库官文书和其他选官文书进行了分析研究，认为黑水城出土的北元时期推荐任官文书和其他几件选官文书反映了元代亦集乃路官员选任的要求，以及亦集乃路官员对调现象。

23. 杜立晖《黑水城 F114：W3 元代选充仓库官文书初探》(《西夏学》(第 4 辑)，2009 年)，指出《黑水城出土文书》(汉文文书卷)编号为“Fll4：W3”的文书，内容涉及元代仓库官员的选任等情况，对于认识元代各路选充仓库官员的吏职范围变化，选充仓库官员的条件等内容均具有重要的史料价值，认为将 Fll4：W3 文书定名为“元至元末年中书省谕诸行省选充仓库官例”较妥。

24. 杨彦彬《试析元末至北元初期甘肃地区的分省设置——以三件黑城出土文书为中心》(《西夏学》(第 4 辑)，2009 年)。黑城出土的俄 TK204V、俄 TK214、M1.0192(F14：W6A)这三件文书，内容涉及元末甘肃地区的分省情况。作者通过对这三件文书分析研究，主要探讨了元末至北元初甘肃地区的分省设置情况及分省的主要机构设置和职责，分省与行省、路的关系等。

25. 吴超《黑城出土文书所见“牌子”考》(《北华大学学报》2009年第4期)。本文对《黑水城出土文书》(汉文文书卷)F249:W22文书做了探讨研究，认为本件文书为牌子户文书。金代以人为主组成的牌子，为军事组织的基本单位。元代沿用了金代这一军事组织的基本单位，但是性质已经发生了些许变化。牌子已经具有户籍管理的职能，已经出现以户为社会基本单位的牌子户。作者认为牌子头可能是渠社社长所辖管理人员，与社长共同管理本辖区的户籍，维护本区的安定，从而也证明了亦集乃路的社会基层组织为渠牌制。

26. 从海平《黑城出土文书所见海都之乱时期亦集乃路的军粮供给》(《云南大学学报》2009年第4期)。本文结合《元史》，比照《黑城文书》中的《大德四年军粮文卷》，对海都之乱时期亦集乃路的位置，以及为元军筹措转运军粮情况等进行初步疏理，认为亦集乃路作为西北兵站之一，在元代北方军粮后勤供给体系中充当了重要角色。

27. 朱德军《宋代西北边境弓箭手供给问题的历史考察——以俄藏黑水城文献为中心》(《西夏学》(第5辑)，2010年)。本文针对《俄藏黑水城文献》第6册关于宋西北边境军政文书中的“汉蕃弓箭手”供给问题，分析研究了西北边境弓箭手的供给问题。平时弓箭手虽“悉无衣廪”，但在“上番”“恩赏”“募选”之时，可以支取“口食”“衣赐”，国家对此进行严格的管理，“程序化”是它最突出的特点。

28. 陈瑞青《黑水城文献所见宋代蕃兵制度的新变化》(《民族研究》2010年第3期)。俄藏黑水城“宋西北边境军政文书”有多件反映两宋之际西北地区基层蕃官、蕃兵的文书，对于研究这一时期蕃兵，尤其蕃族弓箭手的职能、地位演变情况具有重要的文献价值。本文对“置将法”实行后系“将”弓箭手职能、地位的演变，以及“保甲制”下弓箭手出战形式的变化这两个相关问题作了细致地探讨和研究。

29. 陈瑞青《俄藏黑水城宋代文献所见差破“白直人兵”文书考》(《西夏学》(第5辑)，2010年)。本文利用黑水城文献中涉及的“白直人兵”文书，对宋代白直的历史渊源、服役状况、社会地位等作了深入的探讨。认为宋代白直实行差、募兼行的职役制度。

30. 陈瑞青《从黑水城宋代文献看两宋之际宋夏关系》(《江汉论坛》2010年第10期)。本文首先对俄藏黑水城《宋西北边境军政文书》概况做了介绍，对策应环庆路军马文书进行了深入研究，认为这些文书反映了北宋末年，为应对西夏军事入侵，北宋军队在陕西的调动、布防情况。对于研究这一时期的宋夏关系具有重要的史料价值。

31. 杜立晖《俄藏黑水城肃州路官员名录文书考释》(《西夏学》(第5辑)，2010年)。《俄藏黑水城文献》第4册收录一件编号并定名为“俄TK226肃州路官员名录”的元代文书，本文对其录文进行了详细说明，对文书时间做了阐述，针对文书定名提出了商榷，探讨分析了文书的价值。

32. 朱建路《从黑水城出土文书看元代亦集乃路河渠司》(《西夏学》(第5辑)，2010年)，依据《黑城出土文书(汉文文书卷)》元代亦集乃路渠社的史料，对亦集乃路渠社的分布、基层组织及其职能等进行了探讨。指出关于渠社的记载证实了甘肃行省确已建立村社制度，反映元代在农村已设立村社的广泛性。

33. 孙继民《西夏汉文干祐十四年安排官文书考释及意义》(《江汉论坛》2010年第1期)。本文对《俄藏黑水城文献》第6册第300页收录的一件编号为 иHB. NO.2208 的西夏时期汉文文书进行了重新释录，关于安排官文书的公文种类属性、安排官的职官性质和机构属性做了详尽阐述。认为安排官文书证实，西夏汉文的公文中也存在类似宋代札子的文体。

34. 陈瑞青《黑水城所出南宋初年施行赦书文书考释》(《西夏学》(第八辑)，2011年)。《宋西北边境军政文书》中收录的第28页和第98页文书中均涉及南宋初年施行赦书事项。本文对这两页文书中的赦书进行了考证，认为该赦书就是宋高宗即位赦书。作为统领陕西五路勤王部队的御前会合军马入援所将高宗即位赦书作为处理溃散兵员的依据，表明陕西在建炎元年五月已经拥戴南宋政权。

35. 吴超《黑水城出土文书所见人事变化初探》(《吉林师范大学学报》2011年第3期)。本文指出黑水城文书所见官员的人事变化，主要表现为对调官吏、保举官吏、选充官吏几种。文章利用黑水城文书，对所见官员的人事变化进行了分析与研究，认为黑水城出土文书所见官员人事变化情况为我们了解元代官员调动选任提供了较为翔实的文献。

36. 朱建路《黑水城所出〈亦集乃分省元出放规运官本牒〉考释》(《宁夏社会科学》2012年第2期)。本文对《俄藏黑水城文献》第四册所载《亦集乃分省元出放规运官本牒》文书作了考释与研究，认为该文书为北元初期的文书，文书中的“总兵官”指扩廓铁木儿，内容反映了北元初期扩廓帖木儿与明军在甘肃地区对峙情况及亦集乃分省为恢复经济所做的努力。

37. 陈瑞青《黑水城元代文献中的“安定王”及其部队》(《南京师大学报》2012年第5期)。本文对黑水城元代文献中出现的“安定王朵立只巴”的世系、驻地以及在元代末期的活动进行了研究，指出黑水城文献中出现的“朵立只罕翼军人”是安定王在亦集乃路总管府的驻军。

38. 杜立晖《黑水城元代汉文军政文书的数量构成及其价值》(《宁夏社会科学》2012年第2期)。本文主要梳理了《黑城出土文书(汉文文书卷)》《中国藏黑水城汉文文献》、陈炳应《黑城新出土的一批元代文书》《俄藏敦煌文献》《斯坦因第三次中亚考古所获汉文文献(非佛经部分)》所涉及的元代汉文军政文书，指出这些文书是原生态的元代公文档案，对认识、研究相关行政制度、军事事件等可提供新的视角与重要的资料。

(三) 经济

1. 陈国灿《西夏天庆典当残契复原》(《中国史研究》1980 年第 1 期)。马伯乐《斯坦因在中亚细亚第三次探险的中国古文书考释》一书中,包含西夏天庆年间典当残契 15 件,这批典当文契,都是天庆十一年(1204)五月书写的。各契按日相连,可能是典当商人裴松的典当契约底账,十五件典当文契,均已残缺难读。作者从典当文契本身内在的某些特点和规律出发,对这批残契作了完整的复原。

2. 李逸友《元代草原丝绸之路上的纸币——内蒙古额济纳旗黑城出土的元钞及票券》(《中国钱币》1991 年第 3 期)。1983 年至 1984 年内蒙古文物考古研究所在黑水城发掘了一大批元钞和少量票券,该文对这些纸币进行了详尽分析论述,认为其不仅提供了研究元代纸币和可流通的有价证券的实物资料,而且对于元代纸币的使用和贬值情况,也提供了新材料。

3. 杨选第《元代亦集乃路的民间借贷契约》(《内蒙古师大学报》1996 年第 3 期)。李逸友《黑水城出土文书》中有 26 件元代亦集乃路民间私人契约文书,其中 13 件借贷契约,本文对这 13 件借贷契约式样和内容、借贷契约特点进行了阐述和研究,认为契约格式完备、手续完整、内涵丰富。结合契约内容分析,可看出元代借贷契约具备的某些特点以及亦集乃路居民经济生活的概貌。

4. 叶新民《亦集乃路元代契约文书研究》(《蒙古史研究》第五辑,1997 年)。该文指出李逸友《黑水城出土文书》(汉文文书卷),有许多契约文书,涉及到婚姻、借贷、雇佣买卖等诸多方面,为元史研究提供了新资料。文章对这些契约文书进行剖析研究,认为亦集乃路的契约文书,属于民间私人文书,具有一定的法律效力。

5. 周祥《黑城出土文书与元代钞本的印造和使用》(《钱币博览》2003 年第 1 期)。本文对内蒙古黑水城出土的四张万亿宝源库文书进行了研究,认为它们的确不是钞本,是四张万亿宝源库开具的收据,对这四张收据的分析,可以知道元代纸币入库的一套管理制度。

6. 庞文秀《黑城出土元代有价证券例证》(《内蒙古金融研究》2003 年第 4 期)。该文对李逸友《黑水城出土文书》(汉文文书卷)所收盐引、盐券、茶引、钞本、契本等有价证券,结合《元史》相关史料做了探讨,认为黑水城出土的这些元代有价证券,共同特点是由国家专门管理机构印行发卖,除了可以凭券领纳券上规定的生活消费品外,还可以此代替钞币在市面上流通,一定程度上它已具备了货币的一些职能。

7. 刘洋《元代亦集乃路水稻种植问题小考》(《陕西师范大学继续教育学院学报》2003 年第 4 期)。李逸友《黑城出土文书(汉文部分)》指出"这里(亦集乃路)虽有河水灌溉,又具夏秋季节气温高等自然条件,但土壤均系风沙土,缺少黏性和有机质,因此不能蓄水种稻"。李先生这一结论主要依据是《黑城出土文书(汉文书卷)》第 140 页 F51:W5 文件的“白米本路并无出产”。本文作者对这一论断进行了商榷,认为元代亦集乃路有水稻种植。

8. 王大方《内蒙古考古工作者发现元朝的粮库登记账册》(《内蒙古社会科学》2003 年第 3 期)。该文对《黑水城出土文书》元代粮库登记账册中的两件进行了分析,指出亦集乃路的粮库管理官员,在登记账册上使用了精确到五六位的登记方法。

9. 马彩霞《关于黑水城所出一件元代经济文书的考释》(《西域研究》2004 年第 4 期)。该文对《俄藏黑水城文献》第六册第 15 页收录的一件“申亦集乃路总管府验粮文”文书进行了考释与研究,认为黑水城所出的“亦集乃路总管府验粮文”很可能为至正二十四年(1364)前后的文书,是亦集乃路广积仓的申验粮文书。

10. 张玉珍《从黑城出土文书看元代货币制度》(河北大学硕士论文,2006 年)。本文研究了《黑水城出土文书》(汉文文书卷)第 183 页的拾肆“票据类”中的二件印有“都提举万亿宝源库”的票券。作者结合同期出土的《盐券》《仓票》,并根据史料,对二件票券的印造年代、内容、性质及其所反映出的元代货币体制和财政状况进行了研究。

11. 刘秋根、孙春芳《元代商业信用初探——以黑城文书为中心》(《中国古代社会与思想文化研究论集(第二辑)——首届“古代社会与思想文化”国际学术研讨会专辑》2006 年)。本文以黑城文书(汉文部分)中几件与商业信用有关的文书为主,对元代商业信用基本类型,元代消费信用情况给予初步的探讨。

12. 潘洁、陈朝辉《元代亦集乃路税粮初探》(《内蒙古社会科学》2007 年第 2 期)。本文以黑水城出土的税粮账册为主,分析了税粮的种类、税额等基本情况,复原部分文书,并与俄藏西夏赋税文书进行比较,揭示亦集乃路税粮征收的基本规律和农业种植的特殊情况。

13. 徐悦《黑城所出 F116:W115 号提调农桑文书的考释》(《宁夏社会科学》2007 年第 4 期)。本文对《黑水城出土文书》(汉文文书卷)中一件 F116:W115 号提调农桑文书进行考释与研究。认为提调农桑文书反映了元政府重视种桑养蚕,在亦集乃路推行区田法和桑粮间作制等方面的问题。

14. 杜建录《西夏干祐二年材料文书考释》(《宁夏社会科学》2007 年第 3 期)。本文对俄藏编号 B61、ДX2828 号、ДX10279 号三件文书进行了考释,对文书的格式与定名,文书反映的社会历史问题做了研究。

15. 刘秋根、杨小敏《从黑城文书看元代官营酒业的变化》(《宁夏社会科学》2007 年第 1 期)。本文通过对黑水城出土汉文文书中出现的一件有关元代亦集乃路官府管理酿酒业的资料进行分析,认为元代亦集乃路官府自用非商品酒生产由官府集中生产转变为官府管理下的分散酿造。

16. 杨印民《元代官府只应酒品的生产与管理——兼与〈从黑城文书看元代官

营酒业的变化〉一文商榷》(《宁夏社会科学》2010年第1期)。本文首先对刘秋根、杨小敏《从黑城文书看元代官营酒业的变化》一文观点提出了商榷,认为该文书没有任何信息表明元代地方官府将酝造供应使臣的分例酒交由具体酒户生产,因此也就不能得出元代官府非商品酒酿造权力分散和下移的结论。其次,作者对李逸友先生整理的编号为F9:W105的文书进行重新解读和研究。

17. 魏郭辉《俄藏敦煌文献ДX.16714提举司牒校释及相关问题考略》(《宁夏社会科学》2008年第7期)。本文考证了《俄藏敦煌文献ДX.16714提举司牒》系混入敦煌文献中的一件黑水城文书,该文首先对文书进行录文以及来源考订,其次对文书内容做了详细校释,应该是一件元代社会经济文书。对文书中"伯颜丞相"做了考析,认为文书中的伯颜丞相为元世祖时期灭南宋的丞相伯颜。同时文书也透露出元代亦集乃路设有铁场。

18. 潘洁、陈朝辉《元代亦集乃路赋税考——黑水城出土税票考释》(《第三届国际西夏学研讨会论文集》2008年)。该文对1983年和1984年,黑水城出土税票进行了考释与研究。指出元代与西夏税额基本一致,不同的是每亩纳小麦数增加了3倍多,而大麦数相应减少;地税征收的方式为人户合纳;时间集中在十月至十二月;收购税粮和发放税票的机构为亦集乃路的府仓广积仓;纳税人户主要为军户、民户和宗教户,涉及蒙古、汉、党项三大民族。

19. 吴超《亦集乃路税务管理初探》(《阴山学刊》2008年第5期)。本文对《黑水城出土文书》(汉文卷)中有关地税、抽分羊马、酒醋课和商税等方面的文献进行了研究,认为亦集乃路的税务管理主要是对地税、抽分羊马以及商税进行管理。而酒醋课则是甘肃行省派专人负责,不归亦集乃路管辖,所收的酒醋课也要解纳到甘肃行省丰备库。亦集乃路管理税务的机关为税务司,其对地税和抽分羊马的管理主要依据"勘合"进行征收,并发放收税凭据。

20. 史金波《天盛癸未十五年借钱契》(《西夏社会》,上海人民出版社2007年)。杜建录《西夏天盛十五年贷钱文契考释》(《第三届国际西夏学研讨会论文集》,2008年)。孙继民、许会玲《西夏天盛十五年(1163年)王受贷钱契等考释》(《宋史研究论丛第九辑》,河北大学出版社2008年)。三篇文章都对《俄藏黑水城文献》汉文部分第6册第321页的一件编号为俄NHB.NO7779A文书,进行了不同程度的探讨与研究。史金波先生认为后记立文字人王受,同立文字人小受及同立文字人周遇僧,人名下无画押,此契尚不是具有法律效力的正式契约。杜建录对文书进行了考释与研究,认为该文书为研究西夏官私借贷与借贷利率,提供了重要的依据。孙继民先生赞同史先生的观点,提出此件文书应定名为《西夏天盛十五年(1163)王受贷钱契稿(或钞件)》。其内容反映了西夏货币借贷的计息方法、还本付息的方式和西夏国内商业经济和货币经济的发展。

21. 杜建录《英藏黑水城马匹草料文书考释》(《宁夏社会科学》2009年第5

期)。本文所探讨的马匹草料账册是英藏黑水文献的一部分。作者认为此件马匹草料文书缺佚年款,通过内容判断是西夏社会文书。由于文书较残,目前还不能断定该文书记录的是军用马匹支取草料还是公用马匹支取草料。

22. 陈静《黑水城所出〈天庆年间裴松寿处典麦契〉考释》(《文物春秋》2009 年第 2 期)。本文对《俄藏黑水城文献》第 2 册收录的西夏天庆年间裴松寿处典麦契的 12 组残片进行了复原,并对其内容和年代做了考释。认为斯坦因所获的 15 件汉文西夏天庆十一年用衣物典麦契,与此件文书无论在时间上还是内容上都有契合之处,应该是一组文书,可以放在一起研究。杜建录《俄藏西夏天庆年间典粮文契考释》(《西夏研究》2010 年第 1 期)就俄藏西夏天庆年间典粮文契作了考释,对相关问题进行了探讨,提出俄藏西夏天庆年间典粮文契弥足珍贵,为探讨西夏贷粮文契格式、贷粮利率、偿还期限、违约处罚以及其他相关问题提供了重要的依据。赵彦龙《西夏时期的契约档案》(《西北民族研究》2001 年第 4 期),主要对《天庆间典当文契》等几件契约档案作了介绍。

23. 许伟伟《黑城夏元时期契约文书的若干问题——以谷物借贷文书为中心》(《宁夏社会科学》2009 年第 3 期)。本文比对夏元时期的谷物借贷文书契约,考察夏元文书各自的特色、谷物借贷文书在借期和还期方面的时间问题以及黑城地区的谷物种类、夏元习俗的传承等问题。

24. 朱建路《黑水城所出元代粮食相关文书研究》(河北师范大学硕士论文,2009 年)。本文以黑水城所出元代文书为基础,选取其中若干件文书,在分析其形式、确定其性质、考订其名称的基础上,研究文书所反映的意义,对元代末期亦集乃路的粮食问题进行较全面地探讨。

25. 张重艳《黑水城所出元代军粮文书杂识》(《兰州学刊》2009 年第 12 期)。对《黑水城出土文书》(汉文文书卷)和《中国藏黑水城汉文文献》收录的元代军用钱粮文书进行了对比和介绍,分析认为阔端赤是元代基层军队中负责管理马政的人员,其军粮及其他开支由地方供应,其在军队中的地位和正军是相似的。

26. 许会玲《黑水城所出西夏汉文榷场文书考释》(河北师范大学硕士论文,2009 年)。本文对《英藏黑水城文献》第 4 册所收录的 2 件文书和《俄藏黑水城文献》第 6 册所收录的 15 件榷场文书的研究现状作了介绍,对文书作了录文、断定及文书书式的复原、考释,对西夏中后期的榷场贸易做深入的探讨。

27. 潘洁《黑水城出土元代赋税文书研究》(《西夏学(第 4 辑)》2009 年)。本文以黑水城出土的一些涉及税粮的重要内容的文书为研究对象,探讨了黑水城文书所反映的元代亦集乃路的税粮、抽分、酒醋课、契本税等赋税征收的基本情况,弥补了黑水城赋税研究领域的不足。

28. 陈瑞青《黑水城所出元代亦集乃路总管府钱粮房〈照验状〉考释》(《西夏学》(第 4 辑),2009 年)。本文对《黑水城出土文书》(汉文文书卷)编号为 Y1:W22 的一件文书进行了考释和研究，认为这件文书对于研究元代文书制度、军事制度具有较高的史料价值。

29. 徐悦《元代亦集乃路农作物种类考述》(《西夏学》(第 4 辑)，2009 年)。本文主要以《黑水城出土文书》(汉文文书卷)为依据，从粮食作物、经济作物、药材三个方面将亦集乃路农作物的种类进行了考述。

30. 朱建路《英藏黑水城所出两件粮食相关文书再研究》(《宁夏社会科学》2010 年第 1 期)。许生根发表《英藏黑水城出土四件元代军政文书初探》一文，对 4 件与仓库粮食有关的文书进行了分析，指出元代亦集乃路的粮食来源多元化。

31. 杜建录《黑城出土西夏榷场文书考释》(《中国经济史研究》2010 年第 1 期)。本文对《俄藏黑水城文献》(1—6 册)汉文部分公布的西夏榷场文书中的 12 件文进行了释文，探究了文书内容与书写格式，研究了文书所见地名与文书形成年代，论述了文书所反映的货物，认为这些文书虽然没有一件完整的，但经过考证辨析，可解决西夏榷场机构设置、交易货物、商税征收等重要问题。

32. 许伟伟《黑城所出收付契文书 Y1:W201 考释》(《西夏学》(第六辑)，2010 年)。本文认为黑城所出《宣光元年(1371)十一月十二日收付契》文书，是黑城契约文书中一例收付契约，并做了考释，研究了文书中铺马制度，铺马出借行为以及马主官员身份的界定。

33. 李艳、谢继忠《从黑城文书看元代亦集乃路的水利管理和纠纷》(《边疆经济与文化》2010 年第 1 期)。该文认为元代亦集乃路是甘肃行省的北部重镇，军民所依赖的农业生产全靠黑河水灌溉，由于人口、耕地、气候、民户负担等多种因素，当地水利灌溉管理严格，并针对纠纷时常发生的史实，官府有相应的处理纠纷的方式和方法。

34. 刘广瑞《黑水城所出元代“白帖”文书初释》(《内蒙古农业大学学报》2012 年第 2 期)。在《中国藏黑水城汉文文献》中收录了三件元代“白帖”文书，其中两件文书内容都是关于元代亦集乃路广积仓税粮凭据，本文对这两件文书作了考证与研究，指出“白帖”文书为研究元代税粮征收程序提供了实物价值。

35. 陈瑞青《黑水城所出元代甘肃行省丰备库钱粮文书考释》(《宁夏社会科学》2012 年第 2 期)。本文对黑水城出土的元代 F116:W21 号文书进行了考释，认为这件文书是甘肃行省丰备库给亦集乃路总管府的牒文。

36. 杜立晖《黑水城文书与元代钱粮考较制度》(《首都师范大学学报》2012 年第 4 期)。本文指出黑水城 F116:W555 文书应命名为“元至正十一年(1351)二月十八日钱粮房呈亦集乃路总管府考较屯田千户所钱粮事”。其内容为钱帛与粮斛专项考较，钱粮房为亦集乃路钱粮考较的实际组织者。元代钱粮考较开始时间为岁终，完成于第二年上半年；其程序是先认定需办钱粮总数，再下达公文要求委官提调，后在行省展开并逐级上报甘结及相关信息。

(四) 社会

1. 李逸友《黑城文书所见的元代纳怜道站赤》(《文物》1987 年第 7 期)。本文对黑水城文书中有关纳怜道站赤数字、站名,每个站赤拥有马匹的数目,纳怜道的管理机构,站赤供给,站户占有土地情况进行了分析研究。

2. 李逸友《元代文书档案制度举隅——记内蒙古额济纳旗黑水城出土元代文书》(《档案学研究》1991 年第 4 期)。1983 年和 1984 年内蒙古文物考古所从黑水城发掘了大量文书,本文对这批文书中所见的元代文书档案制度进行了公文的种类和格式,公文的处理和档案使用诸多方面研究。

3. 刘晓《从黑城文书看元代的户籍制度》(《江西财经大学学报》2000 年第 6 期)。《黑水城出土文书》(汉文文书卷)第 91 页到 93 页的民籍类,保留有许多与元代户籍有关的内容。作者认为这些文书残卷是我们研究元代户籍制度不可多得的实物资料。作者结合这些文书残卷中的四件,对元代的户口登记程序与户籍内容作一些再探讨。

4. 陈高华《黑城元代站赤登记簿初探》(《中国社会科学院研究生院学报》2002 年第 5 期)。《俄藏黑水城文献》中的元代两件文书,本文经考释,认为是站赤登记簿,为研究元代站赤只应情况及有关河西蒙古宗王等提供了珍贵的资料。通过研究,推断出两件站赤登记簿产生于元代后期,两件文书时间应有先后。

5. 孙继民《黑水城所出宋赵德诚家状试释》(《敦煌学辑刊》2002 年第 2 期)。《俄藏黑水城文献》第 6 册收录一件北宋时期保安军德靖寨人赵德诚报告乡贯、三代、年甲的文书,本文对这件文书进行了详细考释,指出文书定名应拟题为《宋靖康元年(1126)赵德诚家状》,其可贵之处是展示了宋代家状的实物形态。

6. 金滢坤《从黑城文书看元代的养济院制度——兼论元代的亦集乃路》(《中央民族大学学报》2003 年第 2 期)。本文认为《俄藏敦煌文献》ДX.19072R《元至正三年亦集乃路巡检司为收养郭张驴等孤老状本路总管府及指挥使判》为黑水城文书,此件文书证实了元代鳏寡孤独废疾收养制度曾有效地实行,并一直到元末。元朝还建立了与养济相关的法律,以确保鳏寡孤独老弱残疾者得到收养。

7. 石坤敦《从黑水城出土汉文文书看元亦集乃路的西夏遗民》(《敦煌学辑刊》2005 年第 2 期)。本文通过对黑水城出土汉文文书中出现的西夏遗民资料进行分析,对亦集乃路出土文书中所见的西夏人进行了详细举例说明,初步研究了元代亦集乃路遗留西夏遗民的生活状况及其与当地其他民族的融合情况。

8. 潘洁、陈朝辉《元代亦集乃路大王妃子分例文书复原》(《宁夏社会科学》2007 年第 1 期)。该文认为黑水城出土元代汉文文书中,用来记录亦集乃路总管府为其辖区的大王、妃子供应生活物资的文书,应该统称为诸王分例类。它们中以桑哥失里大王分例羊酒和卜鲁罕妃子分例米面文书数量较多。经比较,可以复原其中的大部分。作者从分例文书的性质、行文格式和文书内容体现的某些规律出发,对桑哥失里大王分例羊酒和卜鲁罕妃子分例米面文书进行复原。

9. 陈瑞青《从俄藏黑水城文献看宋代公文的贴黄制度》(《中华文史论丛》2007年第2期)。本文利用《俄藏黑水城文献》中的《宋代西北边境军政文书》,对宋代公文贴黄制度的渊源、贴黄的类型以及对后世的影响作了初步的探讨。

10. 王亚莉《黑城出土元代签补站户文书 F116:W543 考释》(《宁夏社会科学》2009年第3期)。该文对黑城《签补站户文卷》中 F116:W543 文书进行了考释与研究,分析阐述了文书记载元末站户消乏逃亡现象,朝廷命令各地站官及时签补站户,严格依照事产、物力、牲畜等财产标准来签补。上户、中户、下户一概签充,打破了等级限制,并招诱逃亡或迁移站户复业,以补充人数。

11. 王亚莉《元代亦集乃路"蒙古八站"考释》(《西夏学》(第4辑),2009年)。本文依据《黑水城出土文书》(汉文文书卷)中的站赤文书,对"蒙古八站"的设置情况以及构成和地理分布等进行了探讨。认为蒙古八站分别是在城站、盐池站、普竹站、狼心站、即的站、马兀木南子站、山口站和落卜克站。站赤主要是官员计察军情,专为军需而备,主要交通工具是马和驼,为使臣提供抵应什物,所设站官主要为提领和百户人。

12. 王盼《麦足朵立只答站户案初探》(《西夏学》(第4辑),2009年)。本文对黑水城出土的《麦足朵立只答站户案文卷》作了探讨与研究,认为该文书主要关于在城站户麦足朵立只答与其驱口亦称布的纠纷,麦足朵立只答因为其驱口不为其服站役而上告官府。

13. 杜立晖《黑水城 F116:W434 元末签补站户文书试释》(《宁夏社会科学》2010年第4期)。本文认为 F116:W434 文书是元朝政府签补站户的官方文书,其不但具有重要的文献价值,更对于研究元代特别是元末站赤管理机关的运行、站户的签补、复业站户的处理以及当时的职官等内容都具有极高的史料价值。

14. 兰天祥《黑城出土柬帖文书刍议》(《宁夏社会科学》2010年第2期)。本文对黑城出土的8件元代柬帖文书由格式到内容进行了初步的探讨和研究,指出黑城出土文献是研究宋元时期社会生活重要的实物资料,柬帖文书更是反映元代亦集乃路居民交往的主要凭证。

15. 崔红芬《汉文〈杂字〉所反映的西夏社会问题探析》(《西夏学》(第六辑),2010年)。本文对《俄藏黑水城文献》第六册中《杂字》进行了分析,认为《杂字》是以事门分类编辑当时常用语词,是西夏时期流行的通俗字书,内容包括经济商业、政治制度、民族关系、社会生活和文化艺术等多个方面,具有明显地方特色。

16. 郭兆斌《黑水城所出两件与养老制度有关的文书研究》(《西夏学》(第八辑),2011年)。本文对《俄藏敦煌文献》第17册《补遗》中所收 Дx19072R 号文书作了分析,在对金滢坤先生文章做了补正之后,对元代亦集乃路地区官府收养老人的程序及元代的养老制度做了论述。

（五）法律

1. 李逸友《黑城出土的元代律令文书》（《文物》1991 年第 7 期）。1983 年和 1984 年，黑城元代亦集乃路遗址中出土了一批元代律令文书，其中有《大元通制》和《至正条格》的残页，从而首次得见这两部原书的真实面貌。

2. 陈志英《元皇庆元年（1312）十二月亦集乃路刑房文书初探》（《内蒙古社会科学》2004 年第 5 期）。《俄藏黑水城文献》汉文部分第六卷中的“俄 Д×1403”号文书，被定名为《皇庆元年刑房奉诏赦除令》，作者通过比对该件文书，以及李逸友《黑水城出土文书》F21：W3 文书，认为这两件文书为同一案件不同类型的文书，F21：W3 应是案件审讯过程中对犯人忽都龙的取状，而“俄 Д×1403”号文书则可能是刑房对令只僧吉的判文，提出将其定名为《元皇庆元年（1312）十二月亦集乃路刑房文书》。

3. 刘永刚《对黑水城出土的一件婚姻文书的考释》（《宁夏社会科学》2008 年第 4 期）。该文对《黑水城出土文书》（汉文文书卷）中编号为 F13：W130 的一件涉及婚姻的文书重新释读，认为文书的主要内容是，脱欢应招入伍，无行军诸物资，盘缠不够，其弟脱火赤参军病亡，所以“以钱市斗内白米壹石，小麦壹石，大麦壹石，羊、酒、筵席”的实物，将弟妻巴都麻说媒改嫁，给哈里巴台为妻，认为这份文书既是巴都麻改嫁合同婚书，又有合同买卖性质。

4. 张国旺《俄藏黑水城 TK194 号文书〈至正年间提控案牍与开除本官员状〉的定名与价值》（《西域研究》2008 年第 2 期）。该文对俄藏黑水城 TK194 号文书《至正年间提控案牍与开除本官员状》的性质与定名进行讨论，认为文书应为至正年间亦集乃路总管府钱粮房文书，可定名为《元代至正间亦集乃路钱粮房所录本路官员请俸文书底簿》，认为文书反映了元末俸禄制度及具体执行情况。

5. 张重艳《也火汝足立嵬地土案文卷初探》（《西夏学》（第六辑），2010 年）。本文对黑城出土的《也火汝足立嵬地土案文卷》作了研究，整个案件起因于战乱，本是亦集乃路站户的也火汝足立嵬家族被迫逃亡至永昌路西凉州杂木口充当扎剌儿站站户，后要求回亦集乃路复业。文章指出元代站户存在两地入籍的情况，并对案件三年才有明确审理结果的原因作了分析。相关研究为了解元代站户的户籍及土地情况提供了新材料。

6. 张重艳《中国藏黑水城所出元代律令与词讼文书的史学价值》（《南京师大学报》2012 年第 5 期）。本文对中国藏黑水城所出元代律令与词讼文书的史学价值进行了研究，认为黑水城出土的刻本、写本律令文书，为研究元代法律典籍提供了版本学的新材料。出土的元代词讼文书，对元代的诉状文书格式进行了验证，同时提供了民事案件审理中新的状式写法，为研究元代审判程序提供了新材料。

7. 马立群《黑水城出土婚姻类文书探析》（《图书馆理论与实践》2012 年第 11 期）。本文通过对《黑水城出土文书》（汉文文书卷）四则婚姻类文书的解读与研究，指出从中可以发现元代亦集乃路地区婚姻聘礼的形式、聘财的高低与妇女改嫁问题,同时可知经济因素对妇女改嫁影响较大。

(六) 语言

1. 聂鸿音《黑水城钞本〈解释歌义〉和早期等韵门法》(《宁夏大学学报》1997 年第 4 期)。本文认为《解释歌义》是现存最早的汉语等韵门法著作之一,又是早期同类著作中最为详细的一种。书中一批前所未见的资料不但展示了汉语等韵学的初始状况,而且还为解决谁是等韵门法创始人这一悬而未决的难题提供了可靠的证据。

2. 孙伯君《西夏新译佛经中的特殊标音汉字》(《宁夏社会科学》2007 年第 1 期)。黑水城出土的汉文文献中有几部西夏仁宗时期(1140—1193)刊印的佛经,是由西夏本土僧人宝源等新译的。本文认为这些经典中的陀罗尼秉承了唐代以来密咒梵汉对音的标音传统,在遇到难于在汉语中找到对当字的梵语语音时,采用了很多注音辅助手段,包括在基本汉字前加“口”旁,在基本汉字后加注“二合”“引”“重”“合口”“紧”和创制新的“切身”字等办法来描摹梵语的实际音值。这些特殊标音汉字的用法与《番汉合时掌中珠》中的夏汉对音用字有些相似。作者根据梵语,对夏译佛经陀罗尼中的特殊标音汉字所代表的实际语音进行了诠释。

3. 孙伯君《西夏译经的梵汉对音与汉语西北方音》(《语言研究》2007 年第 1 期)。该文认为黑水城出土的汉文佛经中的陀罗尼的对音秉承了唐代以来梵汉对音的传统,特别是为准确描摹梵语的实际音值所采用的那些注音辅助手段,颇能显现与中原汉译佛经的个中渊源,所不同的是夏译密咒所用汉字的字音是西夏地区流行的汉语西北方音。特别是《胜相顶尊总持功能依经录》中的陀罗尼,对帮助人们认识 12 世纪汉语西北方音的概貌有重要意义,同时亦为建立在《番汉合时掌中珠》夏汉对音基础上的西夏字的拟音提供参考。

4. 蔡永贵、靳红慧《俄藏黑水城文献〈刘知远诸宫调〉俗字整理研究》(《西夏学》(第六辑),2010 年)。该文指出黑水城文献中的俗字反映了宋元时期西北地区特别是黑水城地区的俗字使用和文字书写情况。本文搜集了《俄藏黑水城文献》第六册所载金刻本《刘知远诸宫调》中的俗字,考证分析了其中的 232 个俗字,并对其进行分类整理研究。

5. 王使臻《俄藏文献 Дx.2822“字书”的来源及相关问题》(《西夏学》(第五辑),2010 年)。本文通过对俄藏文献 Дx.2822“字书”的内容与《西夏地形图》《天盛律令》、西夏文《三才杂字》等文献的对比分析,认为 Дx.2822 是在西夏仁孝时期(1139—1193)依照西夏前期境内流传的汉族文人编写的一部实用的识字教材而修订的字书钞本,后流传到黑水城。

6. 吴超《黑城出土文书所见蒙古字学考》(《阴山学刊》2010 年第 6 期)。本文提出《黑水城出土文书》中的蒙古教授证明了亦集乃路的蒙古字学的存在,并受亦集乃路总管府的管辖。探讨了蒙古字学的生员和经费来源，认为蒙古字学教授利用士兵空闲的时间对其进行蒙古字学教育，其经费来源为国家财政支出和学田的收入。并认为 F111：W55 文书的时间上限为大德七年(1303)

7. 惠宏《黑水城汉文文献杂释》(《西夏学》(第六辑)，2010 年)。本文对黑水城出土汉文文献中出现的一组词语作了考释，这组词语有俄 Дx16714《至元二十六年提举司文状》中的“了跳、锁停、曲须”；俄 A7《慈乌大黑要门》中的“严”“钩兼”；俄 TK158《夹颂心经发愿文》中的“无漏、罔极”；俄 TK128《佛说圣佛母般若多心经御制后序发愿文》中的“绝蔑”。

（七）文化

1. 邱瑞中《黑城元代文献札记》(《中国典籍与文化》1996 年第 2 期)。该文对《黑城出土文书(汉文卷)》中未收的冥钱、版刻资料，三册比丘僧的习诵本，数页元代畏兀儿蒙古文刻经，黑城刻本之残页中瘦金体字黑城文牍等作了介绍。

2. 李辉、冯国《俄藏黑水城文献两件类书定名与拼合》(《宁夏社会科学》2005 年第 2 期)。本文对俄藏黑水城汉文文献中，标明为类书的两件刻本，一为编号为俄 TK314 的残件，一为编号为俄 TK322(2)的残件进行勘比，确认此二件实出于唐人徐坚《初学记》第一卷。

3. 张富春《俄藏黑水城文献俄 TK316 号汉文文献题名辨正》(《图书馆理论与实践》2005 年第 3 期)。该文指出《俄藏黑水城文献》俄 TK316 号汉文文献只是《资治通鉴・晋纪》的节略、改写，并不出自《资治通鉴・晋纪》，而是出自《资治通鉴纲目》。本文还认为此文献宜题名为《资治通鉴纲目晋孝武帝宁康、太远事》，而不宜题为《晋纪》。

4. 段玉泉《英藏黑水城文献 Or8212/1243 号残页补考》(《文献》2005 年第 4 期)。本文就 1993 年由郭锋先生录文刊布，编号为 Or8212/1243 KK Ⅱ 0244 a xxD，拟题“宋刻本孔颖达礼记正义(单行本)残页”进行了研究，认为郭书序言部分对此件材料介绍以及录文拟题直接将其称之为《礼记正义》欠妥，指出该件文书残页所记载内容出自孔颖达《春秋左传正义》。

5. 许文芳、韦宝畏《俄藏黑水城 2822 号文书〈杂集时要用字〉研究》(《社科纵横》2005 年第 6 期)。本文对俄藏 2822 号文书《杂集时要用字》的定名和断代作了进一步的探讨，认为将其定名为《杂集时要用字》更恰当一些，写作年代应在公元 1170 年至公元 1209 年或 1217 年之间。

6. 段玉泉《俄藏黑水城文献〈初学记〉残片补考》(《宁夏社会科学》2006 年第 1 期)。本文指出俄藏黑水城文献 TK322《六十四卦图歌》封底亦裱有两纸类书残片，此残片与李辉、冯国栋先生考证的两件类书残片可以拼合，同属于《初学记》的一个页面，该《初学记》残本当为北宋刻本，非金刻本。

7. 段玉泉《黑水城文献〈资治通鉴纲目〉残页考辨》(《宁夏大学学报》2006 年第

3 期)。本文对俄藏编号为 TK316,内蒙古藏编号为 F6:W36 的黑水城汉文刻本残页作了考释,认为这两件残页均出自朱熹《资治通鉴纲目》,两件藏品版本特征极为相似,但纸质不同,当属不同版本或者同一版本的不同印刷。根据避讳情况判断,其中 TK316 应当是南宋刻本。

8. 张廷杰《俄藏黑水城文献中的元佚词》(《宁夏大学学报》2006 年第 1 期)。本文对《俄藏黑水城文献》(汉文部分)第五册中收录的有关手写的《大圣乐》等九调十首词进行了分析,认为这些文献为元佚词,作者当为修仙悟道之山人隐者抑或是仕途失意的落魄文人;其词格式有与词谱不相合者,为词律研究者提供了新的资料依据。

9. 陈静《黑水城〈吕观文进庄子义〉错误举例》(《中国哲学史》2008 年第 3 期)。该文认为,吕惠卿的《庄子义》现在只有金刻本和黑水城残本存世,并不等于当年就只有这两个刻本。黑水城《庄子义》残本有很多漏字错字、俗字、简略字,还有前字不误而后字故意用简单笔划的字来代替繁复前字的现象,有好些读不通的句子和段落,从这些现象来看,它不像是在作者吕惠卿的关注之下刊印的最初版本,也称不上精良。因此,称它早于金刻本是可以的,而在没有进一步的证据之前,以它早于金刻本就称之为“原刻本”或者“初刻本”是不恰当的。

10. 孙广文、兰天祥《元代亦集乃路儒学教育初探》(《宁夏社会科学》2009 年第 5 期)。该文对黑水城出土文书中涉及儒学教育的部分文书进行分析,探讨了亦集乃路儒学教育的内容,生员、学生及儒户,儒学教育和学课钱,以及学田等问题,以期揭示亦集乃路儒学教育的基本面貌。

11. 吴超《亦集乃路的儒学管理初探》(《阴山学刊》2009 年第 3 期)。本文依据《黑水城出土文书》中有关儒学资料,对亦集乃路的儒学教育作了初步研究。亦集乃路儒学既受甘肃儒学提举司管辖又受亦集乃路总管府的管辖。儒学教授是选拔博学多才的儒生,生员来源为儒户和良家子,经费主要有政府的财政支出、学田、学课,从学生钞本和印本来看,儒学教学的内容应是符合元朝政府规定的。

12. 潘洁《黑水城出土〈文献通考〉版本考》(《图书馆理论与实践》2009 年第 7 期)。本文以黑水城出土的 4 卷《文献通考》为资料,在疏理《文献通考》版本的基础上,将黑水城《文献通考》与现藏于北京国家图书馆的泰定元年(1324)初刻本、中国台北图书馆的至元五年(1339)余谦修补本进行比较,考证出此本为元朝泰定元年(1324)西湖书院刻本。此外,黑水城《文献通考》卷四六中的一处手写改动,纠正了初刻本中的错误。

13. 惠宏《黑水城出土〈尚书句解〉残页考》(《西夏学》(第 4 辑),2009 年)。该文对李逸友《黑水城出土文书》(汉文文书卷)中,一件编号为 F1:W67 的尚未求得出处的《尚书》注本作了研究。依据《四库全书》本《尚书句解》确认黑水城出土的这一残页正是朱祖义撰《尚书句解》的刻本之一。其次,对文献的作者、成书年代及其价值进行了研究。最后，对黑水城出土本《尚书句解》版本作了考察。

14. 邱志诚《黑水城 M1·1296、M1·1298 号文书的缀合、考释及相关问题研究》(《文献》2012 年第 4 期)。该文指出《黑水城出土文书》(汉文文书卷)中编号为 Fl:W44、Fl:W45 的两件文书，是占卜入门知识课本的习钞本，Ml·1296、Ml·1298 号文书并不是符占文书钞本。这两件文书实际上是一个钞本的两个连续页，应该只给一个编号、一个题名，且正确定名应是《习抄元版《〈图像合璧君臣故事句解〉残页》。

(八) 宗教

1. 王克孝《苏联藏西夏汉文佛经刊本述略》(《文献》1990 年第 1 期)。本文对《黑城出土汉文遗书叙录》19 种中保存较完整的刊本情况作了叙述与介绍。认为西夏用汉文刻印的书籍传世不多，上述刊本佛经则填补了我国书籍印刷史上的这段空白，这些刊本多为现存的海内孤本和珍本，为考察和研究西夏的雕版印刷提供了新的实物资料，而且使我们得以把西夏刊本的最早时间精确地上溯到 1073 年，这些刊本在雕版格式、装帧技艺上既受到汉族文化的明显影响，又有着自己的特点，特别是版画中所描绘的人物形象、发式衣冠等方面更具有西夏的艺术风格。

2. 聂鸿音《黑城所出〈续一切经音义〉残片考》(《北方文物》2001 年第 1 期)。《黑水城汉文文献叙录》一件编号为 F64:W1 的汉文书籍刻本残片编入儒学与文史类，本文对这件残片进行简要的补充说明，认为这件残片出自辽代僧人希麟编集的《续一切经音义》卷六，是对《无量寿如来念诵修观行仪轨》的音义注解。目前还无法判断黑城所出《续一切经音义》的准确刊印年代，指出它是黑城遗址发现的首件辽人作品。

3. 邱树森《从黑水城出土文书看元“回回哈的司”》(《南京大学学报》2001 年第 3 期)。本文对三件涉及“回回哈的司”文书作了考释与研究，提出这三件文书可以证明该机构在元代几经废除，但在元后期各地已经恢复，哈的大师的职权照旧；哈的司多设于礼拜寺中，说明“回回哈的司”是唐宋“蕃坊”向明清“教坊”转化的过渡形式。

4. 李辉、冯国栋《俄藏黑水城文献〈慈觉禅师劝化集〉考》(《敦煌研究》2004 年第 2 期)。本文指出了俄藏黑水城文献《慈觉禅师劝化集》，作者是宋代云门宗、净土宗僧人宗赜，并对宗赜的生平和另一部总集《苇江集》作了详细的考证。

5. 宗舜《俄藏黑水城文献之汉文佛教文献续考》(《敦煌研究》2004 年第 5 期)。本文对《俄藏黑水城文献》(汉文部分)中没有定名的 3 个写卷进行了定名，并纠正了 8 处原定名不确的情况，通过两次考订，使新定名的佛教文献总数达到 36 件，而未能定名的佛经文献仅有 2 件。

6. 马格侠《俄藏黑城出土写本〈景德传灯录〉年代考》(《敦煌学辑刊》2005 年第 2 期)。本文考证了黑城写本《景德传灯录》的年代、所依据的底本、传入黑城地区的时间等问题,认为该写本所依据的底本是现在传世的最早版本,可能是《熙宁藏》或更早的版本。

7. 孙伯君《西夏宝源译〈胜相顶尊总持功能依经录〉考略》(《西夏学》(第1辑),2006年)。黑水城所出的宝源译本《胜相顶尊总持功能依经录》,系由西夏国师鲜卑宝源于仁宗天盛元年(1149)前后根据梵文本翻译,译文风格明显受藏文译经的影响,并带有西夏地区流行的汉语西北方言的特征。

8. 孙伯君《西夏宝源译〈圣观自在大悲心总持功能依经录〉考》(《敦煌学辑刊》2006年第2期)。本文对黑水城所出汉译本《圣观自在大悲心总持功能依经录》进行了考释研究,认为该经系由西夏国师鲜卑宝源于仁宗天盛元年(1149)前后据梵文本翻译的,与藏文《圣者大悲观自在妙集功德陀罗尼》出自同一部梵文原典。

9. 沈卫荣《重构十一至十四世纪的西域佛教史——基于俄藏黑水城汉文佛教文书的探讨》(《历史研究》2006年第5期)。本文对俄藏黑水城汉文文献中的藏传密教文献作了研究,将其与回鹘、西夏、蒙古文中的佛教文献相比较,认为可以重构11—14世纪西域佛教史。

10. 汤君《西夏全真教佚词十一首考释》(《宗教学研究》2007年第2期)。《俄藏黑水城文献》第一册,编号A20号写卷为黑水城出土的全真教佚词,该文对此写卷作了分析与研究,认为佚词与全真教的密切关系,它们应该是在西夏发现的全真词的实物,是金全真七子的作品。

11. 连劭名《西夏汉文写本〈卜筮要诀〉研究》(《宁夏社会科学》2007年第1期)。本文对俄藏黑水城文献中一份编号为TK153V.B60V西夏时期的汉文写本作了分析研究。认为这件文书是根据《周易》编写的简易卜筮书籍,包括筮法、六十四卦名、占辞等内容。占辞仅存乾、坤、屯、蒙、需、讼、师七卦。这件写本是研究中古时期易学与西夏地区民俗文化的珍贵资料。

12. 韦兵《佛教世俗化与宋代职业伦理建构——以俄藏黑水城文献〈慈觉禅师劝化集〉为中心》(《学术月刊》2008年9月)。该文指出在唐宋之际的社会转型中,贫民化和世俗化是重要趋势,黑水城文献《慈觉禅师劝化集》中,北宋高僧宗赜称修行与世俗生活并不相悖,《劝化集》诸篇对包括胥吏、军人、商人在内的各行业职业操守和佛教修证的关系进行了详细论述,从理论上阐明宗教修行与世俗职业生活两者在本质上是统一的。

13. 黄杰华《黑水城出土藏传佛教实修文书〈慈乌大黑要门〉初探》(《中国藏学》2009年第3期)。本文以《慈乌大黑要门》为例,先将写本重新整理标点,再通过比对其他大黑天修法文书,说明该文书的内容要点,试图釐清大黑天信仰在西夏藏传佛教的轮廓。

14. 彭向前《西夏汉文写本〈卜筮要诀〉再探》(《宁夏社会科学》2010年第1期)。该文对黑水城出土汉文写本《卜筮要诀》作了进一步探索,认为该书共由四部分组成，可分别拟作“八卦象例”“摇卦诀”“六十四卦歌诀”、以及“六十四卦占辞”“占诗”；并从讳字、出土地点、钞本中的通假字入手，论证了“卜筮要诀”确为西夏时期的钞本。

15. 宋坤《俄藏黑水城宋慈觉禅师〈劝化集〉研究》(河北师范大学硕士论文，2010年)。本文对《俄藏黑水城文献》第三册当中的TK132号《慈觉禅师劝化集》研究现状进行了介绍和分析，对慈觉禅师生平作了补考，对目前所见传世文献当中所存的《劝化集》相关内容进行了梳理和介绍，对宗赜佛教思想的世俗化倾向进行了探讨，对宗赜的“忠孝”观念进行了分析讨论。另外，本文还对长芦寺的建置问题进行了简单考证，并对《劝化集》进行了释录。

(九) 医药、历法

1. 张培瑜《黑城新出天文历法文书残页的几点附记》(《文物》1988年第4期)。《内蒙古黑城考古发掘纪要》报道的出土文书中有天文、历法资料，本文对发表的历书残页和月食记录作以下研究：一、出土的历书是元至正二十五年(1365)授时历残页。二、古代历简历书近年考古多有发现。目前已知自西汉迄清，除三国、两晋、南朝、隋历本尚未发现外，后世只有元朝历书未见。黑水城历书残页的出土，补上了这个空缺。三、月食现象我国史书上记载不多。新出黑水城文书中“至正五年乙酉岁八月十六日丁卯夜望月食”的记录，《元史·天文志》未载，日本、朝鲜都有记录。它可能是当地民间的观测实记，也很可贵。

2. 张培瑜、卢央《黑城出土残历的年代和有关问题》(《南京大学学报》1994年第2期)。黑城出土的汉文文书中有五件残历，本文认为是元大德和至正时期授时历书残页，黑城残历授时历创立了历书新格式，删除了大小岁会、杂会、黄道黑道等丛书类目，集中每月六候列于月首等等，使历书面目一新。这种格式一直为明清遵循。

3. 刘海波、刘玉书《黑城出土文书医药初探》(《第二届中国少数民族科技史国际学术讨论会论文集》，社会科学文献出版社1996年)。本文对李逸友《黑水城出土文书》中有关医药资料进行整理归纳，按医事建制，疾病简掇，方药汇辑等项进行了初探。从而说明早在700多年前的亦集乃医药已初具规模。

4. 刘海波《黑城出土文书医药残文考略》(《中华医史杂志》1998年第2期)。本文对《黑水城出土文书》中的医药残文加以整理，并参照元代朝廷有关的医药政策、法令，按医学与教授，惠民药局与良医，医论与方药，以及三皇祭祀等项进行简要的考证，分析认为元代各路州均设立医药机构。

5. 张如青《俄藏黑水城中医药文献初探》(《中华医史杂志》1999年第1期)。本文对《俄藏黑水城文献》10馀种中医药文献，如《孙真人千金方》《辰龙麝香保命丹》《紫苑丸方》《神仙方论》等作了介绍，对俄藏黑水城文献之中医药文献的版本作了探究。

6. 史金波《黑水城出土活字版汉文历书考》(《文物》2001 年第 10 期)。本文对《俄藏黑水城文献》中的汉文残历作了探讨,认为残历书时代为 13 世纪初期,是早已失传的古历,是有确切年代最早的汉文活字印本,是西夏印本。

7. 张如青《俄藏黑水城佚名古方书辑校考释》和《俄藏黑水城佚名古方书辑校考释(续)》(《上海中医药大学学报》2001 年第 4 期、2002 年第 1 期)。对俄藏黑水城文献 TK187 佚名古方书残卷进行释校、考证、研究。确定了该文献的成书年代、版本形制;破释了文献中大量漫漶字、俗体字及宋、金时期的俗语词;结合传世唐、宋方书对其中的医方进行了比较研究与综合考证。

8. 张如青《俄藏黑水城文献〈辰龙麝香保命丹〉考释》(《中医文献杂志》2004 年第 2 期)。本文对俄藏黑水城文献《辰龙麝香保命丹》进行释读、辑校,并从文献形制、刻印年代、仿单源流、主治病症方面等作了全面考释。认为 TK173《辰龙麝香保命丹》是现存最早的中成药方单。

9. 惠宏《俄藏黑水城汉文医药文献概要》(《国医论坛》2005 年第 1 期)。本文对俄藏黑水城文献中的 7 件西夏文医药文献、10 件汉文文献,进行了版本特征和内容介绍。认为这些药方文献价值远比不上敦煌医药文献。但是,其中不少材料(例如《孙真人千金方》)还是有相当价值的,对这些材料的全面整理与研究,可以帮助我们增添对传统医药文献的认识。

10. 潘洁《黑城分例文书中的属相纪年》(《内蒙古社会科》2006 年第 4 期)。该文对黑城出土文书中反映的属相纪年情况进行了详细的列表介绍以及研究,指出黑水城出土的汉文文书基本上采用年号纪年,属相纪年均出现在翻译少数民族的文书部分,属相纪年在元代流行于少数民族中。

11. 惠宏《英藏斯·碎·181 脉法残片考——兼推黑城文献之下限》(《时珍国医国药》2006 年第 10 期),《英藏黑水城文献 Or8212/1343 号脉法残片考——兼论黑水城文献与敦煌文献的互串问题》(《西夏学》(第 1 辑),2006 年)。二文指出英藏黑水城文献 Or8212/1343 号脉法残片亦编号为 S·碎·181,马继兴先生在《敦煌医药文献辑校》一书中全文辑录,拟题为“不知名脉法残片”。该文对此残片作了进一步考察,认为这一脉法残片实际上与《普济方》卷一二六《伤寒门·平脉法第二》中一段文字完全吻合。此外,该文还举例论述了黑水城文献与敦煌文献的互串问题。

西夏与河西回鹘关系论考研究综述

郑 玲

回鹘，Uighur的古代译名，本为“凝固、凝结”之义，是今天维吾尔族和裕固族的共同祖先。究其族源，学界普遍接受的观点为，早在秦汉时代便活跃于漠北乃至西域的丁零，后演变为铁勒、高车等，发展至隋代始有乌护、袁纥之谓，唐代始称回纥或回鹘。这个“居无恒所，随水草流移”①的游牧民族在天灾频仍和黠戛斯的强势攻击之下，于公元840年走向灭亡，其馀部众则分为数支，在各部首领的统帅之下分别向南、向西撤离漠北高原，其中在西迁回鹘的力量中，一支投奔居于河西走廊的吐蕃，“是时吐蕃已陷河西、陇右，乃以回鹘散处之”。对于这支内迁的外来者，依其所占据的区域的不同，分别被称为“秦州回鹘”（位于今甘肃省天水市一带）、“贺兰山回鹘（今宁夏回族自治区西北和内蒙古自治区交界处，因“回鹘都督石仁政、么啰王子、邈拏王子、越黜黄水州巡检四族，并居贺兰山下”而得名）、“合罗川回鹘”（位于今甘肃省西北部和内蒙古额济纳河流域）、“沙州回鹘“（位于今甘肃省敦煌县、安西县一带）、”甘州回鹘“（位于甘肃省中部武威县、张掖市、酒泉市一带），因甘州是河西回鹘的政治经济文化中心，故河西回鹘又称甘州回鹘。

西夏（1038—1227），是党项人于1038年建立的一个地方割据政权，在其统治的一百九十年间，因其独具特色的地理位置，先后与宋、辽、金等政权并存且成掎角之势，同时又与回鹘等势力摩擦不断，往来频繁。

针对河西回鹘的研究，一直以来深受国内外学界的关注，研究视角多集中于河西回鹘的族源、立国时间、可汗世系、地理疆域、政权灭亡原因、与周边政权关系、宗教文化等诸多方面。无论是针对河西回鹘还是西夏开展的专题研究，其研究成果可谓丰富。近年来，有关学者依托汉文文献资料，将坐落在河西走廊中部区域的河西回鹘与丝绸之路东段的西夏作为两个主体研究对象，以地缘关系的视角参之，并致力于西夏与河西回鹘二者在历史、文化、宗教、语言等方面的关系研究，这已然成为中亚研究诸领域的重要对象，攀爬梳理二者之间的战和关系、贸易往来、语言接触与文化影响诸方面的研究成果，有利于推动西夏与回鹘关系史的研究。

---

① 《旧唐书》卷一九五《回纥传》，第5195页。

一、西夏与河西回鹘之战和关系研究

早在西夏政权正式成立之前,关于河西回鹘与党项民族的接触交往在《旧五代史·党项传》中便已有文字记载,“[后唐长兴三年(932)],河西回鹘朝贡‘中国’,道其部落,辄邀劫之,执其使者,卖之他族,以易牛马”。这样以劫掠形式呈现的民族接触,拉开了河西回鹘与西夏为争夺河西走廊乃至丝绸之路的常年累月的战争序幕。对丝绸之路河西段贸易主角的回鹘而言,势力逐渐强大起来的西夏,此时的触角已经延伸到丝绸之路的东端重镇——灵州,并对朝贡中原的回鹘实施劫掠,一方面打击了河西回鹘的经济贸易活动,一方面西夏的经济掠夺行为也受到了后唐明宗的严厉打击。此后随着西夏政权的建立,河西回鹘与西夏之间的摩擦不断升级,河西回鹘与西夏的战和关系便成为二者关系的主要方面。

作为诸民族交汇之地,西北地区的民族关系最为错综复杂。对于西夏与河西回鹘在历史上的几次交战,《宋会要辑稿》(蕃夷四之二)《宋史回鹘传》《西夏书事校正》《西夏纪》《宋史》卷四八五《夏国传上》中均有详细的记载,在此不再赘述。而对于西夏与回鹘二者历史关系的研究,最早可参看王国维所著《黑鞑事略笺证》(《观堂集林》)一文,文章以甘州回鹘为研究对象,主要论述与西夏的关系及其后向沙洲西南迁徙的历史。此外,汤开建《甘州回鹘余部的迁徙与西州回鹘之关系》[①]中分别探讨甘州回鹘与西夏和高昌回鹘王国之间的关系。王天顺的《西夏与周边各族地缘关系述论》[②]中首先概述西夏与其四周邻国的地缘关系,继之讨论西夏政权的强大以及占据河西及河、湟数州实与回鹘势力衰微直至退出上述地区有直接关系。而对于河西回鹘与西夏的战争关系及其历史影响,高自厚在其《甘州回鹘与西夏》[③]一文中作出了全面深刻的阐述。

随着国内敦煌学的迅猛发展和相关文献资料不断被解读出来,学界对于河西回鹘与西夏二者战和关系研究逐步升温,诸如彭向前的《试论辽宋西夏金时期西北民族关系的主要矛盾》[④]一文以历史发展各阶段的主要矛盾为线索,依其阶段性特征,分三个主要时期纵观辽宋西夏金时期西北民族关系的发展演变。其中在第一阶段的主要矛盾——宋辽矛盾的论述中,作者论及了西夏与回鹘之间的动态矛盾关系。李并成、朱悦梅所撰写的《西夏与甘州回鹘》[⑤]和朱悦梅《甘州回鹘与周边政权的关系及其特点》[⑥]一文认为甘州回鹘地处河西走廊的主要农业区——黑河流

---

① 汤开建:《甘州回鹘余部的迁徙与西州回鹘之关系》,《新疆社会科学》1984 年第 3 期。

② 王天顺:《西夏与周边各族地缘关系述论》,《宁夏大学学报(人文社会科学版)》2003 年第 1 期。

③ 高自厚:《甘州回鹘与西夏》,《甘肃民族研究》,1989 年第 1 期。

④ 彭向前:《试论辽宋西夏金时期西北民族关系的主要矛盾》,《内蒙古社会科学(汉文版)》2004 年第 2 期。

⑤ 李并成、朱悦梅:《西夏与甘州回鹘》,《西夏研究》(第 3 辑),中国社会科学出版社,2006 年。

⑥ 朱悦梅:《甘州回鹘与周边政权的关系及其特点》,《敦煌研究》2007 年第 1 期。

域，自古为“胡汉交往”的繁华之地，而这一特殊的地理区域相对中原王朝而言又为边缘地带，沙洲政权、吐蕃、党项、契丹等政权分列其东西。甘州回鹘落脚于此，要生存和发展，必须建立一套有利于自身强国的政治秩序，东联西压、南北争锋是其处理与周边政权关系的基本政策。

刘全波在《甘州回鹘、凉州吐蕃诸部与党项的战争及其影响》[①]一文就甘州回鹘与党项等民族之间的战争及其影响问题作了研究，认为甘州回鹘与党项的战争对整个河西地区乃至中国产生了巨大影响，甘州回鹘地处河西咽喉之地，加之与北宋的政治联盟，使得党项背腹受敌，在历经30多年的战争后，党项最终击败甘州回鹘，北收回鹘精兵，渐次控制河西陇右，从而拥有辽阔的地域，丰富的物产，国力大增，最终使得元昊有足够的实力建立西夏政权，并与北宋、辽共分天下，与南宋、金鼎立中国。

刘晓芳的硕士学位论文《甘州回鹘与北宋、西夏的关系》(2012年)分别从政治敌对、经济贸易和文化交流三大方面对甘州回鹘与西夏关系作出详细分析，认为长期的战争对抗使得甘州回鹘和西夏的实力此消彼长，最终形成了甘州回鹘亡于西夏的史实。

河西回鹘亡于西夏的历史事实，学界论者颇多，而对于河西回鹘最终灭亡的社会历史原因，高自厚在其《甘州回鹘失守甘州的社会原因——兼论甘州回鹘的社会制度》[②]中认为甘州回鹘的社会积弊直接导致了其在与西夏斗争中的失败；杨建新在《中国西北少数民族史》[③]中论及该问题时指出，甘州回鹘是在西夏与辽的夹击下失败的，二者夹击甘州回鹘的原因主要在于该政权长期与宋保持密切的交往关系。

除此之外，诸如杜建录所著《西夏与周边民族关系史》[④]和杨富学所著《回鹘文献与回鹘文化》[⑤]均专辟章节对二者间的关系作出专题讨论。

二、西夏与河西回鹘之经济贸易关系研究

回鹘历史上就是一个擅长贸易往来的民族，在西迁之前，河西走廊一带作为中西交通的津梁，长期以来便承载着沟通东西方政治、经济和文化等方面联系的重任，已然为经济繁荣、贸易发达之地。回鹘民族的迁入，频繁的丝路贸易，成为回鹘民族的经济命脉。此外，对中原王朝的朝贡一定程度上有赖于丝绸之路的畅通，史

---

① 刘全波：《甘州回鹘、凉州吐蕃诸部与党项的战争及其影响》，《西夏研究》2010年第1期。

② 高自厚：《甘州回鹘失守甘州的社会原因——兼论甘州回鹘的社会制度》，《甘肃社会科学》1983年第1期。

③ 杨建新：《中国西北少数民族史》，宁夏人民出版社，1988年，第367－386页。

④ 杜建录：《西夏与周边民族关系史》，甘肃文化出版社，1995年。

⑤ 杨富学：《回鹘文献与回鹘文化》，民族出版社，2003年。

载“路出灵州,交易于市”[①]即是如此。但是觊觎丝路贸易的丰厚利润,灵州被西夏李继迁所占,朝贡之路被阻,河西回鹘与西夏之间的贸易摩擦与日俱增,扰劫贡路,重税政策之下的经济盘剥便成客观的历史写照。洪皓在其《松漠纪闻》中便有如下记载:“[回鹘]多为商贾于燕,载以橐之,过夏地,夏人率十而指一,必得其最上品者,贾人苦之。后以物美恶杂贮毛连中,染所征亦不赀。其来浸热,密识其中下品,俾指之。”[②]

随着西夏势力的逐步增强,频繁的劫掠行为使得“回鹘贡路,悉为断绝”,严重威胁着东西方贸易的正常发展。河西回鹘与西夏之间贸易关系的核心体现在对丝绸之路的路权斗争中,谁占据有利的区域,使得丝路畅通无阻,谁就会在其中获得更大的利润。除此之外,经济的往来与政治外交的和谐与否息息相关,二者的经济贸易呈现出早期萧条晚期繁盛的发展趋势。

河西回鹘视丝绸之路为生命线,在维护和保证其畅通方面做出了贡献,而学界对此论述较多,所持认识基本一致,比如樊保良的《回鹘与吐蕃及西夏在丝路上的关系》[③],文中以大量翔实资料分析认为,回鹘视丝绸之路为生命线,在丝绸之路的地位和作用问题上,显然是回鹘维护疏通了丝路,而西夏则干扰破坏了丝路。

对于西夏在丝绸之路沟通东西方贸易的地位和作用的问题,可参见诸如钱伯泉《西夏对丝绸之路的经营及其强盛》[④]、罗丰《五代、宋初灵州与丝绸之路》[⑤]、杨蕤《关于西夏丝路研究中几个问题的再探讨》[⑥]、长泽和俊、钟美珠译《西夏之侵入河西与东西交通》[⑦]等文章。

其中,陈炳应的《西夏丝绸之路贸易与货币》[⑧]一文利用《天盛改旧新定律令》等新材料得出了“西夏的存在并未阻隔东西方的丝路贸易,相反,在某种程度上,还起着维系和中继的作用,作出过一定的贡献”结论,此外李学江的《西夏时期的丝绸之路》[⑨]分列三条史料对西夏阻断丝绸之路的说法进行辨证分析,指出西夏建国之前与甘州回鹘争夺河西,多次掠劫回鹘贡使,不能说明西夏阻碍了丝路贸易。较为全面论述西夏与丝绸之路问题的当属陈爱峰、赵学东等人,其《西夏与丝绸之路研

---

① 《宋史》卷二七〇《段思恭传》,第9272页。

② (宋)洪皓著,翟立伟标注:《松漠纪闻》,吉林文史出版社,1986年,第15页。

③ 樊保良:《回鹘与吐蕃及西夏在丝路上的关系》,《民族研究》1987年第4期。

④ 钱伯泉:《西夏对丝绸之路的经营及其强盛》,《西北民族研究》1993年第2期。

⑤ 罗丰:《五代、宋初灵州与丝绸之路》,《西北民族研究》1998年第1期。

⑥ 杨蕤:《关于西夏丝路研究中几个问题的再探讨》,《中国历史地理论丛》2003年第4期。

⑦ [日]长泽和俊著、钟美珠译:《西夏之侵入河西与东西交通》,《丝绸之路史研究》,天津古籍出版社,1990年,第402页。

⑧ 陈炳应:《西夏丝绸之路贸易与货币》,《中国钱币》1991年第3期。

⑨ 李学江:《西夏时期的丝绸之路》,《宁夏社会科学》2002年第1期。

究综述》①一文，从西夏在丝绸之路上的地位与作用、西夏时期的丝绸之路交通、西夏与丝绸之路贸易、西夏对丝绸之路的经营等方面回顾、分析20世纪初至今国内外学者关于西夏与丝绸之路的研究。吴天墀的《西夏史稿》②一书详述西夏在丝绸之路贸易的热点问题即中继贸易，同时也讨论了西夏与辽、回鹘的贸易。

对于西夏与回鹘经济贸易往来进行翔实考证和细致梳理的当属陈爱峰、杨富学的《西夏与回鹘贸易关系考》③一文，该文以传世文献记载为基本线索，结合新疆、敦煌及黑水城等地的考古资料，梳理出西夏与回鹘间的贸易关系，文章认为，北宋时期，受到宋夏矛盾的制约，西夏与回鹘贸易受到了很大的制约，直至南宋时期夏宋矛盾消亡，加之西夏推行诸多优惠的贸易政策，西夏与回鹘间的商业贸易和贡使贸易呈现出繁荣趋势。

河西回鹘与西夏的积极贸易活动，促进了丝绸之路的经济文化交流。同时，丝绸之路的畅通，使得回鹘摩尼教徒、佛教徒等能在中原及沙洲诸地的活动，从而促进了河西走廊的宗教文化交流。

三、西夏与河西回鹘之文化交流关系研究

频繁的贸易往来使得西夏与河西回鹘二者之间保持着长期密切的文化交流。尽管在战争中西夏最终征服了河西回鹘，但是回鹘民族的文化特质及其文化元素也在西夏呈现：

（一）回鹘文字的使用

迨至西夏立国，回鹘人在西夏的对外贸易中，仍然起着非常独特的作用。回鹘语一度为西夏与周边民族进行商业贸易的交际语，更有一些回鹘的商贾“因入贡，往往散行陕西诸路，公然贸易，久留不归”④。回鹘文字在河西地区得到了相当广泛的使用，这从清人吴广成所著的《西夏书事》卷十二中可以得到印证：“元昊既制蕃书，遵为国字，凡国中艺文诰牒尽易蕃书。于是立蕃字、汉字二院，汉习正、草，蕃兼篆、隶，其秩与唐翰林等。汉字掌中国往来表奏，中书汉字，旁以蕃书并列。蕃字掌西蕃、回鹘、张掖、交河一切文字，并用新制国字，仍以各国蕃字副之。以国字在诸字之右，古蕃字院特重。”上述史料至少可以给我们提供这样的信息：回鹘文字在西夏境内不但得到了广泛的使用，而且还受到官方的认可与保护。在西夏蕃字院所掌管的所有文字中，回鹘文是官方指定使用的文字之一，除了史书记载之外，在敦煌文物考古中，西夏时代绘制的经变画中，伴有回鹘文书写的榜题；在黑水城遗

---

① 陈爱峰、赵学东：《西夏与丝绸之路研究综述》，《西北第二民族学院学报》（哲学社会科学版）2007年第2期。

② 吴天墀：《西夏史稿》，四川人民出版社，1980年，第181页。

③ 陈爱峰、杨富学：《西夏与回鹘贸易关系考》，《敦煌研究》2009年第2期。

④ 《宋会要辑稿》蕃夷四之九。

址中发现了用回鹘文福音体书写的文字残卷,更加有力地证明了回鹘文及其他行于回鹘境内的文字诸如摩尼文、福音体文在西夏的通行。

(二) 佛教经典的翻译

回鹘西迁之前尊摩尼教为其国教,西迁至河西走廊之后受到当地盛久不衰的佛教的影响,大约自10世纪初开始,已有相当数量的回鹘民族放弃原来的宗教信仰而改奉佛教。佛教信仰在河西回鹘处理与周边民族政权关系中扮演了重要的角色,而在河西回鹘的对外关系中,作为使者的佛教僧侣成为了联结河西回鹘和西夏佛教交流的枢纽之一,回鹘僧侣在沟通河西回鹘与西夏政权的关系方面作用不可低估①,在促进古代丝绸之路沿线地区及周边国家、地区、民族间的宗教文化交流中发挥了积极作用。

其中最主要地体现在西夏文的《大藏经》的翻译中。众所周知,西夏统治者在立国之前就非常注重学习中原王朝的先进文化,并皈依佛教,在多部史料的记载中,均可体现出西夏统治者对回鹘僧人的尊崇。在国家图书馆所收藏的西夏文《过去庄严劫千佛名经》《现在贤劫千佛名经》等文献中均有提及回鹘文译师等信息,可见发达的回鹘佛教文化对西夏文化的影响,回鹘僧人为西夏人演经、译经的善举,一方面显示了回鹘佛僧在西夏佛教初兴时期的重要地位,同时无疑对西夏的译经事业产生了促进作用。西夏佛教主要受汉传佛教和藏传佛教的双重影响,流行大乘佛教,且兼有小乘佛教,这一点和河西回鹘佛教的特点几无二致,体现了河西回鹘佛教对西夏的深刻影响。

陈广恩《试论西夏文化的多元性》②中认为除了对中原佛教和吐蕃佛教之外,西夏对回鹘佛教文化也大加吸收,邀请回鹘僧人演绎经文,翻译佛经,西夏的最高统治者如谅祚及其母亲没藏氏,经常聆听回鹘僧人演经。正是在综合吸收了中原佛教、吐蕃佛教、回鹘佛教乃至辽金佛教等多种佛教文化的基础上,西夏佛教才得以形成了独具特色而又极具包容性的一种佛教,从而成就了一度辉煌灿烂的西夏佛教文明。杨富学《回鹘佛教对北方诸族的影响》③一文通过援引丰富的史料,详细指出西夏佛教深受回鹘佛教的影响。

学界"回鹘僧译经"的说法基本来自传统汉文文献的支持,在《辽史》卷二二《道宗本纪》和卷一一五的《西夏外纪》记载回鹘僧人来到西夏,并受到王室的极大尊崇,"夏国遣使进回鹘僧、金佛、梵觉经"④。而以佛经对译中的语言现象为切入点,捕捉西夏文佛经翻译中特殊的对音规律,可谓"回鹘僧译经"研究的一个突破点和

---

① 杨富学、杜斗城:《河西回鹘之佛教》,《世界宗教研究》1997年第3期。

② 陈广恩:《试论西夏文化的多元性》,《西北师大学报》(社会科学版)2005年第3期。

③ 杨富学:《回鹘佛教对北方诸族的影响》,《昭乌达盟师专学报》(汉文哲学社会科学版)1998年第3期。

④ 《辽史》,中华书局,1974年点校本。

新的学术尝试。聂鸿音在《西夏“回鹘僧译经”补证》[①]一文中以俄藏西夏译《无垢净光总持》的一个抄本为例，举例说明该文献中出现的“西夏的不送气清声母字既可以用来对译汉语的不送气清声母字，也可以用来对译汉语的浊声母字”的特殊现象，从上述文献中总结得出的对音规律正好符合回鹘文音译汉语的特点，这一新的语言现象的发现一定程度上可以为“回鹘僧译经”的学术猜想提供有力的佐证。

除此之外，对于在西夏译经中作出重要贡献的白法信、白智光两位译经大师的民族属性，冯承钧《再说龟兹白姓》[②]、杜建录的《试论西夏与周边民族的文化交流》[③]和杨富学的《回鹘僧与〈西夏文大藏经〉的翻译》[④]中均有论述。

《敦煌出土西夏语佛典夹杂之回鹘文杂记》[⑤]认为，自 10 世纪以来，直至 13—14 世纪的蒙古帝国时代，操突厥语的回鹘人于西夏人(党项)在历史、文化、宗教、语言等方面的关系，已然成为中亚研究诸领域的重要对象，已有的研究成果多局限于汉文资料的使用，在本文中作者对出土于敦煌的夹杂有回鹘文的西夏语佛经残片(现藏美国普林斯顿大学东亚图书馆，馆藏编号为 Peald 6f)，进行初步解读和翻译，可视为回鹘教徒与西夏佛教交流的具体鲜活的材料，有利于推动回鹘与西夏关系史的研究进程。

(三) 民俗艺术的影响

西夏佛教艺术的发展过程是一个不断吸收各民族艺术成分以充实自身的积累转化的过程，“吞吐有方，善化己用”，开放和兼容是其主要特征。河西回鹘的佛教艺术深刻影响了西夏，在散布于河西走廊的诸多石窟，如敦煌莫高窟、东千佛洞、西千佛洞、瓜州榆林窟、酒泉文殊山石窟的壁画、雕塑中都可以看到回鹘佛教艺术的影子。对这一问题的探讨可参见刘玉权《关于沙洲回鹘洞窟的划分》[⑥]，尚世东《佛教与西夏文化论述》[⑦]，杨富学的《回鹘文化对西夏的影响》《回鹘佛教对北方诸族的影响》，杜建录的《试论西夏与周边民族的文化交流》等文章。

除此之外，河西回鹘与西夏地域相连，回鹘的装束同样传到了西夏，回鹘式发髻在一定程度上反映了回鹘习俗对西夏民众的影响[⑧]。

---

① 聂鸿音：《西夏“回鹘僧译经”补证》，《西夏研究》，2014 年第 3 期。

② 冯承钧：《再说龟兹白姓，西域南海史地考证论著汇辑》，中华书局，1963 年。

③ 杜建录：《试论西夏与周边民族的文化交流》，《固原师专学报》1995 年第 4 期。

④ 杨富学：《回鹘僧与〈西夏文大藏经〉的翻译》，《敦煌吐鲁番研究》2004 年第 7 期。

⑤ [日]松井太著，陈爱峰、周欣译：《敦煌出土西夏语佛典夹杂之回鹘文杂记》，《回鹘学译文集新编》，甘肃教育出版社，2015 年，第 136 - 141 页。

⑥ 刘玉权：《关于沙洲回鹘洞窟的划分》，《1987 年敦煌石窟研究国际讨论会文集・石窟考古编》，辽宁美术出版社，1990 年，第 1 - 29 页。

⑦ 尚世东：《佛教与西夏文化论述》，《西北第二民族学院学报》(哲学社会科学版)1996 年第 2 期。

⑧ 陈炳应：《西夏文物研究》，宁夏人民出版社，1985 年，第 196 - 204 页。

综上所述,由于研究者自身研究兴趣和优势的缘故,大多将河西回鹘与西夏二者关系的研究,置于民族史的研究范畴和视阈之下考察,无疑是深入了解并阐发二者文化关系、经济关系以及民族社会演进的基础。但就目前所见的研究成果来看,研究的比重多局限于二者关系的历史研究,虽已有部分著述触及河西回鹘与西夏的语言接触、经济往来、文化影响等方面,但数量偏微,我们认为在开展汉文史料的发掘收集研究与少数民族古籍文献的整理研究并重的路径之下,对河西回鹘与西夏二者的社会、历史、地理、经济、文化、语言、宗教、民族等学科开展多角度、多层次的整合研究,不失为一个潜在的学术增长点。

《宁夏社会科学》西夏栏目述评

孙颖慧

《宁夏社会科学》是反映和代表宁夏社会科学学术研究水平的综合性理论刊物。1981年2月17日宁夏回族自治区党委宣传部批复，同意宁夏哲学社会科学研究所（宁夏社会科学院前身）公开出版《宁夏社会科学》和内部发行《宁夏社会科学通讯》，6月《宁夏社会科学》试刊号印发；1982年12月《宁夏社会科学》创刊号出版。自1983年始，《宁夏社会科学》以季刊的形式公开发行，1986年改为双月刊。截至2010年底，已出版163期。自创刊以来，为繁荣宁夏的社会科学研究事业做出了积极贡献。1995年被自治区思想宣传领道小组授予全区出版系统先进集体称号；1996年被中国社会科学院文献信息中心评为"中国人文社会科学核心期刊"；2001年进入"中国期刊方阵"，被评为"双效期刊"；2002年被评为"宁夏回族自治区优秀期刊"宁夏一等期刊；2003年1月，《宁夏社会科学》荣获"第二届国家期刊奖百种重点期刊"称号，是西北地区唯一获此殊荣的社会科学类学术期刊，该奖的获得，标志着《宁夏社会科学》已进入全国期刊百强之列；2004年，《宁夏社会科学》被北京大学图书馆评为"中文核心期刊"；1999年、2004年、2008年分别被南京大学中国社会科学研究中心评价中心（CSSCI）选为《中文社会科学引文索引来源期刊》。《宁夏社会科学》分别加入了"中国学术期刊网"和"万方数据库"，同时入选"中国学术期刊综合评价数据库"，全文收入"中国学术期刊（光盘版）"和"万方数据—数字化期刊"，并被《中国核心期刊（遴选）数据库》收录，实现了期刊电子化和数字化。根据"中南财经大学图书馆社科经济期刊信息服务部"提供的检索报告，1990年至2005年的16年中，在《宁夏社会科学》上共有339篇文章被《新华文摘》和《中国人民大学复印报刊资料》等全国性文摘报刊全文转载或摘引，除个别年份，被转载的文章数在全自治区所有社会科学期刊中都是最高的。特别是1998年共有34篇文章被上述报刊转载，达到历史最高水平，在西北五省区的综合性社会科学学术期刊中，《宁夏社会科学》排名第二位，在五个省级少数民族自治区的综合性社会科学学术期刊中排名第一位。

《宁夏社会科学》"西夏研究"栏目是被公认的西夏学术期刊栏目之一。1981年8月，全国西夏研究学术讨论会在银川召开，其时《宁夏社会科学》发行试刊号。试刊号的重点内容是登载了一组有关西夏研究的调查和论文，引起了参加会议的学者和专家的极大兴趣。他们认为:西夏建都银川近二百年,对宁夏地区和西北地区的政治、经济、文化都产生过重大影响。宁夏应该成为西夏研究的中心,应该建立西夏研究的情报和资料网络,应该有专门刊物发表国内外的最新研究成果。其中显著的成果就是《宁夏社会科学》把“西夏研究”列为重点栏目之一,自创刊号始,几乎每期都登载西夏研究的论文和信息。该栏目坚持民族性、学术性、地方性、国际性的独特风格,坚持严格有序、一丝不苟的编辑标准,为西夏学科建设作出了重要贡献,赢得了学术界的关注与赞誉,为西夏研究的繁荣起到了浇灌和栽培的作用。《宁夏社会科学》创刊 27 年,共发表西夏方面的论文 280 馀篇,其中 1992—2010 年发表西夏论文近 250 篇,是十年前西夏论文的 4 倍多。根据“中南财经大学图书馆社科经济期刊信息服务部”提供的检索报告,1990 年至 2005 年的 16 年中,《宁夏社会科学》西夏类文章上共发表有 180 篇文章,其中有 30 篇被《新华文摘》和《中国人民大学复印报刊资料》等全国性文摘报刊全文转载或摘引,其馀 90%被《新华文摘》、人大复印资料目录索引。其中 2001 年《中国人民大学复印报刊资料》K23 宋辽金元史专题转载篇目排序为全国第一(31 种期刊转载文章 43 篇)。

鉴于罗矛昆对《宁夏社会科学》1981—1991 年间的西夏研究作了述评①、马淑萍对《宁夏社会科学》1992—2008 年的西夏研究作了综述②,因此,本文通过对《宁夏社会科学》西夏栏目及近 3 年(因马淑萍文对 2008 年的西夏文章介绍不全,故在此将其包含其中)发表的西夏类 60 多篇文章的梳理,使读者对该刊及“西夏栏目”有一个系统的了解,也为今后更好地办好该栏目有所借鉴。

一、西夏语言文字研究

语言文字研究是西夏学研究的重要组成部分,近几年有关这一学科的研究逐步向深度和广度发展。韩小忙对《夏汉字典》中的一些西夏字音进行了补证③。向柏霖考察了 14 世纪藏文典籍中两个词语的西夏语源④。贾常业依据西夏文词典《文海》的构字规律,从西夏文字与汉文字的对比中剖析了西夏文字的实质,又从已知的材料中运用音韵学原理、西夏文的同居韵原理,提出了解读佚缺、未知西夏文字的字形结构与反切拟音的规律、思路、方法和手段,这对弥补西夏文字的空白、全面了解西夏语言文字体系、西夏文与汉语的关系、西夏文字形声义之间的关系问题有着重要的学术意义⑤。王培培对西夏文本《类林》中的西夏文误译字进行了指

---

① 罗矛昆:《〈宁夏社会科学〉“西夏研究”十年述评》,《宁夏社会科学》,1992 年第 5 期。

② 马淑萍:《〈宁夏社会科学〉西夏研究十七年》,《宁夏社会科学》,2009 年第 6 期。

③ 韩小忙:《〈夏汉字典〉补证之二:字音订补》,《宁夏社会科学》,2008 年第 1 期。

④ 向柏霖:《吐蕃传说中的两个西夏词》,《宁夏社会科学》,2008 年第 6 期。

⑤ 贾常业:《西夏文词典佚缺字形结构与反切拟音解读》,《宁夏社会科学》,2008 年第 6 期。

正,并尽可能分析其误因[①]。贾常业、王艳春以《文海》《同音文海合编》所提供的反切拟音资料为基准,用《番汉合时掌中珠》作为辅助佐证材料,对番文辞书《同音》丁种本、写本韵书《文海宝韵》和《五音切韵》韵图中的799个重唇音字与汉语作了比较和分析,同时利用已有材料对佚失的番语重唇音平、上声字的音值进行构拟[②]。西田龙雄著、鲁忠慧翻译的《概观西夏语语法的研究》[③]依次介绍了毛利斯(M.G.Morisse)、A.Ivanov、B.Laufer、罗福苌、聂历山等人在西夏语法研究方面的贡献,并作出相应的评价,对西夏语法研究具有重要参考价值。

二、西夏文献考释

西夏文献考释近年来发表较为集中,专家学者们在西夏史料的发现、搜集、考证、补充上倾注了极大的心血,进行了艰苦细致的工作,也取得了显著的成果。潘洁通过分析黑水城出土西夏借粮契约和元代赋税文书中记数符号的形式、含义和原则,并与敦煌失名算经和古代数学著作进行比较,揭示了记数符号在不同时期不同类型文献中的特征,并从整体上描绘了它的发展历史,折射出黑水城文化所起到的继承和发扬的作用,为研究党项民族对中原文化的吸收提供了实证[④]。梁松涛对西夏文诗歌《敕牌赞歌》进行了解读,并对这首诗中有关西夏牌符的材质、形状,特别是"敕走马"银牌的一些问题进行了具体的考证。这首诗歌的解读将为西夏牌符问题的研究提供直接的第一手资料[⑤]。崔云胜提出张澍发现了西夏碑,但其《书西夏天祐民安碑后》一文和《偕同游至清应寺观西夏碑》诗序对发现西夏碑的时间记载互异。之所以出现这种现象,是由于《书西夏天祐民安碑后》一文作于嘉庆十五年(1810),离他发现西夏碑的时间仅相隔6年,故其时他对西夏碑发现的时间记得非常清楚,而《偕同游至清应寺观西夏碑》诗及《诗序》是作于他晚年编辑《养素堂诗集》之时,由于事隔太久,故对发现西夏碑的时间记忆模糊,以致二者对西夏碑发现的时间记载出现了矛盾。张澍发现西夏碑是对西夏学的重大贡献,同时也激起了他对西夏历史和文化探索和研究的热情,对西夏历史和文化的研究作出了重要贡献[⑥]。崔云胜又对张澍《观西夏碑》诗进行了笺注,指出其诗虽然存在诸多失误、缺点和不足,但由于它作于张澍晚年学问成熟时期,其内容涉及西夏文字的创造、西夏历史的编纂以及西夏的历史和文化,体现出张澍对西夏历史和文化的研究深度,为后人提供了许多非常有价值的参考和线索[⑦]。克平、龚煌城著,彭向前译的

---

① 王培培:《西夏文〈类林〉音译补正》,《宁夏社会科学》,2009年第4期。

② 贾常业、王艳春:《番汉语重唇音反切拟音之比较》,《宁夏社会科学》,2010年第3期。

③ 西田龙雄:《概观西夏语语法的研究》,鲁忠慧翻译,《宁夏社会科学》,2010年第5期。

④ 潘洁:《黑水城出土文书中的记数符号初探》,《宁夏社会科学》,2008年第2期。

⑤ 梁松涛:《西夏文〈敕牌赞歌〉考释》,《宁夏社会科学》,2008年第3期。

⑥ 崔云胜:《张澍发现西夏碑相关问题的再探讨》,《宁夏社会科学》,2008年第5期。

⑦ 崔云胜:《张澍〈观西夏碑〉诗笺注》,《宁夏社会科学》,2010年第6期。

《诸葛亮〈将苑〉的番文译本》[①]首次刊布了现存113行的番文写本《将苑》,这也是英国国家图书馆所藏完整文献的首次刊布。研究表明译者没有过多地拘泥于汉文本的《将苑》,而是使用了一些与汉文本没有直接对应关系的番文特有词语,甚至还省略了一些他认为对番族读者不重要的篇目。基于此,把《将苑》的番文译本定性为对汉文本的改编,庶几近之。尤为重要的是,对本书的研究揭示出一套用以指称邻族的番语特有词汇,这套词汇共由四个族名组成,各自代表四方邻族中的一个。胡玉冰认为《西夏志略》传本中,中国民族图书馆、中央民族大学图书馆、大阪大学图书馆所藏版本不仅分册各不相同,其钞录质量也有高低,经过比较研究,大阪大学藏本是三种版本中质量最好的[②]。许伟伟对黑水城出土的夏元时期的谷物借贷文书契约的对比,并考察夏元文书各自的特色、谷物借贷文书在借期和还期方面的时间问题以及黑水城地区的谷物种类、夏元习俗的传承等问题,试图揭示黑水城地区夏元时期的一些经济活动特点和社会面貌[③]。韩小忙从英藏黑水城文献中分离出若干刻本《同义》残片,对保存比较完整的俄藏同类写本文献进行了补充,发现的24个刻本残片,可补充写本缺损文字37处,校改错讹3处,同时这些残片对新近出版的《同义研究》一书中拟补的6处错误进行了更正[④]。贾常业的《西夏法律文献〈新法〉第一译释》[⑤],西夏文钞本《新法》,是在特定的历史条件下制定的,其内容包括刑法、行政法、军事法、民法、经济法等,多方位地反映了西夏社会生活的方方面面,对研究西夏法律制度的演变以及了解西夏政治、经济、家庭和社会等提供了可靠的资料,有着重要的历史意义和文献价值。杜建录《英藏黑水城马匹草料文书考释》[⑥],记载黑水城马匹草料文书缺佚年款,通过内容判断是西夏社会文书,它佐证了《天盛律令》关于给公务人员提供粮饷草料的规定。由于文书较残,目前还不能断定该文书记录的是军用马匹支取草料还是公用马匹支取草料。戴忠沛的《五份新见藏文注音西夏文残片校释》[⑦]认为夏藏对音残片是研究西夏语音的重要材料,目前能确认的残片有25份,其中20份残片的内容此前已见整理刊布。本文整理最后5份新见的藏文注音西夏文残片内容,其中有2份来自俄藏黑水城文献,另外3份属大英图书馆收藏。至此,所有能确认的藏文注音西夏文残片均已作全文刊布。彭向前的《西夏汉文写本〈卜筮要诀〉再探》[⑧]是在连劭名《西夏汉文写本〈卜筮

---

① 克平、龚煌城:《诸葛亮〈将苑〉的番文译本》,《宁夏社会科学》,2008年第6期。

② 胡玉冰:《浅析〈西夏志略〉三种传本之分册与钞录质量》,《宁夏社会科学》,2008年第6期。

③ 许伟伟:《黑城夏元时期契约文书的若干问题——以谷物借贷文书为中心》,《宁夏社会科学》,2009年第3期。

④ 韩小忙:《刻本〈同义〉残片的发现及其学术价值》,《宁夏社会科学》,2009年第4期。

⑤ 贾常业:《西夏法律文献〈新法〉第一译释》,《宁夏社会科学》,2009年第4期。

⑥ 杜建录:《英藏黑水城马匹草料文书考释》,《宁夏社会科学》,2009年第5期。

⑦ 戴忠沛:《五份新见藏文注音西夏文残片校释》,《宁夏社会科学》,2009年第6期。

⑧ 彭向前:《西夏汉文写本〈卜筮要诀〉再探》,《宁夏社会科学》,2010年第1期。

要诀〉研究》①的基础上对黑水城出土汉文写本《卜筮要诀》作进一步探索，认为该书共由四部分组成，可分别拟作"八卦象例"、"摇卦诀"、"六十四卦歌诀"以及"六十四卦占辞、占诗"；并从讳字、出土地点、钞本中的通假字入手，论证了《卜筮要诀》确为西夏时期的钞本。研究表明《卜筮要诀》八卦卦序罕见，有新增的八卦物象，在"摇卦诀"中融入有关卦形的口诀，两套六十四卦排列顺序并存，且占辞中夹杂有字卜的内容，为研究中古时期易学与西夏地区民间通俗文化提供了珍贵的资料。佟建荣在全面搜罗《中国藏黑水城汉文文献》中西夏姓氏的基础上，对其中元代黑水城地区的西夏姓氏进行了梳理，考证出嵬名、也火、小李、吾即、吾七、罗即、普珠、叶玉、兀南、兀那等蕃姓在西夏时期的西夏文、汉文写法，追溯了梁、李、苏、贺、杨等汉姓在西夏时期的使用情况，并对西夏姓氏在蒙元时期发生的变化作了简略论述②。

柳长青、杜建录的《网络下的西夏文及西夏文献处理研究》③将利用计算机在网络环境下对西夏文及西夏文献的处理进行研究，通过对已有的西夏字库、"夏汉电子字典"的修正和补充，进而建立新的西夏文网络字库和在线夏汉电子字典等数字化资源，同时研究西夏文献的数字化、网络化整理的解决方法和实现技术，最终将西夏网络数字化资源集成并整合为较全面的西夏学数字化网络资源平台，通过该平台的建立进而探索少数民族文字古籍的计算机研究方法和计算机科学技术与人文社会科学相互交叉、相互结合的研究方法。赵涛的《承天寺西夏断(残)碑新证》④通过对承天寺残碑铭考释，诠释了西夏残碑的一些历史问题，考证了承天寺内残断刻石称"轨"，还是称碑、称碣，残碑文中的宋"诏圣"实为西夏"福圣"纪年之误，从而省去在有关承天寺塔修建诸问题多方考证之苦。

三、西夏文化艺术

徐庄认为在研究古代鼓风技术发展的文章中，有的未提及西夏创制的木扇风箱，对木扇风箱的承上启下作用和价值谈得很少；有的则又将木扇风箱和活塞式风箱混为一谈，对其价值评介不够准确。《西夏双木扇式风箱在古代鼓风器发展中的地位》⑤将西夏这一科技上的创造放在古代鼓风技术发展的大背景中进行论述，以期正确说明其价值及地位。薛正昌的《文化背景的大一统——从西夏文化遗存看传统文化的深层影响》⑥说明西夏文化的主干是传统文化的翻版，只是一些表象与

---

① 连劭名：《西夏汉文写本〈卜筮要诀〉研究》，《宁夏社会科学》，2007 年第 1 期。

② 佟建荣：《〈中国藏黑水城汉文文献〉中的西夏姓氏考证》，《宁夏社会科学》，2010 年第 5 期。

③ 柳长青、杜建录：《网络下的西夏文及西夏文献处理研究》，《宁夏社会科学》，2008 年第 5 期。

④ 赵涛：《承天寺西夏断(残)碑新证》，《宁夏社会科学》，2010 年第 5 期。

⑤ 徐庄：《西夏双木扇式风箱在古代鼓风器发展中的地位》，《宁夏社会科学》，2008 年第 1 期。

⑥ 王艳云：《西夏黑水城与安西石窟壁画间的若干联系》，《宁夏社会科学》，2008 年第 1 期。

形式上的内容才融入了党项民族的文化。包括政治层面的直接影响、生产和生活方式等,主要表现在西夏文字与西夏文化所涵盖的内容、西夏佛塔与西夏建筑文化、西夏石窟与西夏宗教文化、服饰文化影响等,由这几方面就可以看出传统文化对西夏文化的影响及其程度,体现的是“大一统”的文化背景。

王艳云就黑水城和安西东千佛洞、榆林窟三地中,西夏绘画在形式方面存在着密切联系的关键点进行对照和比较,探讨艺术发展的承启和流变[①]。吉拉·萨玛秀克著,马宝妮译的《哈拉浩特出土绘画作品中的历史人物——事实与假说》[②]认为哈拉浩特出土的艺术作品展示了唐古特艺术中以佛教为主的艺术特色,在一些作品中,现实中的统治者或是被描绘成佛陀的模样,或是作为供养人,与佛陀置于同一场景中。这些圣像或是展示了统治者神圣化的形象,或是反映了唐古特王国历史上的重要事件。陈育宁、汤晓芳的《元代刻印西夏文佛经版画及艺术特征》[③]对《中国藏西夏文献》中辑录的元代刻印的西夏文佛经21种,其中7种经首均有一组版画,题材大体分为情节性和非情节性两类,这些版画题材丰富、人物造型多样、布局新颖、图案装饰风格独特,它们所反映出共同的艺术特征,是对西夏文化的继承、对中原传统绘画艺术和藏传佛教绘画艺术的吸收和交融,具有明显的时代艺术特征,也从一个侧面反映了作为大一统的元朝对各种宗教文化及各民族文化兼容并蓄、传承发扬光大的态度。顾颖《西夏藏传风格绘画与西藏佛画的异同比较》[④],西藏佛画的传入决定了西夏藏传风格绘画的产生,但后者并非是前者的简单翻版。二者具有共同的象征语汇系统、风格渊源和绘画程式,但在描绘的对象、主道的风格以及风格的衍化方面,西夏藏传风格绘画都表现出颇具民族性、地域性的特点。这对于学界进一步探究这种异同所形成的根源、背景将不无裨益。

四、西夏的政治、军事、制度

李鸿宾《唐末的形势与党项势力的崛起》[⑤]从“二元制构造”的角度解释党项势力于唐末崛起的事项。作者认为,唐朝疆域和民族(族群)是由农耕地区、汉人为核心的内层与非农地区(牧业、半农半牧等)、非汉群体的外层结合而成的。当内层力量强于外层的时候,向心力聚增而形成一统性的王朝;反之,外层有可能脱离内层的控制而自行其事。安史之乱削弱了内层实力,致使外层势力上升。党项的崛起即源自于此,其发展之盛,即在吐蕃衰微之时。党项崛起之实质,是地方势力分立

---

① 薛正昌:《文化背景的大一统——从西夏文化遗存看传统文化的深层影响》,《宁夏社会科学》,2009年第5期。

② 吉拉·萨玛秀克:《哈拉浩特出土绘画作品中的历史人物——事实与假说》,马宝妮译,《宁夏社会科学》,2008年第6期。

③ 陈育宁、汤晓芳:《元代刻印西夏文佛经版画及艺术特征》,《宁夏社会科学》,2009年第3期。

④ 顾颖:《西夏藏传风格绘画与西藏佛画的异同比较》,《宁夏社会科学》,2009年第4期。

⑤ 李鸿宾:《唐末的形势与党项势力的崛起》,《宁夏社会科学》,2009年第2期。

的表现，其族性之张扬则依随于此并在唐朝消亡以后才膨胀的。郑彦卿的《党项宗族与封建化进程探析》[①]是在部落宗族的层面上论述党项的封建化过程，因此政治和文化上的封建化成为党项封建化过程中与经济封建化同样重要的社会封建化的内容，而在党项的历史上，是以姓别为部落，因而宗族就成了构成党项社会的基本组织单位。杨文、高小强认为西夏对北宋经略河湟民族政策的影响主要表现在：只能与河湟吐蕃政权结盟共抗西夏；北宋将招、买马的地点愈来愈倾向于河湟蕃族区域；为消除边患、经制西夏，对河湟吐蕃实施经略是大势所趋；西夏政权对北宋的威胁和河湟蕃族政权对北宋的严重依赖，使北宋“联蕃制夏”政策制定有一定的现实性[②]。

汪天顺的《北宋陕西路沿边的弓箭手组织》[③]认为宋真宗时期，为抵御西夏军事进攻和节省军费开支而建立的陕西路弓箭手组织，由于得到统治者的重视和扶持，在宋神宗、哲宗时期，发展到鼎盛阶段。弓箭手在开发西北土地、巩固北宋西北边疆方面，作出了突出贡献。北宋后期，政府已无法保证弓箭手身份土地的稳定拥有，弓箭手因身份土地的不断丧失以及其他种种因素的作用，走向衰落。金勇强根据历史时期气候变化研究成果，利用石笋、孢粉、树轮记录，对唐宋时期西北中东部气温序列进行了重建，并从横向和纵向分析了气候变化与战事的关系，同时对北宋时期气候冷暖变化和水旱灾害指数变动与宋夏战事的关联性进行了探讨，推论出宋夏战事与气温波动存在负相关关系，与水旱灾害次数和水旱指数呈正相关关系[④]。

赵彦龙从迄今发现的西夏契约资料、西夏契约的格式及签字画押的特点、西夏借贷(典当)的计息方式、西夏借贷(典当)不还的处罚方法等四个方面对西夏契约进行了探讨，得知西夏不仅借鉴学习中原王朝的契约经验，同时对西夏的契约制度进行了完善[⑤]。赵彦龙、李晶、江菊玉等利用目前手头上的一些西夏书信资料，对西夏书信文书概况、西夏书信文书内容这两大方面从文书学的角度进行了比较深入系统的探讨，从而完善了西夏文书的内容和结构体系[⑥]。文志勇认为俄藏西夏文献《西夏官阶封号表》残卷反映了西夏某个时期的官制状况，它对于我们了解西夏国的政治制度、职官制度以及帝后、师位、文武、僧俗、巫卜等七品以上各级官号的性质、种类和划分有着非常重要的现实意义，有助于我们厘清汉文文献中记载的某些西夏官号的真正含义，为学界点校古籍、解决西夏官制的聚讼纷纭都能提供有

① 郑彦卿：《党项宗族与封建化进程探析》，《宁夏社会科学》，2010 年第 3 期。

② 杨文、高小强：《试论西夏政权对北宋经略河湟区域民族政策的影响》，《宁夏社会科学》，2010 年第 1 期。

③ 汪天顺：《北宋陕西路沿边的弓箭手组织》，《宁夏社会科学》，2008 年第 2 期。

④ 金勇强：《气候变化对宋夏战事的影响述论》，《宁夏社会科学》，2010 年第 1 期。

⑤ 赵彦龙：《西夏契约再研究》，《宁夏社会科学》，2008 年第 5 期。

⑥ 赵彦龙、李晶、江菊玉：《西夏的书信文书》，《宁夏社会科学》，2009 年第 5 期。

力的原始证据,也希望研究西夏的学者重视和充分利用起西夏的原始材料①。艾红玲的《西夏礼仪制度考论》②认为西夏人非常重视礼制建设,形成了一套较为完整的礼仪制度:祭祀之礼包括祭祀天地祖先孔子等;军礼有占卜、盟誓、祠神和蒐守之礼等;朝会之礼源于唐宋,但仪式有所简化;婚礼也有类似于中土六礼的仪程,其中"婚价"在西夏人的婚礼程序中有着特殊的规定和作用;另外,西夏已经形成了比较完善的丧服制度。

五、西夏经济、地理

崔红芬主要从不同阶层的施舍、寺院买卖兼并土地、高利贷经营、宗教活动、纳钱度僧和亡故僧尼的部分财产施入寺院等方面对西夏寺院经济来源作一简要论述③。牛林豪的《北宋时期陇东地区的小城镇及其功能》④认为由于军事上的需要,陇东地区小城镇大规模兴起,这些小城镇具有军事、商业、行政管理、教育教化、居住等多个方面的功能。左长缨认为西夏立国后与周边国家建立了以榷场贸易为主的,以和市贸易、贡使贸易和走私贸易为补充的对外贸易多元化发展格局,具有十分鲜明的历史特点⑤。姚轩鸽的《西夏王朝捐税制探析》⑥认为,西夏王朝兴衰的捐税轨迹告诫后世,其捐税制的专制性是不容置疑的。在这种极端不公正、非人道、不自由的专制捐税制下,横征暴敛就是其专制本性的必然逻辑,背离捐税终极目的就成为一切专制捐税制与生俱来的宿命。因此,最终一定会窒息整个社会发展与繁荣的内在动力,直至老的皇权专制及其专制捐税制结束,新一轮的皇权更迭开始。

刘建丽、白蒲婴从文献记载与洮西地理位置与战略地位、对陕西沿边与西夏地界的认识等三方面,阐述了历史上不同洮地、洮水所处地域,并对史学界"洮西地即西夏占领地"的传统说法予以辨析,从而证明张载对陕西沿边形势与沿边地理有清晰的认识,后人对"取洮西之地"有误解⑦。

六、西夏宗教、习俗

陈广恩认为元朝政府有意识地吸收和借鉴了西夏对待藏传佛教的宗教政策以及西夏的藏传佛教制度,西夏藏传佛教在元代流传、修行仪规、艺术创作等诸多方

---

① 文志勇:《〈西夏官阶封号表〉残卷新译及考释》,《宁夏社会科学》,2009年第1期。
② 艾红玲:《西夏礼仪制度考论》,《宁夏社会科学》,2009年第1期。
③ 崔红芬:《试论西夏寺院经济的来源》,《宁夏社会科学》,2008年第1期。
④ 牛林豪:《北宋时期陇东地区的小城镇及其功能》,《宁夏社会科学》,2008年第1期。
⑤ 左长缨:《以榷场贸易为主的西夏贸易》,《宁夏社会科学》,2008年第3期。
⑥ 姚轩鸽:《西夏王朝捐税制探析》,《宁夏社会科学》,2010年第2期。
⑦ 刘建丽、白蒲婴:《张载"取洮西之地"辨析》,《宁夏社会科学》,2009年第1期。

面也对元代藏传佛教造成了较大影响[①]。陈爱峰、杨富学认为西夏时期佛教昌盛，与印度之间存在着一定的佛教联系，既有印度高僧入西夏讲经说法，更有西夏高僧赴印度求取真经。西夏地处丝绸之路要冲，无论西夏与辽、宋、金的关系是紧张还是缓和，中印之间的往来僧侣皆可自由出入西夏境内，西夏在沟通中印佛教交流中起到了桥梁作用[②]。崔红芬通过对西夏僧人德慧不同师号的年代考证及对他翻译和校勘多部佛经的梳理，认为德慧精通汉文、西夏文、藏文和梵文，为西夏的译经事业和佛法弘扬作出了一定贡献[③]。

林雅琴的《西夏人的婚姻与丧葬》[④]认为党项族的婚姻形态有一个历史发展的过程。早期群婚制盛行。迁入西北以后，随着社会生产的不断发展和汉族婚姻文化的日益侵染，党项人的婚姻形态发生了很大的变化。首先是包办婚姻和买卖婚姻普遍，其次是一夫多妻和一夫一妻制并存，再次是族际婚姻较为流行。此外，还有一种婚俗，主要发生在西夏中后期，也就是某些喇嘛教派别僧侣的初婚权。西夏的葬俗有羌俗、汉俗、佛俗三种。内迁以前，主要实行羌俗；西夏成立后，主要实行汉俗和佛俗。西夏的墓葬等级明显与西夏阶级结构相呼应，皇帝陵墓和贵族官僚的墓葬一般规模较大、形制严整、陪葬奢侈，平民墓葬一般面积狭小、形制简单、陪葬稀少。

七、西夏佛经

杨志高对《英藏黑水城文献》第四册被定名为《金刚般若波罗蜜经》的两种形制10件西夏文残片进行了重新考察，指出其名应为《慈悲道场忏罪法》(第一卷、第五卷、第十卷)。文中通过英藏本和中国国家图书馆藏本勘同，对其进行了缀合补证和释读，并探究了两地藏本间的版本关系[⑤]。孙伯君考证了题为元真智等译的《佛说大白伞盖总持陀罗尼经》实为西夏译本，并指出这种甄别夏译汉文佛经的方法具有普适性[⑥]。段玉泉在林英津女士《西夏语译〈尊胜经〉释文》基础上，进一步对英藏、内蒙古藏西夏文本进行梳理，结果表明各藏卷西夏文本《尊胜经》至少有9个不同的版本，分属于合刻本、单刻本、写本和石刻本四个系列。通过对题记及部分语言材料的对勘，可以推论，《尊胜经》的西夏文译本和汉译本据藏文本翻译而来。以此同期、同源性的藏文本、汉文本作为对勘材料而进行的西夏文藏传佛教文献解读，于西夏语言学的深入研究具有重要价值[⑦]。许生根认为日本藏西夏文《大方广

① 陈广恩:《试论西夏藏传佛教对元代藏传佛教之影响》,《宁夏社会科学》,2008年第5期。
② 陈爱峰、杨富学:《西夏印度佛教关系考》,《宁夏社会科学》,2009年第2期。
③ 崔红芬:《西夏僧人"德慧"师号考》,《宁夏社会科学》,2010年第2期。
④ 林雅琴:《西夏人的婚姻与丧葬》,《宁夏社会科学》,2010年第6期。
⑤ 杨志高:《英藏西夏文〈慈悲道场忏罪法〉误定之重考》,《宁夏社会科学》,2008年第2期。
⑥ 孙伯君:《真智译〈佛说大白伞盖总持陀罗尼经〉为西夏译本考》,《宁夏社会科学》,2008年第4期。
⑦ 段玉泉:《西夏文〈胜相顶尊总持功能依经录〉再研究》,《宁夏社会科学》,2008年第5期。

佛华严经》就是当年流失到海外的灵武出土西夏文佛经中的精品，该文献保存完整，属于元代的善本，距今七八百年之久，具有很高的学术价值。由于日本藏西夏文献一直没有完整公开刊布，国内学者对日本藏西夏文佛经的研究还很少，笔者在对日本藏西夏文佛经文献实地考察的基础上，对比西夏文《大方广佛华严经》在海内外收藏的不同版本，试就日本藏西夏文《大方广佛华严经》作初步的探讨①。聂鸿音的《西夏文〈阿弥陀经发愿文〉考释》②认为俄罗斯科学院东方文献研究所收藏的 инв.№6518 和 инв.№7123 两纸西夏文残叶可以拼配成一篇《阿弥陀经发愿文》，并对发愿文进行了翻译和考证，指出施主是夏仁宗的母亲曹氏。文中提到曹氏的尊号是"帝母"，似乎表明《宋史》卷四百八十六记载的"国母"出自中原史臣的信手改易。孙伯君首次公布了俄罗斯科学院东方文献研究所藏西夏文 инв.№2844 号残片实为《佛说最上意陀罗尼经》的录文，并通过与《大正藏》所收宋施护汉文译本的对照，指出西夏文本乃根据施护本所译，这份材料中存有大量陀罗尼，借助西夏文、汉文和梵文的对音，我们可以进一步了解西夏字的实际读法③。李杨在对照黑水城纸本《尊胜陀罗尼》的基础上，对保定经幢本进行了复原和解读，并根据不同版本所用西夏文译音字的不同，探讨了保定本与黑水城纸本以及居庸关石刻本的传承关系，希望能为研究元明时期西夏文《尊胜陀罗尼》的传播，乃至西夏后裔在中原从事宗教活动的情况提供参考④。

八、西夏历史事件与历史人物研究

牛达生对西方学者是何人、何时最先研究西夏的，西夏文字是什么时候、什么人"考定"的，所谓有人从 12 枚西夏钱中得识 40 个西夏字等问题提出了不同的看法，认为西方最早研究西夏的学者是英人伟烈，最早"考定"西夏文字的是我国学者张澍，所谓用 12 枚西夏钱币认出 40 个西夏字是一种误解⑤。

魏淑霞、陈燕选取庆历年间宋夏和议事件，对宋朝著名的谏官、政治家、外交家余靖在当时复杂的政治环境中，以过人的胆识和智慧出使辽，从容坐于帐中辩言，往复数十次，最终说服辽同意宋夏和议，为宋朝带回了准确的情报信息，为推进宋夏和议的持续进行及维护宋的利益作出了重要贡献⑥。汪天顺的《论薛向经营北宋西、北国防》⑦认为薛向是王安石变法时期的重要人物、均输法的主要参与者和直接实施人，但他的主要贡献是在王安石变法之前的宋仁宗时期，对陕西、河北边

---

① 许生根:《日本藏西夏文刊本〈大方广佛华严经〉考略》,《宁夏社会科学》,2009 年第 4 期。

② 聂鸿音:《西夏文〈阿弥陀经发愿文〉考释》,《宁夏社会科学》,2009 年第 5 期。

③ 孙伯君:《黑水城出土西夏文〈佛说最上意陀罗尼经〉残片考释》,《宁夏社会科学》,2010 年第 1 期。

④ 李杨:《保定西夏文经幢〈尊胜陀罗尼〉的复原与研究》,《宁夏社会科学》,2010 年第 3 期。

⑤ 牛达生:《简论西方学者早期西夏学研究中的几个问题》,《宁夏社会科学》,2009 年第 2 期。

⑥ 魏淑霞、陈燕:《余靖与宋夏和议》,《宁夏社会科学》,2009 年第 3 期。

⑦ 汪天顺:《论薛向经营北宋西、北国防》,《宁夏社会科学》,2009 年第 4 期。

疆的治理整顿，特别是对河北边籴和陕西盐政、马政中的弊端进行改革，对巩固北宋西、北部国防发挥了重要作用，产生了深远影响。薛向是北宋一代边疆大吏中的佼佼者，是一位值得肯定的历史人物。佟建荣、张万静的《西夏后妃姓氏异译考论》[①]认为由于夏汉语音差异，西夏7个党项后妃姓氏同名异译现象很严重。本文在全面搜罗这些姓氏异译的基础上，通过对照、分析、考辨，澄清因异译而道致的混淆，并对通行的点校本史书及《西夏姓氏录》中出现的相关讹误进行了订正。张琰玲对20世纪80年代以来，有关范仲淹与西夏的50馀篇论文进行了梳理，认为这些成果的刊布不仅丰富了范仲淹研究的内容，也是西夏研究不可或缺的重要部分[②]。

九、西夏研究信息和综合评述

这也是研究工作中必不可少的一个环节，作述评和提供信息，既向广大读者介绍研究动态，使其对这一学科研究成果有概括的了解，又向专家学者适时通报研究的新信息，便于把研究工作推向新的深度。因此，本刊相当重视发表这方面的文章。卜平、王艳春对由李范文主编的大型丛书《西夏研究》1—8辑的内容进行了介绍。这部丛书编辑出版了当代西夏学研究具有较高学术价值和代表性的成果，同时整理、翻译了为西夏学作出杰出贡献的专家学者的代表作，包括中国的罗氏父子、王静如、李范文，俄国的聂斯克、克恰诺夫以及日本的西田龙雄，我国台湾学者龚煌城等的作品[③]。

黄秀兰在统计数据的基础上，从西夏学研究的成果量、研究人员基本情况、发文期刊、引文、研究内容等五个方面，用量化指标客观表现、评价分析与综合评述相结合的形式，对第二届西夏国际研讨会之后国内的西夏学研究成果进行统计分析和评述[④]。孙颖慧、王艳春对"第三届西夏学国际学术研讨会"提交的学术论文进行了分析和评述，认为这次会议对拓展西夏学术研究视野、探索西夏学研究为现实服务之路起到积极作用[⑤]。张琰玲对中国学者200年来的著作进行了整理和简要分析，以年出版量的统计形式集中呈现[⑥]。

《宁夏社会科学》上发表的西夏研究的学术论文，内容是有一些变化的，最初涉及西夏国力（西夏社会经济的研究占了显著的篇幅）、历史人物与历史事件、西夏遗

---

① 佟建荣、张万静：《西夏后妃姓氏异译考论》，《宁夏社会科学》，2009年第5期。

② 张琰玲：《范仲淹与西夏研究文献综述》，《宁夏社会科学》，2010年第6期。

③ 卜平、王艳春：《传承文明　自主创新——大型丛书〈西夏研究〉简介》，《宁夏社会科学》，2009年第3期。

④ 黄秀兰：《近两年国内西夏学研究文献统计分析》，《宁夏社会科学》，2009年，第1期。

⑤ 孙颖慧、王艳春：《第三届西夏学国际学术研讨会综述》，《宁夏社会科学》，2009年第1期。

⑥ 张琰玲：《二百年中国西夏学著作概述》，《宁夏社会科学》，2009年第5期。

民、史料的考证与补充、语言文字与文化、西夏地理和部族、综合评述和研究信息介绍等,内容比较宽泛。随着考古文献的不断发掘,涉及的研究范围不断扩大、内容不断深入,从总体上看有这样几个特点:1. 在研究内容上更广泛,几乎涉及到了各个领域,而且越来越细,从细小处反映西夏的各个方面。2. 研究领域不断拓宽,随着西夏学的不断发展及新材料的不断发现和各国各种不同学科学者们的涉足,大大拓宽了西夏学的研究范围。3. 研究过程深入细致,在广泛占有资料的基础上,对论点能进行层层深入的剖析,虽然有不少论文研究的是老问题,但由于新的史料的不断发掘及其他学科的理论和方法的介入,使老问题有了新成果。不少论文注意引用第一手资料,在引用中多能做到准确实在,一般少有浮躁不实之辞。4. 研究队伍广,发表论文的作者老中青均有,其中既有多年笔耕塞上、辛勤劳作的本区学者,而更多的是成果颇丰、享有盛誉的区外学者,包括一些外籍学者。一批锐意进取的学界新秀也呈献了他们的新作。许多不是专门从事西夏学的学者也开始关注西夏学的研究,他们从不同的视角对西夏学的一些问题进行了诠释,使西夏学的研究进入一个全新的时期。从年龄结构来看,可谓新人辈出,而且这些新人中博士生占的比例较大。

当然,在优胜劣汰的竞争环境中,一份学术刊物要想生存和发展,还需在以下方面进行思考:首先是应解决自己的特色问题,虽然"西夏栏目"是其特色之一,但在突出时代特色、地域特色、个性特色、确立刊物自身的风格方面仍需努力。其次,打造品牌栏目。名栏比名刊影响力更大,体现刊物的特色和品味。作为一份有影响的学术刊物,必须要有自己的特色栏目或名牌栏目。品牌栏目往往就是对刊物形象最好的广告,栏目与刊物,相辅相成,相得益彰,应是良性互动关系。刊物没有独具特色的优势栏目,好比一个人没有鲜明的个性,而沦于平庸。以特色栏目或者品牌栏目支撑和造就学术名刊,应密切联系学术界,了解学界动态与信息跟踪。再次,合力互动。刊物要进一步提高学术和事业的敏感性,只有快速捕捉学术热点、事业焦点,才能给读者带来更多的具有原创性和创新性的重大研究成果。可能的话,一家发起,主题研讨,区域互动,形成效应。还可组织作者进行学术讨论,待时机成熟时,以专栏、笔谈的形式进行专题报道。

原刊于《甘肃社会科学》2010 年第 6 期

《西夏研究》文献信息计量分析（2010—2014）

张琰玲

《西夏研究》创刊于2010年，是由宁夏社会科学院主办，面向国内外公开发行，全国唯一专门刊载西夏学学术研究成果的连续性综合性季刊。截至2014年，《西夏研究》共出版发行20期，刊载了235位作者的研究成果346篇。该期刊坚守严谨科学的学术理念，注重原创性，彰显时代性，以繁荣发展西夏学研究为己任，不断推陈出新，已成为国内外西夏学专家学者发表研究成果的重要平台，为培养西夏学人才作出了应有贡献。本文采用定量与定性分析相结合的方法，对刊物栏目设计、刊文信息、被引信息、下载信息、转载信息、作者信息等诸方面进行统计分析，以期综合反映《西夏研究》5年发展历程及其产生的重要影响。

一、基本统计信息

表1 《西夏研究》基本信息统计表

年度	刊文总数（篇或则）	论文（篇）	译文（篇）	前沿动态（篇）	其他信息（篇或则）	照片、插图（幅）	
						封二、三	正文
2010	77	66	2	8	1	33	16
2011	65	52	6	5	2	7	24
2012	66	53	6	6	1	10	95
2013	68	60	3	3	2	9	52
2014	70	62	3	4	1	6	36
合计	346	293	20	26	7	65	223

《西夏研究》每期有128页。封面为白色，左上方配发1幅西夏壁画，并套印竖排、大小、明暗不同的灰色西夏文字。刊名“西夏研究”四字居中竖排于封面，以紫、绿、橙、桃红色装饰。封底图案、色彩与封面浑然一体，整体感觉既素雅、端庄、大气，又彰显《西夏研究》的个性特色。截至2014年，《西夏研究》编辑出版20期，刊文346篇，其中，学术论文293篇，译文20篇，合计313篇，论文和译文是刊物的核心部分。平均每期刊载学术论文15.6篇，每篇文章平均占8.2个页面，共配发黑白

插图 223 幅,作为正文的有效补充。封二、封三刊载信息 26 篇,彩照 65 幅,及时反映西夏学新书出版、学术会议、学术考察等相关信息。

二、栏目设计信息

栏目是期刊的重要组成部分,栏目设计理念直接关系到期刊的整体形象和质量。《西夏研究》重视栏目设计,通过科学合理的栏目设计吸引和统筹研究成果。表 2 是 5 年来该刊栏目基本统计信息。

表 2 《西夏研究》栏目统计分析

年度		2010 年				2011 年				2012 年				2013 年				2014 年				小计
期数		1	2	3	4	1	2	3	4	1	2	3	4	1	2	3	4	1	2	3	4	
栏目及发文量	西夏史	3		2																		5
	西夏与周边关系史	3			3		3															9
	文献考释	3	4						3		3	4	2	3	3		3			3		31
	西夏文字	3	2																			5
	西北史地	3		4	4	4	2		2			2		6			3	3	4	3		40
	考古与文物	2															3					5
	探索·创新·期望		3																			3
	西夏历史与文化		6						4	5	2	5	3	5	3		4	4	5	5	4	46
	西夏佛经		2		3	4			3													12
	唐宋元研究		2	2																		4
	西夏文献			4	2																	6
	西夏陵			2																		2
	岩画			2				3														5
	西夏文化				5	2	3	2														12
	民俗文化研究				2	2																4
	语言文字					2	2	3		3	3											13
	综述与书评					2	2															4
	宋元史论							3			3	2	3	2								13
	艺术美学							1														1
	西夏法律							2			2											4
	辛亥革命百年纪念								1													1

续 表

年 度		2010年				2011年				2012年				2013年				2014年				小计
期 数		1	2	3	4	1	2	3	4	1	2	3	4	1	2	3	4	1	2	3	4	
栏目及发文量	唐宋文化								2													2
	文化遗产								1													1
	宗教文化									2												2
	农耕史研究									3												3
	唐宋元史论									3											4	7
	学术动态											1										1
	西北史地与文化												5		5	3						13
	书评												2							3		5
	黑城文书研究														3							3
	文化艺术														3							3
	辽金元儒学研究															3						3
	西夏与蒙元															5						5
	书评及其他															4						4
	西夏钱币研究																2					2
	西夏文字与文献																	2				2
	利玛窦·中西文化交流																	3				3
	黑水城研究																		2			2
	文化研究																		4			4
	西夏研究述评																		3			3
	西夏历史																			5	4	9
	西夏墓志研究																			3		3
	蒙元研究																			3		3
	唐宋元文学研究																				3	3
	石窟文化																				4	4
合 计		315																				

从表 2 可以看出，2010 年，《西夏研究》每期有 6 个栏目，各期栏目安排有所变化，其中西夏史、西夏与周边关系史、文献考释、西夏文字、西北史地、西夏佛经、西夏文献、唐宋研究等栏目相对固定。各栏目刊文数量多少不一。2010 年，刊载 11

篇论文的栏目有西北史地,刊载 7 篇论文的栏目有文献考释,刊载 6 篇论文的栏目有西夏与周边关系史、西夏历史与文化、西夏文献,刊载 5 篇论文的栏目有西夏史、西夏文字、西夏佛经、唐宋研究,刊载 4 篇论文的栏目有唐宋元研究,刊载 3 篇文章的栏目有探索·创新·期望,刊载 2 篇论文的栏目有考古与文物、西夏陵、岩画、民俗文化研究。全年共刊文 71 篇,68 篇为学术论文。西夏学论文 46 篇,占发文量的 67.6%,唐宋元、西北史地等论文 22 篇,占发文量的 32.4%。

2011 年,第 1、3 期有 6 个栏目,第 2 期有 5 个栏目,第 4 期有 7 个栏目,共 24 个栏目。其栏目设置及发文量为,刊载 8 篇论文的栏目有西北史地,刊载 7 篇论文的栏目有西夏佛经、西夏文化、语言文字,刊载 4 篇论文的栏目有西夏历史文化、综述与书评,刊载 3 篇论文的栏目有西夏与周边关系史、文献考释、岩画、宋元史论,刊载 2 篇论文的栏目有民俗文化研究、西夏法律、唐宋文化,刊载 1 篇论文的栏目有艺术美学、文化遗产,刊载辛亥革命百年纪念笔谈 1 篇。全年共刊文 58 篇,57 篇为学术论文。西夏学研究 37 篇,占发文量的 64.9%,唐宋元、西北史地等 20 篇,占发文量的 35.1%。

2012 年,每期有 5 个栏目,共 20 个栏目。其栏目设置及发文量为,刊载 15 篇论文的栏目有夏历史文化,刊载 9 篇论文的栏目有文献考释,刊载 8 篇论文的栏目有宋元史论,刊载 6 篇论文的栏目有语言文字,刊载 5 篇论文的栏目有西北史地与文化,刊载 3 篇论文的栏目有农耕史研究、唐宋元史论,刊载 2 篇论文的栏目有西北史地、西夏法律、宗教文化、书评,刊载 1 篇论文的栏目有学术动态。另外,第 2 期篇首有 1 篇纪念克恰诺夫诞辰八十年的论文,未归于栏目。全年刊发论文 59 篇,其中,西夏学论文 36 篇,占发文量的 61%,农耕史研究、唐宋元史论、西北史地等论文共 23 篇,占 39%。

2013 年,第 1 、3 期各设 4 个栏目,第 2 、4 期各设 5 个栏目,全年共 18 个栏目。其栏目设置及发文量为,刊载 12 篇论文的栏目有西夏历史文化,刊载 9 篇论文的栏目有文献考释、西北史地,刊载 8 篇论文的栏目有西北史地与文化,刊载 5 篇论文的栏目有西夏与蒙元,刊载 4 篇论文的栏目有书评及其他,刊载 3 篇论文的栏目有考古与文化、黑城文书研究、文化艺术、辽金元儒学研究,刊载 2 篇论文的栏目有宋元史论、西夏钱币研究。全年共刊论文 63 篇,其中宋元史论、西北史地、考古与文物栏目各有 1 篇为西夏内容,其中刊发西夏学论文 38 篇,占 60.3%,西北史地、西北史地与文化、文化艺术等 25 篇,占 39.7%。

2014 年,第 1、4 期各 4 个栏目,第 2 期 5 个栏目,第 3 期 6 个栏目,共 19 个栏目。其栏目设置及发文量为,刊载 10 篇论文的栏目有西北史地,刊载 9 篇论文的栏目有西夏历史与文化、西夏历史,刊载 4 篇论文的栏目有唐宋元史论、文化研究、石窟文化,刊载 3 篇论文的栏目有文献考释、西北史地与文化、利玛窦·中西文化交流、西夏研究述评、西夏墓志研究、蒙元研究、唐宋元文学研究,刊载 2 篇论文的栏目有西夏文字与文献、黑水城研究。全年共刊文 65 篇,其中,西夏学研究 34 篇,占 52.3%,西北史地、唐宋元等研究 31 篇,占 47.7%。

5 年来,《西夏研究》共出版 20 期,总栏目数 105 个,平均每期 5.25 个栏目,不同栏目 48 个,其中西夏历史与文化栏目发文 46 篇,西北史地发文 40 篇,文献考释发文 31 篇,语言文字、西北史地与文化、宋元史论三个栏目各发文 13 篇,西夏佛经、西夏文化各发文 12 篇,西夏与周边关系史、西夏历史各发文 9 篇,唐宋元史论、西夏文献各发文 7 篇,西夏文字发文 6 篇,西夏史、考古与文物、岩画、书评、西夏与蒙元五个栏目各发文 5 篇,唐宋元研究、民俗文化研究、综述与书评、西夏法律、书评及其他、文化研究、石窟文化七个栏目各发文 4 篇,探索·创新·期望、农耕史研究、黑城文书研究、文化艺术、辽金元儒学研究、利玛窦·中西文化交流、西夏研究述评、西夏墓志研究、蒙元研究、唐宋元文学研究十个栏目各发文 3 篇,西夏陵、唐宋文化、宗教文化、西夏钱币研究、黑水城研究五个栏目各发文 2 篇,艺术美学、辛亥革命百年纪念、文化遗产、学术动态四个栏目各发文 1 篇。

从栏目设计和载文情况看,西夏历史与文化、西北史地、文献考释三个栏目发文量较多,这三个研究领域是学者关注的重点,取得了比较丰硕的成果,支撑了刊物的出版与发行。语言文字,西北史地与文化,宋元史论三个栏目虽然发文数量不多,但平均两期出现一篇以上文章,体现了该领域的学术价值及其与西夏学的密切关系。以上部分共涉及 6 个栏目,占 48 个不同栏目的 12.5%,是《西夏研究》主要栏目,也是西夏研究的主要领域。其它 42 个栏目,发文数量较小,是西夏研究的重要组成部分,体现了西夏学术研究的博大精深和创新空间,有些文章填补了近年研究的空白,具有很高的学术价值。栏目设计的多样性和研究领域的广泛性秉承了学术研究百家争鸣、百花齐放的基本精神。

三、文献被引、被下载信息[①]

(一) 被引频次

表 3 《西夏研究》被引、被下载信息统计

年度	刊文量 (篇或则)	学术论文 (篇)	被引文章 (篇)	被引频次 (次)	下载文章 (篇)	下载频次 (次)
2010	77	68	46	98	77	6 047
2011	65	58	33	72	65	6 388
2012	66	59	18	33	66	5 360
2013	68	63	21	29	68	4 402

① 信息来源《中国知网数据库》,统计时间 2015 年 5 月 7 日。

续 表

年度	刊文量(篇或则)	学术论文(篇)	被引文章(篇)	被引频次(次)	下载文章(篇)	下载频次(次)
2014	69	65	4	4	69	2 450
合计	346	313	122	236	345	24 647

由表 3 可以看出,《西夏研究》5 年刊发学术论文 313 篇,被引论文 122 篇,被引率为 39%,影响因子[①]为 25.8%,被引频次为 236 次,表明《西夏研究》在学科发展和学术交流中具有较高的学术影响力。反应速率为 5.8%,表明《西夏研究》论文被利用的速度较缓慢,要求期刊对新的科学问题要做出快速反应。表 4 表明,被引 3 次以上的论文 29 篇,其中杜建录《俄藏西夏天庆年间典粮文契考释》被引 8 次,被引频次最高,孙伯君《黑水城出土西夏文〈金师子章云间类解〉考释》被引 7 次,被引频次居于第二位。被引 5 次的文章有 5 篇,被引 4 次的文章有 9 篇,被引 3 次的文章有 13 篇。另外,还有 29 篇文章被引 2 次,64 篇文章被引 1 次。

表 4 被引 3 次以上的论文(含 3 次)统计

题 名	作 者	被引频次
俄藏西夏天庆年间典粮文契考释	杜建录	8
黑水城出土西夏文《金师子章云间类解》考释	孙伯君	7
西夏钱币的流布区域及相关问题	杨富学,陈爱峰	5
西夏榷场使文书所见西夏尺度关系研究	孙继民,许会玲	5
《佛说阿弥陀经》的西夏译本	孙伯君	5
从浅攻到蚕食:论章楶的军事构想与实施	钱俊岭	5
武威西夏墓出土冥契研究	于光建,徐玉萍	5
鲜演大师《华严经玄谈决择记》的西夏文译本	孙伯君	4
宋代华池县境内部分御夏堡寨遗址考察研究	张多勇,庞家伟	4
敦煌西夏洞窟分期及存在的问题	王惠民	4
敦煌西夏石窟分期研究之思考	沙武田	4
刊俄藏西夏文《天盛律令》印本残片	佐藤贵保,刘 宏	4
西夏俗文学"辩"初探	孙伯君	4
英藏黑水城西夏文《佛说佛母出生三法藏般若波罗蜜多经》残页考释	李晓明	4

① 影响因子为期刊前 2 年发表论文的被引次数占前 2 年论文总量的比例。

续 表

题　名	作　者	被引频次
英藏黑水城出土医方初探	许生根	4
水城出土汉文写本《六十四卦图歌》初探	彭向前	4
夏州拓跋部的几个问题——新出土唐五代宋初夏州拓跋政权墓志铭考释	杜建录	3
《黑水城出土文书》所见亦集乃路的孤老救济初探	吴　超	3
西夏六号陵陵主考	孙昌盛	3
西夏文译本《六韬》解读	贾常业	3
元代亦集乃路祭祀初探	孔德翊;屈耀琦	3
西夏文《禅源诸诠集都序》译证(上)	聂鸿音	3
黑水城出土法律文献的整理与研究概述	姜　歆	3
西夏版画中的吐蕃和印度法师肖像	К.Б.克平;彭向前	3
元末与北元初期的分省设置	朱建路	3

(二) 下载频次

《西夏研究》5 年刊发的 346 篇文章累计下载频次为 24 647 次,每篇文章平均下载阅读 71.2 次,说明《西夏研究》刊文质量较高,拥有广泛的专业读者群体。表 5 表明,被下载 120 次(含 120 次)以上论文有 44 篇,其中下载 200 次以上论文有 7 篇,分别为刘景纯《〈水经注〉流域地理的发现与撰述》被下载 262 次,李华瑞《近 30 年国内的西夏史研究述评》被下载 236 次,薛正昌《农耕文化与草原游牧文化的融合地带——贺兰山与阴山环黄河而生的多元文化》被下载 226 次,杨富学、樊丽沙《新世纪初国内敦煌吐蕃历史文化研究述要》、杨富学、陈爱峰《西夏钱币的流布区域及相关问题》均下载 216 次,杨浣、王军辉《西夏王陵形制综论》、杨晓红《宋代风水民俗信仰的兴盛及原因探析》均下载 202 次。下载 150 次以上的文献 17 篇,下载 150 次以下文献 20 篇。

表 5　被下载 120 次以上论文统计

题　名	作　者	下载频次
《水经注》流域地理的发现与撰述	刘景纯	262
近 30 年国内的西夏史研究述评	李华瑞	236
农耕文化与草原游牧文化的融合地带——贺兰山与阴山环黄河而生的多元文化	薛正昌	226
新世纪初国内敦煌吐蕃历史文化研究述要	杨富学,樊丽沙	216

续 表

题 名	作 者	下载频次
西夏钱币的流布区域及相关问题	杨富学,陈爱峰	216
西夏王陵形制综论	杨 浣,王军辉	202
宋代风水民俗信仰的兴盛及原因探析	杨晓红	202
敦煌西夏石窟分期研究之思考	沙武田	198
黑水城出土法律文献的整理与研究概述	姜 歆	190
2011 年西夏学研究综述	王凤菊	187
安史之乱后朔方军的地位演变及其对党项的影响	保宏彪	169
西夏历史与文化	李 蔚	166
金朝与西夏关系研究的几个问题	李浩楠	166
西夏艺术研究及特征认识	陈育宁,汤晓芳	163
《西夏文译本《六韬》解读	贾常业	161
甘州回鹘、凉州吐蕃诸部与党项的战争及其影响	刘全波	161
敦煌唐宋时代酒文化考述	高国藩	158
俄罗斯科学院东方写本研究所西夏文文献之收藏与研究	克恰诺夫,杨富学,裴 蕾	158
简论西夏外交文书	江菊玉,李 晶,赵彦龙	157
从晚唐墓志中的党项史料看唐朝与党项的关系	保宏彪	156
熙宁变法与宋夏战争	魏淑霞	156
历史时期宁夏居住形式的演变及其与环境的关系	刘景纯	154
近十年来西夏地理研究综述	王晓磊	153
黑水城城出土汉文写本《六十四卦图歌》初探	彭向前	150
论西夏的石刻档案	赵彦龙,乔 娟	149
早期党项拓跋氏世系考辨	周伟洲	148
新世纪初国内回鹘佛教研究的回顾与展望	杨富学	147
自然灾害影响下宋夏关系述论——以宋初为中心	王 东	137
英藏黑水城文献中一件西夏契约文书考释	李晓明,张建强	136
然遗产保护中的主要问题及其防止策	苑 利,顾 军	135
三十年来西夏考古研究述评	杨 蕤,周 禹	134
魏晋南北朝节日延寿求福风俗与道教文化	刘 志	133

续 表

题　名	作　者	下载频次
夏边界问题再讨论	许伟伟,杨　浣	132
西夏榷场使文书所见西夏尺度关系研究	孙继民,许会玲	132
俄藏黑水城西夏文佛经文献叙录·绪论(2)	叶·伊·克恰诺夫,崔红芬	130
敦煌西夏洞窟分期及存在的问题	王惠民	130
1205 至 1227 年间蒙古与西夏的战争	德斯蒙德·马丁,陈光文	128
北宋在环庆原诸州的防御措施	刘治立	127
简论宋夏平夏城之战	张玉海	126
敦煌本《悉达太子修道因缘》与世俗化——兼与星云大师《释迦牟尼佛传》比较	高国藩	125
大黑根本命咒：西夏大黑天信仰的一个侧面	黄杰华	125
《佛说阿弥陀经》的西夏译本	孙伯君	123
宋朝军法研究	弗兰克,岳海涌	122
普宁藏本《密咒圆因往生集》的梵文一八思巴文对音研究	安　娅	120

四、转载及数据库收录信息

表 6 是《西夏研究》创刊 5 年来文章被《新华文摘》、《人大复印资料》转载情况的统计。

表 6 《西夏研究》论文转载统计

作　者	被转载文章题目	原刊年期	转载报刊　年期
杜建录	俄藏西夏天庆年间典粮文契考释	2010 年第 1 期	《宋辽金元史》《人大复印资料》2010 年第 3 期
周伟洲	早期党项拓跋氏世系考辨	2010 年第 1 期	《宋辽金元史》《人大复印资料》2010 年第 3 期
孙伯君	西夏俗文学"辩"初探	2010 年第 4 期	《中国古代近代文学史》《人大复印资料》2011 年第 4 期
克恰诺夫著 杨富学 裴蕾译	俄罗斯科学院东方写本研究所西夏文文献之收藏与研究	2010 年第 3 期	《宋辽金元史》《人大复印资料》2011 年第 1 期

续 表

作　者	被转载文章题目	原刊年期	转载报刊　年期
魏淑霞	熙宁变法对宋夏战争的影响	2010 年第 4 期	《新华文摘》2011 年第 5 期(论点摘编)
保宏彪	从晚唐墓志中的党项史料看唐朝与党项的关系	2011 年第 2 期	《魏晋南北朝隋唐史》《人大复印资料》2011 年第 5 期
沙武田	敦煌西夏石窟分期研究之思考	2011 年第 2 期	《宋辽金元史》《人大复印资料》2011 年第 4 期
保宏彪			
刘景纯	历史时期宁夏乡居形式的变化	2012 年第 3 期	《新华文摘》2012 年第 20 期(论点摘编)
杜建录 邓文韬	黑水城出土合伙契约再考释	2013 年第 1 期	《宋辽金元史》《人大复印资料》2014 年第 2 期
刘治立	北宋在环庆原诸州的防御措施	2010 年第 3 期	《新华文摘》2011 年第 22 期(报刊文章篇目辑览)
朱建路	元末与北元初期的分省设置	2010 年第 3 期	《新华文摘》2011 年第 22 期(报刊文章篇目辑览)
杨富学 李志鹏	北宋钱荒之西夏因素考析	2014 年第 1 期	《新华文摘》2014 年第 10 期(报刊文章篇目辑览)
王　艳	宋代赐第问题研究	2014 年第 4 期	《新华文摘》2015 年第 4 期(报刊文章篇目辑览)

表 6 表明,2010 年《西夏研究》刊发学术论文 68 篇,被转载 5 篇,转载率是 7.4%。2011 年刊文 58 篇,转载 2 篇,转载率是 3.4%。2012 年刊文 59 篇,2013 年刊文 63 篇,2014 年刊文 65 篇。2010 年《西夏研究》的论文被《新华文摘》和《人大复印资料》转载 5 篇,表明这 5 篇论文在所涉及领域具有较高水平。通过转载,扩大了《西夏研究》的影响力,也是对作者研究水平的肯定。

另外,《西夏研究》被国家新闻出版总署收录,被中国知网数据库、维普网数据库、万方数据库、读秀数据库收录,有利于研究成果的迅速传播和应用。

五、引文及国际学术交流

注释与参考文献是论文的重要组成部分,尤其参考文献是对期刊论文引文进行统计和分析的重要信息源之一。

表 7 《西夏研究》注释、参考文献、英文摘要统计

年度	学术论文（篇）	注释（条）	参考文献（条）	英文摘要（篇）	译文（篇）	刊发外国作者论文（篇）
2010	68	233	663	27	2	
2011	58	341	946	26	6	
2012	59	304	230	37	6	
2013	63	598	742	21	3	
2014	65	239	810	19	3	
	313	1715	3391	130	20	1

表 7 表明,《西夏研究》所刊论文 313 篇,共有注释 1715 条,平均每篇 5.5 条,作者通过必要的注释对论文中的一些重要概念或观点进行补充说明,方便读者阅读理解。《西夏研究》5 年所刊载论文共列有参考文献 3391 条,平均每篇 10.8 条,表明作者对论文所涉及领域内的研究进行了比较充分的检索分析,借鉴了最先进的研究成果,既保护了他人的知识产权,体现了学术研究的严肃性,又丰富了自己的研究内容,保证了自己研究的创新性。英文摘要是学术期刊国际化的基本要求,是国际科研机构和学者进行信息检索及收录学术论文的重要依据,也是学术交流国际化的重要手段。《西夏研究》5 年刊有英文摘要的论文 130 篇,占所载论文的 41.5%。刊发译文 20 篇,占刊文量的 6.4%。刊发外国作者与国内作者合作论文 1 篇。从统计分析可以看出,《西夏研究》向国际化迈出了重要一步,不仅是国内西夏学交流的平台,也逐渐成为国际西夏学交流的平台。

六、基金项目论文

基金项目论文比列,是学术期刊评价指标之一,期刊刊载基金项目阶段性成果,从一个侧面反映了期刊在学术交流中的地位,特别是刊载国家和省部级基金项目。

表 8 《西夏研究》刊载各类基金项目成果统计

年度项目	国家社会科学基金资助项目（项）	国家自然科学基金资助项目（项）	教育部人文社会科学研究基金资助项目（项）	国家 973 计划项目（项）	省社科规划基金资助项目（项）	全国高等院校古籍整理研究工作委员会资助项目（项）	各省教育厅基金资助项目（项）	本级单位基金资助项目（项）
2010	3	1	9			1	2	2
2011	9		6		1			5
2012	14		7					4

续 表

年度项目	国家社会科学基金资助项目(项)	国家自然科学基金资助项目(项)	教育部人文社会科学研究基金资助项目(项)	国家973计划项目(项)	省社科规划基金资助项目(项)	全国高等院校古籍整理研究工作委员会资助项目(项)	各省教育厅基金资助项目(项)	本级单位基金资助项目(项)
2013	10		3	1	1			4
2014	12		5	1			3	2
小计	48	1	30	2	2	1	5	17

表8显示,《西夏研究》5年刊载国家社会科学基金资助项目成果48项、国家自然科学基金资助项目成果1项、教育部人文社会科学研究基金资助项目成果30项、国家973计划项目成果2项、省社科规划基金资助项目成果2项,共83项,基金项目论文占比26.5%。其次,该刊还刊载了全国高等院校古籍整理研究工作委员会、各省教育厅及本级单位基金资助项目共23项。基金项目成果合计占发文量的33.9%。《西夏研究》为各类基金项目及时发布成果提供了重要阵地。基金项目能选择《西夏研究》发表成果,说明刊物在该领域具有很重要的地位和影响。

七、作者信息

作者是期刊的重要属性之一。期刊能够团结和吸引一批高水平研究队伍,是期刊发展进步的生命和活力所在。表9列出《西夏研究》各年度学术论文作者的基本信息,313篇学术论文,共有作者383人次,平均每篇作者1.2人次,其中男性作者274人次,占总人次数的71.5%,女性作者109人次,占总人次数的28.5%。独著244篇,占发文总量的78%,二人合著66篇,占发文总量的21%,三人合著3篇,占发文总量的1%。

表9　作者数量、性别、合作度统计

时间(年)	论文数(篇)	作者人次(位)	男(位)	女(女)	一作(篇)	二作(篇)	三作(篇)
2010	68	81	57	24	57	9	2
2011	58	67	44	23	48	10	
2012	59	74	53	21	44	15	
2013	63	76	57	19	49	14	
2014	65	85	63	22	46	18	1
合计	313	383	274	109	244	66	3

5 年来,《西夏研究》共刊登了 235 名不同作者的论文。表 10 对作者的年龄状况作了统计分析。30 年代出生的作者 7 人,占作者总数的 3%。40 年代出生的作者 10 人,占作者总数的 4.3%。50 年代出生的作者 21 人,占作者总数的 8.9%。60 年代出生的作者 59 人,占作者总数的 25.1%。70 年代出生的作者 58 人,占作者总数的 24.7%。80 年代出生的作者 77 人,占作者总数的 32.8%。90 年代出生的作者 3 人,占作者总数的 1.2%。作者队伍年龄结构合理,60、70、80 后作者,是该刊撰稿的主要力量,80 后作者人数最多,是后起之秀。一大批年轻的科研人员成长起来,为《西夏研究》形成了一支老中青相结合的作者队伍,为刊物提供了可持续发展的力量源泉。

表 10 作者年龄统计

时间(年)	30 后作者(位)	40 后作者(位)	50 后作者(位)	60 后作者(位)	70 后作者(位)	80 后作者(位)	90 后作者(位)
2010	4	2	11	19	14	21	
2011	1	4	3	8	13	16	
2012		2		10	11	11	
2013	1	1	4	12	10	9	1
2014	1	1	3	10	10	20	2
小计	7	10	21	59	58	77	3
合计	135						

表 11 对有学历信息的作者共 135 人进行了统计分析,其中,具有本科学历的作者 3 人,硕士研究生 10 人,博士研究生 41 人,博士后学者 15 人,在读硕士生 41 人,在读博士生 25 人。对有职称信息的作者共 160 人进行了统计分析,其中,初级职称 3 人、中级职称 31 人、副高职称 51 人、正高职称 75 人。对有研究生导师资格信息的作者 22 人进行了统计分析,其中硕士生导师 9 人,博士生导师 13 人。由此可见,《西夏研究》的作者是一支高学历、高职称的高层次专家群体。

表 11 作者学历、职称统计

学历						职称				导师	
本科	硕士研究生	博士研究生	博士后	在读硕士生	在读博士生	初级	中级	副高	正高	硕士生导师	博士生导师
3	10	41	15	41	25	3	31	51	75	9	13

对作者工作单位进行统计分析,目的在于测度论文来源地和作者的地域分布

特点。由表12可以看出,《西夏研究》5年刊发的313篇学术论文来自75个不同学术机构或单位,遍布全国各地,说明《西夏研究》具有开放性,作者队伍具有广泛性。从作者基本信息可以得出结论,《西夏研究》能够代表全国西夏学研究的最高水平。

表12 作者所在机构发文量统计

序号	单 位	发文量(篇)	序号	单 位	发文量(篇)
1	宁夏社会科学院	55	26	三江学院	2
2	宁夏大学	52	27	杭州电子科技大学	2
3	中国社会科学院	26	28	首都师范大学	2
4	敦煌研究院	13	29	三峡大学	2
5	陕西师范大学	10	30	内蒙古大学	2
6	陇东学院	9	31	中山大学	2
7	兰州大学	8	32	邯郸学院	2
8	宁夏考古所	8	33	甘肃环县博物馆	2
9	西北师范大学	8	34	四川师范大学	2
10	河北大学	6	35	安阳师范学院	2
11	河北师范大学	6	36	北京联合大学	1
12	南京大学	6	37	海原县地方志	1
13	中央民族大学	6	38	西北大学	1
14	武威博物馆	5	39	集美大学	1
15	北方民族大学	5	40	河北人民出版社	1
16	河北社科院	4	41	长沙理工大学	1
17	广东外语外贸大学	4	42	重庆长江师范学院	1
18	西北民族大学	4	43	四川大学	1
19	甘肃省党校	3	44	新疆师范大学	1
20	宁夏师范学院	3	45	浙江建设学院	1
21	东北大学	3	46	武汉大学	1
22	包头师范学院	3	47	甘肃省博物馆	1
23	宁夏医科大	2	48	宁夏交通厅	1
24	宁夏博物馆	2	49	中国艺术研究院	1
25	台北“中央研究院”	2	50	暨南大学	1

续 表

序号	单　　位	发文量(篇)	序号	单　　位	发文量(篇)
51	陕西理工学院	1	64	广州大学	1
52	宁夏地震局	1	65	内蒙古社科院	1
53	陕西社科院	1	66	南开大学	1
54	浙江社科院	1	67	东华大学	1
55	山东大学	1	68	江苏古籍出版社	1
56	苏州科技大学	1	69	洛阳师范学院	1
57	北京邮电大学	1	70	复旦大学	1
58	西南交大	1	71	洛阳理工学院	1
59	宁夏文物保护中心	1	72	江苏师范大学	1
60	宁夏中卫博物馆	1	73	河北经贸大学	1
61	甘肃政协	1	74	广东大学	1
62	广东外语艺术职业学院	1	75	邯郸市博物馆	1
63	山东艺术学院	1			

综上分析,《西夏研究》创刊虽然只有5年,但取得了显著成果,为今后的发展奠定了良好基础。刊物内容丰富,信息量大,涉及西夏学的各个领域,反映了西夏学最新学术成果和前沿动态,以及宋辽金元史、北方民族史等研究成果;栏目设计科学,科研基金成果论文多,被引、被下载频次多,吸收信息能力及科学交流程度高,为国内外西夏学成果刊布和学术讨论,搭建了一个良好的平台;吸引和团结了一支来自全国的高学历、高职称、高水平的的老中青相结合研究队伍,为高质量、高水平、可持续办刊提供了强劲的人才智力保障。《西夏研究》是国内外唯一的西夏研究学术期刊,是宁夏科学研究的重要品牌,对于加强宁夏历史研究,扩大宁夏知名度具有十分重要的意义。